D1748729

Schriftenreihe

MERKUR

Schriften zum Innovativen Marketing-Management

Band 33

ISSN 1438-8286

Zugl.:

Hamburger Schriften zur Marketingforschung

Band 65

ISSN 1430-5429

Verlag Dr. Kovač

Marcus Bradtke-Hellthaler

Interne Kommunikation in der Arbeitsrechtspraxis

Implikationen zur Optimierung der unternehmensinternen Kommunikation am Beispiel der betrieblichen Arbeitsrechtspraxis von KMU

Verlag Dr. Kovač

Hamburg
2008

VERLAG DR. KOVAČ
FACHVERLAG FÜR WISSENSCHAFTLICHE LITERATUR

Leverkusenstr. 13 · 22761 Hamburg · Tel. 040 - 39 88 80-0 · Fax 040 - 39 88 80-55

E-Mail info@verlagdrkovac.de · Internet www.verlagdrkovac.de

Bibliografische Information der Deutschen Nationalbibliothek
Die Deutsche Nationalbibliothek verzeichnet diese Publikation
in der Deutschen Nationalbibliografie;
detaillierte bibliografische Daten sind im Internet
über http://dnb.d-nb.de abrufbar.

ISSN: 1438-8286 (zugl.: 1430-5429)
ISBN: 978-3-8300-4046-0

Zugl.: Dissertation, Universität Hamburg, 2008

© VERLAG DR. KOVAČ in Hamburg 2008

Umschlaggestaltung: Anne Klug

Printed in Germany
Alle Rechte vorbehalten. Nachdruck, fotomechanische Wiedergabe, Aufnahme in Online-Dienste
und Internet sowie Vervielfältigung auf Datenträgern wie CD-ROM etc. nur nach schriftlicher
Zustimmung des Verlages.

Gedruckt auf holz-, chlor- und säurefreiem Papier Alster Digital. Alster Digital ist
alterungsbeständig und erfüllt die Normen für Archivbeständigkeit ANSI 3948 und ISO 9706.

Vorwort des Verfassers

Die vorliegende, interdisziplinäre Untersuchung befasst sich am Beispiel der betrieblichen Arbeitsrechtspraxis von KMU mit der Frage, welchen Beitrag eine gezielte Interne Kommunikation zur Optimierung von Unternehmensprozessen gerade auch kleinster, kleiner und mittlerer Betriebe leisten kann. Hierzu ist die Gestaltung der Internen Kommunikation anhand eines gleichermaßen aktuellen, wie zentralen betrieblichen Aufgabenbereiches untersucht worden, um mögliche Problembereiche zu identifizieren und Optimierungsvorschläge entwickeln zu können.

Der dabei gewählte, zunächst nicht unmittelbar nahe liegende, interdisziplinäre Zusammenschnitt ist eine Konsequenz meiner bisherigen Erfahrungen und Beobachtungen in verschiedenen interdisziplinären Forschungsprojekten, bei denen der Wunsch entstanden ist, aus der wissenschaftstypischen Beobachterperspektive heraus nicht allein Phänomene zu entdecken und auf Ergebnisse hinzuweisen, sondern soweit möglich auch Lösungsansätze für die Praxis aufzuzeigen.

Ich möchte mich sehr herzlich bei allen Personen bedanken, die mich bei dieser Arbeit unterstützt und diese zum Teil erst möglich gemacht haben. Zunächst danke ich meinem Doktorvater, Herrn Prof. Dr. Michael Zerres für seine engagierte Betreuung meiner Dissertation, seine bewundernswerte Hilfsbereitschaft in den verschiedenen Phasen meines Promotionsvorhabens und so manche lange Diskussion.

Ferner danke ich Herrn Prof. Dr. Ulrich Zachert für seine Unterstützung und die Bereitschaft, das Zweitgutachten zu erstellen. Ebenfalls danke ich Herrn Prof. Dr. Wenzel Matiaske für die Erstellung des Drittgutachtens.

In der vorliegenden Untersuchung werden Daten des Drittmittelprojektes „Arbeitsrecht in der betrieblichen Anwendung" der Universität Hamburg analysiert. Die Datennutzung in dem gegebenen Umfang erfolgte ohne Abstimmung mit der Projektleitung ausschließlich in eigener Verantwortung.

Mein besonderer Dank gilt der wissenschaftlichen Direktorin und Geschäftsführerin der Hans-Böckler-Stiftung, Frau Prof. Dr. Heide Pfarr, sowohl für die Genehmigung zur Nutzung der empirischen Daten als auch für ihre vielfältige persönliche Unterstützung.

Weiter danke ich den vielen Praktikern für ihre Bereitschaft, im Rahmen der Experteninterviews umfassende und offene Einblicke in deren tägliche Praxis der Personalleitung gewährt zu haben.

Nicht zuletzt möchte ich mich bei meinen Freunden und Kollegen für ihre moralische Unterstützung im Laufe des Promotionsverfahrens bedanken. Vor allem danke ich meinen Eltern, die mich auf dem Weg bis zur Promotion stets begleitet und unterstützt haben.

Mein größter Dank gilt schließlich meiner Frau für ihrer bedingungslose Unterstützung auf tausend Wegen und ihren Rückhalt, meine Dissertation neben meinen beruflichen Verpflichtungen erfolgreich abschließen zu können. Ich liebe Dich, Constanze.

Wentorf, im August 2008   Marcus Bradtke-Hellthaler

Wissenschaftliches Geleitwort

Die vorliegende, sehr innovative Untersuchung betrachtet mit dem Bereich der Internen Kommunikation ein Thema, das in der internationalen Marketingforschung in den letzten Jahren ganz erheblich an Bedeutung gewonnen hat.

Nicht nur die auf den Markt gerichtete Kommunikation ist für Unternehmen seit jeher immer wichtiger, gerade auch die gezielte, optimale Gestaltung der unternehmensinternen Kommunikation wird künftig immer mehr zum entscheidenden Erfolgsfaktor.

Gleichzeitig wird für Unternehmen ebenso ein adäquater Umgang mit der Rahmenbedingung Recht zu einer immer wichtigeren Basis für deren Erfolg am Markt und stellt gerade auch kleine und mittelgroße Unternehmen vor besondere Herausforderungen.

Der Verfasser untersucht daher, der Idee der marktorientierten Unternehmensführung folgend, am Beispiel des eher marketinguntypischen Anwendungsfeldes Arbeitsrecht die Frage, welchen Beitrag eine gezielte Interne Kommunikation zur Optimierung von Unternehmensprozessen in KMU zu leisten vermag.

Ausgehend von einer umfassenden Einführung in die Grundlagen und praktischen Problemstellungen der Arbeitsrechtspraxis sowie der Internen Kommunikation entwickelt der Verfasser einen anspruchsvollen konzeptionellen Rahmen für seine Untersuchung und entwirft dabei ein eigenes Untersuchungsmodell zur Internen Kommunikation in der Arbeitsrechtspraxis. Die dabei erarbeiteten Erkenntnisse werden von ihm zunächst theoretisch umfassend fundiert und schließlich im Rahmen einer anspruchsvollen qualitativen Untersuchung empirisch überprüft.

Auf Grundlage dieser Analysen entwickelt der Verfasser schließlich zahlreiche Implikationen für eine bessere Gestaltung der Internen Kommunikation, mit deren Hilfe schließlich auch ein besserer Umgang mit arbeitsrechtlichen Vorschriften erreicht werden kann.

Dem Verfasser ist es mit seiner Untersuchung gelungen, die umfassenden Chancen und Funktionen einer gezielten Internen Kommunikation gezielt herauszuarbeiten sowie zu belegen und dabei aufzuzeigen, dass dieses Marketingelement gerade auch in marketingfremden Funktionsbereichen hilfreich und insbesondere für KMU besonderes geeignet ist, zu einem besseren Umgang mit den Vorschriften beizutragen und dadurch eine oftmals festzustellende, verbreitete Unsicherheit sowie vermeidbaren Aufwand zu reduzieren.

Die erforderlichen Anstrengungen zur Implementierung einer gezielten, Internen Kommunikation kommen zudem nicht nur einer systematischeren Arbeitsrechtspraxis zugute, sondern tragen gerade auch in KMU entscheidend dazu bei, sämtliche Unternehmensprozesse und -aufgaben effizienter zu gestalten und oftmals größenbedingt fehlende Ressourcen erfolgreich auszugleichen.

Prof. Dr. Michael Zerres   Scharbeutz, August 2008

Inhaltsverzeichnis

1 Einleitung 1
   1.1 Recht als Rahmenbedingung im betrieblichen Alltag 1
   1.2 Ziel der Untersuchung 3
   1.3 Stand der Forschung 5
      1.3.1 Recht als betriebliche Rahmenbedingung 5
          1.3.1.1 Übergeordneter Rechtsrahmen 6
          1.3.1.2 Recht des Marketing 7
          1.3.1.3 Recht in der Personalpraxis 10
      1.3.2 Verhaltenswissenschaftliche Theorien in der Personalforschung 16
      1.3.3 Interne und Integrierte Kommunikation 22
      1.3.4 Forschungsbedarf 24
   1.4 Wissenschaftliche Methodik 25
      1.4.1 Allgemeines Forschungsverständnis 26
      1.4.2 Qualitative Forschung und leitfadengestützte Experteninterviews 28
      1.4.3 Datenauswertung im Rahmen qualitativer Inhaltsanalyse 30
   1.5 Ablauf der Untersuchung 31

2 Konzeptionelle Grundlagen 37
   2.1 Personalarbeit in Klein- und Mittelunternehmen 37
      2.1.1 Grundlagen zu KMU 38
          2.1.1.1 Wirtschaftliche Bedeutung 40
          2.1.1.2 Besonderheiten 41
          2.1.1.3 Erfolgspotenziale 48

2.1.2 Personalarbeit in KMU 50
    2.1.2.1 Aufgabenfelder 50
    2.1.2.2 Strategische Bedeutung 58
    2.1.2.3 Problemstellungen der Personalarbeit im
           Umgang mit Arbeitsrecht 61
    2.1.2.4 Gestaltung der Arbeitsrechtspraxis
           innerhalb der Personalarbeit 69
    2.1.2.5 Begriff, Inhalte und personalwirtschaftliche
           Bedeutung 69
    2.1.2.6 Gestaltungsoptionen und subjektives
           Einflusspotenzial 70

2.2 Interne Kommunikation 77
    2.2.1 Grundlagen der Kommunikation und Abgrenzung
          von Kernbegrifflichkeiten 78
    2.2.2 Funktionen und Bedeutung 82
    2.2.3 Interne Kommunikation als Element Integrierter
          Kommunikation 89
    2.2.4 Rahmenbedingungen, Gestaltungsoptionen und
          Wertschöpfungspotenzial 91
        2.2.4.1 Rahmenbedingungen 92
        2.2.4.2 Gestaltungsoptionen 102
        2.2.4.3 Wertschöpfungspotenzial 114
    2.2.5 Besonderheiten der Internen Kommunikation von
          KMU 117
    2.2.6 Identifikation externer Einflussfaktoren 121
        2.2.6.1 Überblick 121

　　　　2.2.6.2 Gesetze, Verordnungen und
　　　　　　　 Rechtsprechung 124
　　　 2.2.7 Aufzeigen Erfolg versprechender
　　　　　　 Berücksichtigungspotenziale 127
2.3 Empirische Voruntersuchung zur Konkretisierung der
　　 Problemstellung 129
　　 2.3.1 Zielsetzung der empirischen Voruntersuchung 130
　　 2.3.2 Methodische Vorgehensweise 130
　　　　2.3.2.1 Beschreibung des Datensatzes 132
　　　　2.3.2.2 Gestaltung des Leitfadens für die
　　　　　　　 Experteninterviews 134
　　　　2.3.2.3 Beschreibung der Datenerhebung 135
　　　　2.3.2.4 Vorgehensweise bei der Dokumentation
　　　　　　　 und Auswertung 135
　　 2.3.3 Konkretisierung von Fragestellungen 138
　　 2.3.4 Darstellung der Ergebnisse 139
　　　　2.3.4.1 Zur Bedeutung des Arbeitsrechts in der
　　　　　　　 Personalarbeit 140
　　　　2.3.4.2 Bewertung des Arbeitsrechts durch die
　　　　　　　 Personalleiter 147
　　　　2.3.4.3 Betriebliche Problemlagen im Umgang mit
　　　　　　　 Arbeitsrecht 151
　　　　2.3.4.4 Einfluss subjektiver Faktoren in der
　　　　　　　 Arbeitsrechtspraxis 154
　　 2.3.5 Weiterführender Forschungsbedarf 158
2.4 Formulierung eines Untersuchungsmodells 160

3 Theoretische Grundlagen ... 163

3.1 Überblick untersuchungsrelevanter Theorieansätze ... 163

3.2 Darstellung relevanter Theorieansätze ... 164

    3.2.1 Sozialpsychologische Theorien ... 164

        3.2.1.1 Untersuchungsrelevanter Theoriebezug ... 167

        3.2.1.2 Konkretisierung von Untersuchungshypothesen ... 186

    3.2.2 Personalwirtschaftliche Theorien ... 188

        3.2.2.1 Untersuchungsrelevanter Theoriebezug ... 190

        3.2.2.2 Konkretisierung von Untersuchungshypothesen ... 197

    3.2.3 Kommunikationsbezogene Theorien ... 198

        3.2.3.1 Untersuchungsrelevanter Theoriebezug ... 198

        3.2.3.2 Konkretisierung von Untersuchungshypothesen ... 207

3.3 Hypothesenüberblick ... 208

4 Empirische Untersuchung ... 211

4.1 Weitere methodische Vorgehensweise ... 211

    4.1.1 Beschreibung der weiterführenden Vorgehensweise ... 211

    4.1.2 Praktische Vorgehensweise bei der Auswertung ... 212

4.2 Darstellung der Ergebnisse ... 218

    4.2.1 Beschreibung ausgewählter Ergebnisse ... 218

        4.2.1.1 Genereller Überblick zu den Ergebnissen ... 218

        4.2.1.2 Wahrnehmung des Arbeitsrechts und subjektive Orientierungen ... 221

        4.2.1.3 Gestaltung der Arbeitsrechtspraxis ... 238

4.2.1.4 Gestaltung der Kommunikation in der
Arbeitsrechtspraxis 260

4.2.2 Identifiziertes Verbesserungspotenzial zur Internen
Kommunikation 294

4.2.3 Überprüfung des Models und Übertragbarkeit der
Ergebnisse 299

5 Schlussbetrachtungen 303

5.1 Zusammenfassende kritische Würdigung 303

5.2 Implikationen zur Internen Kommunikation in KMU 315

5.3 Aufzeigen weiteren Forschungsbedarfs 332

Literaturverzeichnis 335

Anhang 351

Abbildungsverzeichnis

Abbildung 1: Darstellung des Untersuchungsverlaufs 36

Abbildung 2: Funktionen der Internen Kommunikation 85

Abbildung 3: Darstellung des Untersuchungsmodells 162

Abbildung 4: S-O-R-Paradigma 166

Abbildung 5: Theorie des geplanten Verhaltens 169

Abbildung 6: Attributionstheorie 175

Abbildung 7: Regulierungsformen im Modell der Handlungsentlastung 194

Abbildung 8: Sender-Empfängerorientiertes Modell nach Shannon/Weaver 200

Abbildung 9: Überprüfung des Untersuchungsmodells 300

Abbildung 10: Interne Kommunikationsbeziehungen in der Arbeitsrechtspraxis 326

Abbildung 11: Einflussfaktoren auf die Interne Kommunikation 328

Tabellenverzeichnis

Tabelle 1:	KMU-Unterscheidungskriterien	39
Tabelle 2:	Unternehmerische Herausforderungen für KMU	47
Tabelle 3:	Ausgewählte arbeitsrechtliche Vorschriften nach Aufgabenbereichen	67
Tabelle 4:	Prinzipien interner Kommunikationsqualität	113
Tabelle 5:	Kommunikationsbezogene Unterschiede KMU und Großunternehmen	120
Tabelle 6:	Überblick über die Untersuchungshypothesen	210
Tabelle 7:	Ergebnisse der Hypothesenüberprüfung	293

1 Einleitung

1.1 *Recht als Rahmenbedingung im betrieblichen Alltag*

Unternehmen stehen seit jeher vor der Aufgabe, bei ihren Entscheidungen eine Vielzahl externer und interner betrieblicher Rahmenbedingungen beachten zu müssen. Einen zentralen Bestandteil dieser Rahmenbedingungen, der zudem alle Unternehmensbereiche betrifft und vor besondere Herausforderungen stellt, bilden die verschiedenen *rechtlichen Rahmenbedingungen*, angefangen bei Gesetzen und Verordnungen bis hin zu privatrechtlichen Verträgen. Nicht nur angesichts der komplexer werdenden Vorschriften wird der adäquate Umgang mit der Rahmenbedingung Recht zu einer immer wichtigeren Basis für den Unternehmenserfolg. Rechtliche Rahmenbedingungen sind dabei auch aus Marketing-Perspektive von immer größerem Einfluss. So müssen die Marketing-Aktivitäten auf die jeweils relevanten rechtlichen Rahmenbedingungen und deren mögliche Veränderung abgestimmt werden. Beispiele hierfür bilden etwa das Wettbewerbsrecht oder die Verpackungsverordnung. Die Frage der Berücksichtigung marketingrelevanter Vorschriften bei der Ausgestaltung der Aktivitäten steht daher zumeist auch im Mittelpunkt der interdisziplinären Forschung zu Recht und Marketing (vgl. Zerres/Zerres 1994; Kotler/Bliemel 1995: 260).

Die Verbindung von Recht und Marketing ist jedoch auch aus einem anderen Grunde von besonderem Interesse. Dieser erwächst aus der zunehmenden Bedeutung eines optimalen betrieblichen Umganges mit rechtlichen Vorschriften einerseits und den bislang nur lückenhaften Erkenntnissen darüber andererseits, wie sich dieser Umgang selbst überhaupt gestaltet. In diesem Zusammenhang stellt sich auch die Frage nach einem Perspektivwechsel, das heißt, welchen Einfluss wiederum das Marketing selbst auf die erfolgreiche unternehmensinterne Umsetzung von Vorschriften besitzt. Gerade in den letzten Jahren hat es insbesondere an der Gestaltung der von den Unternehmen zu beachtenden *arbeitsrechtlichen Vorschriften* zahlreiche Veränderungen gegeben, in dem etwa Schwellenwerte zur Geltung des Kündigungsschutzes wiederholt abgesenkt und wieder angehoben worden sind oder aber ein Anspruch auf Teilzeitarbeit für Mitarbeiter eingeführt worden ist.[1] Weiterhin spielt im Arbeitsrecht das *Richterrecht* eine große Rolle, so dass im Ergebnis die Komplexität der zu beachtenden Vorschriften theoretisch zunimmt und das Arbeitsrecht selbst aufgrund dessen in der öffentlichen Diskussion häufig als ein Hemmnis für die wirtschaftliche Entwicklung kritisiert wird. Gleichzeitig zeigen Studien, dass einzelne arbeitsrechtliche Vorschriften von Unternehmen zu Unrecht als Problem empfunden werden, wenn etwa zwei Drittel aller Kleinstbetriebe mit bis zu fünf Beschäftigten die Geltung des Kündigungsschutzes falsch einschätzen, indem sie die Frage nach dessen Geltung für ihr Unternehmen bejahen (vgl. Pfarr et al. 2003: 2061).

Kania (2005) stellt zudem eine zunehmende Orientierung der Unternehmen an einem so genannten *gefühlten Arbeitsrecht* fest, das sich in den Köpfen der Praktiker entwickelt hat und teilweise ergänzend zu oder anstelle von real geltenden Gesetzen angewandt wird. Eine solche Orientierung an vermeintlichen Vorschriften kann für Unternehmen zu einer ganzen Reihe von Problemen führen, wie zum Beispiel vermeidbaren arbeitsrechtlichen Auseinandersetzungen, verbunden mit entsprechenden Kosten. Ebenso drohen Effizienzverluste innerhalb von mit arbeitsrechtlichen Aspekten in Zusammenhang stehenden Unternehmensprozessen.

Bereits diese Beispiele unterstreichen die Bedeutung eines systematischen Umganges mit arbeitsrechtlichen Informationen in der betrieblichen

---

[1] Eine umfassende Aufstellung zur Entwicklung der Arbeitsrechtsreformen liefern etwa *Fischer/Thiel* (2005).

Praxis, um Fehler zu vermeiden und eine optimale Personalarbeit leisten zu können. Die Tatsache, dass in den Unternehmen jeweils eine Vielzahl von Akteuren an arbeitsrechtlichen Fragestellungen beteiligt ist, verdeutlicht den Bedarf einer systematischen Kommunikation zwischen allen Beteiligten. Die Gestaltung der hierfür notwendigen Strukturen und Prozesse einerseits und die Schaffung eines entsprechenden Bewusstseins der Praktiker[2] andererseits können als eine zentrale Herausforderung für eine *Interne Kommunikation* als Bestandteil einer erfolgreichen *Integrierten Kommunikation* angesehen werden. Die *Integrierte Kommunikation* selbst zählt dabei zu den wesentlichen erfolgskritischen Schlüsselfaktoren der Unternehmensentwicklung (vgl. etwa Maier 2004: 7) und hat sich auch aus diesem Grunde zu einem wachsenden Forschungs- und Anwendungsfeld im Bereich Marketing entwickelt. Auf den Einfluss verschärfter Kommunikationsbedingungen, angetrieben vor allem durch Informationsüberlastung, weist etwa *Bruhn* (1995: 2ff.) hin. Für die Unternehmen gelte es hier, die immer vielfältiger werdenden Kommunikationsprozesse sowohl konzeptionell als auch strukturell in die betrieblichen Abläufe zu integrieren.

1.2 Ziel der Untersuchung

Im Rahmen der vorliegenden Arbeit soll am Beispiel der Personalarbeit kleiner und mittelgroßer Unternehmen und ihrem Umgang mit arbeitsrechtlichen Vorschriften untersucht werden, welchen Beitrag eine optimierte *Interne Kommunikation als Voraussetzung einer Integrierten Kommunikation* für die Optimierung von Unternehmensprozessen zu

---

[2] In der vorliegenden Arbeit wird aus Gründen der besseren Lesbarkeit auf eine parallele Verwendung der weiblichen und männlichen Schreibweise verzichtet. Angesprochen sind dabei jedoch, sofern nicht explizit anders erwähnt, selbstverständlich jeweils beide Geschlechter.

leisten vermag. Während das Arbeitsrecht und dessen Einflüsse auf die Unternehmensaktivitäten immer häufiger zum Gegenstand unternehmerischer Diskussionen werden und eine optimale Anwendung dieser Rahmenbedingung unmittelbar den Erfolg von Unternehmen beeinflusst, zeichnet sich gleichermaßen eine zunehmende Verunsicherung der Praktiker hinsichtlich einer korrekten Anwendung von Vorschriften ab (vgl. etwa Kania 2004; 2005)[3]. Dieses Dilemma stellt auch die Interne Kommunikation von Unternehmen vor neue Herausforderungen.

Ein spezielles *Ziel* der Arbeit wird es daher sein, ein besonderes Augenmerk auf das Wahrnehmungsverhalten der Praktiker gegenüber arbeitsrechtlichen Vorschriften zu legen. Dabei soll zum einen empirisch untersucht werden, welche konkreten, praxisbedingten „Unschärfen" bei der von den Unternehmen „gelebten" Rechtspraxis zu identifizieren sind. Zum anderen wird herausgearbeitet, welche Anforderungen sich aufgrund dieser verhaltenswissenschaftlichen Erkenntnisse für die Gestaltung der unternehmensinternen Kommunikation ergeben.

Darüber hinaus soll am Beispiel des eher marketinguntypischen Anwendungsfeldes Arbeitsrecht gezeigt werden, welchen Beitrag eine erfolgreiche *Interne Kommunikation* innerhalb der *Integrierten Kommunikation* insgesamt leisten kann. Schließlich sollen die verhaltenswissenschaftlichen Erkenntnisse dieser Arbeit auch zu einem besseren Verständnis der betrieblichen Arbeitsrechtspraxis beitragen. Auf ihrer Basis werden daher Handlungsempfehlungen für eine Optimierung der Internen Kommunikation in der Personalarbeit formuliert.

---

[3] Kritisch hierzu etwa *Stein* (2006).

1.3 Stand der Forschung

Bei der in dieser Arbeit betrachteten Problemstellung handelt es sich um ein Forschungsvorhaben, das hinsichtlich des Zusammenwirkens verschiedener Disziplinen, nämlich des Marketingbezuges, angewandt in einer überwiegend unternehmensinternen Perspektive, der betrieblichen Personalarbeit, unter besonderer Betrachtung arbeitsrechtlicher Zusammenhänge, bislang nicht untersucht worden ist.

Nachfolgend soll nun ein Überblick über den Forschungsstand der verschiedenen Teildisziplinen und die für das weitere Verständnis notwendigen, damit verbundenen Diskussionen gegeben werden. Eine systematische Bestandsaufnahme wird dabei insbesondere im Bereich der betrieblichen Personalforschung, vor allem des betrieblichen Umganges mit Arbeitsrecht, durch den Umstand erschwert, dass sich hier noch kein einheitliches Forschungskonzept etabliert hat.

1.3.1 Recht als betriebliche Rahmenbedingung

Rechtliche Vorschriften bilden einen zentralen Baustein im gesellschaftlichen und wirtschaftlichen Miteinander, ohne dass es dabei eine eindeutige und von allen Beteiligten anerkannte Definition von Recht geben würde. Der Begriff des Rechts selbst ist mehrdeutig, da er sowohl im objektiven als auch im subjektiven Sinne verstanden werden kann. Für *Braun* etwa gilt der Begriff des Rechts als Handlungsmaxime zu einer vernünftigen und zweckgerechten Regelung menschlichen Zusammenlebens, dessen Anwendung – anders als bei anderen sozialen Normen, wie etwa Moral und Ethik – durch den Staat über die Anwendung von Gewalt erzwungen werden kann (1999: 26).

In den Wirtschaftswissenschaften, insbesondere der Betriebswirtschaftslehre, in der ebenfalls alle Handlungsfelder von rechtlichen Fragestellungen berührt sind, wird das Recht als ein Teil der betrieblichen Rahmenbedingungen mehr oder weniger ausführlich behandelt. So thematisieren etwa *Ulrich/Fluri* rechtliche Vorschriften allgemein als aufgabenspezifische Umweltbedingungen, die als solche den Charakter der Unternehmensaufgaben direkt prägen (1997: 41f.). Die besondere Bedeutung von Recht im Wirtschaftsalltag wird sehr verbreitet vor allem hinsichtlich der Wahl der Rechtsform diskutiert (vgl. etwa Wöhe 1996: 18f.; Schierenbeck 1995).

Auf die zu beachtenden Auswirkungen der Rechtsformwahl hinsichtlich unternehmerischer Finanzierungsmöglichkeiten wird von *Bea/Haas* hingewiesen. So sind etwa die Finanzierungsmöglichkeiten von Einzelunternehmungen im Vergleich zu Kapitalgesellschaften eingeschränkt (1997: 544f.). Auf die Vielschichtigkeit der innerhalb der Rechtsformwahl zu beachtenden Interdependenzen weisen zuletzt *Zerres/Zerres* (2006) hin. Einen umfassenden systematischen Überblick über die Ziele des Rechts, den Aufbau und die Grundprinzipien des deutschen Rechtssystems sowie dessen praktische Relevanz in den verschiedenen betrieblichen Aufgabenfeldern bietet *Braun* (1999: 26ff.).

1.3.1.1 Übergeordneter Rechtsrahmen

Von Unternehmen ist bei ihrem Handeln, ebenso wie von allen anderen gesellschaftlichen Akteuren, ein vielschichtiger Rechtsrahmen zu beachten, der sich aus verschiedensten Rechtsvorschriften zusammensetzt. Die einzelnen Rechtsbereiche und ihre Vorschriften weisen einen jeweils unterschiedlichen Rang auf, wodurch die strukturelle Funktionsfähigkeit des Rechtssystems gewährleistet werden soll. So setzt sich das deutsche Rechtssystem, neben dem Völkerrecht, aus dem Grundgesetz, formellen Bundes- oder Landesgesetzen sowie Rechtsvorschriften und Satzungen zusammen (vgl. etwa Braun 1999: 28). Diese Gesetze regeln jeweils das Außenverhältnis zwischen einzelnen Akteuren der Gesellschaft und werden im Bedarfsfall durch die Rechtsprechung bei Gericht, das Richterrecht, konkretisiert.

Weiterhin sind die Bereiche des Öffentlichen Rechts sowie des Privatrechts zu unterscheiden (vgl. etwa Zerres/Zerres 1994: 21ff.). Anders als im Öffentlichen Recht sind im Privatrecht die Beziehungen von natürlichen Personen, wie etwa Arbeitnehmern, sowie juristischen Personen, wie etwa Unternehmen, auf grundsätzlich gleichberechtigter Ebene geregelt. Da bei der Ausübung sämtlicher betriebswirtschaftlicher Funktionsfelder spezifische Rechtsgebiete zu beachten sind,[4] wird, auch angesichts einer globalisierten Wirtschaft, eine genaue Kenntnis der verschiedenen Vorschriften zu einem immer wichtigeren Wettbewerbsfaktor für Unternehmen.

Durch die Vielfalt unterschiedlich verknüpfter Rechtsnormen sind von den betrieblichen Praktikern innerhalb konkreter Problemstellungen mitunter ebenso komplexe wie abstrakte Zusammenhänge zu berücksichtigen. Die hierbei zu berücksichtigende juristische Arbeitsmethodik beschreiben anschaulich *Zerres/Zerres* (1994: 17ff.).

1.3.1.2 Recht des Marketing

In den vergangenen Jahren ist das Marketing immer mehr vom reinen Funktionsfeld zum zentralen Instrument strategischer Unternehmensführung geworden. Ein solches Verständnis im Sinne einer *marktorientierten Unternehmensführung*[5], auf dem auch die vorliegende Arbeit wesentlich

---

[4] Für eine entsprechende Aufstellung vgl. etwa *Braun* (1999: 29f.) sowie hinsichtlich konkreter Gesetze *Zerres/Zerres* (1999: 21).

[5] Unter *marktorientierter Unternehmensführung* wird im Allgemeinen eine im Unternehmen verbreitete Grundhaltung verstanden, die eine konsequente Ausrichtung aller unmittelbar und mittelbar den Markt berührenden Ent-

aufbaut, stellt die Mitarbeiter sowohl der Marketingabteilungen als auch zunächst funktionsfremder Bereiche vor besondere Herausforderungen. Bei der Gestaltung der verschiedenen marketingbezogenen Anwendungsfelder sind vielfältige marketingrelevante Vorschriften zu beachten. Die Bedeutung staatlicher Regulierung und der damit verbundenen wirtschaftsrelevanten Gesetzgebung für nahezu alle Bereiche des Marketing wird von *Kotler et al.* beschrieben (1999: 181ff.). Eine umfassende Darstellung des Spannungsfeldes zwischen Marketing und rechtlichen Rahmenbedingungen sowie darüber hinaus eine praxisorientierte Zusammenstellung dieser Rahmenbedingungen und deren Relevanz in marketingbezogenen Aufgabenstellungen liefern *Zerres/Zerres*.

Genannt werden zunächst haftungs- sowie patentrechtliche Fragen, die eine Auseinandersetzung mit den einschlägigen Gesetzen erfordern. Im Bereich des Umweltrechts wiederum setzt etwa die Verpackungsverordnung bestimmten Marketingmaßnahmen Grenzen. Ein weiterer Regelungsbereich findet sich im Bereich des Markenrechts. Die Gestaltung der Distributionspolitik steht unter dem Einfluss unterschiedlicher, insbesondere arbeitsrechtlicher Vorschriften (1994: 38). Die besondere Vielschichtigkeit der zu beachtenden Vorschriften erläutern *Zerres/Zerres* am Beispiel wettbewerbsrechtlicher Vorschriften: Die einerseits vom Grundgesetz garantierte Wettbewerbsfreiheit findet andererseits ihre Grenzen durch das, einzelne Details regelnde Wettbewerbsrecht. Hier wiederum soll das Gesetz gegen Wettbewerbsbeschränkungen die Existenz eines freien Wettbewerbes sichern, indem etwa bestimmte Monopolstellungen verboten sind, während das Gesetz gegen unlauteren Wettbewerb die Qualität des Wettbewerbs sichern soll (1994: 189; Braun 1999: 1332ff.).

---

scheidungen an den Erfordernissen der tatsächlichen oder potenziellen Nachfrager verlangt. Zur Gestaltung der marktorientierten Unternehmensführung vgl. im Einzelnen *Homburg/Krohmer* 2006: 1315ff.

Ebenso unterliegt auch das Aufgabenfeld der Internen Kommunikation in bestimmten Bereichen gesetzlichen Regeln. Einen umfassenden praxisorientierten Überblick über die hier zu beachtenden Vorschriften zwischen Unternehmensorganen oder auch zwischen der Unternehmensleitung und den Arbeitnehmern bietet *Oelert* (2003: 62ff.).

Der von Unternehmen zu beachtende Rechtsrahmen ist nicht statisch, sondern unterliegt im Marketing ebenso wie auch in anderen Anwendungsfeldern einem steten Wandel, etwa durch sich verändernde Rechtsprechung sowie durch neue Vorschriften. So ist etwa die ursprünglich verbotene vergleichende Werbung inzwischen in einem bestimmten Rahmen erlaubt, so dass sich für Unternehmen sowohl neue Chancen als auch Risiken abzeichnen.

Die erwähnten Beispiele verdeutlichen die Vielfalt der Vorschriften, die von den betrieblichen Entscheidungs- und Funktionsträgern im Marketing zu beachten sind. Deren Kenntnis sowie systematische Anwendung kann zu einem immer wichtiger werdenden Erfolgsfaktor für Unternehmen werden, sei es, um die eigenen Aktivitäten entsprechend zu gestalten oder aber das Handeln der Konkurrenz entsprechend beurteilen zu können. Ein Marketing, das sich als Lenkungsinstrument zur marktorientierten Unternehmensführung versteht, erfordert darüber hinaus eine weitergehende systematische Auseinandersetzung auch mit ursprünglich marketingfremden Rechtsgebieten.

1.3.1.3 Recht in der Personalpraxis

Einen neben dem Marketing immer wichtiger werdenden betrieblichen Funktionsbereich bildet das *Personalmanagement*. Gerade in wissensbasierten Branchen wird ein optimaler Umgang mit der Ressource Personal immer mehr zum Erfolgsfaktor.[6] Die Personalarbeit von Unternehmen wandelt sich damit von der ehemals dominierenden reinen Verwaltung von Personaldaten hin zu einer aktiven Gestaltung personalpolitischer Prozesse. Als eine Ursache hierfür sehen *Martin/Nienhüser* Strategien von Unternehmen, auf neue und flexiblere Organisationsmodelle zu setzen, die wiederum andere Anforderungen an den Umgang mit Beschäftigten stellen. Der Kern dieser neuen Organisationsstrukturen liegt dabei vor allem auf der Deregulierung, Flexibilisierung sowie Externalisierung von Arbeitsverhältnissen (2002: 1f.).[7] Gerade für Unternehmen, die zunehmend auf flexible und individuellere Beschäftigungsformen jenseits des ehemals dominierenden Normalarbeitsverhältnisses setzen, erhöht sich zwangsläufig die Dichte der diese Beschäftigungsformen regulierenden Vorschriften. *Oechsler* vergleicht den hierbei zu beachtenden Regelungsrahmen als „*Arena für die Durchsetzung*" personalpolitischer Strategien und Handlungen (1998: 466).

Der *arbeitsrechtliche Rahmen*, der die betriebliche Personalarbeit und damit die Beziehungen zwischen Arbeitnehmern und Arbeitgebern regelt, besteht aus einer Vielzahl von Einzelgesetzen, Verordnungen, Tarifverträgen sowie mit zunehmender Bedeutung Betriebsvereinbarungen. Diese Vorschriften umfassen die Teilbereiche des individuellen sowie des

---

[6] Zu dieser Diskussion sowie zur Konkretisierung des Ressourcenbegriffes im Zusammenhang mit Personalarbeit vgl. *Martin* (2003: 5f.).

[7] Einen komprimierten Überblick über die verschiedenen Formen der Flexibilisierung und Externalisierung von Aufgaben bietet *Schenck* (2002) am Beispiel der strategischen Nutzung der Leiharbeit.

kollektiven Arbeitsrechts. Einen umfassenden Überblick über die hierzu zählenden Einzelgesetze und Vorschriften sowie deren hierarchisches Zusammenwirken liefert *Jung* (2005: 52f.). Neben einer Erläuterung der verschiedenen Begriffe des Arbeitsrechts sowie der verschiedenen Rechtsquellen beschreibt *Jung* die Rechte und Pflichten von Arbeitgebern und Arbeitnehmern, die Aufgaben des Betriebsrates, Regelungen der Betriebsverfassung sowie den Aufbau der Arbeitsgerichtsbarkeit (2005: 99).

Den Einfluss arbeitsrechtlicher Aspekte auf die Gestaltung der Personalpolitik beschreibt etwa *Oechsler* (1998: 476), der kritisiert, dass die verschiedenen Regelungsebenen keiner detaillierten Systematik unterliegen, so dass Unternehmen ihre Personalpolitik innerhalb der Vielfalt von Regelungen entwickeln müssen (471). Hingegen sehen *Klimecki/Gmür* im Arbeitsrecht keine exogene Beschränkung der Wirtschaftsfreiheit, sondern vielmehr einen Ausdruck dessen, dass Unternehmensleitungen in einem Bündel von Regelungsangeboten Vorteile erblicken, die sie nutzen, indem sie sich etwa Arbeitgeberverbänden anschließen, die Einrichtung von Betriebsräten fördern oder auch mit mehr oder weniger formellem oder informellem Druck zu verhindern versuchen. Sie argumentieren, dass dabei das Arbeitsrecht gerade in Kombination mit spezifischen ökonomischen und politischen Rahmenbedingungen mehr Gestaltungsspielräume bietet, als die Gesetzesdichte es vermuten lässt (2001: 484).

Die Diskussion über die Notwendigkeit sowie Problembeladenheit einer Deregulierung arbeitsrechtlicher Vorschriften bestimmt seit Jahren die Arbeitsmarktpolitik und wird als solche sehr wertgeladen geführt. So sieht etwa *Hromadka* den Kündigungsschutz in seiner heutigen Form als problematische Einschränkung der unternehmerischen Freiheit.[8] Eine kritische Zusammenfassung der zentralen Argumentationen zur Deregulierung insbesondere des Kündigungsschutzes bietet dagegen *Höland* (2003: 23ff.), der die den Deregulierungsforderungen zugrunde liegenden Annahmen kritisch beleuchtet und den Bedarf empirischer Forschung herausstellt (34). Eine problematische Einschränkung der Perspektive auf den Bereich des Arbeitsrechts innerhalb der Diskussion um betriebliche Probleme stellen *Pfarr et al.* fest und hinterfragen den direkten Zusammenhang zwischen arbeitsrechtlicher Regulierung und dem Beschäftigungsverhalten von Unternehmen (2005: 5). Vor Pauschalisierungen innerhalb der Deregulierungsdiskussion warnt ebenfalls *Keller* (2005: 17) und weist auf die Beachtung konkreter Wirkungszusammenhänge hin.

Die anhaltenden Forderungen nach Veränderungen am Arbeitsrecht haben in der Vergangenheit zu einer Vielzahl von Arbeitsrechtsreformen geführt. Eine geeigneten Überblick über die einzelnen Veränderungen am Arbeitsrecht sowie die politischen Diskussionen, die diese jeweils begleitet haben, bieten *Fischer/Thiel* (2005: 25ff.). So wurden zum einen Schutzvorschriften für Arbeitnehmer und Arbeitnehmerrechte gestärkt wie zum Beispiel im Betriebsverfassungsgesetz, zum anderen gewann die Flexibilisierung des Arbeitsrechts mit der Hartz-Gesetzgebung sowie der Agenda 2010 an Bedeutung. Anhand ihrer Übersicht verdeutlichen sie, dass sich die einzelnen Reformen innerhalb verschiedener Gesetze im Laufe der Jahre nicht etwa systematisch fortentwickelt haben, sondern vielmehr mehrmals Reformen von Vorgängerregierungen wieder zurückgenommen

---

[8] Ähnlich für die juristische Diskussion vgl. beispielhaft *Rüthers* (2002: 1601); *Neef* (2000: 7); *Bauer* (2005); *Löwisch* (2005); anders *Däubler* (2005); für die wirtschaftswissenschaftliche Diskussion *Jahn* (2004).

wurden.[9] Dabei wird bereits eine für Unternehmen entstehende Unruhe hinsichtlich verlässlicher Gesetzgebung deutlich.

Die hier beschriebenen häufigen Veränderungen am Arbeitsrecht können zumindest teilweise als Reaktion des Gesetzgebers auf Deregulierungsforderungen betrachtet werden. Obwohl das Thema Arbeitsrecht gerade mit Blick auf seine Arbeitsmarktwirkungen und das Unternehmenshandeln einen festen Platz in der öffentlichen Diskussion einnimmt, sind repräsentative Untersuchungen dieses Zusammenhanges nur vereinzelt zu finden. So ist gerade auch der Zusammenhang zwischen Gesetzesänderungen und dem damit verbundenen intendierten Verhalten wissenschaftlich bislang kaum untersucht, worauf *Zachert* im Rahmen seines internationalen Vergleiches von Beendigungstatbeständen hinweist (vgl. Zachert 2004: 81). Das quantitative Forschungsprojekt *Regulierung des Arbeitsmarktes* (REGAM) veröffentlichte erstmalige umfassende repräsentative Erkenntnisse über den betrieblichen Umgang mit Arbeitsrecht im Rahmen einer Befragung von mehr als 1.900 Personalverantwortlichen (vgl. Pfarr et al. 2005). Nachgegangen wurde dabei vor allem der Frage nach der Wirkung des Kündigungsschutzgesetzes auf die Personalpolitik von Unternehmen. Die Autoren setzen sich dabei kritisch mit den in den letzten Jahren zunehmenden Forderungen nach einer Deregulierung des Arbeitsrechts auseinander. Belegt wird, dass der betriebliche Umgang mit dem Arbeitsrecht weit weniger konflikthaft erfolgt als gemeinhin angenommen wird. So wird etwa nur jede achte arbeitgeberseitige Kündigung eines Arbeitsverhältnisses beklagt. Allerdings verdeutlichen die Ergeb-

---

[9] Vgl. hierzu auch *Keller* (2005: 18); zum häufigen Wandel in der Arbeitsgesetzgebung *Schramm/Zachert* (2005a: 477).

nisse auch, dass Betriebe sich häufig erst im Konfliktfall mit arbeitsrechtlichen Vorschriften auseinander setzen (vgl. Pfarr et al. 2005: 90ff).[10] Nach Ansicht von *Klimecki/Gmür* könnten Unternehmen ihre Arbeitsrechtspraxis in bestimmten Bereichen durchaus aktiv gestalten, was die besondere Bedeutung einer Kenntnis grundlegender arbeitsrechtlicher Rahmenbedingungen für eine aktive betriebliche Arbeitsrechtspraxis unterstreicht (2001: 484).[11] Bei ihrer empirischen Untersuchung der Verbreitung arbeitsrechtlicher Ressourcen in Personalabteilungen kamen *Alewell/Koller* zu dem Schluss, dass in der großen Mehrheit von Kleinunternehmen Defizite in der Qualität arbeitsrechtlicher Entscheidungen zu vermuten sind (2002: 990ff.). Weiterhin gehen sie davon aus, dass Art und Umfang der in Unternehmen vorhandenen Arbeitsrechtskenntnisse entsprechenden Einfluss nehmen auf die jeweils angewandten personalpolitischen Maßnahmen.

Die Frage nach dem Einfluss der arbeitsrechtlichen Bedeutung der *Betriebsgröße* auf die Gestaltung von Arbeitsbeziehungen sowie der Personalpolitik von Betrieben ist Gegenstand einer ausführlichen Untersuchung von *Dibbern-Voss* (2005: 404ff.). Neben der Betrachtung verschiedener betriebsgrößenrelevanter Vorschriften, wie etwa dem Betriebsverfassungsgesetz und dem Kündigungsschutzgesetz, wird in der Untersuchung insbesondere die Schlüsselstellung von kleinen und mittleren Unternehmen (KMU) hinsichtlich Beschäftigungsförderung und -sicherung hervorgehoben. Da die meisten Arbeitnehmer in mittelständischen Unternehmen beschäftigt sind, ist das personalpolitische Vorgehen von besonderer Relevanz.

---

[10] Zu den detaillierten Forschungsergebnissen vgl. *Pfarr. et al.* (2005).
[11] Auf das Phänomen der innerhalb der Personalpolitik vorzufindenden Widersprüchlichkeit der Handlungsmuster weisen *Gebert/Börner* (1998: 323ff.) hin.

Der bislang vorliegende Forschungsstand gibt zu einem überwiegenden Teil Auskunft über das gewählte personalpolitische Vorgehen im Sinne konkreter personalpolitischer Maßnahmen. Die Frage, welche *Begründungen* für das jeweilige Handeln identifiziert werden können, wurde bislang nur wenig untersucht, sie wird jedoch zunehmend als zentral für das Verständnis der Wirkungen rechtlicher Regulierung und die Überprüfung etwaiger Deregulierungsbedarfe und hierzu geeigneter Maßnahmen angesehen.

So befassen sich *Schramm/Zachert* (2005) erstmalig aus interdisziplinärer Perspektive mit den bei der betrieblichen Umsetzung arbeitsrechtlicher Vorschriften zu beachtenden verhaltensorientierten Besonderheiten. Dabei sind die Aufnahme und Umsetzung arbeitsrechtlicher Vorschriften Prozesse organisationalen Lernens, innerhalb derer Änderungen des Arbeitsrechts soziale Innovationen darstellen, die in Abhängigkeit von den Akteuren und deren individueller Situation verschiedenartig und unterschiedlich schnell aufgegriffen und umgesetzt werden und schließlich zu unter Umständen unterschiedlichen Ergebnissen führen. Ihre qualitativen Forschungsergebnisse legen nahe, dass dabei die unternehmerische Praxis unterschiedlich gestaltet sein kann: So lassen sich Unternehmen hinsichtlich ihrer arbeitsrechtlichen Kultur oftmals verschiedenen Typen zuordnen. Die Spannweite reicht hier von einer strikt an den Vorschriften orientierten Verfahrensweise über eine ökonomische Betrachtungsweise im Sinne eines Kostenabwägens zwischen Befolgen der oder Zuwiderhandeln gegen die rechtlichen Vorschriften bis hin zum Extremfall der Tendenz eines allgemeinen Zuwiderhandelns (vgl. ausführlich Hübner 2005: 450ff. sowie Bradtke et al. 2004: 138ff.

Im Rahmen einer kritischen Betrachtung arbeitsrechtlicher Regulierung argumentiert *Kania*, dass sich Unternehmen im Zusammenhang mit Kenntnisproblemen im Arbeitsrecht vermehrt an einem „angeblichen" Arbeitsrecht zu orientieren scheinen und ihr Handeln gezielt oder unbewusst an vereinfachten, vermuteten Regeln ausrichten (2005: 597).[12] Das „gefühlte" Arbeitsrecht ist als solches bislang nur wenig näher empirisch untersucht worden, der Begriff selbst hat jedoch bereits Eingang in die wissenschaftliche Diskussion gefunden.[13] Erste Erkenntnisse legen nahe, dass Unternehmen sich bei ihrem Handeln in der Tat von vermuteten Vorschriften leiten lassen. Hier stellt sich die Frage nach den Ursachen für die Fehleinschätzung sowie nach entsprechenden Möglichkeiten, die Kenntnisse zu optimieren.[14]

1.3.2 Verhaltenswissenschaftliche Theorien in der Personalforschung

Aus dem Bereich der verhaltensorientierten Betriebswirtschaftslehre sowie verhaltenswissenschaftlicher Forschung allgemein steht eine Reihe von Ansätzen zur Verfügung, die für eine theoretische Rahmung der Untersuchung der Motive und Begründungen für das Handeln von betrieblichen Akteuren bei ihrem Umgang mit dem Arbeitsrecht wertvoll erscheinen. Das Spannungsfeld, in dem Personalforschung stattfindet, beschreibt *Martin,* der argumentiert, dass die von der Personalforschung betrachteten Fragestellungen zum einen oftmals sowohl private als auch wirtschaftliche Interessen berühren. Zum anderen stehe die Personalforschung im Spannungsverhältnis zahlreicher anderer wissenschaftlicher Disziplinen, da sich diese nur schwer von diesen abgrenzen ließe (2001: 1). Auf die Bedeutung einer wissenschaftlichen Betrachtung des Personals weist ebenfalls *Martin* (2003a: 5ff.) hin und beschreibt dabei ver-

---

[12] Für eine kritische Betrachtung dieser Argumentation vgl. *Stein* (2006).
[13] Eine erste genauere Auseinandersetzung hierzu leisten aktuell *Schmidt/ Worobiej* (2008).
[14] Zum Aufbau des Normensystems vgl. etwa *Berthel/Becker* (2007: 529ff.).

schiedene ressourcenorientierte Perspektiven des wissenschaftlichen Zugangs zum Forschungsobjekt Personal.[15]

Als übergeordneter theoretischer Rahmen liegen dieser Untersuchung vor allem *verhaltenswissenschaftlich situative Ansätze* sowie *entscheidungsorientierte* Ansätze zugrunde. Situative Ansätze bieten, anders als etwa systemtheoretische Ansätze, aufgrund ihrer Eigenschaft, ausgerichtet auf empirische Erkenntnisse formal- und verhaltenswissenschaftliche Gestaltungsempfehlungen anzustreben, den Vorteil, im Forschungsprozess offen gegenüber dem Untersuchungsgegenstand zu sein (vgl. etwa Staehle 199: 48 sowie hinsichtlich ihrer Verwendung innerhalb personalwirtschaftlicher Fragestellungen Oechsler 1997: 13). Da zu dem hier betrachteten Untersuchungsgegenstand der Wahrnehmung arbeitsrechtlicher Vorschriften in der Personalarbeit und den sich hierdurch ergebenden Anforderungen für die Gestaltung der Internen Kommunikation von Unternehmen bislang kaum systematische Erkenntnisse vorliegen, ist daher also eine gegenüber empirischen Besonderheiten entsprechend offene Herangehensweise erforderlich.

Die konzeptionelle Bedeutung von *Verhaltensspielräumen* in situativen Ansätzen sowie deren Interpretation durch verschiedene Autoren beschreibt *Staehle*, der die Einbeziehung von Handlungs- und Verhaltensspielräumen als zentral für verhaltenswissenschaftlich situative Ansätze bezeichnet (1999: 55). Dabei werden Begrenzungen wie etwa Entscheidungsprämissen, Restriktionen oder Nebenbedingungen von Handlungsspielräumen wiederum von Akteuren gesetzt, verändert sowie be- oder missachtet (vgl. Staehle 1999: 56).

---

[15] Einen guten Grundlagen-Überblick über die Methoden der Personalforschung und deren praktische Anwendungsmöglichkeiten bieten wiederum *Nienhüser/Krins* (2005).

Die besondere Bedeutung des Aspektes der *beschränkten Rationalität* wiederum wird gerade von *verhaltenswissenschaftlich-entscheidungsorientierten Ansätzen* erfasst, die auf den beiden Prämissen aufbauen, dass Menschen zum einen nur über beschränkte Informationsverarbeitungskapazitäten verfügen und dass zum anderen ihre Bereitschaft zum eigenen Engagement in Organisationen beschränkt ist (vgl. etwa Berger/Bernhard-Mehlich 2002: 133).

Zur Betrachtung dieser Fragestellungen sollen unterschiedliche Teil-Theorien herangezogen werden, die geeignet sind, die zu identifizierenden Verhaltensweisen der Akteure aus verhaltenswissenschaftlicher Perspektive verständlich zu machen.

Menschliches Verhalten ist auf *Motive* rückführbar und erfolgt zielorientiert. Dabei können objektiv gleiche Situationen von verschiedenen Menschen unterschiedlich interpretiert werden und zu unterschiedlichem Verhalten führen; genauso können objektiv ungleiche Situationen von verschiedenen Menschen subjektiv übereinstimmend interpretiert werden, mit der Folge, dass keine Verhaltensunterschiede auftreten. Ein Modell, das die für die auftretenden Unterschiede im Verhalten von Personen in entsprechenden Situationen verantwortlichen Einflussfaktoren, die häufig nicht direkt erkennbar sind, strukturiert, ist das *S-O-R-Paradigma*. Nach diesem Modell erregen bestimmte Stimuli (S) der Umwelt, wie zum Beispiel gesellschaftliche Normen oder Aufgaben, die Sinnesorgane im Organismus (O) der Akteure und aktivieren Motive oder bestimmte Erwartungen, die als Reaktion (R) zu beobachtbaren Verhaltensintentionen führen. Als zentrale Konstrukte des S-O-R-Paradigmas sind in der vorliegenden Arbeit vor allem Zusammenhänge der *Wahrnehmung* (arbeits-) rechtlicher Vorschriften sowie die mit diesen Prozessen in Verbindung stehenden *Werte*, *Einstellungen* sowie *Meinungen* der Akteure gegenüber arbeitsrechtlichen Vorschriften von Interesse, um Begründungen für identifiziertes Verhalten herausarbeiten zu können.[16]

Um Verhaltensweisen verstehen zu können, ist es wichtig, die jeweiligen Situationen nachvollziehen zu können, unter denen der Handelnde die jeweiligen Probleme und Zusammenhänge wahrgenommen hat. Unter Wahrnehmung wird allgemein der Prozess bezeichnet, in dem Akteure ihre (Sinnes-) Eindrücke so ordnen und sortieren, dass ihre Umwelt für sie einen Sinn ergibt (vgl. etwa Robbins 2001: 155).

Bei der Betrachtung und Interpretation von *Wahrnehmung* ist eine Reihe von Zusammenhängen zu beachten. So nehmen Menschen Informationen etwa selektiv wahr und verarbeiten diese in ein internes Modell ihrer Umwelt. Dabei werden für die Menschen lediglich die wahrgenommenen und akzeptierten Handlungsprämissen zur Grundlage ihrer Handlungssituation (vgl. etwa Staehle 1999: 197ff; ähnlich Robbins 2001: 155ff.). Nach *Staehle* handeln Menschen daher auf Grundlage dessen, was und wie sie etwas wahrnehmen und damit nicht zwingend auf Grundlage der real gegebenen Situation.[17] Damit werde die subjektive Situation unmittelbar handlungsrelevant (vgl. Staehle 1999: 197). Im Rahmen ihrer Wahrnehmung selektieren, organisieren und interpretieren Individuen Reize aus ihrer Umwelt. Nach *Robbins* spielen dabei vor allem die persönlichen Eigenschaften des individuell Wahrnehmenden, wie etwa Einstellungen, Motive und Erfahrungen, ebenso eine besondere Rolle, wie der Kontext, in dem etwa Ereignisse wahrgenommen werden (2001: 156, 158). Eine

---

[16] Als weitere Konstrukte des S-O-R-Paradigmas nennt *Staehle* Instinkte, Triebe, Bedürfnisse, Motive, Anspruchsniveau, Erwartungen sowie Qualifikationen (1999: 163).

[17] Führen Reize lediglich zu einer Stimulation der Sinnesorgane, ohne dass eine bewusste gedankliche Verarbeitung erfolgt, spricht man anstatt von Wahrnehmung von Empfindung (vgl. *Staehle* 1999: 197f.).

umfassende Beschreibung der dabei wirkenden Teilprozesse, wie etwa Wahrnehmungsverzerrungen, findet sich bei *Staehle*[18] (1999: 198ff.) sowie *Kunda* (2000).

Die *Wahrnehmung* beeinflusst die individuelle Entscheidungsfindung. Eine genauere Betrachtung dieses Zusammenhanges aus managementorientierter Perspektive bietet ebenfalls *Robbins* (2001: 166ff.). Wahrgenommene Reize und Situationen werden von beteiligten Akteuren individuell interpretiert. Die Deutung von Wahrnehmungen ist Gegenstand der *Attributionstheorie Heiders*. Diese geht von einem Bedürfnis der Menschen aus, wahrgenommene Ereignisse dadurch zu erklären, dass sie ursächlich auf dispositionelle Eigenschaften der jeweiligen Personen oder Situationen zurückgeführt werden. Dadurch erfolgt eine Strukturierung der die Menschen umgebenden Umwelt (vgl. Staehle 1999: 205). Einen umfassenden Überblick zur Forschung und praktischen Anwendungsbereichen der Attribution liefern *Aronson et al.* (2004: 115ff.), die insbesondere den Einfluss vielfältiger Attributionsfehler bei der Interpretation von Wahrnehmung thematisieren.

Gerade innerhalb der Beurteilung sozialer Zusammenhänge stehen nicht immer rechtzeitig umfassende Informationen zur Verfügung, um diese umfassend abzusichern. So werden etwa beim Umgang von Unternehmen mit rechtlichen Rahmenbedingungen mitunter bestimmte Vereinfachungen vorgenommen, um zu schnellen Lösungen zu gelangen. Dieses Phänomen von Vereinfachungsregeln innerhalb von Entscheidungsfindungen, so genannte Heuristiken, wird seit einigen Jahren vermehrt dis-

---

[18] Vgl. hier insbesondere eine zusammenfassende grafische Darstellung des Wahrnehmungsprozesses und der dabei beteiligten Konstrukte von *Staehle* (1999: 200ff.).

kutiert. Einen guten Überblick über die verschiedenen Arten von Heuristiken bieten *Zimbardo/Gerrig* (2004: 385f.).

Neben Wahrnehmungen sind für die vorliegende Fragestellung die *Einstellungen* von Personalverantwortlichen von Interesse. Einstellungen bilden ein zentrales Konstrukt innerhalb sozialpsychologischer Forschung. In der Einstellungsforschung geht es darum, zu untersuchen, wie bestimmte Einstellungen zu Sachverhalten, Verhaltensweisen oder Personen entstehen und auf welche Art und Weise diese verändert werden können (vgl. Frey et al. 2005: 55). Unter dem Begriff der Einstellung wird aus sozialpsychologischer Perspektive ein individuelles, in sich geschlossenes und relativ stabiles System von Gedanken, Gefühlen und Handlungspräpositionen verstanden (Staehle 1999: 176; ähnlich Aronson et al. 2004: 231)[19]. Eine zentrale Frage innerhalb der Einstellungsforschung bezieht sich auf die Problematik, ob aufgrund der Einstellungen einer Person ihr Verhalten vorhergesagt werden kann. Die Annahme, dass die Einstellungen von Personen sich in ihrem Verhalten widerspiegeln, ist weit verbreitet. In der sozialpsychologischen Forschung wird diesem Zusammenhang eine große Bedeutung beigemessen. Mit ihrer Theorie des überlegten Handelns legten *Fishbein/Ajzen* einen Grundstein für die Forschung zur Frage der Verhaltenswirksamkeit von Einstellungen (vgl. etwa Ajzen 1991). Einen Abriss über die Forschungen zur Entstehung sowie Änderung von Einstellungen bieten *Frey et al.* (2005: 56ff.).

---

[19] Für das Vorliegen einer Einstellung sind alle drei Komponenten erforderlich. Fehlt innerhalb dieses Systems etwa die Gefühlskomponente, spricht man noch nicht von Einstellungen, sondern von *Meinungen* (vgl. *Staehle* 1999: 177) Für eine genauere Abgrenzung der Begriffe Einstellung und Meinung vgl. *Bem* (1974).

1.3.3 Interne und Integrierte Kommunikation

Ein zentraler Teil der vorliegenden Untersuchung beschäftigt sich mit der Frage, wie Unternehmen ihre Kommunikation im Zusammenhang mit arbeitsrechtlichen Fragestellungen gestalten, beziehungsweise, wie gerade eine optimale Interne Kommunikation dazu beitragen kann, vermeidbare Probleme im Umgang mit dem Arbeitsrecht zu reduzieren. Eine besondere Rolle spielen dabei die Sicherstellung und Gestaltung von Kommunikation zwischen der Personalabteilung als Fachabteilung sowie unterschiedlichen inner- und außerbetrieblichen Akteuren wie etwa der Unternehmensleitung, Beschäftigten, Anwälten und Behörden. Eine Voraussetzung für einen optimalen Umgang mit arbeitsrechtlichen Anforderungen bildet ein gezielter Austausch zwischen allen Beteiligten, der eine entsprechende Integration in die Unternehmensprozesse erfordert.

Der *Bedarf einer Integrierten Kommunikation* von Unternehmen besteht selbstverständlich nicht nur im hier betrachteten Zusammenhang, vielmehr wird der Integrationsbedarf der Kommunikation immer mehr als unverzichtbar für Unternehmen betrachtet. Die bei der Planung und Umsetzung einer Integrierten Kommunikation zu beachtenden Problemstellungen sind Gegenstand verschiedener Untersuchungen von *Bruhn* (1995; 2006), der Ansatzpunkte für eine entsprechende strategische und operative Umsetzung Integrierter Kommunikation identifiziert hat. So sieht er die Entwicklung eines entsprechenden Konzeptes als eine planerisch-konzeptionelle Aufgabe der Führungsebenen von Unternehmen an (2006: 139). Einen sehr umfassenden Überblick über die Entwicklung der Kommunikationsforschung bietet ebenfalls *Bruhn*. So können insbesondere auch verhaltenswissenschaftliche Ansätze zur Erklärung von Kommunikationsprozessen herangezogen werden.

Gerade das *S-O-R-Paradigma* ermögliche dabei eine Berücksichtigung wirksamer, aber nicht direkt beobachtbarer Verhaltensweisen im Inneren von Kommunikationsbeteiligten. *Bruhn* weist in diesem Zusammenhang auf gewisse Defizite der verschiedenen theoretischen Ansätze hin und plädiert für eine Kombination einzelner Ansätze, um deren verschiedene Stärken und Schwächen in ihren jeweiligen Perspektiven zu erreichen (2006: 31).

Die *Integration von Kommunikationsaufgaben* kann als eine zentrale Voraussetzung für jegliche geplante Interne Kommunikation angesehen werden.[20] Im Zuge fortschreitender wirtschaftlicher Veränderungsprozesse ist die Interne Kommunikation in den letzten Jahren neuen Anforderungen ausgesetzt und ist inzwischen zu einem strategischen Führungsinstrument geworden. So ist laut *Bruhn* gerade die Mitarbeiterkommunikation zu einem wichtigen Baustein eines internen Marketings geworden. Auch komme dieser gerade in Krisenzeiten, wie etwa im Zusammenhang mit Entlassungen oder Streiks, eine besondere Bedeutung zu (2006: 1284f.). Die Interne Kommunikation bildet jedoch nicht nur einen optional zu nutzenden Erfolgsfaktor für Unternehmen, vielmehr sind diese zudem in gewissem Umfang zur internen Kommunikation gesetzlich verpflichtet (vgl. etwa Oelert 2003: 62ff.; Bruhn 2005: 1293ff.).

Die bisherigen Untersuchungen zur Integrierten sowie Internen Kommunikation betrachten Kommunikation überwiegend aus einer reinen Marketingperspektive. In der vorliegenden Arbeit soll der Anwendungsbereich der Erkenntnisse zur Internen Kommunikation im Sinne einer marktorientierten Unternehmensführung *gezielt auf nicht direkt marketingnahe Funktionsbereiche erweitert* werden.

---

[20] Zu den Formen der Integration vgl. *Bruhn* (1995: 40ff.).

1.3.4 Forschungsbedarf

Die vorliegende Arbeit betrachtet aus theoretischer sowie empirischer Perspektive ein betriebliches Aufgabenfeld, das sich in die Schnittstelle dreier Disziplinen einordnet, indem aus einer marketingbezogenen Perspektive der Umgang des Personalmanagements mit arbeitsrechtlichen Vorschriften untersucht wird. Wenngleich in den letzten Jahren erste umfassende Erkenntnisse über den Umgang von Unternehmen mit Arbeitsrecht vorgelegt wurden (vgl. etwa Pfarr 2005; Schramm/Zachert 2005; 2008), sind umfassende Erkenntnisse über die, diesem Umgang zugrunde liegenden Begründungen und Motivationen kaum zu finden, obwohl hierin ein wichtiger Schlüssel für das Verständnis betrieblichen Handelns vermutet wird (vgl. etwa Schramm/Zachert 2005).

Die vorliegende Untersuchung soll daher zu einem Erkenntnisfortschritt in mehreren Bereichen beitragen. So stellt sich zunächst die Frage, welche *verhaltensbedingten Unschärfen* im Umgang der Unternehmen mit Arbeitsrecht festgestellt werden können. Bei der Personalarbeit handelt es sich um ein elementares betriebliches Aufgabenfeld, das die Belange einer Vielzahl von Akteuren berührt. Dies lässt komplexe interne Abstimmungsbedarfe vermuten. Auch hier sind bislang keine genaueren Untersuchungen darüber bekannt, wie sich die *unternehmensinterne Kommunikation im Spannungsfeld zwischen Arbeitsrecht und Personalarbeit* gestaltet und welche Defizite dabei festzustellen sind. Insbesondere fehlen bislang Erkenntnisse darüber, welchen Beitrag eine gezielte Interne Kommunikation leisten kann, um unternehmerische Risiken in der Personalarbeit zu minimieren. Angesichts der zunehmenden Bedeutung kleiner und mittelgroßer Unternehmen für die deutsche Wirtschaft sind insbesondere Erkenntnisse darüber hilfreich, inwieweit das Instrument der Internen Kommunikation geeignet ist, um etwa größenspezifische strukturelle Defizite einer systematischen Personalarbeit in KMU auszugleichen.

Innerhalb des Bereiches der Internen Kommunikation stellt sich die Frage, wie, ausgehend von einer funktionsbezogenen Perspektive, wie etwa der Personalarbeit und den dort vorherrschenden speziellen Problemstellungen, eine *Interne Kommunikation erfolgreich gestaltet* werden kann. Dabei erscheint es sinnvoll zu überprüfen, wie gerade auch ein marketingspezifisches Instrument, wie die Interne Kommunikation, im Sinne einer marktorientierten Unternehmensführung auch in nicht direkt marketingnahen Funktionsbereichen zur Anwendung kommen kann.

1.4 Wissenschaftliche Methodik

Die in einer empirischen Untersuchung zum Einsatz kommenden Methoden müssen sich an der *Art der Fragestellung*, den relevanten *Eigenschaften des Untersuchungsgegenstandes* sowie dem *Forschungsstand* orientieren (vgl. etwa Walgenbach 1994: 96). Die vorliegende Untersuchung hat einen starken praxisorientierten Bezug, indem das Handeln und die Motivationen betrieblicher Akteure bei ihrem Umgang mit dem Arbeitsrecht untersucht werden. Sowohl bei der Personalarbeit als auch dem Marketing handelt es sich um Untersuchungsgegenstände mit einem jeweils starken Anwendungsbezug.

Weiterhin ist das Vorgehen in diesem Forschungsfeld dadurch gekennzeichnet, dass dazu bislang kaum detailliertere Erkenntnisse vorliegen. Dieser Umstand sowie die Tatsache, dass umfassende Ergebnisse nur unter Berücksichtigung einer überwiegend individuellen Perspektive der betrieblichen Praktiker, insbesondere der Personalleitungen, erarbeitet werden können, legen ein weitgehend offenes, direkt am Forschungsobjekt orientiertes Vorgehen mit qualitativen Methoden nahe. Die Vorgehensweise lässt sich in zwei zentrale Schritte aufteilen: Im *ersten Schritt* gilt es, aus theoretischen Ansätzen und Erkenntnissen einen theoriebasierten Konzeptrahmen und ein Untersuchungsmodell für die Betrachtung der Fragestellung zu entwickeln, der in einem *zweiten Schritt* mit Hilfe einer empirischen Untersuchung weiterentwickelt und an den Praxisbedarf angepasst wird. Aufbauend hierauf werden dann Implikationen für eine optimierte Interne Kommunikation beim Umgang der Unternehmen mit Arbeitsrecht formuliert.

1.4.1 Allgemeines Forschungsverständnis

Als handlungsleitender Forschungsansatz für die Untersuchung wird der allgemeine Forschungsansatz nach *Ulrich* (1981) gewählt, der gezielt auf eine Kombination eines theoretischen und empirischen Erkenntnisprozesses setzt. *Ulrich* betrachtet die Betriebswirtschaftslehre aus wissenschaftstheoretischer Perspektive als angewandte Sozialwissenschaft, bei der Problemstellungen der Gestaltung und Entwicklung im Mittelpunkt stehen. Bei einem Vorgehen nach diesem Untersuchungsansatz sollen bestehende Methoden, Konzeptionen und Regeln laufend überprüft und bei Bedarf theoretisch abgesichert verändert werden. Auf Grundlage dieses Wissenschaftsverständnisses hat Ulrich ein Modell zum Forschungsprozess entwickelt, dessen einzelne Phase nachfolgend skizziert und auf die vorliegende Arbeit übertragen werden (vgl. hierzu Ulrich 1981: 19ff.).

1. Erfassung und Typisierung praxisrelevanter Probleme

In der *ersten* Phase gilt es, praxisrelevante Probleme von Unternehmen bei ihrem Umgang mit arbeitsrechtlichen Vorschriften und deren interner Kommunikation zu identifizieren. Aus dem Stand der Wissenschaft ergeben sich dann der Erklärungsbedarf der ermittelten Probleme sowie die damit verbundenen Anforderungen an ein theoriegeleitetes Konzept und dessen empirische Überprüfung.

2. Erfassung, Interpretation und Spezifizierung problemrelevanter Theorien und Verfahren

In der *zweiten* Phase wird nach erfolgter Auswertung der relevanten Literatur und Erkenntnissen der Sekundärforschung aus den Bereichen der verhaltensorientierten Ansätze der Betriebswirtschaftslehre, den arbeitsrechtsbezogenen Erkenntnissen aus der betrieblichen Personalforschung, dem Forschungsstand im Marketing zur Internen Kommunikation sowie ersten empirischen Erkenntnissen ein theoriegeleiteter Modellrahmen entwickelt.

3. Erfassung und Untersuchung des relevanten Anwendungszusammenhanges

Die im Modellrahmen entwickelten theoriegeleiteten Erkenntnisse zur individuellen betrieblichen Arbeitsrechtspraxis und die verhaltenswissenschaftlichen Annahmen über den Einfluss hierbei wirkender individueller Wahrnehmungen und Einstellungen werden in dieser *dritten* Phase zunächst erfasst, operationalisiert und schließlich empirisch untersucht. Die Grundlage hierfür bilden umfangreiche Experteninterviews mit Personalleitern, die zu ihrer Wahrnehmung von und ihrer Kommunikation über Arbeitsrecht befragt werden.

4. Ableitung von Beurteilungskriterien, Gestaltungsregeln und Konzepten

Nach einer Erfassung der empirischen Erkenntnisse werden diese in den theoretischen Modellrahmen integriert. Auf dieser Grundlage werden dann Implikationen für eine optimierte Interne Kommunikation im Umgang der Unternehmen mit arbeitsrechtlichen Vorschriften entwickelt, die gezielt die verhaltenswissenschaftlichen Erkenntnisse berücksichtigen und auf diese Weise helfen, Anpassungsschwierigkeiten der Personalarbeit von Unternehmen an arbeitsrechtliche Vorgaben zu vermeiden.

5. Prüfung der Regeln und Konzepte im Anwendungszusammenhang

In der letzten Phase werden die aufgestellten Konzepte schließlich im Anwendungszusammenhang überprüft. Dabei soll die Anwendbarkeit des theoriegeleiteten Konzeptes in der Praxis überprüft werden.

1.4.2 Qualitative Forschung und leitfadengestützte Experteninterviews

Qualitative Methoden ermöglichen aufgrund ihrer Offenheit gegenüber ihrem Untersuchungsgegenstand Einblicke in die möglicher Weise komplexe Dynamik der untersuchten unternehmensinternen Prozesse, die etwa bei einem stärker standardisierten Vorgehen eher verborgen bleiben könnten. Auch haben sich gerade qualitative Methoden für die Untersuchung von Prozessen als besonders geeignet erwiesen (Walgenbach 1994: 97f.). Die Besonderheit qualitativer Forschung liegt darin, dass sie auf ein sonst übliches hohes Maß an Standardisierung bei der Erhebung von Daten und deren Auswertung verzichtet. Bei den innerhalb qualitativer Methoden herangezogenen Daten handelt es sich überwiegend um Texte, wie etwa Protokolle von Interviews mit betrieblichen Akteuren, die im Rahmen ihrer Auswertung intensiv analysiert werden. Dabei geht es weniger um die Analyse von Häufigkeiten als vielmehr um das Zusammentragen eines Puzzles auf Grundlage sich ergänzender Aussagen von Praktikern.

Qualitative Methoden werden aufgrund ihrer beschriebenen Möglichkeiten nur selten einem strengen Ablauf folgen, sondern je nach Untersuchungsvorhaben variieren. Eine wichtige Grundforderung an qualitative Forschung liegt daher in der Nachvollziehbarkeit ihres Prozesses. Hierzu entwickelte *Mayring* die allgemeinen Anforderungen qualitativer Forschung. Dazu zählen im Wesentlichen die Kriterien der Verfahrensdokumentation, der argumentativen Interpretationsabsicherung, der Regelgeleitetheit des Vorgehens sowie der Nähe zum Forschungsgegenstand (1999: 119ff.). Nachfolgend soll daher zunächst beschrieben und begründet werden, welche Vorgehensweisen und Methoden bei der Datenerhebung zur Anwendung gelangen.

Die vorliegende Arbeit ist im Rahmen der Mitarbeit des Verfassers an einem empirischen Forschungsprojekt entstanden, das im Zeitraum von April 2005 bis April 2007 die betriebliche Umsetzung arbeitsrechtlicher Vorschriften untersucht hat. Innerhalb des Projektes *Arbeitsrecht in der betrieblichen Anwendung* (AribA) hat sich der Verfasser mit dem Zustandekommen des individuellen Umganges der Unternehmen mit arbeitsrechtlichen Vorgaben und Fragen nach hierbei wirkenden Wahrnehmungen und Einstellungen befasst. Die dabei erarbeiteten Erkenntnisse werden in der vorliegenden Arbeit vertiefend untersucht und unter Einbeziehung von Erkenntnissen zur Internen Kommunikation um einen innovativen Anwendungsbezug erweitert.

Nachfolgend sollen zunächst die Gründe für die Wahl *leitfadengestützter Experteninterviews* als methodische Vorgehensweise bei der im Mittelpunkt der Arbeit stehenden empirischen Untersuchung erläutert werden. Eine ausführliche Beschreibung des individuellen Methodenaufbaues und der praktischen Vorgehensweise bei der Datenerhebung erfolgt zu einem späteren Zeitpunkt der Untersuchung in den Abschnitten 2.3 sowie 4.1.

Da zu der zugrunde liegenden Fragestellung bislang kaum ausführlichere empirische Erkenntnisse vorliegen, gilt es, eine gegenüber den naturgemäß komplexen individuellen Besonderheiten der Befragungspersonen *offene Methodik* zu wählen. Daher fiel die Entscheidung für eine qualitative Vorgehensweise mit Hilfe leitfadengestützter Experteninterviews, die eine Gewinnung umfassender Erkenntnisse über zugrunde liegende Orientierungen und Handlungsmuster betrieblicher Praktiker sowie die damit verbundenen Auswirkungen ermöglicht (vgl. hierzu Trinczek 1995). Experteninterviews bieten gegenüber einer schriftlichen oder quantitativen Befragung mit überwiegend geschlossenen Fragen aufgrund ihrer hohen Kontextsensitivität den Vorteil, die jeweils unterschiedlichen Standpunkte einzelner Akteure möglichst gut erfassen und dabei ihren individuellen Besonderheiten Rechnung tragen zu können (vgl. etwa Gläser/Laudel 2004; Bogner et al. 2002 sowie Bradtke 2005). Mit Hilfe von Experteninterviews werden die zentralen Ziele der *Exploration*, das heißt das Verstehen des Forschungsfeldes sowie der systematischen Material- und Datengewinnung, verfolgt. Das Erkenntnisinteresse liegt dabei jeweils auf in der Regel sehr speziellem, dem Forscher als Außenstehendem nicht zugänglichem Wissen. Das Besondere dieser Erhebungsmethode besteht einerseits in ihrer praktischen *Anlehnung an die alltagsweltliche Kommunikation* und dem andererseits speziellen *Interaktionsverhalten* zwischen befragtem Experten und ebenfalls sachkundigem Interviewer. Möglich ist dabei eine trotz notwendiger Vorüberlegungen grundlegend offene Herangehensweise an den Forschungsprozess und an die Besonderheiten der Befragten.

Somit bietet sich die Anwendung von Experteninterviews gerade auch für Untersuchungen an, in denen neue Erkenntnisse über bestimmte betriebliche Zusammenhänge herausgearbeitet werden sollen, über die bisher nur wenig bekannt ist.

1.4.3 Datenauswertung im Rahmen qualitativer Inhaltsanalyse

Die Auswertung der mit Hilfe der Experteninterviews erhobenen Daten dieser Untersuchung basiert auf der Methodik der qualitativen Inhaltsanalyse. Diese stellt einen Ansatz empirischer, methodisch kontrollierter Auswertung insbesondere größerer Textdokumente dar, wobei das Material, in seinem Kommunikationszusammenhang eingebettet bleibend, nach inhaltsanalytischen Regeln ausgewertet wird, ohne dabei voreiligen Quantifizierungen zu verfallen (vgl. Mayring 2000: 2). Seit einigen Jahren sind hierzu leistungsfähige Computerprogramme entwickelt worden, so etwa das Programm MAXQDA, mit dessen Hilfe die überwiegenden Auswertungen der vorliegenden Arbeit vorgenommen wurden. Eine Besonderheit dieser Methode liegt darin, dass neben der Häufigkeit des Auftretens auch der *Inhalt von Informationen* analysiert werden kann: Darüber hinaus können das zugrunde liegende Auswertungssystem und dessen Kategorien im Forschungsprozess im Rahmen eines deduktiven Vorgehens am Material selbst geprüft und abgeglichen werden. Ziele sind dabei zumeist Typisierungen oder Konfigurationen von Informationen (vgl. Gläser/Laudel 2004: 193).

Aufgrund ihrer Ausrichtung auf die Analyse von Begründungszusammenhängen sowie ihrer Eignung für die Analyse auch umfassender Datenmengen ist die qualitative Inhaltsanalyse besonders geeignet, die im Zentrum des Forschungsinteresses dieser Arbeit stehenden subjektiven Perspektiven von Personalleitern herauszuarbeiten. Eine detaillierte Beschreibung des individuellen Vorgehens bei der Kategorienbildung und Auswertung der Daten kann den Abschnitten 2.3 sowie 4.1.4 entnommen werden.

1.5 Ablauf der Untersuchung

Im Anschluss an diese Einleitung wird in *Kapitel 2* der konzeptionelle Rahmen der Arbeit erstellt. In einem *ersten Abschnitt* werden dazu die konzeptionellen Grundlagen für das im Mittelpunkt der Untersuchung stehende Anwendungsfeld der betrieblichen Arbeitsrechtspraxis in der Personalarbeit kleiner und mittelgroßer Unternehmen gelegt. Dazu werden zunächst allgemeine Grundlagen zu KMU erörtert, ihre wirtschaftliche Bedeutung herausgearbeitet sowie auf Besonderheiten sowie Erfolgspotenziale dieser Unternehmensgröße eingegangen. Im Anschluss hieran wird dann das Aufgabengebiet der Personalarbeit kleiner und mittelgroßer Unternehmen betrachtet, deren strategische Bedeutung erläutert sowie auf Problemstellungen eingegangen, die diese von Großunternehmen unterscheiden. Weitergehend wird dann das dieser Arbeit zugrunde liegende Begriffsverständnis der Arbeitsrechtspraxis beschrieben, bevor dann deren Inhalte sowie deren personalwirtschaftliche Bedeutung erläutert werden. Auch hierbei gilt ein besonderes Augenmerk den spezifischen Anforderungen kleinerer Unternehmen, die ihre Personalarbeit unter anderen organisatorischen Bedingungen gestalten müssen als Großbetriebe.

Neben einer Betrachtung relevanter betrieblicher Gestaltungsoptionen der Arbeitsrechtspraxis soll dabei die besondere Bedeutung einer Berücksichtigung subjektiver Perspektiven der betrieblichen Praktiker und die damit verbundenen Auswirkungen auf die Arbeitsrechtspraxis erörtert werden. Aus dem Zusammenhang hieraus ergeben sich bereits erste Implikationen für eine optimierte Interne Kommunikation im Umgang der Unternehmen mit der Rahmenbedingung Arbeitsrecht. Aus den Erkenntnissen werden dann zu beachtende Konsequenzen für das im weiteren Verlauf der Arbeit zu entwickelnde Untersuchungsmodell zusammengefasst.

Im *zweiten Abschnitt* werden anschließend die Grundlagen der Internen Kommunikation zu legen sein. Dazu werden ihre Funktionen dargestellt und ihre Bedeutung für die Personalarbeit sowie als Marketinginstrument herausgearbeitet. Hierbei erfolgen eine Betrachtung der verschiedenen theoretischen Erklärungsansätze sowie eine Beschreibung der einzelnen Instrumente und der mit diesen jeweils verbundenen Organisationsanforderungen. Im Anschluss daran erfolgen eine Fokussierung und Begründung des genauen Untersuchungsbereiches innerhalb des Gesamtinstrumentariums der Internen Kommunikation. Dabei wird ferner auf die Bedeutung des Integrationsansatzes im Zusammenhang mit Unternehmenskommunikation eingegangen. Hierbei werden sowohl die erforderlichen

Rahmenbedingungen als auch die verschiedenen Gestaltungsoptionen der Internen Kommunikation betrachtet, wobei ein besonderes Augenmerk auf die hier zu beachtenden, insbesondere unternehmensgrößenspezifischen Anforderungen und Gestaltungsmerkmalen liegt. Ferner wird der Zusammenhang Interner Kommunikation und ihrer Wertschöpfungsrelevanz erörtert. Aus den Erkenntnissen dieses Abschnittes werden dann ebenfalls entsprechende Konsequenzen für das spätere Untersuchungsmodell gezogen.

In einem *dritten Abschnitt* werden dann für die Problemstellung relevante, im Rahmen der Mitarbeit im Forschungsprojekt AribA gewonnene, neue empirische Erkenntnisse zur Wahrnehmung des Arbeitsrechts durch Personalverantwortliche und die damit verbundenen Folgen für den betrieblichen Umgang mit den Vorschriften vorgestellt und dabei deutlich werdende Problemstellungen für Betriebe erläutert. Diese Forschungsergebnisse werden hinsichtlich ihrer Bedeutung für die Interne Kommunikation von Unternehmen innerhalb personalwirtschaftlicher Problemstellungen analysiert und bilden die Grundlage für die weiterführende eigene empirische Untersuchung im vierten Kapitel. Auf Grundlage der so erarbeiteten konzeptionellen Grundlagen wird im *vierten Abschnitt* dann ein Untersuchungsmodell für die Problemstellung entwickelt und formuliert.

In *Kapitel 3* werden die zentralen theoretischen Grundlagen der Arbeit behandelt. Hierzu werden, der Idee des Theoriepluralismus folgend, jeweils Erfolg versprechende Theorien mit Blick auf die Themenstellung herangezogen und hinsichtlich ihres jeweiligen Erklärungsbeitrages betrachtet. Auf Grundlage der jeweiligen Erkenntnisse werden dann jeweils theoriegeleitete Untersuchungshypothesen entwickelt. Neben *kommunikationsbezogenen* sowie *personalwirtschaftlichen* Theorien gilt das Augenmerk dabei vor allem ausgewählten *sozialpsychologischen* Theorieansätzen und ihrem möglichen Beitrag zur Untersuchung der Themenstellung. Ziel ist dabei die *theoretische Erschließung der Frage, welche Prozesse die Kommunikation in der Personalarbeit beeinflussen.* Von besonderer Relevanz sind neben den *Einstellungen* der Personalleiter vor allem deren *Wahrnehmung* der arbeitsrechtlichen Regulierung und die hierbei wirkenden, möglicherweise verzerrenden Effekte. Einen geeigneten theoretischen Zugang zum Konstrukt der Einstellungen bieten mit Blick auf deren Verhaltensrelevanz insbesondere die Forschungen von *Fishbein/Ajzen* (vgl. Ajzen 1991). Für die Untersuchung von Wahrnehmungsprozessen wiederum bieten sich neben dem S-O-R-Paradigma bei der vorliegenden Fragestellung vor allem die Ansätze der *Attributionsforschung* (vgl. etwa Heider 1977) sowie die *Theorie kognitiver Dissonanz* (vgl. Festinger 1957) an. Zur Erklärung der dabei vor allem innerhalb des Bereiches der sozialen Wahrnehmung zu beobachtenden Effekte können wiederum die Erkenntnisse aus der *Reaktanzforschung* beitragen (vgl. vor allem Brehm 1972). Zum Abschluss des Kapitels werden die aus den jeweiligen Theorieansätzen entwickelten Untersuchungshypothesen zusammenfassend dargestellt.

Als empirische Grundlage für die spätere Entwicklung von Implikationen für eine optimierte unternehmensinterne Kommunikation von KMU in der Arbeitsrechtspraxis werden die bislang erarbeiteten Ergebnisse hinsichtlich interner Kommunikationsaspekte in *Kapitel 4* weitergehend untersucht. Dabei sind bezogen auf die Kommunikation mehrere Aspekte von besonderem Interesse. Zunächst gilt es zu untersuchen, welche praktischen *Problemstellungen im Umgang mit Arbeitsrecht speziell bei KMU* empirisch identifiziert werden können, um hierbei bereits mögliche *Kommunikationsbedarfe zu identifizieren.* Dabei gilt das Interesse sowohl einer Analyse der jeweils deutlich werdenden Vorgehensweisen als auch dabei Einfluss nehmender Wahrnehmungen der verantwortlichen Personalleiter. Darüber hinaus soll gezielt empirisch untersucht werden, wie sich die bisherige *Kommunikation in der Personalarbeit* von KMU gestaltet und welche Chancen und Risiken damit verbunden sind.

Nach einer Beschreibung ausgewählter Ergebnisse erfolgt dann schließlich eine Überprüfung der Eignung des entwickelten Untersuchungsmodelles. Dabei soll insbesondere auch die Übertragbarkeit des Modelles auf andere betriebliche Praxisfelder überprüft werden.

In *Kapitel 5* werden schließlich die erarbeiteten Erkenntnisse zusammengefasst. Auf Grundlage der ausführlichen konzeptionellen, theoretischen und empirischen Erkenntnisse werden in einem folgenden Abschnitt dann entsprechende Implikationen zur Optimierung der unternehmensinternen Kommunikation in der Arbeitsrechtspraxis abgeleitet. Neben generellen, auf alle Unternehmensgrößen bezogenen Implikationen wird dabei, orientiert an ihren jeweiligen Anforderungen, jeweils für Kleinst-, Klein- und Mittelbetriebe herausgestellt, welche kommunikationsrelevanten Besonderheiten mit Blick auf die dort jeweils mögliche Gestaltung sowie Integrationsbedarfe der Kommunikation in der Personalarbeit aus den jeweiligen Perspektiven zu beachten sind.

Dabei gilt ein besonders Augenmerk der Frage, inwiefern etwa kleine Unternehmen ihre Kommunikation anders als Mittel- oder Großunternehmen gestalten müssen oder ob nicht vielmehr verallgemeinerbare Anforderungen an die Gestaltung der Internen Kommunikation am Beispiel der Personalarbeit identifiziert werden können. Dabei soll zudem der Einfluss des Marketinginstrumentes der Internen Kommunikation auf den Erfolg auch in marketingfremden Funktionsbereichen verschiedener Unternehmen verdeutlicht werden. In einem letzten Abschnitt wird dann schließlich weiterführender Forschungsbedarf formuliert.

Der Untersuchungsablauf ist nachfolgend zusammenfassend dargestellt (vgl. Abbildung 1).

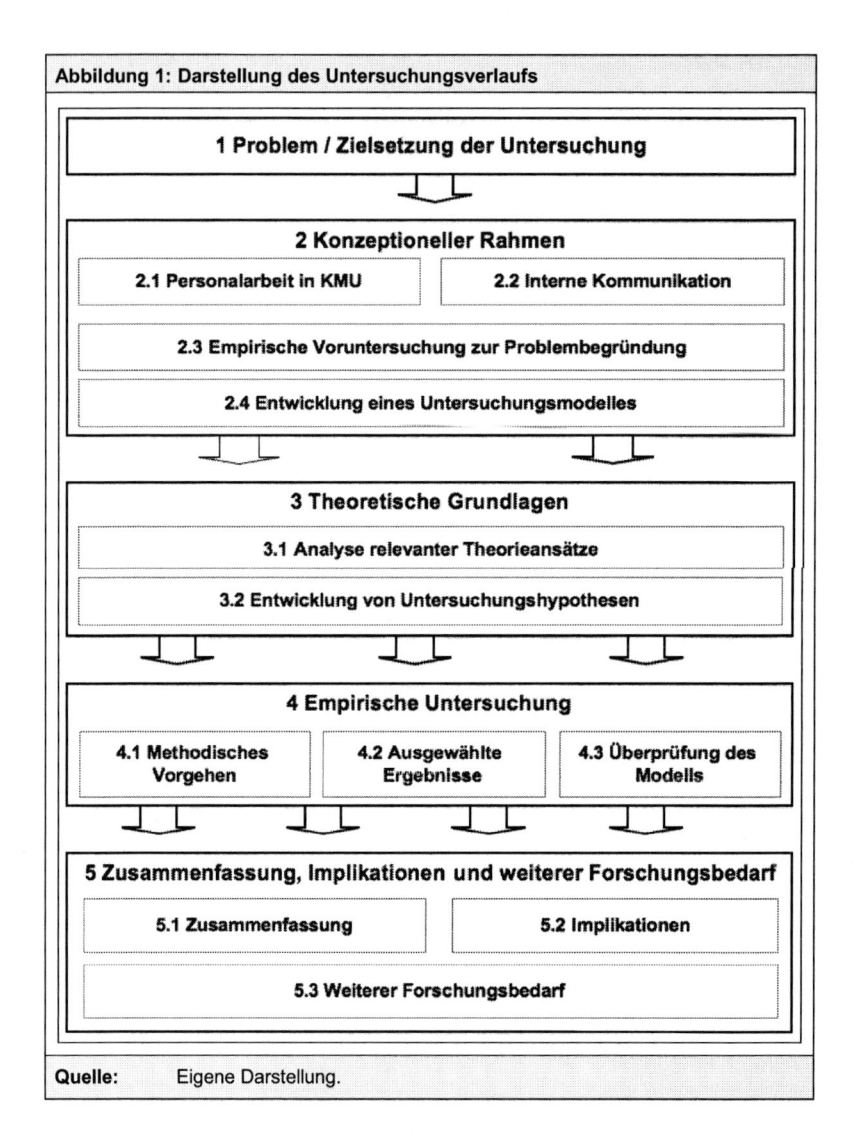

Abbildung 1: Darstellung des Untersuchungsverlaufs

1 Problem / Zielsetzung der Untersuchung

2 Konzeptioneller Rahmen
- 2.1 Personalarbeit in KMU
- 2.2 Interne Kommunikation
- 2.3 Empirische Voruntersuchung zur Problembegründung
- 2.4 Entwicklung eines Untersuchungsmodelles

3 Theoretische Grundlagen
- 3.1 Analyse relevanter Theorieansätze
- 3.2 Entwicklung von Untersuchungshypothesen

4 Empirische Untersuchung
- 4.1 Methodisches Vorgehen
- 4.2 Ausgewählte Ergebnisse
- 4.3 Überprüfung des Modells

5 Zusammenfassung, Implikationen und weiterer Forschungsbedarf
- 5.1 Zusammenfassung
- 5.2 Implikationen
- 5.3 Weiterer Forschungsbedarf

Quelle: Eigene Darstellung.

2 Konzeptionelle Grundlagen

2.1 Personalarbeit in Klein- und Mittelunternehmen

Die *Personalarbeit* stellt nicht nur in großen Unternehmen und Konzernen einen seit Jahren wichtiger werdenden betrieblichen Funktionsbereich dar. Auch und gerade kleine und mittlere Unternehmen (KMU) können die Ressource Personal, wie nachfolgend begründet werden soll, nicht länger als rein administrative Aufgabe des „Backoffice" betrachten und entdecken auch zunehmend dessen Bedeutung als wichtigen Einflussfaktor für ihren unternehmerischen Erfolg. Auch aus wissenschaftlicher Perspektive ist die Personalarbeit in KMU in den letzten Jahren vermehrt Gegenstand systematischer Betrachtungen geworden, nachdem das Hauptaugenmerk bislang eher auf personalwirtschaftliche Fragestellungen von Großunternehmen gerichtet gewesen war.

Bevor nun jedoch die Personalarbeit von KMU näher betrachtet und ihre Besonderheiten hervorgehoben werden können, gilt es zunächst einmal, den Untersuchungsgegenstand der KMU insgesamt näher zu beleuchten und abzugrenzen.

2.1.1 Grundlagen zu KMU

Der Begriff KMU wird in Deutschland zumeist synonym mit Bezeichnungen wie „mittelständisch", „Mittelstand" oder „Klein- und Mittelbetriebe"[21] verwendet. Grundsätzlich handelt es sich bei KMU um Unternehmen, die als „kleinst", „klein" oder „mittelgroß" klassifiziert werden können.[22] KMU stellen einen Großteil der deutschen Unternehmenslandschaft dar und beschäftigen hier auch die meisten Arbeitnehmer. Im Rahmen quantitativer Einteilungen werden durchweg allgemein messbare Kriterien, wie etwa Umsatz, Anzahl der Beschäftigten, Gewinn und Bilanzsummen ermittelt. Das *Institut für Mittelstandsforschung (IfM)* unterteilt KMU in zwei Gruppen: Kleinstunternehmen mit einem bis neun Beschäftigten und maximal einer Million Umsatz sowie Mittelunternehmen mit 11 bis 499 Beschäftigten. Dagegen kategorisiert die *Europäische Kommission* in ihrer am 6. Mai 2003 verabschiedeten Richtlinie[23] die quantitativen Eigenschaften der KMU als Empfehlung wie folgt (vgl. Tabelle 1):

---

[21] Sofern nicht explizit anderes erwähnt, werden die Begriffe *Unternehmen* und *Betrieb* in der vorliegenden Arbeit synonym und nicht in Abgrenzung des Betriebverfassungsgesetzes verwendet, das zwischen einem Gesamtunternehmen und zugehörigen Betrieben unterscheidet.

[22] Vgl. *EU* (2003: 6) und zur Problematik der Begriffs- und Größenabgrenzung vgl. auch *Junker* (2004: 15). Darüber hinaus besteht die Problematik, dass KMU nicht als homogene Gruppe identifiziert werden dürfen, da diese in jeweils sehr unterschiedlichen Branchen tätig sein können. Dadurch besitzen bestimmte, zu Abgrenzungszwecken herangezogene Kennzahlen oder Eigenschaften je nach Wirtschaftszweig oder Branche einen anderen Stellenwert und homogene Rückschlüsse und Interpretationen können erschwert werden.

[23] Inkrafttreten 1. Januar 2005.

Tabelle 1: KMU-Unterscheidungskriterien

Kategorie	Anzahl Beschäftigte	Umsatz (€)	bzw.	Bilanzsumme
Kleinstunternehmen	bis 9	max. 2 Mio.		max. 2 Mio.
Kleinunternehmen	10 bis 49	max. 10 Mio.		Max. 10 Mio.
Mittelunternehmen	50 bis 249	max. 50 Mio.		max. 43 Mio.

Quelle: Europäische Kommission (2006).

Aufgrund der besseren Differenzierbarkeit der Betriebgrößenklassen werden in der vorliegenden Arbeit bei größenbezogenen Abgrenzungen die quantitativen Abgrenzungskriterien der Europäischen Union zugrunde gelegt.[24] Neben diesen quantitativen Kriterien bestehen weitergehende, qualitative Unterscheidungskriterien, die innerhalb verhaltensbezogener Fragestellungen ergiebiger sind und daher auch in der vorliegenden Themenstellung ergänzend herangezogen werden.[25] Bevor diese ausführlich erläutert werden, soll zuvor noch die besondere wirtschaftliche Bedeutung von KMU dargestellt werden.

---

[24] Dagegen klassifiziert das IfM KMU in nur zwei Gruppen: *Kleinstunternehmen* mit einem bis neun Beschäftigten und maximal einer Millionen Umsatz sowie *Mittelunternehmen* mit 11 bis 499 Beschäftigten.

[25] Dennoch erstrecken sich sämtliche hier vorgenommenen Betrachtungen auf Unternehmen gemäß der EU-Definition für KMU. Abstrakt betrachtet ließen sich sicherlich einzelne Argumentationen in einem gewissen Umfang auch auf Großunternehmen übertragen, die sich durch entsprechende qualitative Kriterien auszeichnen.

2.1.1.1 Wirtschaftliche Bedeutung

In den Ländern der Europäischen Union machen die KMU ca. 99 Prozent aller Firmen aus und stellen in etwa 65 Millionen Arbeitsplätze (vgl. EU 2006: 1). KMU haben daher nicht nur in Deutschland eine besondere wirtschaftliche Bedeutung. Nach Angaben des Instituts für Mittelstandsforschung können 99,7% aller Unternehmen in Deutschland zum Mittelstand gezählt werden. Sie erzielen dabei 39,1% des Umsatzes aller Unternehmen und beschäftigen 70,9% aller Arbeitnehmer. Zudem gewährleisten KMU mit 82,9% einen weit überdurchschnittlichen Anteil an allen deutschen Ausbildungsbetrieben. Darüber hinaus trug der Mittelstand im Jahr 2004 mit 46,7% zur Nettowertschöpfung bei (vgl. jeweils IfM 2007).

Die Zahlen verdeutlichen die hohe wirtschaftliche Bedeutung der KMU. Wenn auch ihr Anteil an makroökonomischen Größen, wie Wertschöpfung oder Investitionen, nicht dominiert, so bilden doch vor allem ihre hohe quantitative Verbreitung sowie ihre Leistungen im Bereich der Beschäftigung ein wesentliches Fundament des deutschen Wirtschaftssystems. Zudem nehmen sie als lokale Abnehmer und Investoren eine ganz zentrale Rolle ein. Die Dominanz von KMU ist in Europa wesentlich deutlicher als in den USA oder auch Japan, wo im Jahre 2002 jeweils nur die Hälfte beziehungsweise ein Drittel der Beschäftigten in KMU beschäftigt gewesen war (vgl. Behrends/Martin 2005: 158).

Aufgrund dieser oder ähnlicher Angaben zum Beschäftigungsvolumen von KMU wird in der öffentlichen Diskussion häufig vom „Job-Motor Mittelstand" gesprochen, verbunden mit entsprechenden Forderungen, auf diesen Umstand etwa innerhalb der Arbeitsgesetzgebung Rücksicht zu nehmen (vgl. etwa Junker 2004). Diese Annahme ist in neuerer Zeit jedoch mitunter kritisch hinterfragt worden. So kam etwa *Wagner* im Rahmen einer Auswertung von Längsschnittdaten von Betrieben zu dem Ergebnis, dass in mittelständischen Betrieben zwar sehr viele Arbeitsplätze entstehen, jedoch ähnlich wie in Großunternehmen auch viele wieder abgebaut würden. Daher sei die These vom Jobmotor Mittelstand zu undifferenziert und spezielle, auf KMU ausgerichtete wirtschaftspolitische Maßnahmen aus dieser Argumentation heraus nicht gerechtfertigt (vgl. Wagner 2007: 13).

Dennoch sind KMU aufgrund ihrer besonderen Stellung innerhalb des Wirtschaftssystems von herausragender Bedeutung und bilden deshalb einen seit vielen Jahren größer werdenden und interessanten Forschungsbereich.

2.1.1.2 Besonderheiten

Neben ihrer geringeren Größe oder Umsätze unterscheiden sich KMU vor allem durch eine Reihe qualitativer Merkmale von Großunternehmen. Eine Kenntnis dieser Besonderheiten ist von zentraler Bedeutung für das Verständnis ihres Handelns und – im vorliegenden Fall – für die Analyse der Internen Kommunikation im Umgang mit Arbeitsrecht.

So lassen sich als grundlegende und etablierte[26] qualitative Merkmale kleiner und mittlerer Unternehmen zunächst folgende Aspekte nennen, anhand derer ferner auch geprüft werden kann, welchen Einfluss sie auf die Gestaltung der betrieblichen Personalarbeit sowie die Interne Kommunikation innerhalb ihres Umgangs mit Arbeitsrecht haben.

Selbständigkeit des Unternehmens: Diese Eigenschaft besitzt einen wichtigen Einfluss auf die Gestaltung der Organisation und Ressourcenausstattung eines Unternehmens und damit auch auf mögliche Anlässe und der internen Kommunikationsabläufe sowie die hierzu zur Verfügung stehenden Ressourcen (vgl. etwa Fröhlich et al. 1997: 1ff.).

---

[26] Vgl. zur Frage der Akzeptanz der Kriterien etwa *Fröhlich et al.* (1997).

Verbindung von Eigentum und Geschäftsführung: Bereits im Jahr 2001 wurden nach Angaben des Instituts für Mittelstandsforschung (IfM) zwei Drittel aller KMU ausschließlich durch den Inhaber oder einen geschäftsführenden Gesellschafter geleitet. Diese Tendenz ist zudem nicht rückläufig, sondern ist etwa verglichen mit dem Jahr 1999 bereits um 7% angestiegen.[27] Zum einen kann durch eine Verbindung von Eigentum und Leitung eines KMU dessen Zugang zum Kapitalmarkt beeinflusst werden, mit möglichen Auswirkungen auf die zur Verfügung stehenden Ressourcen (vgl. vgl. Behrends/Martin 2005: 156).[28] Durch das in KMU häufig vorzufindende Zusammenfallen von Eigentum, Führung und Haftung in Person des Unternehmers ist dieser weitgehend für alle unternehmensrelevanten Entscheidungen alleine verantwortlich (vgl. etwa Fröhlich et al. 1997: 1ff.; Bekmeier-Feuerhahn/Wickel 2006: 58). Zudem ist dieser häufig in die operative Umsetzung einbezogen, was zu einer entsprechenden Funktionsüberlastung führen kann (vgl. vgl. Behrends/Martin 2005: 156; Pfohl 1997: 11f) und insgesamt besondere Anforderungen an die Interne Kommunikation stellt. Dieser Aspekt ist zudem oftmals verbunden mit einer besonderen:

Prägung des KMU durch den Unternehmer: Daher spielt häufig gerade innerhalb wertgeladener oder kultureller Fragen dessen Persönlichkeit eine zentrale Rolle.[29] Häufig wird gerade bei Kleinstunternehmen von einer patriarchalisch geprägten Unternehmenskultur ausgegangen (vgl. etwa Fröhlich et al. 1997: 1ff.). Das *IfM* hat bereits vor einigen Jahren

---

[27] In die Befragung einbezogen wurden Unternehmen mit bis zu 500 Beschäftigten, vgl. *IfM* (2007a).

[28] Eine umfassende Betrachtung der Besonderheiten kleiner und mittlerer Unternehmen aus ressourcenorientierter Perspektive leistet *Eggers* (2005: 91ff.).

[29] Eine umfassende und viel beachtete empirische Studie über die soziale Gestaltung des Arbeitsalltags in mittelständischen Unternehmen liefern *Kotthoff/Reindl* (1990).

eine Unternehmer-Typologie entwickelt und analysiert deren Wandel im Zeitverlauf. Dabei wird der jeweils besondere Einfluss der Persönlichkeit und der Erfahrung der Unternehmer sehr deutlich.[30] Je nach Ausgestaltung der Kultur können dadurch Kommunikationswege geschaffen oder aber beschnitten und nicht zuletzt Kommunikationsinhalte deutlich beeinflusst werden.

Weiterhin sind KMU häufig durch einen *geringen Formalisierungsgrad und direkten Einbezug von Mitarbeitern* gekennzeichnet (vgl. etwa Fröhlich et al. 1997: 1ff.). Hinsichtlich organisationsbezogener Fragen wird in der Literatur allgemein oftmals von einem auf den Unternehmer ausgerichteten Einlinien-System ausgegangen, das von ihm oder mit Hilfe weniger Führungskräfte detailliert gesteuert wird. Durch eine nur geringe Abteilungsbildung bestehen dabei kurze Informationswege mit geringen Koordinationsproblemen (vgl. etwa Pfohl 1997: 11f.). Diese Faktoren haben ebenfalls Einfluss auf die Gestaltung der Personalarbeit und der hierbei stattfindenden internen Kommunikation. Sofern eine Arbeitsteilung vorliegt, erfolgt diese personengebunden. Die persönlichen Kontakte zwischen Unternehmensleitung und Mitarbeitern sorgen für häufig kurze Entscheidungswege und führen so zu einem schnellen Reaktionsvermögen (vgl. Bekmeier-Feuerhahn/Wickel 2006: 58; Pfohl 1997: 11f.). Den personalen Charakter der Arbeitsbeziehungen betont auch *Seifert* (2005: 21). In diesen Eigenschaften können besondere Chancen für eine lebendige und erfolgreiche Interne Kommunikation liegen, insbesondere, indem auch informelle Kommunikationswege integriert werden können.

---

[30] Unterschieden werden die Unternehmertypen „*Kreativer*", „*Aufbauer*", „*Vorsichtiger*", „*Konservator*", „*Unterlasser*" und „*Tausendsassa*", vgl. hierzu und deren Entwicklung im Zeitablauf *IfM* (2007a).

Darüber hinaus ist in KMU oftmals ein *kurzfristiges Denken und Handeln* mit nur geringer Planung sehr verbreitet (vgl. Behrends/Martin 2005: 156; Fröhlich et al. 1997: 1ff.; Pfohl 1997: 11f.), was bezogen auf eine systematische Interne Kommunikation wiederum zu Problemen führen kann, da diese, wie im nachfolgenden Abschnitt zu zeigen sein wird, eine Bereitschaft zu einem systematischen Vorgehen und zu vorausschauender Planung erfordert. In der betrieblichen Praxis von KMU haben Improvisation und Intuition eine große Bedeutung. Dabei machen diese nur selten von strategischer Planung Gebrauch.[31] Auch steht KMU oftmals nur ein unzureichendes Informationswesen zur Nutzung vorhandener Flexibilitätsvorteile zur Verfügung: Nachdem Großunternehmen die hohe strategische Bedeutung von Informationen für den Erfolg ihrer Tätigkeit bereits vor längerer Zeit erkannt haben, besteht bei KMU häufig noch Aufholbedarf im systematischen Umgang und dem Management von Wissen und Informationen. So diskutieren *Reese/Waage* die Relevanz von Informationen für den Erfolg von Unternehmen und identifizieren in KMU als informationsbezogene Defizite ein häufig fehlendes Problem- und Ressourcenbewusstsein gegenüber Informationen, das Fehlen einer Gesamtstrategie sowie fehlende finanzielle Ressourcen und eine fehlende Einbettung von Informationen in die Unternehmensprozesse (2006: 93)

Nicht zuletzt beschränken KMU ihre Geschäftsaktivitäten in der Regel auf einen *begrenzten Markt* (vgl. etwa Fröhlich et al. 1997: 1ff.; Bekmeier-Feuerhahn/Wickel 2006: 58f.). Hierdurch sind das Wettbewerbsumfeld und die auf das Unternehmen einwirkenden Rahmenbedingungen möglicherweise klarer umrissen als bei stark diversifizierenden Unternehmen. Oftmals verfügen KMU dabei über eine besondere Nähe zum Kunden. In

---

[31] Zum Strategieverhalten von KMU vgl. ausführlich *Welter* (2003); *Martin* (2006: 5ff.); hinsichtlich verbreiteter Planungsdefizite vgl. *Kay/Holz* (2003: 81f.).

diesem Zusammenhang weisen *Bekmeier-Feuerhahn/Wickel* darauf hin, dass KMU mit ihrem Marketing ähnliche ökonomische Ziele verfolgen wie auch Großunternehmen, ihr Marketing faktisch jedoch ressourcenbedingt über andere charakteristische Strukturen und Prozessmerkmale verfüge, die ihre Marktstrategien nachhaltig prägen (2006: 65f.).

Bei der Betrachtung dieser vorgestellten Besonderheiten von KMU ist zu beachten, dass zwischen den hier genannten Kriterien der KMU zudem Wechselwirkungen bestehen können, etwa, wenn aufgrund des geringen Formalisierungsgrades die Auswirkungen einer Dominanz des Unternehmers nicht ausgeglichen werden können. Dadurch lassen sich etwaige Vorteile nicht automatisch erzielen; für eine Realisierung unternehmensgrößenbedingter Vor- oder Nachteile ist vielmehr die jeweils unternehmensspezifische Konstellation entscheidend.

Bekmeier-Feuerhahn/Wickel weisen zudem darauf hin, dass die bei KMU betrachteten Eigenschaften nicht ausschließlich für diese gelten müssen und ebenso gut in größeren Unternehmen vorhanden sein können. So entsprach in der Vergangenheit etwa das selbst geführte Eigentum dem klassischen Bild von KMU. Inzwischen werden jedoch – unter anderem bedingt durch den Generationswechsel – nicht mehr alle KMU von ihren Eigentümern geführt (vgl. Bekmeier-Feuerhahn/Wickel 2006: 58).

Die Annahme einer Identität von Eigentum und Leitung wird von *Behrends/Martin* zudem differenzierter beurteilt. Sie weisen darauf hin, dass es innerhalb der KMU durchaus vielfältige Eigentums- und Leitungskombinationen gebe. So würde oftmals das Eigentum am Unternehmen von einer Familie getragen, während das Unternehmen selbst von angestellten Managern geführt wird. Ebenso verbreitet ist die Variante, bei der sowohl das Eigentum als auch die Leitung des Unternehmens bei einer unter Umständen gleichberechtigten Gruppe von Managern liegt. Ebenso denkbar sei, dass etwa ein mittleres Unternehmen von einem Konzern übernommen wurde, der die Geschäftsleitung mit Konzernmanagern besetzt oder das Unternehmen als Werk ohne große unternehmerische Eigenständigkeit führt (2005: 154f.)

Nicht vergessen werden darf die Tatsache, dass zwischen verschieden großen KMU teils erhebliche Größenunterschiede bestehen können, die zu deutlich abweichenden Rahmenbedingungen auch für die Interne Kommunikation führen können. So kann die persönliche Kommunikation in einem Kleinunternehmen mit 20 Mitarbeitern einen ganz anderen oder leichter zu realisierenden Stellenwert einnehmen als in einem Unternehmen mit 200 Beschäftigten. Daher wird zu überlegen sein, inwieweit es mit zunehmender Unternehmensgröße zu einem entsprechenden Angleichen kommunikationsbezogener Zusammenhänge und Anforderungen kommt und etwa größere Mittelständler auch hinsichtlich ihrer internen Kommunikationsstrategien ähnlich wie Großunternehmen bewertet werden müssen.

Die hier dargestellten spezifischen Eigenschaften stellen KMU vor besondere und umfangreiche unternehmerische Herausforderungen, um mit den eigenen Ressourcen den Anforderungen des Marktes optimal entsprechen und etwaige größenbedingte Nachteile ausgleichen zu können. Die nachfolgende Übersicht stellt die wesentlichen dieser Herausforderungen zusammengefasst dar (vgl. Tabelle 2):

Tabelle 2: Unternehmerische Herausforderungen für KMU

Marktanforderungen	Ressourcen	Steuerung
Hohe Auftragsschwankungen	Wenig Reserven	Kaum Einsatz strategischer Managementinstrumente
Konkurrenznachteile gegenüber Großunternehmen (etwa Preisdruck)	Hohe Fixkostenbelastung	Wenig Langfristplanung
Zugang zum Kapitalmarkt oft schwierig	Geringe Eigenkapitalquote	Keine ausdifferenzierten operativen Pläne
Geringe Marktmacht	Technologische Überalterung	Kein ausgebautes Zielsystem (etwa MbO)
Starker Innovationsdruck	Keine Stäbe und Spezialisten	kein ausgebautes Controlling
Nischensuche und -erhaltung als zentraler Erfolgsfaktor	Sofortige nachhaltige Wirkung von Fehlbesetzungen	Ad hoc-Steuerung
Vorteile durch flexible Spezialisierung	Managementlücke	Zentralisierung
Nachteile durch kleine Stückzahlen	Gering Zahl von Akademikern	Pragmatismus
Starke Veränderungsnotwendigkeiten (etwa durch Wachstum)	Auszubildende streben nach Abschluss zu Großunternehmen	mangelnde Kompetenzabgrenzung („Hineinregieren")
Besondere Bedrohung durch Globalisierung	hoher Anteil operativer Aufgaben von Vorgesetzten	Primat der Technik

Quelle: *Behrends/Martin* (2005).

Nach diesen eher vielschichtigen Merkmalen von KMU und deren Auswirkungen sollen nun gezielt die besonderen Erfolgspotenziale kleiner und mittlerer Unternehmen dargestellt werden.

2.1.1.3 Erfolgspotenziale

KMU unterscheiden sich, wie zuvor gezeigt, durch eine Vielzahl qualitativer Eigenschaften von Großunternehmen. Angesprochen wurden vor allem strukturelle Faktoren, eigenschaftsbedingte Aspekte der Inhaber sowie Fragen der innerbetrieblichen Zusammenarbeit. Diese Besonderheiten unterscheiden die KMU nicht nur von Großunternehmen, sondern können darüber hinaus in einigen Bereichen gezielte Wettbewerbsvorteile darstellen.

So kann zunächst die besondere unternehmerische und persönliche Bindung des Inhabers an sein Unternehmen ein besonderes Engagement – gerade etwa auch in Krisenzeiten – ermöglichen und den Bestand des Unternehmens stützen. Diesen hohen persönlichen Einfluss gilt es zu kanalisieren und in Einklang zu bringen mit Anforderungen des Marktes sowie Erkenntnissen moderner Personalführung. Nach Ansicht von *Kay/Holz* bildet gerade die Personalarbeit einen besonders bedeutsamen Aufgabenbereich in KMU (2003: 83). Die Mitarbeiter stellen gerade hier einen besonderen Erfolgsfaktor für die Betriebe dar, den es erfolgreich zu steuern gilt.

Die typische, insbesondere auch soziale Nähe in KMU eröffnet dabei besondere Chancen sowohl in der Zusammenarbeit als auch des Zusammenhalts in Krisenzeiten. In der hohen Kulturgeladenheit kleiner und mittlerer Unternehmen besteht die Chance, kreative Potenziale der Unternehmens- und Kommunikationskultur entfalten zu können.[32] Weiterhin verfügen gerade Klein- und Mittelbetriebe oftmals über ein sehr spezielles Potenzial im Bereich von Fertigungstechniken oder Kenntnissen in häufig sehr individuellen und oftmals lukrativen Märkten. Durch die besondere Nähe zum Kunden können dessen Bedürfnisse rechtzeitig erkannt, angesprochen und bedient werden. Dabei kann das Unternehmen aufgrund seiner höheren Anpassungsgeschwindigkeit zudem oftmals deutlich flexibler als Großunternehmen reagieren.

Neben diesen zahlreichen, direkt nutzbaren Erfolgsfaktoren können KMU über einen aktiven und progressiven Umgang mit den eigenen Rahmenbedingungen zusätzliche Erfolgsfaktoren realisieren. Dazu erscheint es wichtig, ein entsprechendes Bewusstsein für die eigenen Stärken und Schwächen zu entwickeln, um anhand dessen gezielt Maßnahmen initiieren zu können. Dazu lassen sich etwa bestimmte Vorgehensweisen identifizieren, die zum Aufbau individueller Erfolgspotenziale genutzt werden können. So sehen zum Beispiel *Bekmeier-Feuerhahn/Wickel* das Initiieren von Netzwerken als Lösung für etwa ressourcenbedingte Probleme kleiner und mittlerer Unternehmen (2006: 70ff.). Auf diesem Wege kann eine eigentliche Schwäche von KMU, etwa bestimmte infrastrukturelle und informationsbezogene Maßnahmen nicht realisieren zu können, gezielt im Verbund mit anderen Unternehmen abgestellt und in eine Stärke verwandelt werden.

---

[32] Zu den Chancen der KMU-typischen Unternehmenskultur vgl. etwa *Dibbern-Voss* (2005: 417).

2.1.2 Personalarbeit in KMU

Die betriebliche Personalarbeit ist in den vergangenen Jahren vor immer neue Herausforderungen gestellt worden und hat sich in einer zunächst generellen Perspektive entsprechend gewandelt. Zunehmendes Effizienzstreben, die gestiegene Bedeutung so genannter weicher Faktoren, wie etwa Wissensmanagement, für die Bewertung von Unternehmen, aber auch komplexer gewordene rechtliche Rahmenbedingungen für den betrieblichen Umgang mit Beschäftigten haben die Personalarbeit von einem ursprünglich rein unterstützenden Funktionsbereich zum Instrument strategischer Unternehmensführung werden lassen.[33] Nachfolgend soll daher betrachtet werden, wie sich die betriebliche Personalarbeit im Einzelnen gestaltet, welche Aufgaben im Einzelnen wahrgenommen werden und welche Rahmenbedingungen diese Aufgaben und ihre Umsetzung beeinflussen. Um die hier im Mittelpunkt stehenden Besonderheiten der Personalarbeit in KMU bewerten zu können, ist es zunächst notwendig, das Spektrum der Personalarbeit größenunabhängig zu skizzieren, um auf dieser Basis die Besonderheiten in KMU herausarbeiten zu können.

2.1.2.1 Aufgabenfelder

In der betriebswirtschaftlichen Diskussion werden personalbezogene Fragestellungen in der Regel unter dem übergeordneten Begriff der *Personalwirtschaft* oder auch des Personalwesens diskutiert, wobei auch hier die Begriffsabgrenzungen nicht immer klar definiert sind.[34] Diese umfasst

---

[33] Die betriebliche Personalwirtschaft ist dabei seit langem Gegenstand teils sehr unterschiedlicher Theorieansätze. Einen historischen Überblick hierzu liefert etwa *Jung* (2005: 2f.).

[34] Als weitere Begriffe werden etwa auch Personalmanagement oder Human Ressource Management verwendet.

den Teilbereich der Betriebswirtschaftslehre, der sich mit dem arbeitenden Menschen und damit den personellen und sozialen Aufgaben im Unternehmen befasst (vgl. etwa Jung 2005: 4). Um den Bezug zu den praktischen personalwirtschaftlichen Problemstellungen zu verdeutlichen, wird im Weiteren von *Personalarbeit* gesprochen. Hierunter wird die Gesamtheit aller unternehmerischen Maßnahmen und Abläufe verstanden, die darauf ausgerichtet sind, die vielfältigen Unternehmens- und Mitarbeiterbedürfnisse im betrieblichen Alltag soweit möglich in Einklang zu bringen. Dabei werden explizit Aufgaben des Personalmanagements[35], das heißt Führungstätigkeiten mit einbezogen. Um im weiteren Verlauf der Untersuchung die Interne Kommunikation der Personalabteilung innerhalb ihres Umgangs mit arbeitsrechtlichen Fragestellungen genauer betrachten zu können, ist es erforderlich, zunächst das allgemeine Spektrum der Personalarbeit darzustellen. Aus diesem Spektrum können dann die relevanten Zusammenhänge näher beleuchtet werden.

Gerade zum Thema der Aufgaben und Funktionen der Personalwirtschaft gibt es eine sehr umfassende Zahl von Veröffentlichungen, in denen die Aufgaben jeweils weitgehend übereinstimmend skizziert und diskutiert werden. Nachfolgend wird das Aufgabenfeld der Personalarbeit im Wesentlichen orientiert an einer Aufstellung von *Jung* (2005: 4ff.) dargestellt und erläutert, die hierzu einen sehr guten Überblick liefert.[36]

Ein grundlegendes Aufgabenfeld bildet die *Personalführung*: Diese umfasst die zielorientierte Beeinflussung des Mitarbeiterverhaltens durch die Vorgesetzten und ist jeweils durch einen individuellen Führungsstil gekennzeichnet, der einen Einfluss auf die Zusammenarbeit haben kann.

---

[35] Zur Unterscheidung des Begriffes in institutions- sowie funktionsbezogener Perspektive vgl. etwa *Jung* (2005: 7).
[36] Eine kritische Betrachtung solcher Zusammenstellungen nehmen *Behrends/Martin* (2005: 159) vor.

Einen weiteren Aufgabenbereich, der in der Praxis häufig einen erheblichen Umfang einnimmt, bildet die *Personalverwaltung*. Hierzu zählen alle administrativen Routineaufgaben, die sich auf die Beschäftigten beziehen, wie etwa die Verwaltung von Personaldaten, das Bearbeiten von Urlaubsanträgen oder Erstellen von Bescheinigungen (vgl. weiterführend Berthel/Becker 2007: 500f.).

Die *Personalbedarfsplanung* wiederum hat zur Aufgabe, die erforderliche Anzahl qualifizierter Mitarbeiter unter Berücksichtigung ihrer individuellen Neigungen für die gewünschte Dauer am richtigen Ort zur Verfügung zu stellen. Hierbei muss die Personalabteilung die internen sowie externen Rahmenbedingungen des Unternehmens berücksichtigen (vgl. Jung 2005: 5).[37] Der Bereich *Personalbeschaffung* hat die Aufgabe, mögliche Personalunterdeckungen, also weitere Personalbedarfe zu beseitigen. Auch hierbei sind sowohl zeitliche, qualitative sowie quantitative Anforderungen zu berücksichtigen. Teil der Personalbeschaffung ist dabei das Personalmarketing, das eine Verbesserung der Personalbeschaffungsprozesse erreichen soll (vgl. hierzu Berthel/Becker 2007: 245f.).

Die *Personaleinsatzplanung* dient dem anforderungs- sowie eignungsgerechten Einsatz des zur Verfügung stehenden Personals und weist dazu den einzelnen Beschäftigten eine individuell geeignete Stelle zu. Hierbei sind von der Personalabteilung umfassende Vorschriften und Rahmenbedingungen, wie etwa Arbeitsschutzvorschriften, zu berücksichtigen. Als weiterer Aufgabenbereich der Personalarbeit nimmt in den letzten Jahren die *Personalentwicklung* einen größer werdenden Stellenwert im Aufgabenspektrum der Personalarbeit ein. Diese umfasst alle Maßnahmen, die sich mit der Förderung sowie Aus-, Fort- und Weiterbildung der Mitarbeiter

---

[37] Einen umfassenden Überblick über die Bedeutung sowie die Rahmenbedingungen der Planung in der Personalarbeit bieten *Berthel/Becker* (2007: 167ff.).

eines Unternehmens beschäftigen. Insgesamt ist die Aufmerksamkeit, die Unternehmen diesem über ein reines Weiterbildungsmanagement hinausgehenden Aufgabenfeld widmen, noch sehr unterschiedlich ausgeprägt.[38]

Im abstrakten Sinne befasst sich dann das Aufgabenfeld der *Personalfreisetzung* mit der *„Beseitigung einer personellen Überdeckung in quantitativer, qualitativer, zeitlicher oder örtlicher Hinsicht"* (Jung 2005: 5). Praktisch bedeutet dieses die Entscheidung, Planung, Vorbereitung sowie Umsetzung einer Beendigung eines Arbeitsverhältnisses. (vgl. genauer Berthel/Becker 2007: 288ff.) Dabei ist – mitunter auch in Abstimmung mit dem ausscheidenden Beschäftigten – aus einer Anzahl zur Verfügung stehender Beendigungsinstrumente, wie etwa einer fristgerechten oder fristlosen Kündigung, orientiert an den jeweiligen Anlässen betriebs-, personen- oder verhaltensbedingt ein geeignetes Instrument auszuwählen.[39] Da innerhalb der verschiedenen Beendigungsarten jeweils teils sehr umfassende individuelle rechtliche Voraussetzungen zu beachten sind, wird ein Beendigungsprozess idealer Weise systematisch und in Abstimmung mit betroffenen anderen Abteilungen gestaltet und vorbereitet (vgl. auch Berthel/Becker 2007: 290). Dieses Aufgabenfeld ist nicht zuletzt aufgrund der komplexen zu beachtenden rechtlichen Rahmenbedingungen zu einem wichtigeren Bereich der Personalarbeit geworden; es nimmt jedoch gerade in KMU häufig noch ein – häufig kulturbedingtes – Schattendasein ein.

Die *Personalentlohnung* befasst sich mit geldlichen, zunehmend aber auch geldwerten Leistungen des Unternehmens an seine Beschäftigten. Hierzu zählt neben dem komplexen Bereich der Entgeltgestaltung die Abrechung und Auszahlung von Löhnen und Gehältern (vgl. detailliert

---

[38] Zu ausgewählten Problemen und der Gestaltung der Personalentwicklung vgl. etwa *Berthel/Becker* (2007: 324ff.).
[39] Auf die auch aus strategischen Überlegungen wichtige Entwicklung einer verantwortungsbewussten Trennungskultur weist *Andrzejewski* (2004) hin.

Berthel/Becker 2007: 505ff.; Jung 2005: 5f.). Zum Bereich der *Personalbeurteilung* gehört die Erfassung von Leistungen, Verhalten und Potenzialen der Beschäftigten (vgl. detailliert Berthel/Becker 2007: 200ff.; Jung 2005: 5f.). Die Personalbeurteilung hat im Zuge einer zunehmenden leistungsorientierten Vergütung ebenfalls an Bedeutung gewonnen. Die Gesamtheit dieser Maßnahmen strukturiert das grundlegende Aufgabenfeld der mit der Personalarbeit befassten Personalleiter[40] und ihrer Mitarbeiter. Zwischen den einzelnen Aufgabenfeldern bestehen in der Praxis umfassende *Verbindungen und Wechselwirkungen*, die bei der Aufgabenwahrnehmung zu beachten sind. Ebenfalls bestehen für jeden Teilbereich teils recht umfassende *rechtliche Rahmenbedingungen*, die einer individuellen Ausgestaltung Grenzen setzen. Einen weiteren, gestaltenden Rahmen bildet dabei die individuelle *Personalpolitik* des Unternehmens, in der sich die im Unternehmen zu beachtenden, vorherrschenden oder angestrebten Werte und Grundannahmen zum Umgang mit Beschäftigten niederschlagen und die bei der Wahrnehmung der personalwirtschaftlichen Aufgaben zur Anwendung kommen. Dies verdeutlicht den Bedarf eines abgestimmten, systematischen Vorgehens im Unternehmen und zeigt bereits erste Schnittstellen und Gelegenheiten für eine entsprechende Interne Kommunikation auf.

Jung weist darauf hin, dass die personalwirtschaftlichen Funktionen sowohl durch eigens geschaffene Bereiche, das heißt die Personalabteilung, als auch durch einzelne Personen mit Personalkompetenz wahrge-

---

[40] In der vorliegenden Arbeit wird die Bezeichnung „*Personalverantwortlicher*" für diejenigen betrieblichen Entscheidungsträger verwendet, die über einen formellen konzeptionellen und/oder strategischen Einfluss auf die Gestaltung der Personalarbeit und entsprechende Disziplinarmacht verfügen. Nicht betrachtet werden dabei Beschäftigte, die lediglich Weisungsbefugnisse gegenüber ihnen unterstellten Mitarbeitern besitzen, wenngleich auch mit diesen eine optimale Kommunikation zu gewährleisten ist.

nommen werden können (2005). Die beschriebenen personalwirtschaftlichen Aufgaben lassen sich überwiegend zwei Bereichen zuordnen: Das *Personalwesen* befasst sich mit verwaltungstechnischen sowie organisatorischen Fragen, wie etwa der Lohn- und Gehaltsabrechnung, und hat die Aufgabe, das Personalmanagement zu unterstützen[41].

Daneben lassen sich übergeordnete Aufgaben der Personalwirtschaft mit häufig strategischem Charakter identifizieren. Neben der Personalpolitik zählt hierzu vor allem die Entwicklung von Personalstrategien, die Vorgaben für die Personalarbeit bilden. Mit einem zunehmenden Umfang strategischer und konzeptioneller Aspekte nähert man sich dabei dem Aufgabenfeld des *Personalmanagements*[42] an, bei dem Führungsaufgaben im Vordergrund stehen.[43]

Der Umfang, in dem diese administrativen und strategischen Aufgaben jeweils zwischen Personalabteilung und Unternehmensleitung aufgeteilt und wahrgenommen werden, ist in der Praxis zum einen von der Unternehmensgröße, Rechtsform und Organisationsstruktur und zum anderen schließlich auch von der Tragweite der personalwirtschaftlichen Entscheidungen abhängig (vgl. etwa Jung 2005: 7). Die konkrete Entscheidung über die jeweilige Aufgabenwahrnehmung ist bei der Betrachtung kommunikationsbezogener Zusammenhänge jedoch von besonderer Bedeutung.

Mit dem Aspekt einer jeweils unterschiedlichen Verortung der Personalarbeit im Spannungsfeld zwischen einer administrativen und strategischen Orientierung ist bereits einer der wesentlichen Unterschiede der Perso-

---

[41] Vgl. hierzu sowie zu einer praxisorientierten Schilderung dabei anfallender Aufgaben aus Sicht der Marketingabteilung *Homburg/Krohmer* (2006: 1239ff.).
[42] Zur Betrachtung des Managementbegriffes aus institutioneller sowie funktioneller Perspektive vgl. *Staehle* (1999: 71ff.); *Jung* (2005: 7).
[43] Für einen historischen Überblick des Wandels von der Personalverwaltung zum Personalmanagement vgl. *Staehle* (1999: 776ff.).

nalarbeit kleiner und mittlerer Unternehmen gegenüber Großunternehmen angesprochen. Wenn auch in der Personalpraxis großer Unternehmen ebenso Unterschiede in der Intensität der Nutzung der verschiedenen Instrumente und damit der Ausrichtung der Personalarbeit zu verzeichnen sind, sieht sich die Personalarbeit kleiner und mittlerer Unternehmen weiteren Besonderheiten ausgesetzt.

Es stellt sich zunächst die Frage nach der Verbreitung sowie organisatorischen und strukturellen Einbindung der Personalarbeit in KMU. Zum einen verfügen KMU, wie bereits erwähnt, oftmals über gegenüber Großunternehmen deutlich beschränkte Ressourcen, so dass, etwa speziell in Kleinstunternehmen, die Personalarbeit oftmals vom Inhaber selbst parallel zu sonstigen Aufgaben erledigt und dabei eher intuitiv gestaltet wird, etwa weil entsprechende Kenntnisse fehlen. So sind auch nach Ansicht von *Reese/Wagner* die Probleme innerhalb des Personalmanagement kleiner und mittlerer Unternehmen überwiegend auf fehlendes Know-how sowie fehlende geeignete Ressourcen zurückzuführen (2006: 89f.).

Zum anderen kann sich oftmals der bereits beschriebene hohe persönliche Einfluss des Inhabers oder der vorherrschenden Unternehmenskultur entscheidend auf die Gestaltung der Personalarbeit auswirken.[44] Nicht zuletzt aus diesem Grunde variieren die einer Personalabteilung zugestandenen Verantwortungsbereiche oftmals mit den ihr von der Unternehmensleitung übertragenen Handlungsspielräumen, ihrer Delegationsbereitschaft sowie mit der Einschätzung ihrer Eignung (vgl. Brandl 2005: 192).

Behrends/Jochims kommen nach einer umfassenden Analyse empirischer Untersuchungen zu dem Ergebnis, dass das Personalmanagement

---

[44] Das subjektive Einflusspotenzial in der Personalarbeit und die damit verbundenen Auswirkungen sind Gegenstand einer ausführlichen Betrachtung in Abschnitt 2.1.2.4.2 dieser Arbeit.

in KMU häufig eine eher untergeordnete Rolle spielt und die Personalarbeit nur selten in Form einer eigenen Personalabteilung oder etwa durch die Einstellung eines Personalspezialisten fest institutionalisiert ist. Stattdessen beschränke sich die Personalarbeit oftmals auf die Bewältigung elementarer administrativer Aufgaben, wie Lohnabrechnung oder Urlaubsplanung. Verbunden ist damit eine nur geringe Verbreitung typischer personalwirtschaftlicher Instrumente (2006: 152, ähnlich Brandl 2005: 11).

Den Zusammenhang einer sich parallel mit der Veränderung der Unternehmensgröße ändernden Personalarbeit diskutieren *Behrends/Martin* und weisen darauf hin, dass sich die mit einer Größenänderung verbundenen, für ein Gesamtunternehmen geltenden organisatorischen Veränderungen nahezu unverändert auf die Personalarbeit übertragen lassen (2005: 152). Sie gehen dabei davon aus, dass sich hierdurch Formen der Personalarbeit herausbilden würden, die für die jeweiligen Größenverhältnisse optimal sein müssten. Hinsichtlich eines empirischen Zusammenhanges zwischen der Betriebsgröße und der personalwirtschaftlichen Funktionserfüllung zeigt sich ihrer Analyse nach, dass vor allem der Institutionalisierungs- und Professionalisierungsgrad mit zunehmender Betriebsgröße kontinuierlich ansteigen (2005: 175). Dabei bilden sich betriebliche Personalstrategien in KMU oftmals ungeplant heraus: Nach Einschätzung von *Behrends/Jochims* sind die personalstrategischen Ausrichtungen der KMU offensichtlich weniger ein Ergebnis expliziter, an den Vorgaben der Unternehmensstrategie orientierter Planungs- und Steuerungsaktivitäten, sondern würden „*sich – im Sinne einer „emergenten Personalpolitik" – aus dem sozialen Miteinander der organisationalen Akteure*" (Behrends/Jochims 2006: 154) entwickeln.

Trotz der in der Praxis unterschiedlich gestalteten Personalarbeit bildet diese nach einer Untersuchung von *Kay/Holz* gerade in KMU einen durchweg bedeutsamer werdenden Bereich (2003: 83). Nach Ansicht von

Brandl bietet die genaue Identifizierung der Leistungsbeiträge der Personalabteilung dabei Potenziale zur Verbesserung des gegenwärtigen Status in einem Unternehmen (2005: 11). Die besondere strategische Bedeutung, die der Personalarbeit in dem KMU zukommt, soll nachfolgend beleuchtet werden.

2.1.2.2 Strategische Bedeutung

Aufgrund der häufig geringen finanziellen und materiellen Ressourcenausstattung kleiner und mittlerer Unternehmen bildet gerade ein qualifizierter und motivierter Mitarbeiterstamm einen wichtigen Einflussfaktor auf deren Wettbewerbsfähigkeit und erfordert von ihnen gleichzeitig ein professionelles Management dieser Ressource. So stellt der zunehmende Fachkräftemangel nicht nur wissensbasierte Unternehmen vor zunehmende Probleme. Vor allem KMU haben nach einer Untersuchung des IfM hierbei zusätzliche Probleme bei der Dauer der Personalbeschaffung. Daneben gilt es auch in KMU, einen seit Jahren zunehmenden Führungskräftebedarf zu managen (vgl. etwa MIND 2001: 80, 86)[45]. Wenn auch Personalabteilungen häufig in erster Linie die Rolle eines Dienstleisters übernehmen, werden die dort tätigen Mitarbeiter im Zuge gestiegener Marktanforderungen auch in mittleren Unternehmen gleichzeitig immer mehr zu wichtigen Akteure, um anspruchsvoller werdende Unternehmensziele zu erreichen.[46] So lässt sich in den letzten Jahren eine zunehmende Marktorientierung in der Unternehmensführung belegen (vgl. vor allem Homburg/Krohmer 2006: 1316), die auch in die Arbeit

---

[45] Die zur Bewältigung des Fachkräftemangels von Klein- und Mittelbetrieben gewählten Personalstrategien beschreibt *Kullak* (1995).

[46] Aus diesem Grunde wird inzwischen auch die Effizienz des Personalmanagements im Rahmen von Bonitätsüberprüfungen nach Basel II ähnlich genau überprüft wie auch andere Unternehmensbereiche.

der Personalabteilungen vermehrt Einzug hält. Dabei erbringt die Personalabteilung als Funktionsbereich zum einen sowohl direkt als auch indirekt bestimmte Aktivitäten für die externen Kunden, indem sie etwa als direkter Ansprechpartner für Bewerber gegenüber diesen das Unternehmen vertritt und damit eine entsprechende Außenwirkung erzielt. Zum anderen gestaltet sie im Rahmen einer optimalerweise ausgeprägten internen Kundenorientierung gegenüber der Unternehmensleitung, Fachbereichen sowie nicht zuletzt gegenüber Beschäftigten erfolgreiche Geschäftsprozesse mit.[47]

Wesentlich nüchterner, aber ebenso deutlich unterstreichen *Behrends/ Martin* die strategische Bedeutung der Personalarbeit mit ihrer Feststellung, dass die Aufgabe des Personalwesens in erster Linie sei, die Organisation bei der Erfüllung ihrer Grundanforderungen Lernen, Leistung und Kooperation zu unterstützen und die Personalarbeit dabei einen funktionalen Beitrag zum Überleben einer Organisation leiste (2005: 159).

Auf die Beiträge der Personalarbeit für die Innovationssteigerung von Unternehmen weist wiederum *Rößler* hin. So sei es Aufgabe der Personalabteilung, die richtigen, kreativen und innovativen Mitarbeiter für das Unternehmen zu gewinnen und sie dort entsprechend ihrer Fähigkeiten einzusetzen (2007: 16f.).

Trotz ihrer hohen strategischen Bedeutung stehen Personalabteilungen gerade auch bei zunehmenden Rationalisierungstendenzen unter größer werdendem Rechtfertigungsdruck[48] So weist *Taylor* auf Grundlage einer von ihm vorgenommenen umfassenden Literaturanalyse auf zwei kontro-

---

[47] Zur Marktorientierung im Personalmanagement vgl. genauer *Homburg/ Krohmer* (2006: 1331ff.).
[48] Der Frage nach der den Personalabteilungen zugemessenen Legitimität widmet sich *Brandl* (2005).

verse und aus strategischer Perspektive wichtige Ergebnisse hin: Einerseits nimmt bei einer formalisierten Planung des Personalmanagements in KMU die Anzahl zu beobachtender Probleme ab und damit die Effizienz des Personalmanagements zu. Auch trägt ein formalisiertes Personalmanagement nachgewiesener Maßen positiv zum Wachstum von Unternehmen bei. Gleichzeitig lässt sich nach seiner Untersuchung jedoch zeigen, dass Eigentümer kleiner und mittlerer Unternehmen verglichen mit anderen Managementfunktionen gerade die Personalarbeit zuletzt an professionelle Manager delegieren oder hierfür Personal einstellen (2005). Diese Ergebnisse können vermuten lassen, dass der Umgang mit einer so zentralen Ressource wie dem Personal gerade in KMU unter einem nicht unwesentlichen Einfluss emotionaler Aspekte stattfindet, was im weiteren Verlauf der Arbeit genauer untersucht werden soll.

Es zeigt sich, dass die Personalarbeit gerade auch in KMU eine hohe strategische Bedeutung besitzt, während gleichzeitig sich ihre organisatorische und inhaltliche Aufstellung jedoch höchst unterschiedlich gestalten kann. Unabhängig vom Vorhandensein, der Größe, der Ausstattung oder übertragenen Aufgaben einer Personalabteilung müssen Unternehmen jedoch, sobald sie Mitarbeiter beschäftigen, eine Vielzahl arbeitsrechtlicher Vorgaben einhalten. Dieser Umstand erfordert einen möglichst systematischen Umgang mit dem Arbeitsrecht, der jedoch auf Grundlage der bisherigen theoretischen Ausführungen eher als problematisch angesehen werden muss.

Nachfolgend soll, sich an den oben geschilderten Aufgaben der Personalarbeit orientierend, das Spektrum der damit jeweils verbundenen arbeitrechtlichen Problemstellungen näher skizziert werden.

2.1.2.3 Problemstellungen der Personalarbeit im Umgang mit Arbeitsrecht

Aufgabe der nachfolgenden Betrachtung ist eine Verdeutlichung und beispielhafte Herausarbeitung praktischer Berührungspunkte mit der Rahmenbedingung Arbeitsrecht in der Praxis der Personalarbeit und der sich daraus ergebenden internen Kommunikationsbedarfe.[49]

Eine besondere Bedeutung für die Personalarbeit hat das Arbeitsrecht als Rahmen aller rechtlichen Regeln, die sich mit der abhängigen, das heißt nichtselbständigen Arbeit beschäftigen. Hierbei sind zwei arbeitsrechtliche Gebiete zu unterscheiden:

Das *individuelle Arbeitsrecht*, das die Einzelbeziehungen zwischen Arbeitnehmern und Arbeitgebern regelt, zum Beispiel Arbeitsvertragsrecht, Arbeitsschutzrecht, Mutterschutz, Arbeitszeitverordnung sowie das *kollektive Arbeitsrecht*, welches wiederum Vereinbarungen zwischen Arbeitgeber, Betriebsrat, Gewerkschaften sowie Arbeitgeberverbänden als Tarifvertragsparteien regelt. Hierzu zählen im Wesentlichen die Vorschriften des Tarifvertragsrechts sowie zur Betriebsverfassung.[50] Ein Großteil des deutschen Arbeitsrechts wird hierbei durch Tarifverträge gestaltet. So schließen die Tarifvertragspartner in jedem Jahr durchschnittlich 8.000 Tarifverträge ab, die bestehendes Arbeitsrecht ersetzen oder modifizieren (vgl. Schramm/Zachert 2005a: 478).

Mit dieser, für das deutsche Arbeitsrecht charakteristischen Vielfalt an Einzelvorschriften ist einerseits eine teilweise erhebliche Komplexität verbunden, andererseits bieten sowohl diese Vielzahl an Vorschriften als auch deren einzelner Inhalt den Betrieben zahlreiche Handlungsalternati-

---

[49] Eine umfassende, juristische Darstellung arbeitsrechtlicher Details und Zusammenhänge liefert etwa *Kittner* (2007).
[50] Einen sehr guten theoretischen Überblick zum Aufbau und Spektrum des Arbeitsrechts geben *Berthel/Becker* (2007: 529ff.).

ven. Der Gesetzgeber versucht, bei der Gestaltung der Vorschriften weitgehend Rücksicht zu nehmen auf die betrieblichen Rahmenbedingungen, so etwa im Falle der mit einer geringeren Größe eines Unternehmens einhergehenden Besonderheiten und Risiken. Hierbei wird versucht, etwa durch Schwellenwerte für die Geltung der Vorschriften, wie etwa für das Kündigungsschutzgesetz oder Betriebsverfassungsgesetz, entsprechende Rücksicht zu nehmen.[51]

Hinzu kommt, dass auch im deutschen Arbeitsrecht der Rechtsprechung durch die Arbeitsgerichte eine erhebliche Bedeutung zukommt. Um bei individuellen Konfliktfällen eines Unternehmens dessen Besonderheiten möglichst genau zu berücksichtigen, sind viele Vorschriften explizit dazu angelegt, von den Arbeitsgerichten detaillierter ausgestaltet zu werden.

Beide spezifischen Eigenschaften des deutschen Arbeitsrechts bieten den Unternehmen damit theoretisch den Vorteil einer möglichst optimalen Anpassung an die betrieblichen Bedürfnisse. Gleichzeitig kann damit jedoch eine nicht unerhebliche Komplexität verbunden sein, die eine systematische Auseinandersetzung mit den Vorschriften erfordert und gerade KMU oftmals vor Probleme stellt.[52] Die hohe Komplexität und teilweise vermutete, nicht mehr optimale Anpassung der Vorschriften haben in der Vergangenheit regelmäßig zu Deregulierungsforderungen geführt. Diesen Forderungen ist der Gesetzgeber zum Teil nachgekommen und hat die Details einzelner Gesetze entsprechend geändert, so vor allem Schwellenwerte zur Geltung im Zeitablauf mehrerer Regierungen ange-

---

[51] Zur Diskussion über die Notwendigkeit eines differenzierten Arbeitsrechts für KMU vgl. etwa *Bradtke/Pfarr* (2005). Einen Überblick über entsprechende Schwellenwerte wiederum bietet *Dibbern-Voss* (2005: 409f.).

[52] Vgl. hierzu kritisch *Oechsler* (1998: 466f.).

hoben oder abgesenkt.[53] Dieser kontinuierliche Wandel lässt wiederum die Komplexität und teilweise Unübersichtlichkeit weiter ansteigen.

Aus Perspektive eines Beschäftigten werden alle Phasen, in denen er mit dem Unternehmen in Kontakt kommt, von arbeitsrechtlichen Vorschriften begleitet. Angefangen von der von ihm wahrgenommenen und genutzten Stellenanzeige über den Umgang des Unternehmens mit seinen eingesandten Bewerbungsunterlagen, die entsprechenden Einstellungsgespräche, die Absage oder Zusage zu seiner Beschäftigung, die Gestaltung seiner Bewerbungsunterlagen, die Ausgestaltung seiner Probezeit, spätere Beförderungen oder Umbesetzungen, disziplinarische Einzelmaßnahmen, eine wahrgenommene Elternzeit, seine Einbeziehung in mögliche betriebsbedingte Kündigungen, hiergegen wegen falscher Sozialauswahl gewonnene Arbeitsgerichtsverfahren bis hin zu seinem spätern Ausscheiden wegen Erreichens des Rentenalters.

Innerhalb dieser jeweiligen Anlässe sind von der Personalabteilung, häufig in Abstimmung mit dem Inhaber des Unternehmens oder dem direkten Vorgesetzten, Entscheidungen über die jeweilige Vorgehensweise zu treffen. Damit stellt das Arbeitsrecht einen „ständigen Begleiter" der Personalarbeit dar, der Verfahrenweisen vorschreibt, Grenzen aufzeigt sowie Möglichkeiten eröffnet. Den einzelnen Vorschriften und Gesetzen kommt dabei eine jeweils unterschiedliche strategische Bedeutung zu.

Ein personalwirtschaftlicher Anwendungsbereich, der aufgrund möglicher rechtlicher Risiken von hoher strategischer Bedeutung ist und bei dem von der Personalabteilung teils umfassende Vorschriften beachtet werden müssen, stellt die *Beendigung von Arbeitsverhältnissen* dar. So schreibt

---

[53] Zur Gestaltung der Deregulierungsposition und der Bewertung möglicher Arbeitsmarktwirkungen durch das Arbeitsrecht vgl. etwa *Pfarr et al.* 2005. Einen guten Überblick über die Entwicklung verschiedener Arbeitsrechtsreformen bieten wiederum *Fischer/Thiel* (2005).

etwa das Kündigungsschutzgesetz wichtige Details vor, die bei einer Kündigung zu beachten sind. Hinzu kommen die Kündigungsfristen, die sich in der Regel aus dem allgemeinen Kündigungsschutz des BGB ergeben. Im Rahmen von betriebsbedingten Kündigungen ist wiederum die Sozialauswahl zu beachten. In der Praxis sieht sich die Personalabteilung nicht nur kleiner Unternehmen hier jedoch oftmals mit der Situation konfrontiert, dass ein Mitarbeiter von seinem direkten Vorgesetzten ohne Angabe von Gründen gekündigt worden ist und dieser dagegen gerichtlich vorgeht. Da jedoch gerade bei solchen „Ipulsivkündigungen" nur selten die vorgeschriebenen Details eingehalten werden, respektive den Fachvorgesetzten oder einem Inhaber überhaupt bekannt sind, ist hier eine entsprechende Beanstandung durch das Gericht eher die Regel. Aber auch im Zuge längerfristig vorbereitbarer Entlassungen ist es sinnvoll, dass diese in enger Abstimmung und unter der Regie der Personalabteilung durchgeführt werden, zudem gilt es, bei fachfremden Beteiligten ein entsprechendes Problembewusstsein zu erzeugen. Hierin liegen bereits umfangreiche Kommunikationsbedarfe begründet.

Einen weiteren Aufgabenbereich der Personalabteilung, bei dem vielfältige arbeitsrechtliche Detailvorschriften zu beachten sind, bildet die *Personalführung*. Diese erfordert gerade auch von den direkten Fachvorgesetzten einen möglichst guten Überblick über arbeitsrechtliche Anforderungen, wie etwa Beteiligungspflichten aus der Mitbestimmung. Hilfreich ist hier stets, wenn einzelnen Abteilungen ein entsprechender Austausch mit der Personalabteilung ermöglicht wird.

Sofern ein KMU über einen Betriebsrat verfügt, schreibt das *Betriebsverfassungsgesetz* dessen umfängliche Beteiligung etwa in sozialen, personellen oder arbeitsorganisatorischen sowie wirtschaftlichen Belangen vor. Damit sind etwa Maßnahmen der Personalplanung unter Berücksichtigung der betrieblichen Mitbestimmung zu entwickeln. Hierbei ist vor allem die Personalabteilung, aber oftmals auch die Unternehmensleitung direkt gehalten, entsprechende Maßnahmen mit dem Betriebsrat abzustimmen. In der Praxis kann diese Zusammenarbeit je nach Betriebsratstyp, aber auch bedingt durch die vorherrschende Unternehmenskultur sehr unterschiedlich gestaltet sein.[54] Hierbei spielen die wechselseitige Wahrnehmung sowie gesammelte Erfahrungen eine entscheidende Rolle.

Zu den *administrativen Aufgaben* einer Personalabteilung gehören etwa auch die Prüfung und Entscheidung über Teilzeitanträge. Hier schreibt das *Teilzeit- und Befristungsgesetz* (TzBfG) bei Vorliegen bestimmter Rahmenbedingungen einen Anspruch der Beschäftigten auf Reduktion oder aber auch Erhöhung ihrer Arbeitszeit vor. Ebenso regelt dieselbe Vorschrift die Möglichkeiten und Grenzen für die Befristung von Arbeitsverhältnissen. Dabei sind umfangreiche Details zu beachten, für die eine genaue Kenntnis etwaiger bisheriger Beschäftigungen eines Arbeitnehmers im Unternehmen erforderlich ist, die oftmals nur über einen systematischen Informationsaustausch erreicht werden kann.

Darüber hinaus sind gerade auch *personalstrategische Grundsatzentscheidungen* eines Unternehmens, etwa hinsichtlich der Gestaltung der Beschäftigtenstruktur oder der Nutzung so genannter „neuer Formen der Beschäftigung" vom Arbeitsrecht beeinflusst, indem etwa die Vorschriften zur Scheinselbständigkeit zu beachten sind.

Eine neue Vorschrift, mit der eine entsprechende europäische Richtlinie nun auch in Deutschland umgesetzt worden ist, welche die Personalarbeit plötzlich in allen ihren Bereichen vor Herausforderungen stellt, ist das *Allgemeine Gleichbehandlungsgesetz* (AGG). Dieses Gesetz ist ein anschauliches, wenn auch außergewöhnliches, weil weit reichendes Bei-

---

[54] Eine praxisorientierte Betrachtung dieser Problemstellung leistet *de Santana* (2005).

spiel dafür, dass ein Wandel von Vorschriften Unternehmen zur umfassenden Überprüfung und gegebenenfalls Anpassung der internen Prozesse eines kompletten Funktionsbereiches führen kann. Im Kern soll das Gesetz eine Benachteiligung von Minderheiten etwa aufgrund Geschlechts, Religion, sexueller oder politischer Orientierung verhindern. Entsprechende Diskriminierungsverbote mussten Unternehmen bereits vor diesem Gesetz einhalten.

Die wesentliche Neuerung ist die Anforderung an Unternehmen, ihr Vorgehen in den verschiedenen personalwirtschaftlichen Prozessen nachzuweisen und zu dokumentieren, um im Falle von gleichzeitig erleichterten Schadensersatzansprüchen von Bewerbern abgesichert zu sein. Dies erfordert von den Unternehmen zunächst einmal einen unter Umständen erheblichen Aufwand, bietet langfristig betrachtet jedoch auch die Chance, die entsprechenden Prozesse auch intern transparent zu gestalten. Dieses Gesetz ist auch aus einem weiteren Grunde ein gutes Beispiel für ein generell auffälliges Problem im Umgang mit Arbeitrecht, das im späteren Verlauf dieser Untersuchung noch näher beleuchtet werden soll: Es hat sich gezeigt, dass gerade die etwa von den Verbänden im Zuge der Einführung des Gesetzes betriebene Informationspolitik in den Betrieben zu einer teils erheblichen Verunsicherung geführt hat, die den Unternehmen eine systematische Analyse und Auseinandersetzung mit praktischen Folgen oftmals erschwert hat. Häufig müssen gerade etwa kleinere Unternehmen aufgrund fehlender Ressourcen auf oftmals von Gerüchten getragene Informationen zurückgreifen, was zu nicht unbedeutenden Problemen führen kann.[55] Nachfolgend sollen die verschiedenen, in die personalwirtschaftlichen Aufgabenbereiche hineinwirkenden

---

[55] Zur Rolle von Gerüchten im betrieblichen Alltag und den Gründen für ihre Verbreitung vgl. *Schick* (2005: 164ff.); hinsichtlich möglicher positiver Funktionen von Gerüchten vgl. *Robbins* (2001: 347).

arbeitsrechtlichen Vorschriften nochmals in einem Überblick zusammengefasst werden (vgl. Tabelle 3).

Tabelle 3: Arbeitsrechtliche Vorschriften nach Aufgabenbereichen

Aufgabenbereich	Beispielhafte relevante Vorschriften
Personalführung	Allgemeines Gleichbehandlungsgesetz, Vertragsrecht, Streikrecht, Arbeitsschutzvorschriften, Nachweisgesetz, Betriebsverfassungsgesetz, Rechtsprechung
Personalbedarfsplanung	Kündigungsschutzgesetz, Teilzeit- und Befristungsgesetz, Bundeselterngeld- und Elternzeitgesetz, Arbeitszeitgesetz, Betriebsverfassungsgesetz, Rechtsprechung
Personalbeschaffung	Allgemeines Gleichbehandlungsgesetz, Teilzeit- und Befristungsgesetz, Sozialgesetzbuch, Betriebsverfassungsgesetz, Rechtsprechung
Personaleinsatzplanung	Allgemeines Gleichbehandlungsgesetz, Arbeitschutzrecht, Tarifverträge, Betriebsverfassungsgesetz, ggf. Betriebsvereinbarungen, Rechtsprechung
Personalentwicklung	Allgemeines Gleichbehandlungsgesetz, ggf. Betriebsvereinbarungen, Betriebsverfassungsgesetz, ggf. Betriebsvereinbarungen, Rechtsprechung
Personalfreisetzung	Kündigungsschutzgesetz; Allgemeiner Kündigungsschutz des BGB, Allgemeines Gleichbehandlungsgesetz, Betriebsverfassungsgesetz, Tarifverträge, ggf. Betriebsvereinbarungen, Rechtsprechung
Personalentlohnung	Tarifvertragsgesetz (wg. Günstigkeitsprinzip), Tarifverträge, Betriebsverfassungsgesetz, ggf. Betriebsvereinbarungen, Rechtsprechung
Personalbeurteilung	Allgemeines Gleichbehandlungsgesetz, Betriebsverfassungsgesetz, ggf. Betriebsvereinbarungen, Rechtsprechung
Quelle:	Eigene Darstellung.

Neben den zuvor anhand konkreter *Anwendungszusammenhänge* beispielhaft beschriebenen Berührungspunkten mit dem Arbeitsrecht spielt dieses aufgrund der betriebswirtschaftlichen Logik ebenso auch *abstrakt betrachtet* immer dann eine zumindest grundsätzliche Rolle, wenn betriebliche Entscheidungen zu treffen oder Interessen am Unternehmen beteiligter Akteure abzuwägen sind. Hierbei steht die Personalabteilung vor der Aufgabe und – aufgrund etwa unternehmenskultureller Zusammenhänge – oftmals auch vor dem Problem, die erforderlichen arbeitsrechtlichen Anforderungen rechtzeitig zu identifizieren und in die Entscheidungsfindung einfließen zu lassen. Dies stellt insbesondere für kleine Unternehmen mit einer oftmals nur minimalen Ressourcenausstattung eine besondere Herausforderung dar. Zusätzlich kann Personalabteilungen dabei eine Moderationsrolle zukommen. Aber gerade auch innerhalb einer optimalen Aufgabenwahrnehmung der Personalabteilung kann es zwischen deren Mitarbeitern und Führungskräften anderer Abteilungen zu oftmals verständigungsbedingten Problemen kommen. Als Grund hierfür nennt etwa *Mahlmann* (2007: 39) das grundsätzliche Konfliktfeld, dass sowohl Personalleiter als auch Führungskräfte auf ihren Disziplinen jeweils Experten sind und dabei jeweils spezifischen Handlungsanforderungen unterliegen. Hierbei kommt es dann oftmals zwangsläufig zu entsprechenden Vorurteilen.

Die hier skizzierten arbeitsrechtlichen Zusammenhänge der Personalarbeit verdeutlichen zum einen eine nicht unerhebliche Komplexität, die von den Unternehmen zu bewältigen ist. Zum anderen zeigt sich, dass die Unternehmen gleichzeitig die Möglichkeit besitzen, ihren Umgang mit dem Arbeitsrecht in vielen Bereichen individuell zu gestalten. Wie sich dieser individuelle Umgang in der Praxis gestalten lässt und zu welchen Vorteilen oder Problemen dieser wiederum führen kann, ist Gegenstand einer zunächst noch eher theoretischen Betrachtung im nächsten Abschnitt.

2.1.2.4 Gestaltung der Arbeitsrechtspraxis innerhalb der Personalarbeit

Die konkrete betriebliche Umsetzung von Arbeitsrecht ist aus betriebswirtschaftlicher Sicht, wie eingangs bereits erwähnt, bislang nur wenig systematisch untersucht worden. Die Betrachtung der Wirkung von Arbeitsrecht erfolgt überwiegend aus juristischer sowie rechtssoziologischer Perspektive. Eine Ausnahme hiervon bilden insbesondere die Untersuchungen von *Schramm/Zachert* aus dem Jahre 2005 sowie aktuell ihr im Jahr 2007 abgeschlossenes Forschungsprojekt Arbeitsrecht in der betrieblichen Anwendung (vgl. Schramm/Zachert 2008).

Das Arbeitsrecht hat sich grundsätzlich im Zusammenspiel mit der unternehmerischen Praxis entwickelt und ist daher in Verbindung mit dieser zu interpretieren (vgl. Hübner 2005: 439). Ausgehend von dieser Annahme soll nun theoretisch betrachtet werden, unter welchen Voraussetzungen sich in der Praxis der individuelle Umgang von Unternehmen mit dem Arbeitsrecht gestaltet. Zunächst einmal soll dazu der im Mittelpunkt stehende Begriff der Arbeitsrechtspraxis genauer abgegrenzt werden.

2.1.2.5 Begriff, Inhalte und personalwirtschaftliche Bedeutung

Das Gesamtinstrumentarium des Arbeitsrechts stellt, zumindest formell betrachtet, einen wichtigen Handlungsrahmen der betrieblichen Personalarbeit dar. Parallel dazu sind die Unternehmen gefordert, bei ihrem betrieblichen Handeln auch die weiteren externen und internen Rahmenbedingungen zu berücksichtigen. Hierzu sind etwa die wirtschaftliche Lage, die Wettbewerbssituation, die Ressourcensituation auf den Beschaffungsmärkten oder auch politische Entwicklungen zu zählen. Innerhalb der internen Rahmenbedingungen sind unter anderem die Absatzsituation, technologische Standards, die Unternehmenskultur sowie bisher gesammelte arbeitsrechtliche Erfahrungen von Einfluss. Durch ein

Zusammenspiel dieser Rahmenbedingungen bildet sich im individuellen betrieblichen Alltag ein bestimmter Umgang mit Arbeitsrecht heraus, der nachfolgend unter dem Begriff der *Arbeitsrechtspraxis* zusammengefasst und betrachtet werden soll. Der Begriff umfasst dabei zunächst sämtliche Anwendungszusammenhänge des Arbeitsrechts.

Aufgrund der Vielfalt der auf ein Unternehmen einwirkenden Einzelfaktoren ist nahe liegend, dass sich die Arbeitsrechtspraxis von Unternehmen jeweils sehr individuell gestalten kann. Durch den bereits oben beschriebenen Umstand, dass das Arbeitsrecht über den Faktor Personal in nahezu alle Unternehmensbereiche eingreift und für den Fall einer Zuwiderhandlung gegenüber Vorschriften grundsätzlich Sanktionsmöglichkeiten vorsieht, erhält der jeweilige Umgang eines Unternehmens grundsätzlich strategische Bedeutung.

Nachfolgend soll daher näher betrachtet werden, wie sich die Arbeitsrechtspraxis aus theoretischer Perspektive gestaltet. Zum einen soll dazu untersucht werden, welche betrieblichen Gestaltungsoptionen bei der Anwendung des Arbeitsrechtsrahmens angesichts der Verbindlichkeit von Normen überhaupt bestehen und wie sich diese zusammensetzen. Weiterhin interessiert, welche subjektiven Faktoren, wie etwa die Wahrnehmung der beteiligten Akteure, auf die Gestaltung der Arbeitsrechtspraxis einwirken. Schließlich soll hinterfragt werden, welche Probleme für ein Unternehmen mit dieser Gestaltung verbunden sein können.

2.1.2.6 Gestaltungsoptionen und subjektives Einflusspotenzial

Bei der Gestaltung der Arbeitsrechtspraxis bietet bereits das Arbeitsrechtssystem gerade auch KMU zahlreiche Gestaltungsspielräume, indem der Gesetzgeber den Unternehmen bestimmte Wahl- und Gestaltungsfreiheiten innerhalb alternativer arbeitsrechtlicher Optionen einräumt. Zusätzlich steht den Arbeitsgerichten darüber hinaus ein gewisser Ermessensspielraum bei der Auslegung der Vorschriften zu. Daher weisen etwa auch *Klimecki/Gmür* darauf hin, dass das Arbeitsrecht gerade auch in Kombination mit spezifischen ökonomischen und politischen Entwicklungen mehr Gestaltungsspielräume ermöglicht, als die Gesetzesdichte auf den ersten Blick vermuten lässt. Sie sehen im Arbeitsrecht daher auch weniger eine Beschränkung der Wirtschaftsfreiheit als vielmehr einen Ausdruck dessen, dass Unternehmensleitungen in einem Bündel von Regelungsangeboten Vorteile erblicken, indem sie sich etwa Arbeitgeberverbänden anschließen, die Bildung von Betriebsräten fördern oder aber mit mehr oder weniger starkem informellen Druck zu verhindern versuchen (1998: 484; ähnlich Schramm/Zachert 2005: 485).

Einen großen Einfluss auf die Inanspruchnahme der einzelnen Regelungsangebote und damit Gestaltung der Arbeitsrechtspraxis dürften zum einen die jeweiligen *arbeitsrechtlichen Kenntnisse* der verantwortlichen Akteure besitzen. Auf die gerade in kleinen Unternehmen häufig problematische Situation hinsichtlich arbeitsrechtlicher Ressourcen weisen unter anderem *Alewell/Koller* (2002) sowie *Hübner* (2005) hin. Eine schlechte arbeitsrechtliche Informationslage kann jedoch zu einer problematischen Gestaltung der Arbeitsrechtspraxis führen, indem zwingende arbeitsrechtliche Details übersehen oder fehlinterpretiert und auf dieser Grundlage betriebliche Entscheidungen aufgebaut werden. So ergab eine umfassende Untersuchung von *Pfarr et al.* das überraschende Ergebnis, dass rund zwei Drittel aller Kleinstbetriebe mit bis zu fünf Beschäftigten fälschlicher Weise annahmen, dass das Kündigungsschutzgesetz für ihr Unternehmen gelte (2005: 29). Wenn man hierbei unterstellt, dass diese Annahme zu einem verzögerten Einstellungsverhalten führe, wären diese

Betriebe durch diese Fehleinschätzung – und nicht etwa durch die Vorschriften – am Wachstum gehindert.[56]

Ein weiteres Ergebnis von *Pfarr et al.* belegt, dass die jeweilige Erfahrung mit dem Arbeitsrecht sowohl die Kenntnis als auch das personalwirtschaftliche Verhalten beeinflussen kann. So werde das Arbeitsrecht in den Betrieben oft erst dann wahrgenommen und kann erst dann personalwirtschaftliche Wirkungen entfalten, wenn ein Betrieb mit arbeitsrechtlichen Regelungen konkret in Berührung gekommen ist, sei es durch ein innerbetrieblichen Konflikt, der zu einer rechtlichen Einordnung zwang, oder durch ein arbeitsgerichtliches Verfahren (2005: 90).

Die individuelle Arbeitsrechtspraxis gestaltet sich damit nicht etwa statisch, sondern ist Entwicklungen unterworfen. Als weiterer Einflussfaktor können *organisatorische Grundhaltungen* eines Unternehmens ebenfalls die Arbeitsrechtspraxis prägen. So kommt *Martin* bei einer Untersuchung der Möglichkeiten eines systematischen Beschäftigungsmanagements zu folgendem Schluss: *„Wenn zwei Unternehmen dasselbe beschäftigungspolitische Instrument einsetzen, dann tun sie damit noch längst nicht dasselbe. Und zwar deswegen, weil das beschäftigungspolitische Instrumentarium prinzipiell „gestaltungsoffen" ist. Anders ausgedrückt: jedes Instrument besitzt eine Vielzahl von Gestaltungsparametern und gewinnt in der konkreten Anwendung daher auch seine ganz eigene Charakteristik."* (Martin 2002: 8)

---

[56] Der Schwellenwert für die Geltung des KSchG lag zum Zeitpunkt der Befragung im Jahr 2003 noch bei zehn Beschäftigten und ist zwischenzeitlich für neu eingestellte Arbeitnehmer auf fünf Beschäftigte abgesenkt worden. Darüber hinaus wird der Zusammenhang von Arbeitsrecht und Beschäftigungsentscheidungen jedoch seit einiger Zeit zunehmend auch empirisch kritisch hinterfragt, vgl. etwa *Peuntner* (2002); *Bradtke/Pfarr* (2005); *Schramm/ Zachert* (2008).

Im Rahmen ihrer empirischen Analyse identifiziert *Hübner* im Wesentlichen vier verschiedene Typen der unternehmerischer Personalarbeit, die ein mögliches Gestaltungsspektrum der Arbeitsrechtspraxis anschaulich verdeutlichen (2005; Bradtke et. al. 2005):

Der *Typ A* orientiert sich bei seinem betrieblichen Handeln an den geltenden Gesetzen und kann mit diesen offensichtlich gut leben. Er verfügt über fundierte arbeitsrechtliche Kenntnisse. Die geltenden Gesetze werden akzeptiert und eingehalten. Man hält die geltenden Gesetze insgesamt für sinnvoll sowie handhabbar und ist bestrebt, sie im Einklang mit den betrieblichen Bedürfnissen umzusetzen.

Typ B wiederum ist vor allem am Aufbau und dem Erhalt qualifizierter Mitarbeiterstrukturen interessiert. Er verfügt über gute arbeitsrechtliche Kenntnisse. Im Vordergrund stehen die geltenden tarifvertraglichen Regelungen. Um den betrieblichen Flexibilitätsanforderungen gerecht zu werden, werden gesetzliche Möglichkeiten ergänzend ausgeschöpft, ohne ihnen jedoch – nach den Buchstaben der Vorschriften – zuwiderzuhandeln.

In Unternehmen vom *Typ C* wird hingegen die Rechtsanwendung primär von betrieblichen Belangen bestimmt: Je nach Wirkung werden die geltenden Vorschriften strategisch genutzt oder aber umgangen. So werden Kündigungsverbote beziehungsweise Sozialauswahlkriterien missachtet und es wird verstärkt versucht, sich von vor allem älteren Arbeitnehmern zu trennen. Von Befristungsmöglichkeiten wird kaum Gebrauch gemacht.

In Unternehmen vom *Typ D* schließlich zielt die Rechtsanwendung auf einen maximalen Nutzen für das Unternehmen. Dazu wird Stamm- in Randbelegschaft umgewandelt, gesetzliche oder tarifvertragliche Vorschriften werden umgangen oder missachtet. Anders als bei Typ C besteht hier eine grundsätzliche Abwehrhaltung gegenüber Außeneinflüssen auf Unternehmensentscheidungen durch das Arbeitsrecht. Alle gesetzlichen Ausweichmöglichkeiten werden, soweit betrieblich sinnvoll, ohne Rücksicht auf eventuell indirekt Kosten verursachende „Langzeitwirkungen" auf zum Beispiel die Motivation der Arbeitnehmer eingesetzt.

Diese eher idealtypische Darstellung verdeutlicht sehr gut die mögliche Breite einer möglichen Arbeitsrechtspraxis und zeigt einerseits mögliche Motivationen der Unternehmen für diese Gestaltung an; andererseits kann auf Grundlage dieser Beobachtung nicht unmittelbar auf eine konkrete, dem jeweiligen Vorgehen zugrunde liegende Strategie geschlossen werden.[57]

Bezogen auf Strategien kommt die Studie *Personalmanagement 2006* zu dem Ergebnis, dass sich die Gestaltung der Personalarbeit kleiner und mittlerer Unternehmen allgemein an der strategischen Wettbewerbssituation orientiert und unterscheidet anhand dieses Kriteriums ebenfalls verschiedene Personalleitertypen (vgl. Bartscher/Mielke 2006: 64ff.). Hierbei ist anzunehmen, dass das Zustandekommen der strategischen Orientierung nicht ohne Einfluss auf die Arbeitsrechtspraxis bleibt. Denkbar ist zudem, dass gerade in Kleinstunternehmen oftmals die individuelle Unternehmenskultur ähnlich handlungsleitende Funktionen einnimmt wie die Unternehmensstrategien in großen Unternehmen.

Insgesamt vermitteln die bisher vorliegenden empirischen Studien, dass der Funktionsbereich der Personalwirtschaft und integriert darin auch das Arbeitsrecht in der Praxis noch immer verhältnismäßig wenig als positives Gestaltungsinstrument genutzt wird. So weist auch *Scholz* auf den Umstand hin, dass Personalwirtschaft in Betrieben inzwischen im Wesentli-

---

[57] Zu Problemen der Strategiebildung kleiner und mittlerer Unternehmen vgl. Martin (2006).

chen nur noch zur unmittelbaren Kostensenkung, nicht aber für eine seriöse Personalentwicklung oder langfristige Personalstrategien eingesetzt wird (2004: 4).

Eine recht prägnante Erklärung für die betrieblichen Probleme bei der Entwicklung der eigenen Personalarbeit bietet *Mahlmann*, die darauf hinweist, dass die Herausforderungen von Unternehmen in der richtigen Gestaltung einer mitwachsenden Personalarbeit liegen. Sie betrachtet die betriebliche Entwicklung der Personalarbeit als einen evolutionären Prozess. Demnach werden Personalthemen bei der Gründung eines KMU und solange dieses überschaubar klein bleibt, nur von einer zuständigen Person, häufig sogar dem Geschäftsführung direkt wahrgenommen. Zu diesem Zeitpunkt werden Personalarbeit und praktische Führung noch in Personalunion geleistet. Wächst nun das Unternehmen, bilden sich spezialisierte Funktionen heraus, die in entsprechende Stellen umgesetzt und besetzt werden, so dass schließlich im Unternehmen Personalexperten sowie Experten für die praktische Führung in den Fachbereichen aktiv werden. Dabei bilden sich nach Ansicht von *Mahlmann* wiederum Expertenwissen und -kulturen heraus: *„Personalwissen als Wissen über (!) Führung und Führungspraxis als Wissen von (!) operationaler Führung"* (2007: 39; Hervorhebungen im Original).

In der Zusammenarbeit von jeweils durch unterschiedliche Kulturen beeinflussten Experten können dann Missverständnisse, Vorbehalte sowie Abteilungsegoismen entstehen, auf deren Basis etwa Annahmen von Kommunikationspartnern grundsätzlich in Frage gestellt werden. Da das Machtgefüge in Unternehmen nur selten ausgewogen ist, wird sich unter diesen Einflüssen eine jeweils individuelle Arbeitsrechtspraxis herausbilden, die Ausdruck der individuellen unternehmerischen Führungskultur ist. Da das Arbeitsrecht wiederum auf individuelle Motivationen gegenüber seiner Geltung naturgemäß nur wenig Rücksicht nehmen kann, besteht hier – oftmals gerade losgelöst von den eigentlichen Inhalten einer Regelung – ein grundsätzliches Konfliktpotenzial für Unternehmen. Damit ist ein zweiter großer Bereich angesprochen, der einen unter Umständen erheblichen Einfluss auf die Gestaltung der betrieblichen Arbeitsrechtspraxis hat: die *subjektiven Orientierungen* der an der Personalarbeit beteiligten Akteure. Bei der Wahrnehmung und Bewertung des Arbeitrechts fließen neben zugrunde liegenden Erfahrungen vielfältige Informationen, wie etwa Meinungen und Annahmen Dritter, Medienberichte, Gerüchte oder auch aus dem Zusammenhang gerissene Details, mit ein und beeinflussen die Meinung oder Einstellung der Betroffenen. Im Falle des Arbeitsrechts kann dieses insbesondere in Verbindung mit der bereits erwähnten Komplexität der zu beachtenden Vorschriften zu einer Verschärfung möglicher Probleme führen.

Nach Ansicht von *Kania* (2004; 2005) ist in der unternehmerischen Praxis, bedingt durch die zunehmende Komplexität der zu beachtenden Vorschriften, inzwischen eine zunehmende „Verabschiedung" der Betriebe vom Arbeitsrecht festzustellen. Stattdessen würde in den Betrieben zunehmend eine Orientierung an einem so genannten gefühlten Arbeitsrecht einsetzen, dass dabei oftmals eine höhere Bedeutung einnehmen würde als das real geltende, aber im Detail unbekannte Arbeitsrecht. Im Zusammenhang damit werde beispielsweise bei Kündigungen davon ausgegangen, dass es einen generellen gesetzlichen Anspruch auf Abfindungszahlungen gebe. Er empfiehlt in diesem Zusammenhang sogar die „Flucht" in ein von allen getragenes Arbeitsrecht und einen lockeren, eher „mediterranen" Umgang mit dem Arbeitsrecht.[58]

---

[58] Deutlich kritisch zu dieser Argumentation vor allem *Stein* (2006: 110ff.).

Die Diskussion um das Arbeitsrecht ist allgemein gekennzeichnet durch ein verbreitetes „Schlechtreden" des Arbeitrechtssystems (vgl. hierzu Pfarr 2005). In Verbindung mit einem KMU-typisch eher schlechten arbeitsrechtlichen Informationszugang und mangelnden eigenen Erfahrungen kann dieses in den Betrieben zu einer ansteigenden Verunsicherung führen.

Insgesamt zeigt sich jedoch, dass das Arbeitsrecht den Betrieben ein breites Spektrum an Handlungsmöglichkeiten bietet. In Kombination mit den hier beschriebenen Einflüssen subjektiver Faktoren können aus theoretischer Perspektive sowohl Unschärfen als auch deutliche Anwendungsfehler entstehen, die im Ergebnis schließlich zu Problemen führen können. Hierzu zählen sowohl eine nichtoptimale Aufgabenerfüllung, das Eingehen vermeidbarer Konflikte, zusätzlicher materieller Aufwand und nicht zuletzt Unruhe für die Personalarbeit und das Unternehmen. Eine Möglichkeit zur Vermeidung dieser Probleme könnte angesichts der gerade in KMU häufig mangelnden Ressourcenausstattung in einer gezielten unternehmensinternen Kommunikation bei der Anwendung des Arbeitsrechts liegen. Die sich hierzu aus zunächst theoretischer Perspektive bietenden Rahmenbedingungen sollen nachfolgend beschrieben werden.

2.2 Interne Kommunikation

In diesem Abschnitt werden die konzeptionellen Grundlagen zur Internen Kommunikation für die vorliegende Untersuchung gelegt. Aufbauend auf zunächst allgemeinen Grundlagen der Kommunikation werden dazu die verschiedenen Kommunikationsformen vorgestellt und die Einbindung der Internen Kommunikation in die Unternehmenskommunikation erläutert. Nach einer genauen Betrachtung der Funktionen und Bedeutung der Internen Kommunikation in der betrieblichen Praxis wird dann deren Rolle innerhalb einer Integrierten Unternehmenskommunikation herausgestellt.

Ein besonderes Augenmerk gilt dann den Rahmenbedingungen sowie Gestaltungsoptionen Interner Kommunikation von Unternehmen und dem mit ihm verbundenen besonderen Wertschöpfungspotenzial. Abschließend werden die Besonderheiten in der Internen Kommunikation kleiner und mittelgroßer Unternehmen betrachtet und wichtige externe Einflussfaktoren auf die Interne Kommunikation von Unternehmen aufgezeigt.

2.2.1 Grundlagen der Kommunikation und Abgrenzung von Kernbegrifflichkeiten

Wenn auch der Einfluss von Kommunikation sowohl auf die Entstehung als auch das Funktionieren von Organisationen unbestritten und seit langem Gegenstand auch wissenschaftlichen Interesses ist, so ist es bislang nicht gelungen, zu einer einheitlichen Begriffsdefinition zu gelangen. Begriffe haben die Funktion, Orientierung zu bieten und eine Verständigung über den jeweiligen Gegenstand zu ermöglichen. Hinsichtlich des hier betrachteten Untersuchungsgegenstand der Kommunikation weist daher auch *Mast* daraufhin, dass eine Vielzahl an Definitionen und Begriffen zur Kommunikation eine Orientierung mitunter behindern und Verständigung hierüber erschweren und führt dieses unter anderem auf eine mitunter inflationäre Verwendung des Begriffes zurück (2002: 10).[59]

Oelert wiederum merkt an, dass gerade die Allgegenwärtigkeit von Kommunikation einen unmittelbaren Zugang zum Objektbereich der Kommunikation erschwere, während gleichzeitig die Aspekte zur Kommunikation so vielfältig seien, dass sie durch eine Definition nicht hinreichend erfasst werden kann (2003: 27f.).

---

[59] So hat etwa *Merten* in seiner Analyse des Kommunikationsbegriffes mehrere hundert Definitionen geordnet (1977).

Um dennoch zu einem Begriffsverständnis für die hier im Zentrum stehende Interne Kommunikation zu finden, sollen nachfolgend einige häufig verwandte Definitionen für zunächst verschiedene Perspektiven der Kommunikation wiedergegeben werden.[60] Allgemeinbezogen kann Kommunikation vor allem aus zunächst sozialer Perspektive betrachtet werden. *Staehle* versteht unter sozialer Kommunikation „*den zwischenmenschlichen Austausch von Mitteilungen, Gedanken und Gefühlen (auch nichtverbaler Art), sowie die Fähigkeit von Menschen, in Gruppen soziale Beziehungen zu unterhalten.*" (1999: 301). Bereits hier wird ein wesentliches Kriterium der Kommunikation deutlich: der *Austausch von Informationen*. Kommunikation ist somit aus der menschlichen Gesellschaft nicht wegzudenken.[61]

Bruhn hebt in seiner Definition von Kommunikation die mit ihr verfolgten Absichten hervor: „*Kommunikation bedeutet die Übermittlung von Informationen und Bedeutungsinhalten zum Zweck der Steuerung von Meinungen, Einstellungen, Erwartungen und Verhaltensweisen bestimmter Adressaten gemäß spezifischer Zielsetzungen.*" (Bruhn 2005: 3). Vereinfacht ausgedrückt: Kommunikation verfolgt Ziele und spielt damit auch für Unternehmen eine immer wichtiger werdende Rolle. Den hierbei zu betrachtenden Ausschnitt aus dem Gesamtspektrum der Kommunikation bildet die *Unternehmenskommunikation*, für die in der Literatur eine Viel-

---

[60] Unter sämtlicher, nachfolgend aus verhaltenswissenschaftlicher Perspektive betrachteter Kommunikation werden zunächst ausschließlich die verschiedenen Formen *sozialer* Kommunikation verstanden. Noch kein Gegenstand dieser Betrachtung ist an dieser Stelle die *nachrichtentechnische* Kommunikation. Deren besondere Bedeutung in den verschiedenen Kommunikationsmodellen wird im Rahmen der theoretischen Grundlagen in Kapitel 3 dieser Arbeit näher betrachtet. Vgl. hierzu im Einzelnen *Shannon/ Weaver* (1976).

[61] Kommunikation spielt im Übrigen nicht nur in der menschlichen Gesellschaft eine zentrale Rolle, auch nichtmenschliche Lebewesen kommen nicht ohne Kommunikation aus.

zahl von Definitionen zu finden ist. So versteht *Zerfass* hierunter *„alle kommunikativen Handlungen von Organisationsmitgliedern, mit denen ein Beitrag zur Aufgabendefinition und -erfüllung in gewinnorientierten Wirtschaftseinheiten geleistet wird."* (Zerfaß 1996: 287).

Auf die besondere Verbindung der Unternehmenskommunikation auf den Markt nimmt wiederum *Bruhn* Bezug, der die Unternehmenskommunikation als *„Gesamtheit aller Kommunikationsinstrumente und Maßnahmen eines Unternehmens* [versteht], *die eingesetzt werden, um das Unternehmen, Produkte und seine Leistungen den relevanten externen und internen Zielgruppen der Kommunikation darzustellen."* (2005: 4; ähnlich Meier 2002: 15f.).

Diese Definitionen zur Unternehmenskommunikation verdeutlichen, dass unter dem Begriff ein vielfältiges System von Maßnahmen verstanden wird, die sowohl auf interne als auch externe Bezugsgruppen ausgerichtet sind. *Bruhn* unterscheidet die Kommunikationsaktivitäten dahingehend in Maßnahmen der externen Kommunikation, die er als *Marktkommunikation* bezeichnet sowie der *Internen Kommunikation*[62] mit Fokus auf den Beschäftigten von Unternehmen (vgl. Bruhn 2005: 5). Dabei umfasst die Interne Kommunikation *„alle Aktivitäten der Botschaftsübermittlung zwischen den aktuellen oder ehemaligen Mitgliedern einer Organisation auf unterschiedlichen hierarchischen Ebenen."* (Bruhn 2005: 1203). In der vorliegenden Arbeit soll aus dem Gesamtspektrum der in Unternehmen stattfindenden Kommunikation ausschließlich die *Interne Kommunikation* als besonderer Teilbereich der Unternehmenskommunikation betrachtet

---

[62] In der Literatur gibt es innerhalb der Betrachtung entsprechender Kommunikationszusammenhänge zwischen internen Akteuren vielfältige Begriffe, die zum Teil parallel zueinander verwendet werden. *Koch* nennt in einer Aufzählung hierzu *„Mitarbeiterkommunikation"*, *„Betriebliche Kommunikation"*, *„Innerbetriebliche Kommunikation"*, *„Unternehmensinterne Öffentlichkeitsarbeit"*, *„Internes Marketing"* sowie *„Internal Relations"*, vgl. Koch (2004: 55).

werden, der sich zunächst durch einen besonderen Fokus auf die internen Prozesse und Zusammenhänge der Kommunikation auszeichnet. Zugrunde gelegt wird hierbei die dazu besonders geeignete Definition Interner Kommunikation von *Koch* als einem *„Bestandteil der Unternehmenskommunikation (...) [der] jegliches soziales Verhalten im Zusammenhang mit der Dialogführung zwischen der Unternehmensführung und den Mitarbeitern sowie dem Informationsaustausch zwischen den Mitarbeitern innerhalb eines Unternehmens"* umfasst (2004: 55).

Bezogen auf die innerhalb der wissenschaftlichen Diskussion über die Interne Kommunikation verwendeten Fachtermini kritisiert *Bruhn* eine auffallende Unschärfe in der Begriffsverwendung, deren Klärung auch für die vorliegende Arbeit von Bedeutung ist. Seiner Ansicht nach werden die Begriffe *Interne Kommunikation* und *Mitarbeiterkommunikation* vielfach gleichgesetzt, was hinsichtlich der aus der Diskussion abzuleitenden Konsequenzen zu Problemen führen kann. *Bruhn* weist darauf hin, dass den jeweiligen Begriffen jeweils unterschiedlich weite Begriffsauffassungen der unternehmensintern relevanten Kommunikationsaktivitäten zugrunde liegen mit sich daraus ergebenden jeweils unterschiedlichen Implikationen.

So liegt der *Internen Kommunikation* eine weite Auffassung von Aktivitäten zugrunde. Dabei finden Erfahrungen, Einstellungen und Meinungen der Beschäftigten Eingang in die betrieblichen Entscheidungen. Die Interne Kommunikation erfasst nicht nur Top-down-, sondern auch Bottom-up- sowie In-between-Prozesse der Kommunikation und bietet damit den Beschäftigten die Möglichkeit, sowohl Aufwärts-, als auch Seitwärtskommunikation zu betreiben. Zu den Anspruchsgruppen zählen alle Beschäftigten des Unternehmens. Aus wissenschaftlicher Perspektive werden damit nicht nur Einweginformationsmedien, sondern auch Dialoge im Unternehmen untersucht. Hierbei sind nicht nur die nicht-klassischen, intern zu nutzenden Kommunikationsinstrumente zu berücksichtigen, wie etwa Instrumente der nonverbalen Kommunikation oder die interne Wirkung extern ausgerichteter Medien.

Dagegen folgt der Begriff der *Mitarbeiterkommunikation* einer recht engen Auffassung unternehmensinterner Kommunikation: „*Mitarbeiterkommunikation umfasst alle primär Top-down gerichteten Aktivitäten der Botschaftsübermittlung innerhalb einer Organisation.*" (Bruhn 2005: 1203). Hierbei bildet ein traditionelles und überwiegend mechanistisches Mitarbeiterbild den Ausgangspunkt sämtlicher Überlegungen. Kommunikation findet dementsprechend primär in Form von Information und Weisung Top-down statt (vgl. Bruhn 2005: 1203).

In der vorliegenden Arbeit wird einem weiten Verständnis der unternehmensinternen Kommunikationsaktivitäten gefolgt. Als Konsequenz der marktorientierten Unternehmensführung kommen dabei ursprünglich im Marketing entwickelte Instrumente auch in fachfremden Anwendungsbereichen, in diesem Fall der Personalarbeit, zur Anwendung. Nach dieser Klärung des Begriffsverständnisses der Internen Kommunikation und dem dazu ausgewählten Anwendungsfeld sollen nun ihre genauen Funktionen und Bedeutung diskutiert werden.

2.2.2 Funktionen und Bedeutung

Kommunikation ist aus dem betrieblichen Alltag seit jeher genauso wenig wegzudenken wie etwa aus gesellschaftlichen oder privaten Zusammenhängen. Empirische Studien zum Managerhandeln haben bereits vor Jahren ergeben, dass Manager den größten Teil ihrer Arbeitszeit mit Kommunikation verbringen (vgl. näher Staehle 1999: 83ff.; ähnlich Oelert 2003: 1; Walgenbach 1996). Es ist davon auszugehen, dass dieser Anteil seitdem zumindest nicht kleiner geworden sein dürfte. So weist auch *Bruhn* darauf hin, dass Kommunikation „*heute nicht mehr nur unterstüt-*

zendes Verkaufsinstrument und damit lediglich eine Begleiterscheinung der Produktpolitik ist, sondern ein eigenständiges und professionell einzusetzendes Instrument moderner Unternehmensführung" (1995: 7). Ausgehend von diesen Erkenntnissen soll nun näher betrachtet werden, welche *Funktionen* die Kommunikation von Unternehmen und hierbei speziell deren Interne Kommunikation im Einzelnen erfüllt und welche Bedeutung ihr damit zukommt.

Die Unternehmensumwelt ist gekennzeichnet durch eine immer weiter zunehmende Komplexität von Geschäftsprozessen bei einer gleichzeitig immer geringer werdenden, hierfür zur Verfügung stehenden Zeit. Für Unternehmen, die sich in dieser Umwelt erfolgreich entwickeln und behaupten wollen, werden die Aspekte Wissen und Information zu einer Schlüsselressource, weil diese die Grundlage bilden für die erforderlichen optimalen betrieblichen Entscheidungen. Hierbei stellt Kommunikation das zentrale Instrument dar, um das erforderliche Wissen wirksam werden zu lassen, zu managen und mit gegebenen Unsicherheiten umgehen zu können.

In allgemeiner Perspektive betrachtet, bildet Kommunikation die Grundvoraussetzung für das Funktionieren sowie die Zielerreichung jeder Organisation und insbesondere solcher Unternehmen, die sich durch schnelles Agieren Wettbewerbsvorteile auf dem Markt schaffen sollen (vgl. etwa Mast 2002: 244). Die zu beachtenden Informationen beziehen sich dabei sowohl auf die externe Unternehmensumwelt als auch auf unternehmensinterne Zusammenhänge. Für die Bewältigung dieser Aufgaben stehen den Unternehmen zahlreiche Instrumente zur externen und internen Kommunikation zur Verfügung. Sich am Untersuchungsgegenstand dieser Arbeit orientierend, werden nachfolgend jedoch ausschließlich die Zusammenhänge der internen Kommunikation betrachtet.

Nach *Mast* umfasst die Interne Kommunikation sämtliche kommunikativen Prozesse, die sich in einem Unternehmen zwischen dessen Mitgliedern abspielen. Dabei erfüllt diese wichtige Funktionen, indem sie Verbindungen zwischen den Individuen arbeitsteiliger Systeme herstellt, dabei Interaktionen sowie Koordination ermöglicht sowie ineinander greifende Verhaltensaktivitäten steuert (vgl. Winterstein 1996: 8 zit. nach Mast 2002: 243).

Ulrich weist in diesem Zusammenhang insbesondere auf die sozialen Funktionen von Kommunikation als einem der wichtigsten Mittel einer modernen Unternehmenspolitik im Sinne eines unverzerrten, verständigungsorientierten Dialoges hin und betont, dass das Dialogprinzip der *„konzeptionelle Grundstein jeder von der Idee der gesamtgesellschaftlichen Vernunft getragenen Management-Philosophie der Zukunft"* sei (1981: 66).

Interne Kommunikation kann daher auch dazu beitragen, den laut *Myritz* in den letzten Jahren nachweisbar zunehmenden organisationalen Zynismus zu reduzieren, der sich in Unternehmen ausbreiten und dort erheblichen Schaden anrichten kann, wenn seine Mitglieder mit problematischen Entwicklungen etwa im Personalbereich weitgehend alleine gelassen werden (2007: 52f.). Nach *Koch* liegt das allgemeine Ziel der Internen Kommunikation darin, *„die Realisierung der Unternehmensziele [zu] unterstützen"* (2004: 56). Zu den wichtigsten Ansatzpunkten gehören dabei das Eigeninteresse der Mitarbeiter am Unternehmen und damit die Förderung der Corporate Identity.

Unternehmen stehen vor der Herausforderung, umfangreiche Kommunikationsaufgaben erfolgreich zu lösen. Zu ihnen gehören unter anderen die Aufgabenkoordination sowie die Problem- und Konfliktbewältigung, das Verbreiten der Informationen und die Erfolgskontrolle der gesetzten Ziele. Hierbei leistet die Interne Kommunikation einen wichtigen Beitrag und erfüllt dabei gleich mehrere Funktionen. So unterscheiden sowohl

Koch als auch *Meier* die zwei Hauptfunktionen der Informationsfunktion sowie Dialogfunktion. Die *Informationsfunktion* soll eine zeitnahe und ausführliche Informationsverbreitung erreichen und stellt damit die Basis dar für schnelles Handeln und richtige Entscheidungen. Die *Dialogfunktion* hingegen erstreckt sich auf soziale Zusammenhänge in der Zusammenarbeit von Unternehmensleitung und Mitarbeitern. Beide Funktionen werden nochmals unterteilt: Die Informationsfunktion leitet zur Anordnungs- und Koordinierungsfunktion, die Dialogfunktion zur Orientierungs- und Sozialfunktion (vgl. Koch 2004: 59; Meier 2002: 29) (vgl. Abbildung 2):

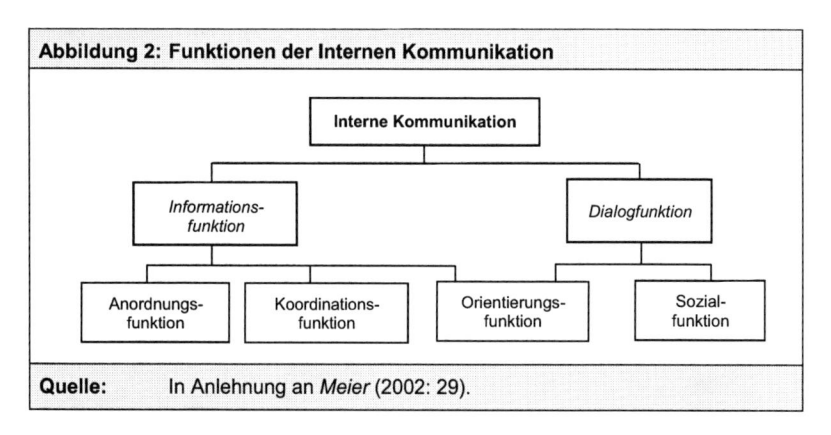

Abbildung 2: Funktionen der Internen Kommunikation

```
                    Interne Kommunikation
                   /                     \
         Informations-                  Dialogfunktion
           funktion                    /              \
         /          \         Orientierungs-      Sozial-
  Anordnungs-   Koordinations-   funktion        funktion
   funktion       funktion
```

Quelle: In Anlehnung an *Meier* (2002: 29).

Sollen die Ziele der Internen Kommunikation realisiert werden, gilt es, deren Informations- und Dialogfunktion ausgewogen einzubeziehen. Beide Bereiche steuern die Wirkungskreise und beeinflussen somit die potenziellen Möglichkeiten der Gewinnsteigerung. Die Interne Kommunikation impliziert eine aktive Mitarbeit und den Austausch eigener Ansichten aller Beteiligten, wobei die Dialogfunktion zwischen allen Ebenen der Organisationshierarchie im Mittelpunkt steht (vgl. auch Koch 2004: 55f.). Dieser Überblick verdeutlicht bereits, dass die Interne Kommunikation weit mehr Funktionen erfüllt als einen reinen Informationsaustausch oder eine zweckgerichtete Wissensvermittlung.

Eine der zentralen Funktionen Interner Kommunikation liegt in ihrer Eignung, das Management von *Wissen* zu ermöglichen und die Akteure eines Unternehmens dabei zu unterstützen, innerhalb ihrer Aufgaben mit *Unsicherheiten umzugehen*. *Der Zusammenhang von Wissen und Kommunikation* besteht darin, dass jegliches Wissen kommuniziert werden muss, um im Unternehmen wirksam gemacht zu werden (vgl. hierzu näher Meier 2002: 156). Die Reduktion von Unsicherheit wiederum kann nur auf Basis unterschiedlicher Informationen erfolgen, für deren Austausch zwingend Kommunikation notwendig ist.

Entsprechende praktische Problemstellungen lassen sich genauer im Rahmen der Betrachtung der jeweiligen Ziele verdeutlichen, die von den beteiligten Akteuren im Unternehmen verfolgt werden. Hier unterscheidet etwa *Noll* im Wesentlichen zwischen *unternehmensorientierten* sowie *mitarbeiterorientierten Kommunikationszielen*. Für das *Unternehmen* stehen die folgenden Punkte im Vordergrund (1996: 47):

- Information als Vorraussetzung für die Aufgabenerfüllung der Beschäftigten,
- Förderung des Verständnisses für Zusammenhänge,
- bessere Mitarbeiterführung,
- Steigerung der Leistung durch gemeinsame Ziele und Identifikation,
- Vermeidung/Verminderung von Konflikten sowie Gerüchten,
- Erfüllung gesetzlicher Vorschriften sowie
- Unternehmensrepräsentation durch Öffentlichkeitsarbeit nach innen.

Zu den Zielen der *Mitarbeiter* gehören vor allem folgende Aspekte:

- Sicherheit und Klarheit,
- Anerkennung und Befriedigung,
- eine offene und vertrauensvolle Atmosphäre,

- Verbesserung der zwischenmenschlichen Beziehungen,
- Förderung einer eigenen Meinungsbildung sowie
- Entgegenwirkung menschlicher Isolation.

Auch hier gilt es, die Ziele in einem ausgewogenen Verhältnis zu berücksichtigen. Um die mit der Kommunikation verfolgten Ziele zu erreichen, müssen die Erwartungen beider Seiten erfüllt werden. Deshalb ist eine entsprechende *Koordination von Unternehmens- und Mitarbeiterzielen* erforderlich.

Zu den Beteiligten der Internen Kommunikation können im hier zugrunde gelegten Verständnis zum einen institutionalisierte Akteure, wie etwa Abteilungen, gezählt werden, die als solche zwar nicht direkt kommunizieren, die jedoch über die in ihnen tätigen Akteure zum Informationsaustausch beitragen. Zum anderen zählen dazu einzelne Personen eines Unternehmens wie etwa Inhaber, Angehörige der Unternehmensleitung, Fachvorgesetzte, Abteilungsangehörige sowie einzelne Beschäftigte. Diese nicht abschließende Aufzählung verdeutlicht die Komplexität möglicher Kommunikationszusammenhänge, die mit Hilfe einer optimalen Internen Kommunikation bewältigt werden kann. Auf die besondere Bedeutung der Internen Kommunikation gerade in der Personalarbeit, speziell im Umgang von Management und Betriebsrat weist *Stäbler* (1999: 258f) hin. Die Interne Kommunikation bildet dabei vier verschiedene Schwerpunkte (vgl. jeweils Meier 2002: 147):

- Das Angebot interner Dienstleistungen an interne Kunden,
- eine marktgerechte Gestaltung von Mitarbeiterarbeitsplätzen
- die begleitende interne Umsetzung externer Marktkommunikation sowie
- eine durchgehende Generierung eines internen Kommunikationsverständnisses.

Damit bieten sich in der Personalarbeit etwa folgende beispielhaft Anwendungszusammenhänge:

- Information der Fachabteilungen über freiwerdende Personalressourcen oder für diese relevante Gesetze,
- Gestaltung der Personalentwicklungsmaßnahmen anhand abteilungsspezifischer Anforderungen,
- Hilfestellung zur Vermeidung von Verstößen gegen das Allgemeine Gleichbehandlungsgesetz,
- Durchführung regelmäßiger arbeitsrechtlicher Abteilungsworkshops sowie
- gezielte Kommunikation und Begleitung von Personalabbauprozessen.[63]

Die wichtigsten Funktionen der Internen Kommunikation können damit wie folgt zusammengefasst werden: Interne Kommunikation ermöglicht Orientierung in jeweils komplexen Unternehmenswelten, Aufgabenstellungen und Informationslagen und sorgt damit für Vereinfachung und Prozessoptimierung. Eine gezielte Interne Kommunikation schafft und unterstützt zudem immer wichtiger werdende Lernprozesse, trägt zu einer Motivationssteigerung der Mitarbeiter bei, erzeugt ein umfassendes Kommunikationsverständnis und trägt dazu bei, Unsicherheiten und Gerüchte im Unternehmensalltag zu reduzieren.

---

[63] Zu deren Bedeutung vgl. *Riechers* 1999.

2.2.3 Interne Kommunikation als Element Integrierter Kommunikation

Der Begriff der *Integration* ist in der betriebswirtschaftlichen Forschung nicht neu. Er ist in der vorliegenden Arbeit vor allem aus zwei Gründen von besonderer Bedeutung[64]: Zunächst ist Integration vor dem Hintergrund des Ansatzes einer marktorientierten Unternehmensführung im Sinne eines damit verbundenen internen Marketing zu verstehen: *„Internes Marketing ist als die systematische Optimierung unternehmensinterner Prozesse mit Instrumenten des marketing- und Personalmanagements zu verstehen, um durch eine konsequente und gleichzeitige Kunden- und Mitarbeiterorientierung das Marketing als interne Denkhaltung durchzusetzen, damit die marktgerichteten Unternehmensziele effizient zu erreichen sind."* (Bruhn 2005: 1279). Hieraus wird die Eignung eines ehemals rein marktspezifischen Instrumentes innerhalb der Betrachtung von Problemstellungen der Personalarbeit nochmals deutlich.

Bezogen auf die Interne Kommunikation von Unternehmen besteht wiederum die Integration in der Eigenschaft der internen Kommunikation als zentral vorauszusetzendes Instrument im Kommunikations-Gesamtspektrum. Die Interne Kommunikation stellt einen zentralen Baustein der seit einigen Jahren für immer wichtiger erachteten Integrierten Kommunikation dar, deren Integrationsbedarf sich wiederum aus der seit Jahren zunehmenden Vielfalt unternehmerischer Kommunikationsprozesse ergibt.[65]

---

[64] So verwendet etwa Krüger den Begriff der Integration zur Kennzeichnung eines Aktionsgefüges, *„in dem die einzelnen Teile ex ante wechselseitig aufeinander bezogen sind [...] Die Einzelprobleme sollen durch Integration im Sinne eines Gesamtoptimums gelöst werden."* (1994: 23, zitiert nach Bruhn 1995: 12).

[65] Die im Marketing verbreitete differenzierte Ansprache von Teilmärkten führte in der Vergangenheit zu Koordinationsproblemen, die nun durch eine *Integration der Einzelmaßnahmen und -instrumente* gelöst werden soll. Vgl. zu dieser Entwicklung *Bruhn* (1995: 17f.).

Umfassende Untersuchungen zur Integrierten Kommunikation hat vor allem *Bruhn* vorgenommen, der die Integrierte Kommunikation als einen *"Prozess der Analyse, Planung, Organisation, Durchführung und Kontrolle* [versteht], *der darauf ausgerichtet ist, aus den differenzierten Quellen der internen und externen Kommunikation von Unternehmen eine Einheit herzustellen, um ein für die Zielgruppen der Kommunikation konsistentes Erscheinungsbild des Unternehmens bzw. eines Bezugsobjektes des Unternehmens zu vermitteln"* (2006: 17).[66] Aus dieser Definition wird die Rolle der *Integrierten Kommunikation* als *Managementprozess* deutlich, innerhalb dessen die Kommunikation nicht nur geplant, sondern auch durchgeführt werden muss. Sie ist dazu ausgerichtet, eine Einheit in der Kommunikation zu schaffen, indem einzelne Instrumente integriert werden. Mit Blick auf Durchführung unterscheidet *Bruhn* planerische, organisatorische sowie personelle Aufgaben des Integrationsprozesses (vgl. näher Bruhn 1995: 14)[67]. Ähnlich versteht *Meier* unter Integrierter Kommunikation das Zusammenfassen der verschiedenen Kommunikationsinstrumente, das unter strategischer Führung eine bessere Abstimmung der übergreifenden Aufgaben aufeinander ermöglichen soll (2002: 17).

Dabei ist die Integration aller Instrumente nur möglich, wenn systematisch von innen nach außen Kommunikationsdefizite reduziert oder optimaler Weise abgeschafft werden. Probleme innerhalb vertikaler und horizontaler interner Kommunikationsflüsse können Verunsicherungen und Unstimmigkeiten erzeugen und schließlich zu unternehmerischen Misserfolgen führen (vgl. Bruhn 2005: 13f.). Aufgrund dessen bildet die Interne

---

[66] Hinsichtlich theoretischer Erklärungsansätze und konkreter Planungsansätze integrierter Kommunikation vgl. im Detail *Bruhn* (1995).

[67] Hinsichtlich der genaueren Unterscheidung der verschiedenen Integrationsformen der inhaltlichen, formalen sowie zeitlichen Integration vgl. *Bruhn* (2005: 103f.).

Kommunikation die Grundvoraussetzung einer erfolgreichen Integrierten Kommunikation.[68]

Meier hebt hierbei den Bedarf einer integrativen Gestaltung von Wissensprozessen im Rahmen eines gezielten Kommunikationsmanagements hervor: *„Durch ein Kommunikationsmanagement wird eine stringente Entwicklung eines Unternehmensleitbildes erreicht, das ein Unterscheidungsmanagement der Mitarbeiter in relevante und irrelevante Informationen ermöglicht."* (2002: 173). Dabei stellt er die Mitarbeiterkommunikation als essentiellen Bestandteil einer Integrierten Unternehmenskommunikation heraus und differenziert sie durch die Aspekte *„Mitarbeiterzielsetzungen"*, *„Zielgruppen"*, *„Kommunikationsprozesse"* sowie *„Infrastrukturen"* (vgl. Meier 2002: 147).

2.2.4 Rahmenbedingungen, Gestaltungsoptionen und Wertschöpfungspotenzial

Nachdem nun die Funktionen der Internen Kommunikation erläutert und ihre Bedeutung für eine erfolgreiche Integrierte Kommunikation betrachtet worden sind, werden nachfolgend die Rahmenbedingungen beschrieben, unter denen Interne Kommunikation stattfindet, sowie entsprechende Gestaltungsoptionen aufgezeigt.

---

[68] Um den Integrationsbedarf in und von Unternehmen feststellen zu können, empfiehlt *Bruhn* die Lokalisierung von Kommunikationsdefiziten, vgl. Bruhn (1995: 10).

2.2.4.1 Rahmenbedingungen

Unternehmen sind ohne Kommunikation nicht vorstellbar. Dies führt hinsichtlich einer Beschreibung der die Kommunikation beeinflussenden Rahmenbedingungen dazu, dass damit zumindest theoretisch grundsätzlich alle ein Unternehmen beeinflussenden Rahmenbedingungen zunächst auch deren Kommunikation beeinflussen und demnach an dieser Stelle zu betrachten wären. Es soll hier jedoch eine Konzentration auf die mit Blick auf die Problemstellung als zentral erachteten Rahmenbedingungen, der organisatorischen, kulturellen sowie persönlichen Einflussfaktoren interner Kommunikation erfolgen. Von Interesse ist dabei, unter welchen Rahmenbedingungen die Interne Kommunikation von Unternehmen stattfindet oder aber entwickelt werden kann und welche Faktoren dabei fördernd oder aber hemmend wirken können.

Die Gestaltung der Internen Kommunikation ist zunächst einmal abhängig von einer Reihe grundlegender *organisationsbezogener Fragen* sowie damit in Verbindung stehenden strukturellen Aspekten eines Unternehmens.

Organisatorische Arbeitsteilung führt zu Schnittstellen, die bezogen auf die Interne Kommunikation zu zwei gegenläufigen Konsequenzen führen: Zum einen werden Kommunikationsbedarfe erzeugt. Zum anderen werden die Möglichkeiten zur Kommunikation durch die Teilung selbst determiniert. Hinsichtlich organisatorischer Rahmenbedingungen ist zunächst einmal zwischen Fragen der Aufbauorganisation sowie Ablauforganisation zu unterscheiden, die nachfolgend hinsichtlich kommunikationsrelevanter Zusammenhänge skizziert werden sollen.

Die *Aufbauorganisation* hat die Aufgabe, ausgehend von den gegebenen Gesamtaufgaben eines Unternehmens eine Aufspaltung in so viele Teil- oder Einzelaufgaben vorzunehmen, dass durch die anschließende Kombination dieser Teilaufgaben zu Stellen eine sinnvolle arbeitsteilige Gliederung und Ordnung der betrieblichen Handlungsprozesse entsteht. Im Rahmen von Instanzen- und Abteilungsbildung werden diese Stellen anhand sachlicher oder formaler Merkmale zu entsprechenden Organisationseinheiten zusammengefasst (vgl. Wöhe 1996: 183, 186; Schierenbeck 1995: 91). In den klassischen Aufbauorganisationen sind die Kommunikationsaufgaben auf sehr unterschiedliche Abteilungen und Hierarchieebenen verteilt, was zu einem entsprechenden Kommunikations- und Abstimmungsbedarf führt.[69] So kann etwa gleichzeitig eine Kommunikationsabteilung gebildet werden und können unabhängig davon in der Personalabteilung oder der Fertigung Kommunikationsaufgaben anfallen.

Zu den wichtigsten Formen der Aufbauorganisation gehört zunächst das *Einliniensystem*, das dem Prinzip der Einheit der Auftragserteilung folgt und das daher durch entsprechend klare Kompetenzen und Verantwortlichkeiten gekennzeichnet ist.

Dieses System wird häufig als besonders für kleinen Unternehmen geeignetes Organisationssystem angesehen. Der größte Nachteil dieses Systems ist seine Schwerfälligkeit und die Überlastung der Unternehmensleitung, die jedoch durch weitergehende organisatorische Maßnahmen, wie etwa allgemeine Regelungen für bestimmte Vorgänge, reduziert werden kann (vgl. im Detail etwa Wöhe 1996: 189f.). Deutlich wird hier bereits, dass mit dem klassischen Einliniensystem häufig eine entsprechende Top-down-Kommunikation vorherrscht. So weist auch *Bruhn* bezogen auf Einliniensysteme kritisch darauf hin, dass hier die jeweiligen Abteilungen ihre Kommunikation weitgehend unabhängig voneinander gestalten, was zu entsprechenden Integrationsproblemen führen könne (1995: 182).

---

[69] Hinsichtlich der sich daraus ergebenden Integrationsproblematik vgl. *Bruhn* (2005: 162f.).

Demgegenüber ist ein *Mehrlinien- oder auch Funktionssystem* so aufgebaut, dass eine nachgeordnete Stelle, wie im vorliegenden Beispiel etwa die Personalabteilung, mit jeweils mehreren anderen, höheren Stellen verbunden ist. Ziel dieser Mehrfachunterstellungen ist zunächst eine bessere Koordination der Beschäftigten nach dem Funktionsprinzip. Gleichzeitig führt dies dazu, dass eine einzelne Stelle von jeweils mehreren Instanzen Anweisungen erhält. Den Ursprung dieses System bildet das Taylorsche Funktionsmeistersystem (vgl. im Detail etwa Wöhe 1996: 191f.; Schierenbeck 1995: 105). Bezogen auf die in diesem System stattfindende Kommunikation ist die Frage, inwieweit das formal vorgesehene Mehrliniensystem in der Praxis strikt eingehalten wird.

Ein System, das die Vorteile des Ein- und Mehrliniensystem zu kombinieren versucht, ist das *Stab-Liniensystem*. Dabei bereitet ein jeweiliger Stab im Unternehmen die entsprechenden Entscheidungen vor, ohne jedoch über Weisungsbefugnisse gegenüber anderen Stellen zu verfügen.

In der Regel sind Stäbe mit ihrer beratenden Funktion direkt der Unternehmensleitung zugeordnet. Gerade für Kommunikationsaufgaben werden häufig Stäbe eingesetzt und haben sich insbesondere bei der Bearbeitung von Spezialaufgaben der Kommunikation in Unternehmen, wie etwa der Mitarbeiterkommunikation, bewährt (vgl. Wöhe 1996: 191f.; Schierenbeck 1995: 106; Bruhn 1995: 185f.).

Unternehmen mit einem eher breiten Produktprogramm sind wiederum häufig als *Spartenorganisation* aufgestellt und haben hierbei jeweils auf einzelne Produktgruppen, Prozesse oder räumliche Anforderungen ausgerichtete Sparten entwickelt. Ergänzend können Zentralabteilungen hinzukommen (vgl. Wöhe 1996: 193f.). In dieser Organisationsform kann eine Personalabteilung somit etwa als Zentralabteilung eingerichtet oder aber den einzelnen Produktsparten jeweils eigene Personalabteilungen zugeordnet werden.

Eine vergleichsweise neue Organisationsstruktur stellt wiederum die *Matrixorganisation* dar, die durch eine gezielte Überlagerung funktions- und objektorientierter Organisationsstrukturen gekennzeichnet ist.[70] Durch diese Überlagerung sollen unterschiedliche Sachkompetenzen einbezogen und ein entsprechender Koordinationsmechanismus erreicht werden. Die Matrixorganisation wird in der Regel von Großunternehmen genutzt und ist oftmals auf eine teamorientierte Kooperation ausgerichtet. Sie eignet sich aufgrund ihrer Besonderheiten gerade hinsichtlich einer Integrierten Kommunikation (vgl. Wöhe 1996: 194f.; Bruhn 1995: 186ff.). Einen besonderen Vorteil, bezogen auf die Interne Kommunikation, stellt die Tatsache dar, dass innerhalb der Matrixorganisation verschiedene Abteilungen aktiv eingebunden werden und damit vermehrt Möglichkeiten zur Kommunikation und damit zum Austausch von Informationen geschaffen werden.

Die hier skizzierten Organisationstypen kommen in der Praxis jedoch nur selten in idealtypischer Form vor. Vielmehr haben die in den Unternehmen anzutreffenden Organisationsformen gerade in den letzen Jahren an Vielfalt und Varianten gewonnen und sind individuell weiterentwickelt worden. Die verschiedenen Organisationsformen führen dabei zu jeweils unterschiedlich gestalteten Schnittstellen mit jeweils spezifischen Kommunikationsbedarfen und -besonderheiten.

Die konkreten aufbauorganisatorischen Rahmenbedingungen der Internen Kommunikation werden darüber hinaus weitergehend von der individuellen *Ablauforganisation* eines Unternehmens gestaltet. Unter der Ablauforganisation wird gemeinhin die Gestaltung von Arbeitsprozessen hinsichtlich des Arbeitsinhaltes, der Arbeitszeit sowie des Arbeitsraumes

---

[70] Hinsichtlich einer weitergehenden Unterscheidung in ständige sowie rotierende Matrixorganisationen vgl. Mintzberg (1979: 171ff.).

verstanden (vgl. etwa Wöhe 1996: 196ff.; Schierenbeck 1995: 92). Die konkrete Gestaltung der Ablauforganisation hat damit einen weiteren wesentlichen Einfluss auf die Möglichkeiten zur Kommunikationsentwicklung innerhalb der Arbeitsprozesse. Ablauforganisatorische Gestaltungsmaßnahmen haben zum Ziel, die mit der Aufbauorganisation eines Unternehmens einhergehenden Nachteile zu kompensieren.

Hierzu zählt etwa *Bruhn* aus kommunikationsbezogener Perspektive unter anderem

- den Ausgleich aufgrund hierarchiebedingter Filterung entstandener Informationsverluste,
- den Mangel an Kontakt der Beschäftigten einzelner Abteilungen,
- mangelnde Akzeptanz nicht eigeninitiierter Themen oder Projekte,
- die Ansammlung und Reduktion von Fachwissen in den einzelnen Abteilungen,
- Zeitverluste durch lange und formelle Informationswege sowie
- die Abwertung von Leistungen anderer Abteilungen.

Zu den gängigen ablauforganisatorischen Gestaltungsmaßnahmen zählen etwa Abstimmungs- und Informationsregeln, Teamorientierung oder Nutzung abteilungsübergreifender Gremien (2005: 170).

Einen weiteren kommunikationsrelevanten Einflussfaktor bildet die *Größe* eines Unternehmens und die diesem zur Verfügung stehenden Ressourcen, die auch für die Interne Kommunikation herangezogen werden können. So ist davon auszugehen, dass mit zunehmender Größe sowohl die Kommunikationsbedarfe als auch die den Verantwortlichen hierfür zur Verfügung stehenden Ressourcen zunehmen. Weiterhin sind in KMU zahlreiche weitere organisatorische Besonderheiten gegeben, die im nachfolgenden Abschnitt 2.2.5 genauer erörtert werden.

Die Kommunikationsverläufe sind nicht in letzter Konsequenz planbar, da sie den gegebenen Organisationsstrukturen sowohl folgen, bei Bedarf diesen jedoch auch ausweichen können. Dies führt in der Praxis dazu, dass neben der formellen, das heißt geplanten und vom Unternehmen beabsichtigten Kommunikation auch *informelle Kommunikation* stattfindet, die unabhängig von oder auch weitgehend parallel zu dieser verlaufen.[71] Mit der informellen Kommunikation kann für Unternehmen eine Reihe von Problemen, wie etwa eine mangelnde Kontrollierbarkeit oder das schon angesprochene vermehrte Auftreten von Gerüchten verbunden sein. Gleichwohl kann der zu informeller Kommunikation führende selbstorganisierende Charakter von Subsystemen für Unternehmen einen Vorteil darstellen, da auf diese Weise auch inoffizielle Kommunikationswege für den betrieblichen Wissenstransfer genutzt werden.[72]

Aus organisatorischer Perspektive stellen sich hinsichtlich der unternehmensinternen Kommunikation etwa folgende Fragen:

- Wo ist die Abteilung angesiedelt?
- Insbesondere bei KMU: existiert eine eigene Personalabteilung?
- Wie ist die Personalabteilung aufgebaut?

---

[71] Hinsichtlich der Entwicklung informaler Kommunikationsstrukturen vgl. *Funke-Welti* (2000).

[72] Von hoher Bedeutung ist dabei die jeweilige Art des zu nutzenden Wissens. So wird vor allem zwischen explizitem und implizitem Wissen unterschieden. *Explizites* Wissen ist relativ einfach zugänglich, problemlos zu übertragen und richtet sich an einen großen Empfängerkreis. *Implizites* Wissen hingegen ist personengebundener und eher schwieriger zu übertragen, da dazu in der Regel der persönliche Kontakt oder gemeinsame Handlungen der Beteiligten notwendig sind. Durch den höheren Grad subjektiven Einflüsses besteht die Gefahr von Unschärfen hinsichtlich objektiver Kommunikationsinhalte (vgl. Köhne 2004: 78f.). Die Unterscheidung der Art des Wissens ist vor allem bei der Auswahl zu nutzender Kommunikationsinstrumente (vgl. hierzu Abschnitt 2.2.4.2) zu beachten.

- Über welche Kompetenzen verfügen die Abteilung und ihre Mitarbeiter?
- Wie komplex sind die zu bewältigenden Aufgaben?
- Welche Ressourcen stehen zur Verfügung?
- Wie verläuft die Zusammenarbeit und Abstimmung zwischen der Unternehmensleitung und einzelnen Abteilungen?
- Welche Kommunikationsschnittstellen erzeugt die individuelle Organisationsstruktur?

Im Zusammenhang mit organisatorischen Aspekten haben weitere Faktoren Einfluss auf die Gestaltung von Kommunikationsprozessen, so etwa der Komplexitätsgrad der von dem jeweiligen Unternehmen zu erfüllenden Aufgabe, die Wettbewerbssituation aber auch das Vorhandensein möglicher Kommunikationsrisiken, wie etwa unternehmensinterne oder -externe Geheimhaltungspflichten.

Hinsichtlich bereichsübergreifender Kommunikation ist zu beachten, dass das Organisationssystem eines Unternehmens und dessen Subsysteme, etwa die Personalabteilung, und deren jeweilige Kommunikationsmuster voneinander nicht unbedingt nachvollzogen werden müssen. Daher sind Probleme in der bereichsübergreifenden Kommunikation möglich (vgl. Ehmer 2004: 93ff.).

Einen weiteren wichtigen Bereich der Rahmenbedingungen der Internen Kommunikation bildet die *Unternehmenskultur*. Sie besteht aus Werten, Normen, Symbolen und Verhaltensweisen innerhalb des Unternehmens, die auf verschiedene Arten ausgedrückt werden. Hierzu zählen etwa die gelebten Beziehungen zwischen den einzelnen Abteilungen und ihren Beschäftigten, herausgebildete Verfahrensweisen im Unternehmen, oder auch die Art der im Unternehmen verbreiteten Kommunikation.

Die jeweilige Unternehmenskultur bietet den Akteuren im Unternehmen Orientierung im Unternehmensalltag und ermöglicht ihnen, die im Unternehmen vorherrschenden Normen und Wertvorschriften mit den eigenen Vorstellungen zu vergleichen. Sie stärkt die Identifikation mit den Unternehmenszielen und fördert den innerorganisatorischen Zusammenhalt.[73] Die Interne Kommunikation und die Kultur eines Unternehmens stehen unter wechselseitiger Beeinflussung und entwickeln einander fort. So kann einerseits die Unternehmenskultur durch Interne Kommunikation verändert werden (vgl. Schick 2005: 119ff.), sie steht selbst jedoch unter nicht unerheblichen unternehmenskulturellen Einflüssen. Letztere Zusammenhänge sollen nachfolgend am Beispiel einer partnerschaftlich orientierten Unternehmenskultur beschrieben werden:

- Es erfolgt eine umfassende Information sowie offene Kommunikation sowohl zwischen Unternehmensleitung und Abteilungen als auch zwischen Beschäftigten.
- Es besteht ein gemeinsam getragenes Leitbild.
- Existenz von Konfliktfähigkeit sowie Lern- beziehungsweise Veränderungsbereitschaft.
- Die einzelnen Akteure werden bei geplanten Veränderungen beteiligt.
- Es herrscht ein kooperativer und partizipativer Führungsstil vor.
- Das Hierarchieverständnis orientiert sich an den Aufgaben (vgl. jeweils Stäbler 1999: 244).

Es gibt jedoch keine einheitliche Kultur, vielmehr stellt die Gesamtkultur ein Destillat unter Umständen verschiedener Kulturen der einzelnen Subsysteme eines Unternehmens, wie etwa der Unternehmensleitung und

---

[73] An dieser Stelle werden bereits Parallelen deutlich zwischen den in Abschnitt 2.2.2 beschriebenen Funktionen der internen Kommunikation und den hier aufgeführten Funktionen der Unternehmenskultur.

der Personalabteilung oder dem Betriebsrat, dar. Diese wiederum können wechselseitig geprägt sein durch die Einstellungen und Motivationen der dort Beschäftigten, wie zum Beispiel durch deren Bereitschaft zu interner Kundenorientierung. So ist etwa die Marktorientierung im Personalbereich ebenso Ergebnis wie Einflussfaktor der in einem Unternehmen vorherrschenden Unternehmenskultur (vgl. insbesondere Homburg/Krohmer 2006: 1331ff.).

Die Unternehmenskultur hat einen erheblichen Einfluss auf die Entwicklung und den Erfolg betrieblicher Veränderungsprozesse. Daher ist bei der Entwicklung einer Organisation die vorherrschende Kultur besonders zu berücksichtigen (vgl. Kieser 1998: 229). Einen wichtigen Einfluss aus dem Bereich der Unternehmenskultur bildet innerhalb der hier betrachteten Fragestellung das Verständnis der Beteiligten gegenüber interner Kommunikation. So kann diese von den Verantwortlichen auf eine reine Top-down-Kommunikation im Sinne reiner Bekanntgaben reduziert oder aber als ein vielfältiges und interaktives Instrumentarium der Unternehmensführung angesehen werden mit jeweils völlig unterschiedlichen Konsequenzen hinsichtlich damit verbundener Anforderungen an die Gestaltung. So stellt sich insgesamt die Frage nach dem Stellenwert, den die Unternehmensleitung der Internen Kommunikation insgesamt zumisst.

Mast weist in diesem Zusammenhang auf den problematischen Umstand hin, dass im Zeitalter des Shareholder Value-Denkens das Verhältnis von internen und externen Kommunikationsmaßnahmen in ein Missverhältnis zu geraten drohe (2002: 248). Weiterhin hat die Unternehmenskultur einen Einfluss darauf, ob im Unternehmen ein Denken in Einzelmaßnahmen oder aber Prozessen vorherrscht. So stellt Kommunikation in vielen Unternehmen charakteristischer Weise eine Reihe häufig spontaner Einzelmaßnahmen bis hin zu problematischem Aktionismus dar, während es

Erfolg versprechender wäre, die Kommunikation insgesamt als einen Prozess zu steuern und nicht nur Top-down zu kommunizieren (vgl. Mast 2002: 251).

Abschließend ist als weitere wichtige Rahmenbedingung der Internen Kommunikation noch der Bereich der *persönlichen Einflussfaktoren* zu nennen. So spielen neben den strukturellen Rahmenbedingungen gerade die persönlichen Faktoren eine entscheidende Rolle im Kommunikationsprozess. Jedes Mitglied einer Organisation nimmt die jeweiligen Informationen individuell verschieden auf, verarbeitet sie kognitiv anders und gibt sie auf eigene Art weiter.

Oelert betont in diesem Zusammenhang die Bedeutung der zwischenmenschlichen Kommunikation (2003: 26). Da menschliche Verhaltensmuster nicht von einem auf den anderen Tag geändert werden können und oftmals die Bereitschaft der Betroffenen hierzu fehlt, stellen gerade auch die persönlichen Einflussfaktoren laut *Müller* klassischen Hürden[74] einer funktionierenden Internen Kommunikation dar (2000: 3f).[75]

Denkbare Hürden wären etwa vorgefasste Einstellungen, Meinungen und Vorurteile einem Thema gegenüber, fehlende Wertschätzung des Kommunikationspartners oder die Vernachlässigung informeller Informationen. *Robbins* nennt darüber hinaus als weitere Barrieren der Kommunikation die gefilterte Weitergabe von Informationen, selektive Wahrnehmung von Informationen oder aber die Entstehung eines *Information Overload* (2001: 340f.).

---

[74] Hinsichtlich spezifischer Umsetzungshürden vgl. im Einzelnen *Meier* (2002: 98f.).

[75] Zu den klassischen Reaktionen von Beschäftigten auf Veränderungen zählt etwa folgendes Verhalten: Festhalten an bestehenden Strukturen und Gewohnheiten, Besitzdenken, Machtkämpfe, Desinteresse, persönliche Konflikte sowie Angst vor Verlust der Entscheidungsfreiheit (vgl. etwa *Müller* 2000: 3f.).

2.2.4.2 Gestaltungsoptionen

Nach der Darstellung der zentralen Rahmenbedingungen Interner Kommunikation von Unternehmen soll im nun folgenden Abschnitt aus konzeptioneller Perspektive betrachtet werden, wie Interne Kommunikation in Unternehmen gestaltet werden kann. Dazu werden zunächst die grundsätzlichen Gestaltungsmöglichkeiten erläutert, um dann einen Fokus auf die für die Themenstellung besonders relevanten Instrumente zu setzen.

Vorab sollen zunächst einige Aspekte zur generellen Herangehensweise an Gestaltung der Internen Kommunikation vorgestellt werden, die *Bruhn* bezogen auf eine erfolgreiche Integration von Kommunikationsaufgaben anführt, die jedoch auch für die hier im Mittelpunkt stehende Interne Kommunikation von Bedeutung sind. Im Wesentlichen stimmen diese Aspekte mit den häufig vor allem im Zusammenhang mit Prozessgestaltung diskutierten Anforderungen überein:

- *Organisatorische Verankerung* der Kommunikation in Unternehmen,
- *Festlegung von Verantwortlichkeiten* für die Planung und Umsetzung der Internen Kommunikation,
- Klar geregelte *Zuständigkeiten und Weisungsbefugnisse* für die Kommunikationsmaßnahmen,
- Erleichterte *Abstimmungsprozesse* zwischen den verschiedenen Beteiligten unterschiedlicher organisatorischer Ebenen und Stellen,
- Gewährleistung eines gewissen *Grades an Verbindlichkeit* für die Kommunikationsmaßnahmen in vor- und nachgelagerten Ebenen,
- Förderung von *Kreativität* und Innovationsbereitschaft,
- *Teamorientierung* mit dem Ziel des Schaffens einer Kommunikationskultur sowie

- Berücksichtigung von *Regeln für den Konfliktfall* bei ressourcen- oder und machtbedingten Auseinandersetzungen (vgl. jeweils Bruhn 1995: 173f.; Bruhn 2005: 161f.).

Nach Ansicht von *Bruhn* wird sich dabei für jedes Unternehmen eine Gratwanderung bei der organisatorischen Gestaltung[76] ergeben. Nach Ansicht von *Oelert* spielt bei der erfolgreichen Gestaltung der Internen Kommunikation eine Professionalisierung der Aufgaben eine besondere Rolle (2003: 109f.).

Nach der Beschreibung genereller organisatorischer Gestaltungshinweise soll das Augenmerk nun auf die konkreten Instrumente der Internen Kommunikation gelegt werden. Dazu wird zunächst aufbauend auf den allgemeinen Bestandteilen der Kommunikation nach *Mast* das allgemeine Spektrum der zur Verfügung stehenden Instrumente skizziert, bevor dann ausgewählte Kommunikationsinstrumente näher vorgestellt werden.

Bruhn gliedert die Kommunikation in folgenden Bestandteile: (1) Kommunikationsformen, (2) Kommunikationsträger und (3) Kommunikationsprozesse.

Unter *Kommunikationsform* versteht *Bruhn*:

- die *Kommunikationsart* (persönliche, unpersönliche Kommunikation)
- die *Kommunikationsintensität* (intensive, eindringliche, passive Kommunikation)
- die *Kommunikationshäufigkeit* (einmalige, mehrmalige oder sporadische Kommunikation)
- die *Wirkung* (kognitive, affektive, konative Reaktionen) und

---

[76] Zur Prozessgestaltung bei der Entwicklung einer Internen Kommunikation vgl. *Bruhn* (1995: 175ff.).

- der *Beteiligungsgrad* (einseitige, wechselseitige Kommunikation) (vgl. jeweils Bruhn 2005: 10).

Die wichtigsten *Kommunikationsträger* für die Interne Kommunikation eines Unternehmens wiederum sind das Management und die Belegschaft. Sie interagieren in den unterschiedlichsten Unternehmensprozessen. Als *Kommunikationsprozesse* unterscheidet Bruhn die Abwärtskommunikation, Aufwärtskommunikation sowie Seitwärtskommunikation. Die *Abwärtskommunikation* beinhaltet Mitteilungen über Aufgaben, Angaben zu Erwartungen, Maßnahmen und Wertschätzungen von der übergeordneten Ebene an die untere. Im Rahmen der *Aufwärtskommunikation* wird über den Verlauf und Ergebnisse der Aufgabenerfüllung informiert. *Seitwärtskommunikation* bezeichnet alle Kommunikationsprozesse zwischen Abteilungen oder gleichrangigen Beschäftigten (vgl. Bruhn 2006: 10ff.; ähnlich Einwiller et al. 2006: 219f.).

In Unternehmen kann Kommunikation im Sinne von Kommunikationsnetzwerken betrachtet werden (vgl. Henze et al. 2005: 381f.). Hierdurch werden Beziehungsstrukturen zwischen den Kommunikationsteilnehmern (Sender, Empfänger und Vermittler) beschrieben.[77] Ihr Aufbau unterscheidet sich unter anderem hinsichtlich der Zahl der beteiligten Personen, nach Art, Geschwindigkeit oder Dauerhaftigkeit der verschiedenen Beziehungen. Weitere Merkmale sind Stabilität oder Flexibilität sowie ökonomische und soziale Effizienz der Kommunikation. Für den Transport von Kommunikationsinhalten stehen formale und informale Kanäle zur Verfügung. In Unternehmen verläuft die Kommunikation formell über Dienstwege unter Einhaltung der jeweils vorgesehenen Instanzen.

---

[77] Vgl. hierzu die theoretischen Grundlagen zur Kommunikation in Kapitel 3.2.3 der Arbeit.

Dabei fällt zentralen Kommunikationsvermittlern oftmals eine Führungsrolle zu, selbst wenn sie nicht bereits als solche eingesetzt werden. Innerhalb des Netzwerkes können die Informationen unterschiedlich schnell oder gehaltvoll ausgetauscht werden, was zu Benachteiligungen Einzelner führen kann.

Für die Analyse von Kommunikationsprozessen in Organisationen ist die Betrachtung verschiedener *Kommunikationsrollen* von Bedeutung. *Rogers/Agarwala-Rogers* (1976: 132ff.) unterscheiden hierbei im Wesentlichen vier Idealtypen:

- *Gatekeeper*: diese werden formal in Gruppen eingesetzt, um deren Informationszugänge zu steuern. Häufig sind dieses Stabspositionen oder Assistenzstellen, die mit dem formellen Ziel der Vermeidung von Informationsüberlastung Informationen filtern. Sie verfügen häufig zumindest über erhebliche informelle Macht.

- *Liaisons* dienen als Bindeglieder zwischen Untergruppen im Kommunikationsnetzwerk, müssen diesen jedoch nicht unbedingt selbst angehören. Sie sorgen für einen möglichst optimalen Austausch von Informationen.

- *Opinion Leaders*: sind als Meinungsführer häufig mit starken Sach- oder Sozialkompetenzen ausgestattet, besitzen einen oftmals hervorragenden Informationszugriff und nutzen viele Möglichkeiten, zu kommunizieren oder andere Beteiligte zu beeinflussen. Häufig nehmen sie daher die Rolle eines informellen Führers ein.

- *Cosmopolites* wiederum sorgen als spezielle Gatekeeper für die Kontaktpflege zu besonders vielen Gruppen und organisationsexternen Stellen, um dabei möglichst viele Informationen zu generieren oder nach außen zu tragen. Dabei kann es unter Umständen zur Verselbständigung informeller Netzwerke kommen.

Der individuelle Aufbau eines Kommunikationsnetzwerkes kann im Zusammenspiel mit der Rollenwahrnehmung seiner Mitglieder in der Praxis zu sehr komplexen Kommunikationsprozessen führen, welche die Zusammenarbeit aller Unternehmensangehörigen stark beeinflusst. Ihre genaue Ausgestaltung steht unter dem Einfluss eines Zusammenspieles unterschiedlich formaler Kommunikation: So bezeichnet der Begriff *formale Kommunikation* die offiziell definierten Kommunikationswege zwischen verschiedenen Unternehmensbereichen oder -angehörigen. Die formale Kommunikation orientiert sich zumeist an der geplanten Organisationsstruktur. Als *informale Kommunikation* werden hingegen die Kommunikationszusammenhänge bezeichnet, bei denen die zwischen den Beteiligten stattfindende Nachrichtenvermittlung durch Gerüchte oder inoffiziellen und privaten Meinungsaustausch vorgenommen wird. Sie ist integraler Bestandteil jeglicher Unternehmenskommunikation und führt zu einer Stärkung der persönlichen Bindungen zwischen Unternehmensangehörigen.

Mast unterteilt die Interne Unternehmenskommunikation in die verschiedenen Bereiche der *persönlichen Kommunikation*, der *schriftlichen und gedruckten Medien* sowie der *elektronischen Kommunikation* (vgl. im Folgenden jeweils Mast 2002). Nachfolgend soll vor allem auf den für die vorliegende Arbeit besonders relevanten Bereich der *persönlichen Kommunikation* eingegangen werden, der von allen Kommunikationsformen den direktesten Weg darstellt, mit anderen Unternehmensangehörigen in Kontakt zu treten. Ein Vorteil dieser so genannten Face-to-Face-Kontakte ist, dass dabei kaum Informationsverluste auftreten, indem die jeweiligen Kommunikationsinhalte zwischen den Beteiligten direkt übermittelt werden. Zusätzlich können ergänzende Informationsträger wie etwa Mimik, Gestik sowie der Tonfall von den Gesprächspartnern direkt wahrgenommen und gedeutet werden (vgl. Mast 2000: 32). Aus dem Instrumentespektrum der Internen Kommunikation ist vor allem die persönliche

Kommunikation besonders gut geeignet, Problemstellungen abzustimmen, Ziele zu vereinbaren und zu überprüfen, Konflikte zu beheben sowie Angestellte zu beraten.

Innerhalb der persönlichen Kommunikation können wiederum *mehrere Kommunikationsformen* mit jeweils unterschiedlich hoher Kommunikationsintensität unterschieden werden, die nachfolgend kurz vorgestellt werden:

Persönliche Gespräche oder auch Dialoge geben Kommunikationsteilnehmern die Möglichkeit, abwechselnd zu sprechen, Rückfragen zu stellen und dabei sowohl auf Mimik und Gestik des Gegenübers zu achten eine wechselseitige Kommunikation betreiben, bei der jeder abwechselnd sprechen kann. Gerade mit Dialogen kann ein direkter Einfluss auf den Gesprächsteilnehmer ausgeübt werden. Dabei kann ein besonderes Augenmerk auf Interessenlagen und Bedürfnisse des Kommunikationspartners gelegt werden. Die persönliche Kommunikation ist insbesondere für den Austausch vertraulicher Informationen geeignet. Möglich wird eine Wissensvermittlung, die auf die individuellen Voraussetzungen des Gesprächspartners eingeht. Ein Nachteil der persönlichen Kommunikation liegt in einem erhöhten Zeitaufwand (vgl. Mast 2002: 172f.). Gerade die Mitarbeiterkommunikation bildet nach Ansicht von *Bruhn* einen wichtigen Baustein des internen Marketing und darf, soll sie erfolgreich sein, keinesfalls etwa mit vordergründigen Verhaltensschulungen gleichgesetzt werden. Vielmehr gelte es dabei, den Mitarbeitern die Philosophie, Werte sowie Ziele und Strategien des Unternehmens zu vermitteln, um deren Einbindung zu erhöhen (vgl. Bruhn 2005: 1279f.). Auf die besondere Bedeutung der Mitarbeiterkommunikation insbesondere als essentieller Bestandteil einer integrativen Unternehmenskommunikation weist wiederum Meier hin (2004:147).

Informationsbesprechungen stellen eine häufig genutzte Kommunikationsform dar, um Informationen an alle Mitarbeiter eines Bereiches, einer Abteilung oder eines Teams weiterzugeben. Typischer Weise werden die Informationen dabei entlang der hierarchischen Struktur vermittelt. Besprechungen können bei entsprechender Organisation ein effektives Instrument zum Austausch von Informationen, Erfahrungen und Wissen darstellen und dabei gleichzeitig ein Feedback gestatten. Möglich werden so ein Controlling interner Prozesse und ihre laufende Verbesserung. Zu beachten ist zudem, dass Besprechungen häufig von begleitenden Gerüchten beeinflusst werden. Eine weitere Form stellen *Teamübergreifende Besprechungen* zur Durchführung von Projekten oder Lösung von Problemen dar. Hierbei werden Fachleute verschiedener Abteilungen und/oder Hierarchiestufen problembezogen zusammengebracht (vgl. Mast 2002:174f.).

Zu den Nachteilen von Besprechungen zählt *Mast* zum einen den damit verbundenen hohen Zeit- und Kostenaufwand. Zum anderen weist sie auf die in der Regel hohe Orientierung an individuellen Führungs- und Kommunikationsstrukturen der Unternehmensleitung und einer entsprechenden Verzerrung durch unterschiedliche Interessenlagen hin.[78]

Neben den hier vorgestellten Instrumenten existieren eine Reihe weiterer Formen der persönlichen Kommunikation, die für die hier betrachtete Problematik jedoch zunächst nicht unmittelbar relevant sind.[79]

---

[78] Mit Besprechungen sind darüber hinaus häufig eine Reihe typischer Probleme organisatorischer oder unternehmenskultureller Probleme verbunden, vgl. hierzu ausführlich *Mast* (2002: 175f.).

[79] Hierzu zählen zum einen Vorträge und Präsentationen, die nach *Mast* eine „Einweg-Kommunikation" darstellen, da sie meist nur einen reinen Informationswert besitzen und kaum Feedbackmöglichkeiten lassen (2000: 41). Zum anderen können weiterhin Seminare und Workshops den direkten Kontakt der Mitarbeiter untereinander fördern. Ebenfalls der persönlichen Kommunikation zugerechnet werden kann das *„Walking Around"*, bei dem Vorgesetzte Abteilungen oder Produktionsräume besuchen und etwa über

Den zweiten großen Bereich der Internen Kommunikation bilden wiederum *schriftliche und gedruckte Medien*. Diese Form der Kommunikation hat eine lange Tradition in Unternehmen, wenngleich sie in den letzten Jahren gegenüber der zunehmenden Bedeutung elektronischer Medien mehr in den Hintergrund getreten ist. Dennoch sind schriftliche Medien in ihrer Bedeutung nicht zu unterschätzen. Sie dienen in erster Linie dazu, Mitarbeiter zeitunabhängig zu informieren und nutzen bei Bedarf als Nachschlagewerk oder Ratgeber. Zusätzlich werden sie verwendet, um Erfahrungsberichte zu sammeln und um der gesamten Belegschaft den gleichen Informationsgrad zuteil werden zu lassen (vgl. Mast 2002: 194ff.; 2000: 51f.). Die schriftliche Kommunikation umfasst ein breites Spektrum an Kommunikationsformen, von denen nachfolgend die wichtigsten angesprochen werden.

Das bekannteste Medium ist wohl die *Mitarbeiterzeitschrift*, die sowohl in gedruckter Form, häufig aber auch bereits als Online-Medium erscheint. Mitarbeiterzeitschriften bietet die Möglichkeit, alle Mitarbeiter gleich zu erreichen und zu informieren. Sie schaffen ein hohes Zusammengehörigkeitsgefühl und decken ein weites Spektrum der Firmentätigkeiten, Neuheiten und Veränderungen ab. Als Nachteil nennt *Mast* den mit einer Erfolg versprechenden Mitarbeiterzeitschrift verbundenen hohen Erstellungsaufwand (vgl. genauer Mast 2002: 194f.).

Ein eher konventionelles, aber dennoch immer noch überraschend verbreitetes Medium der schriftlichen Mitarbeiterkommunikation stellt das *Schwarze Brett* dar. Kommunikation über dieses Medium hat den Vorteil, Informationen schnell zugänglich machen zu können und allein über den Umstand, an dieser Stelle über einen bestimmten Zusammenhang zu informieren, den Kommunikationspartnern eine entsprechende Bedeutung der Infor-

---

informelle Gespräche Kontakt zu den Mitarbeitern suchen und für diese ansprechbar sind (2002: 179ff.; 2000: 49).

mation zu vermitteln. Problematisch ist jedoch die Kontrollierbarkeit des Zugangs einer ausgehängten Information gegenüber allen Mitarbeitern.

Weitere Beispiele für schriftliche Kommunikation sind Handbücher und Broschüren als Informationspool, auf die immer wieder zurückgegriffen werden kann, um etwa bestimmte Hintergrundinformationen nachlesen zu können (vgl. Mast 2002:195ff).

Einen Bereich, der aufgrund der zunehmenden technischen Innovationen auch innerhalb der Internen Kommunikation immens an Bedeutung gewonnnen hat, stellen die *elektronischen Kommunikationswege* dar. Hierzu zählt neben dem Telefon, dessen Nutzung weitgehend dieselben Vorteile wie ein persönliches Gespräch ermöglicht, seit einigen Jahren vor allem der Gebrauch von E-Mails. Diese ersetzen immer mehr Briefe oder auch Faxe (vgl. Mast 2002: 191). Zu den besonderen Stärken zählt neben der Schnelligkeit der Informationsverbreitung die Möglichkeit, gleichzeitig mehrere Empfänger oder Gruppen erreichen zu können. Die hohe Verbreitung von E-Mails kann jedoch zu dem Problem führen, dass Empfänger eine immer größer werdende Menge an Informationen sichten und hinsichtlich ihrer Relevanz bewerten müssen.

Ein wichtiges Instrument zur Internen Kommunikation, aber auch des Informationsmanagements ist die Nutzung von Intranet-Lösungen (vgl. Mast 2002: 192; ausführlich Hoffmann 2001).

Intranet-Lösungen stellen die größtmögliche Kommunikationsplattform eines Unternehmens dar und vereinigen dabei eine Vielzahl elektronischer Einzellösungen oder auch ursprünglich analoger Medien. Mit Hilfe von Chaträumen, Newsgroups und elektronischen Schwarzen Brettern kann jeder Zugangsberechtigte auf alle bekannt gegebenen Informationen jederzeit zugreifen. Aufgrund ihrer Leistungsvielfalt können Intranet-Lösungen jeweils an die speziellen Anforderungen eines Unternehmens angepasst werden. So kann etwa eine Personalabteilung sowohl ihre abteilungsinterne Kommunikation, hierfür erforderliche Dokumente als auch an andere Abteilungen zu verbreitende Informationen über das Intranet managen. Als Nachteil des Intranet wird die Gefahr genannt, dass sich daran nicht anbindbare Beschäftigte von Informationsflüssen abgeschnitten sein und sich als Mitarbeiter zweiter Klasse fühlen können. Auch besteht das Risiko, dass die Intranetnutzung zu einem passiven Umgang mit Informationen führen kann (vgl. Mast 2002:192). Zudem weist *Mast* darauf hin, dass die eher unpersönliche Kommunikation über das Intranet in der Praxis häufig hinter präferierten persönlichen Informationen zurückgestellt werde (2000: 66).

Insgesamt können gerade die elektronischen Medien zu einer besonders zeit- und ressourcensparenden Kommunikation beitragen. Risiken bestehen, wie auch bei allen anderen Medien, in ihrer falschen Anwendung.[80]

Wichtig bei der Gestaltung der Internen Kommunikation ist ein ausgewogenes Zusammenspiel der Kommunikationsmedien. Interne Kommunikation kann auf viele Arten betrieben werden, aber muss dabei jedoch bestimmten Anforderungen entsprechen. *Mast* nennt hier unter anderem die Sicherstellung der Aktualität, die Gewährleistung der (Re-) Aktionsfähigkeit, die Vermittlung von Lern- und Nutzwerten, das richtiges Einbringen von Gefühlswerten sowie das Auswählen, Strukturieren und Bewerten der jeweiligen Informationen (vgl. Mast 2006: 182f.). Zudem existieren die verschiedenen Kommunikationsarten nicht losgelöst von einander. So zeichnet sich die Interne Kommunikation gerade durch eine gezielte Kombination verschiedener Kommunikationsformen und -instrumente aus, die je nach je nach Mitteilungsintention unterschiedlich eingesetzt und

---

[80] Als weitere Formen elektronischer Kommunikation nennt *Mast* unter anderem den Einsatz von Videos und Infoscreens sowie Business TV-Lösungen (2002: 188f.).

kombiniert werden können. Mit der Festlegung der jeweiligen Kombination wird die Entscheidung über den Verlauf des zeitlichen und inhaltlichen Zusammenspieles der Kommunikationswege getroffen (vgl. Mast 2002: 202).

Neben den hier im Mittelpunkt stehenden, eher organisatorischen Gestaltungsmöglichkeiten der Internen Kommunikation üben zudem gerade auch die jeweiligen Kommunikationsinhalte und -themen einer Organisation einen unter Umständen wesentlichen Einfluss auf die Gestaltung sowie Entwicklung der Internen Kommunikation aus (vgl. hierzu ausführlich Oelert 2003: 157f.). Dabei kann es, wie bereits erwähnt, gerade in der Kommunikation von Personalabteilung und Fachabteilung oftmals zu kulturbedingten Verständigungsproblemen kommen (vgl. Mahlmann 2007: 38f.).

Von großer Bedeutung für die interne Kommunikationskultur eines Unternehmens ist wiederum deren *Kommunikationsqualität*. Zur deren Bestimmung nennt *Meier* eine Reihe von Prinzipien (2004: 177), die folgende Tabelle wiedergibt (vgl. Tabelle 4).

Tabelle 4: Prinzipien interner Kommunikationsqualität

Dimension	Merkmale
Offenheit	• Einheitliches Grundverständnis über relevante externe Systemumwelten • Einbeziehung aller systeminternen Teilsysteme • Abstimmung interner und externer Unternehmenskommunikation
Prozessorientierung	• Einbeziehung aller Teilsysteme und Hierarchieebenen • Information über Entscheidungen und Veränderungen • Beachtung von Informationskosten • Unumgänglichkeit ständiger Erfolgskontrollen
Selbstentwicklung	• Berücksichtigung formaler und informaler Kommunikationsstrukturen
Wahrnehmung	• Explizite Kommunikation kollektiver Wissensbestände (wie etwa Werte, Normen und Menschenbild)
Unterscheidung	• Ausbildung eines relevanten, klaren und verständlichen Kommunikationsstils • Zielgruppengerechte Ansprache • Einsatz effizienter Kommunikationsformen (Monolog, Dialog)

Quelle: In Anlehnung an *Meier* (2002: 177).

Es wurde gezeigt, dass für die Interne Kommunikation von Unternehmen eine Vielzahl von Instrumenten und Anwendungsmöglichkeiten zur Verfügung stehen und dabei eine entscheidende Rolle in Unternehmen spielen. Neben den zuvor betrachteten vielfältigen organisatorischen sowie sozialen Vorteilen einer gezielten Internen Kommunikation bietet diese zudem ein besonderes Wertschöpfungspotenzial, das nachfolgend beschrieben werden soll.

2.2.4.3 Wertschöpfungspotenzial

So wenig wie von Unternehmen mit der Internen Kommunikation selbst direkte Erträge erzielt werden können, so bedeutsam ist sie jedoch als wichtige Unterstützung und Voraussetzung für sämtliche Wertschöpfung[81] erzeugenden Prozesse in Unternehmen. Als Folge des in den letzten Jahren immer weiter zunehmenden Stellenwertes so genannter weicher Faktoren, wie des Bekanntheitsgrades einer Firma oder ihres Images als Arbeitgeber sowie insbesondere der zunehmenden Berücksichtigung des Faktors Wissen in der Unternehmensbewertung nimmt auch die Bedeutung der Internen Kommunikation der Unternehmen entsprechend zu. (vgl. Mast 2002: 249; Pfannenberg/Zerfaß 2005: 185). So beeinflusst die Interne Kommunikation etwa das Bewerberverhalten – hier ist der Aufbau langfristiger guter Beziehungen hilfreich (vgl. Mast 2002: 249), indem etwa die Personalabteilung bereits während Praktikaphasen einen Kontakt mit den betreffenden Studenten hält, der diesen bei späteren Bewerbungsphasen in positiver Erinnerung bleibt.

Noll unterteilt das Wertschöpfungspotenzial der Internen Kommunikation in ökonomische und außerökonomische Ressourcen. Beide Bereiche sind jedoch eng miteinander verbunden und bauen auf einander auf. Die *ökonomischen Ressourcen* liegen laut *Noll* in Rationalisierungspotenzialen einer verbesserten Koordination, dem Ausnutzen und Erzielen von Synergieeffekten sowie einer Leistungssteigerung durch eine verbesserte und effizientere Aufgabenverteilung in den Unternehmen. So kann innerhalb der betrieblichen Personalarbeit durch eine optimale Interne Kom-

---

[81] Unter dem Begriff der *Wertschöpfung* werden nachfolgend die von einem Unternehmen geschaffenen und in diesem verbleibenden oder dort umgewandelten Geldwerte verstanden.

munikation zwischen Personal- und Fachabteilungen eine bessere Abstimmung von Personalbedarfen und -angeboten erreicht werden.

Die *außerökonomischen Ressourcen* wiederum liegen im Aufbau interner Unterstützungspotenziale, in einer besseren Planung und Entwicklung der Unternehmenskultur, in einer Optimierung vielfältiger innerbetrieblicher Einflussfaktoren und nicht zuletzt im Erzielen einer positiven Außenwirkung. Daher wirken die außerökonomischen Potenziale gewissermaßen auf die ökonomischen Potenziale zurück, indem diese zu einer positiveren Einstellung der Mitarbeiter gegenüber dem Unternehmen führen. Dieses wiederum steigert die Leistungsfähigkeit und Bereitschaft zu Veränderungen im Sinne der Ressourcennutzung. So können der Ausbau der Unternehmenskultur und eine gute Informationsstruktur bis in die untersten Hierarchien das Vertrauen der Mitarbeiter in das Unternehmen stärken und ihren Willen zu mehr Leistung positiv beeinflussen. Auch können Unternehmensleitung und Personalabteilung mit einer entsprechend gestalteten Internen Kommunikation personalpolitisch erforderlicher Maßnahmen eine höhere Akzeptanz anstreben. Ebenso kann eine auf einer optimalen Internen Kommunikation aufbauende Aufgabenkoordination entsprechende Synergieeffekte erzielen, die zu Kostensenkungen führen und das Unternehmen konkurrenzfähiger machen (vgl. Noll 1996: 135ff.).

Bezogen auf eine Vorgehensweise zur bestmöglichen Wertschöpfung mit Hilfe der Internen Kommunikation unterscheidet *Mast* folgende drei Phasen:

1. Werte sichtbar machen und formulieren,
2. Werte konsequent kommunizieren sowie
3. die Kommunikationspolitik mit der Geschäftspolitik verbinden (2006: 94ff).

Mögliche Beispiele innerhalb der Personalabteilung sind etwa klar formulierte Richtlinien oder Verhaltenweisen im Rahmen von Einstellungs- oder Entlassungsprozessen oder aber Entscheidungsregeln hinsichtlich der Auswahl alternativer Beschäftigungsformen, wie etwa Festanstellung, Befristung oder die Nutzung von Leiharbeit. Gerade innerhalb des Umganges mit Leiharbeitnehmern kann eine Interne Kommunikation zu besseren Ergebnissen für alle Beteiligten führen (vgl. Bender 1999: 165ff.).

Ebenso kann die Wertschöpfung durch eine nicht optimale Interne Kommunikation gemindert werden, wenn Mitarbeiter das Unternehmen aufgrund schlecht kommunizierter Karrierechancen verlassen und somit die Fluktuationskosten steigen. *Mast* weist hier darauf hin, dass derartige Vertrauensverluste zudem zu Unsicherheiten im Markt führen können, die sich negativ auf den Ruf der Firma auswirken (2000: 24).

Eine sinnvolle Interne Kommunikation ermöglicht Unternehmen somit eine rasche Informationsverbreitung und Entscheidungsfindung und trägt dazu bei, mit unklaren Informationslagen besser umgehen zu können und so bessere Entscheidungen zu erreichen.

Da, wie bereits erwähnt, die Bedeutung des Faktors Wissen in komplexer gewordenen Unternehmenswelten enorm zugenommen hat (vgl. etwa Meier 2002: 155ff.), kann die Interne Kommunikation einen entscheidenden Schlüssel darstellen, mit diesem gewinnbringend und effizient umzugehen. Somit können durch die raschere Umsetzung von Plänen und Projekten Gewinne früher realisiert und die Produktivität von Veränderungsprozessen gesteigert werden. Innerhalb der Beschäftigten wiederum kann ein höheres „*Commitment*" erreicht werden, verbunden mit einer höheren Motivation und längeren Verweildauer im Unternehmen (vgl. Mast 2002: 42).

2.2.5 Besonderheiten der Internen Kommunikation von KMU

Es stellt sich die Frage, inwiefern sich die interne Kommunikation kleiner und mittlerer Unternehmen von derjenigen der großen Unternehmen unterscheidet und welche speziellen Gegebenheiten bei der späteren Entwicklung der Implikationen für die Personalarbeit im fünften Kapitel beachtet werden müssen. Während Großunternehmen in den letzten Jahren umfassende Bemühungen zur Verbesserung ihrer internen Kommunikationsprozesse unternommen haben, soll betrachtet werden, wie die Situation innerhalb von KMU aussieht und welche Besonderheiten von den Unternehmen dieser Größe hinsichtlich der Internen Kommunikation zu beachten sind. *Mast* berichtet in diesem Zusammenhang eine Reihe empirischer Erkenntnisse, wonach die Art der Probleme mit Interner Kommunikation häufig abhängig von der Unternehmensgröße sind. So werde in kleinen Unternehmen die Sinnhaftigkeit Interner Kommunikation oftmals insgesamt in Frage gestellt. Hier dominiere auch in der Kommunikation eine Top-down-Tendenz und fehlen oftmals Ressourcen für eine gezielte Interne Kommunikation. Auch mittelgroße Unternehmen seien nach wie vor noch patriarchalisch aufgestellt, was die Entwicklung interner Kommunikationsprozesse und -möglichkeiten entsprechend beeinflusse. Dagegen zählen zu den Problemen, die Großunternehmen innerhalb der Internen Kommunikation zu bewältigen haben vor allem Fragen der Zuständigkeiten und der Überwindung einer größenbedingten Anonymität. Innerhalb der KMU wiederum gehe die bessere Übersichtlichkeit Hand in Hand mit überlasteten Kommunikationsverantwortlichen, die diese Aufgabe überwiegend in Personalunion mit anderen Aufgaben zu erledigen hätten (vgl. Mast 2002: 246f.).

Die größten Probleme der Internen Kommunikation kleiner und mittelgroßer Unternehmen sind oftmals organisatorischer Natur. Weiterhin liegt hier nach Angaben von *Mast* ein großes Problem darin, dass sich auch die Unternehmensleitungen eher auf betriebsinterne Gerüchte verlassen, anstatt Wege und Medien für die Kommunikation mit internen Akteuren zu entwickeln.

Trotz dieser eher ernüchternden Ergebnisse soll nachfolgend versucht werden, insbesondere spezifische Chancen kleiner und mittlerer Unternehmen zu skizzieren, die im gezielten Nutzen größenspezifischer Eigenschaften liegen.

Zunächst zeichnen sich kleine und mittlere Unternehmen oftmals durch geringer ausgeprägte Strukturen aus, was zu einer direkteren Kommunikation führen kann. Kommunikation kann hier gerade eine Alternative zu gegenüber Großunternehmen geringer ausgeprägten Strukturen darstellen. Weiterhin ist die Zusammenarbeit in KMU durch eine besondere, zumindest räumliche Nähe gekennzeichnet.

Gerade in kleinen Unternehmen fallen typischerweise Eigentum, Führung und Haftung in einer Person zusammen, wodurch der Inhaber weitgehend für alle unternehmensrelevanten Entscheidungen verantwortlich ist. Daher spielt bei der Frage, betriebliche Prozesse und so auch die Interne Kommunikation zu gestalten, dessen Persönlichkeit eine zentrale Rolle. In Zusammenhang damit ist auch die Tatsache interpretierbar, dass sich KMU durch ein oftmals familiäres Betriebsklima auszeichnen. Die niedrigere Mitarbeiterzahl ermöglicht eine engere Bindung, kurze Kommunikationswege und einen schnellen informellen Austausch zwischen Angestellten und der Leitung. Diese überwiegend größenspezifischen Besonderheiten können sich sowohl fördernd als auch erschwerend auf die Interne Kommunikation auswirken. Entscheidend ist dafür die jeweilige Ausprägung der einzelnen Faktoren. So kann sich ein familiäres Betriebsklima sowohl in einer auch gegenüber der unternehmensinternen Kommunikation offenen Einstellung eines Inhabers ausdrücken, ebenso jedoch auch in einer im Extremfall Ablehnung jeglicher Kommunikationsstrukturen jenseits der Top-down-Kommunikation. Auch begünstigen die niedrige Mitarbeiterzahl und die überschaubaren Strukturen die natürliche Kommunikation. Sie reichen nach Ansicht von *Mast* bei weitem nicht aus, um alle Potentiale der KMU hervorzubringen und auszunutzen. Daher bestehe gerade bei diesen Unternehmen ein enormer Nachholbedarf (2002: 41).

Eine Untersuchung von *Huck* hat ergeben, dass KMU, abweichend von den in der Literatur diskutierten Funktionen der Kommunikation als Informations- sowie Dialogfunktion, meist lediglich Wert auf die Informationsfunktion legen. So werde insbesondere in kleinen Unternehmen Kommunikation fast nur zur Vermittlung der arbeitsrelevanten Informationen eingesetzt und diene somit nahezu ausschließlich dem Tagesgeschäft. Etwas umfassender würden hingegen die mittleren Unternehmen Kommunikation betrachten, indem sie zusätzlich die Motivationsfunktion und die Dialogführung als festen Bestandteil in ihre Arbeit einbeziehen. Eine Ursache kann laut *Huck* in der geringen Wahrnehmung dafür liegen, dass Kommunikation eine Bedeutung als Wettbewerbsfaktor haben könnte. Der Studie zufolge sind Kommunikationsaufgaben in den meisten KMU direkt beim Inhaber angesiedelt, der sich dann in der Regel *nebenbei* um diese Aufgabe kümmert. In den Fällen, in denen sie nicht direkt auf Unternehmensleitungsebene angesiedelt ist, stellt Interne Kommunikation lediglich eine Nebenrolle im Tätigkeitsbereich des Verantwortlichen für Öffentlichkeitsarbeit oder Marketing dar (2005: 62f.).

Die strukturellen Gegebenheiten der KMU lassen im Gegensatz zu großen Unternehmen eine relativ geringe Formalisierung der Kommunikation zu. Dabei ermöglichen kurze und direkte Kommunikationswege den häufigen Einsatz der persönlichen Kommunikation. Die flache Hierarchie gestattet, eine entsprechende Bereitschaft der Unternehmensleitung vorausgesetzt, es fast allen Mitarbeitern, diese unmittelbar anzusprechen und etwaige Problemstellungen in persönlichen Gesprächen zu erörtern (vgl. Huck 2005: 64f.).

Speziell in unsicheren Wirtschaftslagen sorgt die Face-to-Face-Kommunikation für ein besseres Verständnis der Beschäftigten für Veränderungen, da sie direkt informiert werden. Weiterhin nutzen erfolgreiche KMU die persönliche Kommunikation als Feedback-Möglichkeit, wandeln somit die sonst oft übliche Top-Down-Methode in einen Dialog zur Problemlösung um und nutzen die Kommunikation als Instrument des Personalmanagements (vgl. Huck 2005: 69ff.).

Die nachfolgende Tabelle fast die grundlegenden Unterschiede der Internen Kommunikation zwischen Großunternehmen und KMU nach *Huck* zusammen (vgl. Tabelle 5).

Tabelle 5: **Kommunikationsrelevante Unterschiede zwischen KMU und Großunternehmen**

KMU	Großunternehmen
• Hohe Bedeutung persönlicher Kommunikation • Geringer ausgeprägte Hierarchie • Erhöhte Flexibilität • Nutzung informeller Kommunikationswege • Interne Kommunikation ist häufig Begleitaufgabe der Marketingabteilung • Häufig Prägung durch familiäre Strukturen • Starke Abhängigkeit der internen und externen Kommunikation von Persönlichkeit des Inhabers	• Interne Kommunikation erfolgt systematischer • Interne Kommunikation bildet unter Umständen eine eigene Abteilung im Unternehmen • Interne Kommunikation wird als Erfolgsfaktor verstanden

Quelle: In Anlehnung an *Huck* (2005).

Es zeigt sich also, dass sich die Interne Kommunikation in KMU hauptsächlich durch strukturbedingte Besonderheiten auszeichnet. Sie basiert gegenüber Großunternehmen zu einem weitaus größeren Teil auf persönlicher Kommunikation. Deren Erfolg hängt in hohem Maße mit der Persönlichkeit des Inhabers oder Unternehmensleiters zusammen.

2.2.6 Identifikation externer Einflussfaktoren

Im folgenden Abschnitt soll analysiert werden, welche externen Rahmenfaktoren auf die Notwendigkeit einer optimalen Internen Kommunikation einwirken und deren Gestaltung entsprechend beeinflussen. Die externen Einflussfaktoren, die auf die Interne Kommunikation von KMU einwirken, sind generell sehr vielschichtig. Zum einen können die meisten im Unternehmensfeld stattfindenden Veränderungen für ein Unternehmen kommunikationsrelevant sein und eine entsprechende unternehmensinterne Kommunikation erforderlich machen, zum anderen kann eine Vielzahl von Entwicklungen innerhalb eines Unternehmens dessen Umwelt beeinflussen und von dieser entsprechend wahrgenommen werden und zu bestimmten Erwartungen führen, was ebenfalls Kommunikationsbedarfe erzeugt.

2.2.6.1 Überblick

Die wesentlichen Einflussfaktoren der Unternehmensumwelt, die so genannten Stakeholder, lassen sich in drei verschiedene Gruppen unterteilen. *„Stakeholder sind diejenigen Menschen, die von Entscheidungen eines Unternehmens betroffen sind oder mit ihrem Handeln selbst die Aktionen der Firma beeinflussen können"* (Mast 2002: 108). Wenn den Belangen von Stakeholdern nicht ausreichend Aufmerksamkeit geschenkt wird, verfügen diese über jeweils spezifische Sanktionsmöglichkeiten, mit denen sie gegenüber dem Unternehmen jeweils unterschiedlich reagieren können.[82]

Innerhalb der Stakeholder unterscheidet *Oelert* im Wesentlichen drei verschiedene Gruppen:

1. Das Rechtssystem,
2. die Wirtschaft sowie
3. die Gesellschaft.

Über das *Rechtssystem*, in dem sich die von der Gesellschaft entwickelten Wertvorstellungen und Erwartungen ausdrücken, wirkt eine ganze Reihe unterschiedlicher Akteure mit seinen jeweiligen Anforderungen als ein zentraler Stakeholder auf das Vorgehen von Unternehmen ein. Zum Rechtssystem zählen, neben dem Gesetzgeber selbst, die von ihm entwickelten Vorschriften in Form internationaler Richtlinien, nationaler Gesetze und Verordnungen sowie die Rechtsprechung durch die Gerichte. Nach Ansicht von *Bruhn* stellen diese einen sehr wichtigen Einflussfaktor auf kommunikationspolitische Entscheidungen von Unternehmen dar. So stellt insbesondere die Schaffung neuer sowie Novellierung bestehender Rechtsnormen im Zuge der Verwirklichung des europäischen Binnenmarktes die Unternehmen vor neue Anforderungen in der Kommunikation (2005: 1294). Auch verlangen etwa Arbeitsgerichte im Falle arbeitsrechtlicher Auseinandersetzungen gegenüber Beschäftigten die Einhaltung bestimmter Kommunikationspflichten, wie etwa die Konsultation des Betriebsrates im Falle geplanter Kündigungen. Auch im Zusammenhang mit der Aufstellung von Sozialplänen sind umfangreiche Kommunikationspflichten einzuhalten, die eine systematische Auseinandersetzung mit

---

[82] Eine umfassende Beschreibung zur Berücksichtigung von Stakeholdern bei der Planung der internen Kommunikation liefert *Mast* (2002: 116ff.).

den Vorschriften erfordern. Auf die umfangreichen Pflichten von Unternehmen, die sich insbesondere aus den Vorschriften zur Betriebsverfassung ergeben, weist in diesem Zusammenhang *Oelert* hin (2003: 62f.).[83]

Die *Wirtschaft*, etwa in Form von Shareholdern, erwartet im Wesentlichen von Unternehmen, ihre Ressourcen effektiv und effizient einzusetzen. Ist das nicht der Fall, haben Shareholder die Möglichkeit, ihr Kapital abzuziehen und dem Unternehmen somit einen Teil der Existenzgrundlage zu entziehen.[84] Hier trägt eine funktionierende Interne Kommunikation zum einen zu effektiven Geschäftsprozessen bei und ermöglicht zum anderen, den Beschäftigten die für eine solche optimale Ressourcenverwendung erforderliche Vorgehensweise zu vermitteln. Auch Kunden eines Unternehmens sind Teil des ein Unternehmen beeinflussenden Wirtschaftssystems. Diese erwarten etwa einen optimalen Service, die entsprechende unternehmensinterne Prozesse voraussetzen.

Innerhalb der *Gesellschaft* wiederum nehmen in erster Linie Institutionen wie etwa Gewerkschaften, Umwelt- oder Verbraucherverbände Einfluss auf Unternehmen. Verhalten sich Unternehmen nicht entsprechend der Erwartungen der durch die Stakeholder vertretenen Gesellschaft, können sie diesen ihre Unterstützung entziehen oder aber entsprechende Sanktionen initiieren.[85] Hierbei kann die Gesellschaft mit Unterstützung der Medien oftmals nicht nur Kunden, sondern auch die Mitarbeiter beeinflussen. So können etwa von Gewerkschaften schlechte Arbeitsbedingungen thematisiert und Beschäftigte zum Streik aufgefordert werden, sollten die

---

[83] Die verschiedenen rechtlichen Rahmenbedingungen, welche die interne Kommunikation beeinflussen, sind Gegenstand einer genaueren Betrachtung im nachfolgenden Abschnitt.

[84] Hinsichtlich einer weitergehenden theoretischen Betrachtung wirtschaftlicher Orientierungsgrößen vgl. *Oelert* (2003: 77ff.).

[85] Zu den positiven Auswirkungen dieser Interessenwahrnehmung vgl. etwa *Oelert* 2003: 93f.

Unstimmigkeiten nicht durch Interne Kommunikation geklärt werden können (vgl. Oelert 2003: 60f). Auch mussten etwa in der letzten Zeit vermehrt Unternehmen der Öffentlichkeit umfangreiche Massenentlassungen vermitteln, während gleichzeitig über sehr positive Geschäftsentwicklungen berichtet werden konnte. Hier werden umfangreiche Ansatzpunkte für eine optimierte Interne Kommunikation deutlich.

Es zeigt sich, dass die externen Einflussfaktoren sowohl entscheidend zum Unternehmenserfolg, aber auch zu einer funktionierenden Internen Kommunikation beitragen, diese jedoch auch vermehrt erforderlich machen. Nachfolgend soll mit Blick auf die hier vorliegende Fragestellung in einem kurzen Abschnitt der unterschiedliche Einfluss rechtlicher Vorschriften auf die Interne Kommunikation genauer betrachtet werden.

2.2.6.2 Gesetze, Verordnungen und Rechtsprechung

Die Interne Kommunikation ist neben ihrer Funktion, Unternehmen bei einem optimalen Umgang mit etwa arbeitsrechtlichen Vorschriften zu unterstützen, auch aus einer klassisch juristischen Perspektive von Bedeutung. So erwartet das Rechtssystem mit seinen ausführenden Instanzen, wie etwa Behörden oder Gerichten von Unternehmen in erster Linie, dass die geltenden Gesetze eingehalten werden. Dabei sind etwa Arbeitsschutzbestimmungen und andere Vorschriften zu innerbetrieblichen Arbeitsbedingungen zu beachten oder ist je nach Größe eines Unternehmens die Einrichtung von Betriebsräten zu ermöglichen.[86] Darüber hinaus enthält etwa das *Aktiengesetz* Vorschriften zur Kommunikation zwischen Gesellschafts- und Leitungsorganen eines Unternehmens. In den Vor-

---

[86] Eine Darstellung der vielfältigen, von Unternehmen zu beachtenden Vorschriften und ihrer Systematik aus Perspektive der Personalarbeit bietet *Jung* (2005: 52ff.).

schriften des Aktiengesetzes ist etwa die Zusammenarbeit zwischen Vorstand, Aufsichtsrat und Hauptversammlung einer Aktiengesellschaft geregelt. Hieraus ergibt sich für die betroffenen ebenfalls eine Vielzahl kommunikationsrelevanter Überlegungen (vgl. Oelert 2003: 65ff.). In den letzten Jahren ist zudem aus den vor allem internationalen Bemühungen um eine Corporate Governance eine Vielzahl weiterer kommunikationsbezogener Anforderungen entstanden, die Interessenkonflikte zwischen Shareholdern und Management regulieren soll.[87]

Das *Betriebsverfassungsgesetz* (BetrVG) regelt diverse Vorschriften zur Kommunikation des Unternehmens mit Betriebsrat und Beschäftigten.[88] So muss etwa die Unternehmensleitung nach §92 BetrVG den Betriebsrat über ihre Personalplanung unterrichten. Als weiteres Beispiel muss in Betrieben ohne Betriebsrat der Arbeitgeber nach §81(3) BetrVG die Beschäftigten zu allen Maßnahmen anhören, die Auswirkungen auf ihre Sicherheit und Gesundheit haben können und den einzelnen Beschäftigten zudem über Veränderungen in seinem Arbeitsbereich rechtzeitig informieren. Nach § 99 BetrVG wiederum muss der Arbeitgeber etwa die Zustimmung des Betriebsrates zur Beschäftigung eines Leiharbeitnehmers einholen. Hierbei weist *Oelert* nicht nur aus kommunikationsbezogener Perspektive darauf hin, dass dabei nicht nur ein legitimes Interesse der Beschäftigten daran bestünde, Informationen zum Betrieb aus erster Hand zu erhalten, sondern deren rechtzeitige Orientierung an der Lage des Betriebes auch betriebswirtschaftlich als zweckmäßig angesehen

---

[87] Zu einer Betrachtung der *Corporate Governance* in insbesondere humankapitalintensiven Unternehmen vgl. *Weishaupt* (2007).

[88] Die nachfolgenden Vorschriften des BetrVG dienen lediglich der Illustration der Vielfalt der Zusammenhänge in der Personalarbeit, in denen eine Kommunikation mit dem Betriebstat vorgeschrieben wird. Hinsichtlich einer umfassenden Darstellung dieser und weiterer Pflichten vgl. *Dieterich* (2006).

werden könne.[89] Bei der Zusammenarbeit mit dem Betriebsrat ist eine partnerschaftliche Zusammenarbeit von Vorteil (vgl. etwa Stäbler 1999: 258f.).

Weitergehende Vorschriften zur Kommunikation erwachsen für Unternehmen aus den verschiedenen Systemen zur Mitbestimmung, durch die Arbeitnehmer in die Organe und damit Entscheidungsfindung der Unternehmensleitung eingebunden werden sollen. Grundlage ist eine bereits zu Beginn des vorletzten Jahrhunderts erfolgte Übertragung des Demokratieprinzips auf die Wirtschaft. Die verschiedenen, daraus entstandenen *Mitbestimmungsgesetze* erfordern von Unternehmen vor allem in den Bereichen der sozialen Angelegenheiten, der Arbeitsgestaltung sowie personeller und wirtschaftlicher Angelegenheiten die Einhaltung bestimmter Kommunikations- und Konsultationspflichten (vgl. Oelert 2003: 63, 75f.).

Auch im Zuge der *Rechtsprechung* ergeben sich für Unternehmen zahlreiche Kommunikationsanforderungen. Im Konfliktfall muss zum Beispiel vor dem Arbeitsgericht nachgewiesen werden, dass etwa bei Kündigungen die vorgeschriebene Verfahrensweise eingehalten wurde und keine Formfehler unterlaufen worden sind. Hierzu muss beispielsweise im Vorfelde geplanter verhaltensbedingter Kündigungen der betreffende Arbeitnehmer in der Regel den Vorschriften entsprechend abgemahnt worden sein. Dies erfordert sowohl eine entsprechende betriebsinterne Kommunikation zwischen direktem Vorgesetzten und der Personalabteilung als auch eine jeweilige Dokumentation vor Gericht.[90]

Damit zeigt sich, dass Unternehmen gehalten sind, eine Vielzahl von Vorschriften einzuhalten und sich hierzu umfassend mit den Vorschriften,

---

[89] Zu den hiermit verbundenen, überwiegend Top-down gerichteten Kommunikationspflichten vgl. im Einzelnen *Oelert* (2003: 67ff.).

[90] Für eine kritische Betrachtung der sich hier abzeichnenden Vielfalt vgl. zuletzt etwa *Rüthers* (2006); hinsichtlich unternehmerischer Reaktionen hierauf *Kania* (2004, 2005).

ihren Auswirkungen sowie dem dadurch erforderlich werdenden Vorgehen auseinanderzusetzen. Diese Auseinandersetzung ist in hohem Grade kommunikationsgebunden. Hierbei trägt gerade die Interne Kommunikation auch außerhalb der direkt auf sie bezogenen Verpflichtungen von Unternehmen zu einem erfolgreichen Umgang bei.

2.2.7 Aufzeigen Erfolg versprechender Berücksichtigungspotenziale

Gerade für das in der vorliegenden Arbeit beispielhaft betrachtete Aufgabenfeld der betrieblichen Personalarbeit wird deutlich, dass eine gezielte Interne Kommunikation entscheidend dazu beizutragen vermag, trotz einer gezwungener Maßen anhaltend hohen Informationsdichte und Komplexität im Arbeitsrecht, zu einem verbesserten Umgang zu finden und Konflikte zu vermeiden oder zu reduzieren. Interne Kommunikation kann gerade KMU helfen – trotz dort häufig geringer vorhandener arbeitsrechtlicher Ressourcen – ein praktizierbares Informationsmanagement aufzubauen. Auf diesem Wege können arbeitsrechtliche Probleme gezielt vermieden werden, die sich sonst oftmals aus einer verbreiteten Orientierung an Gerüchten und Vorbehalten ergeben können.

Es ist bereits deutlich geworden, dass Unternehmen ohne eine funktionierende Interne Kommunikation ihre Potenziale nicht vollends ausschöpfen und vielmehr durch eine ungeordnete Kommunikation Kapital verlieren können. Erforderlich ist daher, in allen unternehmerischen Bereichen die strukturellen, aber auch mentalen Voraussetzungen für eine geeignete Kommunikation zu schaffen.

Da vor allem die persönliche Kommunikation eine besonders erfolgreiche Form der internen Kommunikation darstellt, besitzen gerade KMU durch ihre natürliche Kommunikation einen entscheidenden, zunächst eher theoretischen Wettbewerbsvorteil. Verbunden mit der bereits erwähnten, häufig stark vom Inhaber beeinflussten Unternehmenskultur können hierin sowohl Chancen als auch Risiken für eine optimale Umsetzung der internen Kommunikation liegen.

Vor allem für KMU ergeben sich damit aus konzeptioneller Perspektive vor allem in vier Bereichen mögliche Berücksichtigungspotenziale für die Interne Kommunikation in der Personalarbeit, die im späteren Verlauf der vorliegenden Arbeit empirisch analysiert werden sollen:

1. Strukturperspektive der Kommunikation,
2. Prozessperspektive der Kommunikation,
3. anlassbezogene Perspektive der Kommunikation sowie
4. mentalitätsbezogene Perspektive der Kommunikation.

Aus *struktureller Perspektive* beeinflussen etwa die Aufbau- und Ablauforganisation die Möglichkeiten zur Internen Kommunikation in der Personalarbeit, indem geschaffene Schnittstellen durch Kommunikation überbrückt werden müssen. Hierbei ist von Bedeutung, welche unternehmensinternen Akteure in die Kommunikation der Personalabteilung beziehungsweise der mit Personalangelegenheiten betrauten Instanz integriert werden.

Darauf aufbauend, stellt sich aus *prozessbezogener Perspektive* die Frage, wie die Kommunikation erfolgreich gestaltet werden kann, ohne dass dabei etwa größenspezifische Probleme außer Acht gelassen werden.

Weitergehend gilt es, aus *anlassbezogener Perspektive* zunächst zu prüfen, welche Bedarfe einerseits sowie praktische Gelegenheiten andererseits sich zur Kommunikation in der Personalarbeit identifizieren lassen. Einen ersten Zugang hierzu können die praktischen Problemstellungen im Personalleitungsalltag, wie Aufgaben einerseits und deutlich werdende Konfliktpotenziale andererseits bilden.

Dabei ist schließlich aus *mentalitätsbezogener Perspektive* zu betrachten, welche vor allem psychologischen und emotionalen Besonderheiten auf den betrieblichen Umgang mit Arbeitsrecht einwirken.

Von dem Zusammenspiel dieser Faktoren wird sowohl die Notwendigkeit als auch die Gestaltbarkeit einer Internen Kommunikation in der Personalarbeit bestimmt.

Im nachfolgenden Abschnitt sollen zunächst aktuelle empirische Erkenntnisse darüber berichtet werden, wie sich der betriebliche Umgang mit Arbeitsrecht in der Praxis gestaltet und wie dabei die Vorschriften von den Personalleitungen wahrgenommen werden. Dabei ist das Ziel, bereits hier mögliche kommunikationsrelevante Zusammenhänge im Umgang mit dem Arbeitsrecht zu identifizieren. Auf Grundlage dieser Erkenntnisse soll dann ein entsprechendes theorieorientiertes Untersuchungsmodell entwickelt und die zentrale empirische Untersuchung zur Bedeutung sowie Gestaltung der Internen Kommunikation in der Personalarbeit in Kapitel vier aufgebaut werden.

2.3 Empirische Voruntersuchung

Um die Interne Kommunikation im Umgang der Unternehmen mit dem Arbeitsrecht empirisch untersuchen zu können, ist eine genaue Kenntnis entsprechender innerbetrieblicher Zusammenhänge und Problemstellungen erforderlich. Da hierzu bislang jedoch keine systematischen qualitativen Daten zur Verfügung standen, die zudem in einem erforderlichen Umfang wahrnehmungs- und verhaltensbezogen Zusammenhänge erfassen, waren diese Daten erstmals zu erheben.

2.3.1 Zielsetzung der empirischen Voruntersuchung

Die dieser Untersuchung zugrunde liegenden empirischen Daten konnten im Rahmen eigener Mitarbeit in dem von *Schramm/Zachert* geleiteten Drittmittelprojekt „Arbeitsrecht in der betrieblichen Anwendung"[91] erhoben und eigenständig ausgewertet und genutzt werden. Dabei bestand zudem die Möglichkeit, entsprechende Teilfragestellungen der Erhebung mitzugestalten. Innerhalb dieses Abschnittes werden die hierbei vom Verfasser bisher erarbeiteten empirischen Ergebnisse zum Umgang mit Arbeitsrecht in der Personalarbeit herausgearbeitet.[92] Hierbei sollen schließlich Vertiefungsmöglichkeiten der bestehenden Daten konkretisiert werden, deren weiterführende, kommunikationsbezogene Analyse zur Beantwortung der forschungsleitenden Fragestellung beizutragen vermag.

2.3.2 Methodische Vorgehensweise

Aufgrund des Umstandes, dass zu den forschungsrelevanten Fragestellungen bislang kaum ergiebige Erkenntnisse vorlagen und umfassende Ergebnisse zudem nur unter Berücksichtigung einer weitgehend individuellen Perspektive der betrieblichen Praktiker erarbeitet werden können, ist ein weitgehend offenes und nah am Forschungsobjekt der betrieblichen Praxis orientiertes, exploratives Vorgehen mit Hilfe qualitativer Methoden erforderlich. Qualitative Methoden ermöglichen aufgrund ihrer Offenheit gegenüber ihrem Untersuchungsgegenstand Einblicke in die unter Umständen komplexe Dynamik der untersuchten unternehmensinternen Prozesse, die etwa bei einem stärker standardisierten Vorgehen eher ver-

---

[91] Hinsichtlich der Gesamtergebnisse dieses Forschungsprojektes mit einem Fokus auf Groß-, Mittel- und Kleinunternehmen vgl. *Schramm/Zachert* (2008).
[92] Vgl. auch *Bradtke-Hellthaler* (2008a).

borgen bleiben könnten. Hierbei geht es insgesamt weniger um die Analyse von Häufigkeiten als vielmehr um das Zusammentragen eines „Puzzles" auf Grundlage sich ergänzender Aussagen von Praktikern.

Die zentralen Adressaten der Befragung waren Personalleiter, Inhaber sowie Geschäftsführer von Unternehmen unterschiedlicher Größen und Branchen und somit Akteure, die sich innerhalb ihrer Aufgaben gestaltend mit arbeitsrechtlichen Vorschriften auseinandersetzen und mit den Vorbereitungen und Umsetzungen personalwirtschaftlicher Entscheidungen betraut sind. Es ist davon auszugehen, dass auf diesen Positionen das meiste spezifische Fachwissen vorliegt, das für die vorliegende Untersuchung von zentralem Interesse ist.

Methodisch galt es, eine gegenüber komplexen individuellen Besonderheiten der Befragten offene Methodik zu wählen. Ausgewählt wurde daher eine qualitative Vorgehensweise mit Hilfe leitfadengestützter Experteninterviews, die eine Gewinnung möglichst umfassender Erkenntnisse über zugrunde liegende Orientierungen und Handlungsmuster betrieblicher Praktiker sowie der damit verbundenen Auswirkungen ermöglicht (vgl. hierzu Trinczek 1995; zu Experteninterviews in der Personalforschung vgl. Bradtke 2005).

Experteninterviews ermöglichen eine trotz notwendiger Vorüberlegungen grundlegend offene Herangehensweise an den Forschungsprozess und an die Besonderheiten der Befragten, während gleichzeitig der verwendete Interviewleitfaden den erforderlichen Grad eines strukturierten Vorgehens gewährleistet (vgl. Gläser/Laudel 2004: 73).

2.3.2.1 Beschreibung des Datensatzes

Die Rekonstruktion individueller Zusammenhänge im Rahmen von Expertengesprächen erfordert eine Tiefe der Analyse, die aufgrund ihres Aufwandes nur für wenige Fälle zugleich überhaupt leistbar war (vgl. zu dieser Problematik Gläser/Laudel 2004: 35). Angestrebt wurde eine Anzahl von etwa 40 Interviews. Eine Repräsentativität der Ergebnisse im statistischen Sinne konnte angesichts der geringen Fallzahl daher noch nicht erwartet werden. Durch eine ergänzende quantitative Telefonbefragung war es jedoch möglich, die erarbeiteten Ergebnisse zu vergleichen und damit eine weitgehende Verallgemeinerbarkeit der publizierten Ergebnisse zu gewährleisten.[93]

Die Auswahl der Stichprobe erfolgte über die Schober-Unternehmensdatenbank (für nähere Informationen vgl. Schober 2005; zu entsprechenden Auswahlanforderungen vgl. Gläser/Laudel 2004: 113f.). Die Stichprobenziehung selbst wurde über Cluster durchgeführt, die einen Kompromiss darstellen zwischen Berücksichtigung der regionalen Unterschiede und praktischen Erwägungen zur Umsetzbarkeit. Aufgrund der im weiteren Verlauf des Projektes vorgesehenen Ergänzung der Daten durch eine quantitative Telefonbefragung konnten alle Cluster gleich gewichtet werden, auch wenn sich die Zahlen der Beschäftigten in Betrieben mit mehr als zehn Beschäftigten in den Regionen zum Teil unterscheiden. Diese Unterschiede sind jedoch nicht gravierend und hängen davon ab, wie groß die Regionen definiert werden (etwa Region Süd ausschließlich Bayern oder Bayern plus Baden Württemberg).

---

[93] Im Rahmen der vorliegenden Arbeit wurden jedoch ausschließlich die qualitativen Experteninterviews ausgewertet.

In jeder Region wurden jeweils zehn Interviews durchgeführt; innerhalb der einzelnen Region wurde nach Betriebsgröße unterschieden. Laut IAB sind 57% aller sozialversicherungspflichtig Beschäftigten in Betrieben mit zehn bis 200 Mitarbeitern tätig (vgl. Bundesagentur für Arbeit 2006). Die Trennlinie dieses Vorhabens wurde bei 249 Beschäftigten gezogen. Um einer zwischen den Regionen unterschiedlichen Verteilung gerecht zu werden, wurde im Sinne einer disproportionalen Schichtung eine 60/40 Quote für alle Regionen gewählt, so dass pro Region etwa sechs Interviews mit KMU und vier Interviews mit Großunternehmen angestrebt wurden. Dabei wurde aus allen zufallsverteilten Betrieben der Datenbank gewählt. Für die einzelnen Regionen und die Betriebsgrößenunterscheidung wurden dabei separate Ziehungen vorgenommen. Es wurden alle Branchen erfasst, Filialbetriebe und öffentlicher Dienst jedoch ausgeschlossen. Weitere Einschränkungen wurden nicht vorgenommen.

In der Stichprobe wurde dazu die jeweils sechsfache Anzahl an Betrieben gezogen, das heißt pro Region 36 KMU und 24 Großunternehmen. Für die Stichprobe wurden vier Cluster mit ausgewählten Postleitzahlen im Norden, Süden, Osten sowie Westen der Bundesrepublik gezogen, um das jeweilige Zentrum und dessen Umland zu berücksichtigen. Die Betriebe der Stichprobe wurden schriftlich über das Forschungsvorhaben informiert und um Teilnahme gebeten. Dabei wurde mit einem entsprechenden Vorlauf eine telefonische Nachfrage angekündigt, die einerseits die Teilnahmebereitschaft erhöhen sollte und andererseits eine Überprüfung der Qualität der Datenbankangaben ermöglichte. Nach Vorliegen der angestrebten Interviewzusagen wurde der Auswahlprozess beendet und schließlich mit dann jeweils 21 KMU und Großunternehmen insgesamt 42 Experteninterviews geführt.

Eine ergänzende Befragung von Kleinstunternehmen mit weniger als zehn Beschäftigten wurde durch umfassend geschulte Studierende des

Masterstudienganges Human Ressource Management der Universität Hamburg durchgeführt. (vgl. auch Bradtke-Hellthaler 2008: 94ff.)

2.3.2.2 Gestaltung des Leitfadens für die Experteninterviews

Für die Experteninterviews wurde ein umfassender *Interviewleitfaden* erstellt, der sowohl ein strukturiertes Vorgehen in den Interviews als auch ein flexibles Reagieren auf den Interviewverlauf ermöglicht (vgl. hierzu Meuser/Nagel 2002: 77ff.). Dazu war ein Fragenspektrum zu entwerfen, das sowohl die konkreten personalwirtschaftlichen Maßnahmen und arbeitsrechtlichen Problemstellungen erfasst als auch ein Nachvollziehen der sich darauf beziehenden subjektiven Bewertungen der Personalleiter ermöglichte. Der Interviewleitfaden gliederte sich schließlich in einen Bereich mit übergeordneten Fragen, wie etwa statistische Angaben und strukturelle Daten zum Unternehmen, allgemeine Fragen zur Beurteilung des Arbeitsrechts, Ressourcen und Umgang mit Arbeitsrecht sowie einen zweiten Bereich mit konkreten Fragen zu einzelnen arbeitsrechtlichen Vorschriften sowie schließlich zu Wünschen an das Arbeitsrecht. Dabei wurde ein umfassender Fragenkatalog von insgesamt 63 Fragen in eine effiziente Leitfadenstruktur integriert, die zudem den methodischen Anforderungen an die Durchführung von Experteninterviews gerecht werden musste. Um die Verständlichkeit und Eignung des Leitfadenentwurfes zu überprüfen, wurden von November 2005 bis Januar 2006 mehrere Pretests mit Personalverantwortlichen aus dem Umfeld des Forschungsprojektes durchgeführt. Die resultierenden Verbesserungsvorschläge wurden aufgenommen und entsprechend umgesetzt, bevor der Leitfaden schließlich in der Befragung eingesetzt wurde.

Als Vorbereitung der Interviews wurde eine Intervieweranweisung mit Hinweisen und Tipps für die Interviewer erstellt, um zu möglichst vergleichbaren Interviewabläufen beizutragen und die Interviewer hierin entsprechend geschult. Für die Befragung von Kleinstunternehmen wurde der Leitfaden didaktisch sowie inhaltlich an deren größen- und strukturbezogene Besonderheiten angepasst (vgl. hierzu Vogel 1995: 76).

2.3.2.3 Beschreibung der Datenerhebung

Die Interviews wurden im Zeitraum von April bis August 2006 von jeweils zwei Interviewern geführt. Die Dauer der einzelnen Interviews lag zwischen eineinhalb bis drei Stunden. Die unterschiedliche Interviewdauer war zum einen durch Termindruck seitens der Interviewpartner und zum anderen durch die unterschiedliche Breite der Kenntnisse oder betriebliche Relevanz einzelner Themen in den einzelnen Unternehmen bestimmt. Die Interviews wurden am Leitfaden orientiert durchgeführt, wobei je nach Lage in den Betrieben auf bestimmte Themenbereiche ausführlicher eingegangen wurde. Im Verlauf der Interviews sind dann die einzelnen arbeitsrechtlichen Regelungsfelder nacheinander behandelt worden. Die Interviews waren zum großen Teil von einer überraschenden Offenheit geprägt. Die befragten Experten haben sich sehr bereitwillig den Fragen der Projektmitarbeiter gestellt und diesen weite Einblicke in betriebliche Zusammenhänge eingeräumt.

2.3.2.4 Vorgehensweise bei der Dokumentation und Auswertung

Nach Abschluss der Interviews wurden diese weitgehend wörtlich transkribiert. Um den jeweiligen Interviewverlauf optimal nachvollziehen zu können, sind neben den erhaltenen Antworten auch die entsprechenden Fragen in den Transkripten wiedergeben. Die Transkripte wurden unter Beachtung der Datenschutzvorschriften ananonymisiert, indem Unternehmens- sowie Personennamen unkenntlich gemacht und durch Codes ersetzt und die Namen der interviewten Unternehmen durch eine laufende Nummerierung ersetzt wurden.

Diese Interviews bieten umfassende empirische Informationen zu den verschiedenen Forschungsfragen des Projektes, die von den Projektteilnehmern jeweils individuell ausgewertet wurden. Je nach Fragestellung waren dafür unterschiedliche Vorgehensweisen erforderlich, die sich innerhalb der qualitativen Auswertungen jedoch überwiegend an der Methode der qualitativen Inhaltsanalyse nach *Mayring* orientieren. Diese stellt einen inzwischen sehr verbreiteten Ansatz empirischer, methodisch kontrollierter Auswertung insbesondere größerer Textdokumente dar (vgl. Mayring 2000: 2).

Die zentrale Grundauswertung der Interviews erfolgte innerhalb des Projektes computergestützt mit Hilfe des Programmes *Atlas.ti*. Dieses Vorgehen ermöglicht einen sowohl effektiven als auch transparenten Auswertungsprozess und bietet sich durch das ermöglichte Aufspüren und Auswerten in Texten verborgener komplexer Phänomene gerade für ein Vorgehen im Sinne der qualitativen Datenanalyse nach *Mayring* an. Grundlage der Methode ist eine in den 20er und 30er Jahren des 20. Jahrhunderts in den USA entstandene, quantitativ orientierte Methode der Inhaltsanalyse von Massenmedien, bei der die in den Texten enthaltenen Informationen für eine quantitative Auswertung aufbereitet wurden. Ein Nachteil dieser auf eine Quantifizierung gerichteten Methode liegt in ihrer Ausblendung der variierenden Bedeutung der jeweiligen Textaussagen (vgl. Gläser/Laudel 2004: 192). In den Hintergrund treten dabei das Verstehen komplexerer Zusammenhänge und das Aufdecken von Begründungszusammenhängen. Als Reaktion auf diese methodologische Kritik ist mit dem Instrument der qualitativen Inhaltsanalyse eine Methode entwickelt worden, mit der ein genaueres Verstehen von Zusammenhängen bei der Auswertung von Informationen erreicht werden kann, ohne dabei jedoch auf den Vorzug der Inhaltsanalyse verzichten zu müssen, theorie- und regelgeleitet vorgehen zu können.

Die in das Programm eingelesenen Transkripte wurden zunächst anhand verschiedener Auswertungskategorien codiert und weitergehend ausgewertet. Bei der kategorienbasierten Textanalyse stehen verschiedene Konzepte zur Verfügung. Dabei kann je nach Untersuchungsinteresse zwischen theoretischem oder thematischem Codieren, einer zusammenfassenden qualitativen Inhaltsanalyse sowie einer typologischen Analyse gewählt werden (zu den verschiedenen Vor- und Nachteilen der Varianten vgl. Kuckartz 2007: 71ff.).

Im Mittelpunkt der Analyse stand zum einen die *Erfassung der individuellen Wahrnehmung* arbeitsrechtlicher Vorschriften durch Personalleiter sowie der vorherrschenden Einstellungen gegenüber dem Arbeitsrecht sowie nach Möglichkeit Erkenntnisse über deren Zustandekommen. Zum anderen sollte anhand der geschilderten *betrieblichen Erfahrungen in den verschiedenen Arbeitsrechtsbereichen* des Kündigungsschutzes, der Befristung, Leiharbeit sowie Teilzeitarbeit analysiert werden, wie das Arbeitsrecht in der betrieblichen Praxis umsetzt wird und auf welche Gründe dieses jeweils zurückgeführt werden kann. Aufgrund der Einbindung der einzelnen Antworten in den Gesamtzusammenhang des Interviews ermöglichte die Methode eine Überprüfung der Aussagen auf Stimmigkeit oder aber sich aufzeigende Widersprüche, indem soweit möglich mit geeigneten Antworten in anderen Leitfadenbereichen verglichen wurde. Einen wichtigen Einfluss auf die Analyse der betrieblichen Wirklichkeit hatte dabei vor allem die Addierbarkeit von Einzelaussagen, die es ermöglichte, den Forschungsbereich immer besser zu durchleuchten und so zu einer insgesamt tragfähigen eigenen Einschätzung zu gelangen (vgl. hierzu auch Voelzkow 1995: 56; Bradtke-Hellthaler 2007: 110).

2.3.3 Konkretisierung von Fragestellungen

Die Gestaltung der Arbeitsrechtspraxis von KMU ist, wie bereits angesprochen, bislang nur wenig systematisch untersucht. Als Grundlage für eine kommunikationsbezogene Betrachtung der Personalarbeit und Arbeitsrechtspraxis, mit dem Ziel geeigneter Verbesserungsvorschläge, lässt sich zunächst eine Reihe, vor allem verhaltensbezogener, Fragestellungen identifizieren.

Zunächst interessiert die *praktische Relevanz* arbeitsrechtlicher Vorschriften in der täglichen Personalarbeit. Hierbei stellt sich die Frage, welche Bedeutung dem Arbeitsrecht von den Praktikern beigemessen wird und wie die praktische Berührung ihrer täglichen Aufgaben durch arbeitsrechtliche Regeln von ihnen beschrieben wird. Die vorgenommenen Einschätzungen und Bewertungen der Praktiker können dabei zum einen Aufschluss geben über Grundzüge der arbeitsrechtlichen Kultur im Unternehmen und hier gegebenenfalls erste Problemfelder im Umgang mit dem Arbeitsrechtsrahmen erfassen. Zum anderen kommen Informationen über zugrunde liegende Einstellungen der Personalleiter gegenüber arbeitsrechtlichen Fragestellungen aufgrund der KMU-typischen, größeren sozialen Nähe und geringeren Formalisierung des Handels eine besondere Bedeutung zum Verständnis der Arbeitsrechtspraxis zu.

Neben diesen *übergeordneten Bewertungen* bilden die konkreten, von den betrieblichen Praktikern angesprochenen *Probleme der Personalarbeit* bei ihrem täglichen Umgang mit den Vorschriften einen weiteren großen Bereich zur späteren Betrachtung kommunikationsbezogener Aspekte in der Personalarbeit. So stellt sich zunächst die Frage, welche konkreten Problemstellungen bei der Anwendung des Arbeitsrechts in der Praxis zu lösen sind und welche Konflikte dabei möglicher Weise auftreten. Wichtig sind weiterhin Erkenntnisse darüber, wie sich der praktische Umgang mit dem Arbeitsrecht selbst gestaltet.

Darüber hinaus stellt sich die Frage, welche individuellen, *subjektiven Faktoren* einen Einfluss auf die Arbeitsrechtspraxis von Unternehmen ausüben, die gegebenenfalls Probleme herbeiführen oder verstärken können. Hier ist insbesondere von Interesse, inwieweit im Handeln und den vorgenommenen Bewertungen etwa bestimmte Unschärfen in der Wahrnehmung und darauf folgenden Umsetzung der Vorschriften zu erkennen sind.

2.3.4 Darstellung der Ergebnisse

Nachfolgend werden nun ausgewählte, relevante Ergebnisse zu diesen Fragestellungen berichtet, die im Rahmen eigener, deskriptiver Auswertungen innerhalb des Projektes Arbeitsrecht in der betrieblichen Anwendung erarbeitet wurden. Diese sollen vor allem Aufschluss geben über weitergehende Konkretisierungsbedarfe hinsichtlich der Relevanz sowie der Gestaltung der Internen Kommunikation von KMU in der Arbeitsrechtspraxis im Rahmen einer entsprechenden, vertieften Untersuchung in Kapitel vier (vgl. auch Bradtke-Hellthaler 2008a: 117ff.).

Bei den hier berichteten, deskriptiven Ergebnissen geht es in erster Linie darum, aus den sehr vielfältigen Antworten der Experteninterviews ein möglichst informatives Bild der dargelegten betrieblichen Wirklichkeit nachzuzeichnen. Aufgrund der naturgemäß sehr individuellen Gesprächsverläufe ist es dabei überwiegend nicht möglich, die jeweiligen Ergebnisse weitergehend zu quantifizieren. Dennoch soll versucht werden, die Verteilung von Bewertungen und Problemlagen entsprechend darzustellen. Auf die Wiedergabe sehr abweichender Einzelaussagen wird dabei soweit sinnvoll verzichtet. Die Darstellung der jeweiligen Antworten erfolgt aus Gründen des Umfangs jeweils beispielhaft. Die am Ende der jeweiligen Zitate verwendeten Unternehmenscodes haben eine reine Identifikationsfunktion und beinhalten keine darüber hinausgehenden, etwa statistischen Informationen. Bei der innerhalb des Forschungsprojektes vorgenommenen Grundauswertung, über die in diesem Abschnitt berichtet wird, wurden neben KMU auch Großunternehmen befragt.

2.3.4.1 Zur Bedeutung des Arbeitsrechts in der Personalarbeit

Um zunächst die Bedeutung des Arbeitsrechts für die betriebliche Personalarbeit feststellen und im weiteren Verlauf mögliche Probleme im Umgang mit den Vorschriften identifizieren zu können, sind Erkenntnisse darüber wichtig, welche praktische Präsenz diese in der täglichen Personalarbeit besitzen. Im Rahmen der Experteninterviews sind die Interviewpartner dazu gezielt befragt worden „Wie präsent ist das Arbeitsrecht in der alltäglichen Personalarbeit?".

Die Analysen der Interviewantworten ergeben dazu ein sehr deutliches Bild, wonach das Arbeitsrecht überwiegend eine sehr zentrale Rolle als Handlungsanleitung und tägliches Werkzeug im betrieblichen Alltag spielt. Die Frage wurde von 38 der insgesamt 42 Interviewpartner beantwortet. Davon erklärten 24 Interviewpartner, dass das Arbeitsrecht für sie eine hohe Präsenz im betrieblichen Alltag habe – hierunter 13 kleine und mittlere Unternehmen. Diese Antworten zur hohen Präsenz des Arbeitsrechts lassen sich in zwei Tendenzen unterteilen:

Zum einen sahen 17 der 24 zustimmenden Interviewpartner die arbeitsrechtlichen Vorschriften als hilfreich oder notwendig an, hiervon neun kleine und mittlere Unternehmen. Begründet wurde diese hohe Präsenz etwa wie folgt:

> „Tagtäglich, es geht gar nicht ohne. Es hängt ja schon daran, wenn Sie einen Vertrag in die Hand nehmen, da fängt schon die erste Arbeitsrechtsgeschichte an. Wenn Sie einfach die klassische Gliederung sehen, dass irgendwo über alles die Gesetze schweben, darunter die Tarifverträge. Diese ganze Rangfolge, die verfolgt Sie, ob Sie wollen oder nicht. Bei der Erstellung des Arbeitsvertrages bis hin zur endgültigen Rekrutierung. [...] Also, es begleitet Sie tagtäglich eigent-

lich, mit Tarifverträgen, mit Betriebsverfassungsgesetz, mit Arbeitszeitgesetz etc." (13)

"Sehr präsent. Also, ich muss ... es gibt mindestens einmal am Tag eine Situation, wo ich mit irgendwelchen Konsequenzen aus dem Arbeitsrecht konfrontiert werde. Ich zähle jetzt mal da den Datenschutz dazu, Mitbestimmungsrecht, Informationsrechte, ja, beliebig. [...] Also, wenn ich 100prozentig weiß, was die Konsequenzen ..., verhalte ich mich natürlich auch entsprechend. Wenn ich nicht ganz sicher bin, dann muss ich entweder mal was nachlesen oder mich mit dem Betriebsrat abstimmen." (19)

Zum anderen wurde bei weiteren sieben zustimmenden Interviewpartnern zudem ein besonderes Interesse am Arbeitsrecht deutlich. Vier dieser Interviewpartner sind in kleinen und mittleren Unternehmen beschäftigt:

"Aber ich muss ja auch tagtäglich darüber entscheiden, ob ich Auszubildende nach der Ausbildung übernehme, ob Mitarbeiter ihre ... nach der Probezeit weiter beschäftigt werden. Was passiert mit einer Mutter, die aus dem Erziehungsurlaub halt zurückkommt oder Elternzeit zurückkommt? All diese Dinge, das ist tagtägliches Brot und beschäftigt mich natürlich. Und es ist eher hilfreich und notwendig, als dass ich es als lästig empfinde." (14)

"Na ja, ich lese alles, was ich darüber in der Zeitung finde, was so in der Fachpresse, die wir ja dann auch von der Handwerkskammer und so kriegen, das lese ich schon und schneide mir Artikel aus, wenn irgendwas ist oder im Rahmen unseres Tarifvertrages, wenn da Änderungen zum Arbeitsrecht kommen, zum Urlaub und so, was man alles beachten muss. Also, das lese ich schon. Aber dass das nun im Vordergrund steht, kann ich nicht sagen. Ich meine, Arbeitsverträge, das haben wir einmal so, dass das ist das Schema festgelegt, wie die aussehen und dann übernehme ich die meistens nur." (42)

Dagegen verdeutlichen die Ergebnisse, dass in 14 anderen Betrieben das Arbeitsrecht weniger täglich präsent zu sein scheint, hierunter 13 kleine und mittlere Unternehmen. Auch die Begründungen von diesen Personalleitern lassen sich nach zwei Tendenzen unterteilen: Neun Betriebe, davon acht kleine und mittlere Unternehmen begründen die nicht alltägliche Präsenz mit jeweils nur geringen innerbetrieblichen Konflikten oder Anlässen, sich regelmäßig mit Arbeitsrecht auseinanderzusetzen. Oftmals scheint dabei das Arbeitsrecht erst im Bedarfsfall herangezogen zu werden:

> „Gar nicht. Also, weil – wie gesagt – wir haben Arbeitsverträge, und wir haben in den Arbeitsverträgen, die wir natürlich auch laut den gesetzlichen Vorgaben aufgestellt haben, beziehungsweise die man ja kriegt, haben wir feste Arbeitsverträge, wo Kündigungsfristen, Sonstiges alles drin steht. Und nach denen wir uns richten, die wir natürlich den Kollegen geben, die wir von den Kollegen unterschrieben zurückbekommen. [...] Die haben mit uns Fairplay, weil wir es auch mit denen so halten." (07)

> „Also, ich sage einmal, wir haben in unserem täglichen Umgang nicht so sehr häufig Umgang mit Arbeitsrecht. [...] Arbeitsrecht wird immer dann interessant, wenn es darum geht, man muss sich von dem Mitarbeiter trennen oder will das, erst dann wird eigentlich Arbeitsrecht präsent, vorher könnte ich also nicht sagen." (27)

> „Ich sag einmal so, die alltägliche Personalarbeit beschränkt sich ja im Wesentlichen jetzt, was das Arbeitsrecht betrifft, auf die Lohnabrechnung einmal im Monat. Ansonsten haben wir eigentlich kaum Berührung. Bei der Einstellung und bei der Verwendung, ansonsten haben wir kaum Berührung mit dem Arbeitsrecht und bei der Lohnabrechnung ist es dann letztendlich so, da ist ja vieles vorgegeben durch die Programme." (36)

In fünf Unternehmen, jeweils kleiner und mittlerer Größe, scheint generell wenig Interesse zur Auseinandersetzung mit arbeitsrechtlichen Vorschriften zu bestehen.

> „Gar nicht. [...] Wird outgesourced. Wenn ich also Probleme habe – ja – dann will ich ja nichts wissen von diesen Problemen, weil dann muss ich mich bloß ärgern." (18)

> „Die stehen hier ganz bestimmt nicht im Vordergrund." (31)

Verglichen mit den Groß-, Mittel- und Kleinunternehmen stellt sich wiederum die Situation in Kleinstunternehmen deutlich anders dar. Hier gab mit neun der befragten 13 Interviewpartner die deutliche Mehrheit an, dass das Arbeitrecht in ihrem betrieblichen Alltag nur wenig bis gar nicht präsent sei. Als Begründung wird dabei häufig angegeben, im betrieblichen Alltag und Miteinander ohne Arbeitsrecht auskommen zu können:

> „Also, wir haben es bisher nicht gebraucht, das Arbeitsrecht. Sag ich mal so. Also, eher untergeordnet." (04_Kleinst)

> „Mmh, eigentlich gar nicht. Es ist nur im Konfliktfall wird es präsent." (Kleinst 03)

> „Ja, aber das hat hier mit unserem nichts weiter zu tun. Es stellen sich hier keine Diskussionen. Was nun wer rechtlich am Arbeitsplatz veranstalten kann oder nicht, dass interessiert hier keinen." (01_Kleinst)

Dabei ist einigen Befragten offenbar nicht unbedingt klar, ob bei der Personalarbeit arbeitsrechtlich gesehen Fehler gemacht werden:

> „Gar nicht. Immer nur dann, wenn wir, also, das kann sein, dass wir es unheimlich falsch machen, aber das bisher keinen gestört hat. Wir kamen immer so miteinander aus." (13_Kleinst)

Zum Teil wird die wahrgenommene geringe Präsenz auf eine zumindest vermutete, nicht gegebene Relevanz aufgrund der jeweiligen Personalstruktur zurückgeführt:

> „Mmh, ehrlich gesagt ist es völlig irrelevant, einfach weil die Personen mit denen wir zusammen arbeiten oder besser gesagt unsere Mitarbeiter ja nicht fest angestellt sind. Und unsere Praktikanten hat man einen gewissen Vertrag, das sind Standartverträge. Aber wir hatten noch nie ein arbeitsrechtliches Problem." (08_Kleinst)

Darüber hinaus zeigt sich bei einem Teil der vorgetragenen Begründungen zur fehlenden Präsenz eine recht deutliche Abneigung gegenüber dem Arbeitsrecht:

> „Gar nicht. (...) Erst mal völlig unwichtig. Wenn Konflikte auftreten dann werden die bei uns versucht irgendwie so zu lösen, würde es soweit kommen, dass das überhaupt in Kraft treten müsste, würde ich mich sowieso von dem Personal lösen." INT: „Geht es eher um eine pragmatische Anwendung?" PL: „Es interessiert mich überhaupt nicht." (07_Kleinst)

Ein Beispiel dafür, dass diese Einschätzung der Vorschriften bezogen auf deren Umsetzung durchaus problematisch sein kann, bilden etwa die weiteren Ausführungen desselben Interviewpartners auf Nachfragen des Interviewers:

> <u>INT:</u> „Welche Rolle spielt die Rechtsprechung für die Personalarbeit in Ihrem Unternehmen?" <u>PL:</u> „Gar keine." <u>INT:</u> „Sehen Sie Ihre Handlungsspielräume durch das Arbeitsrecht beeinflusst?" <u>PL:</u> „Ja." <u>INT:</u> „Können Sie Beispiele nennen?" <u>PL:</u> „Nein. Ich ignoriere es einfach, weil es mich nicht interessiert und weil ich nicht in Verlegenheit ge-

kommen bin, damit in irgendeiner Form in Berührung zu kommen."
(07_Kleinst)

Die Untersuchungen zeigen, dass das Arbeitsrecht in den Betrieben unterschiedlich präsent ist. Bei der deutlichen Mehrzahl der Groß-, Mittel- und Kleinbetriebe kann von einer vergleichsweise hohen Präsenz ausgegangen werden. Hier scheint das Arbeitsrecht zum zentralen Handwerkzeug der Personalarbeit zu zählen, auf das je nach Bedarf unterschiedlich häufig zurückgegriffen wird. In Kleinstunternehmen verdeutlichen diese ersten Ergebnisse jedoch eine überwiegend geringe Präsenz des Arbeitsrechts. Die dafür angeführten Begründungen legen einen möglicher Weise problematischen Umgang mit dem Arbeitsrecht nahe, was im weiteren Verlauf der Untersuchung mit Blick auf KMU genauer untersucht werden soll.

Zudem weisen die bisherigen Forschungsergebnisse auf ein zum Teil verbreitetes, unklares Begriffsverständnis zum Arbeitsrecht hin. Deutlich wird dieses unter anderem innerhalb allgemeiner Fragen zum Arbeitsrecht, bei denen einige Interviewpartner bei ihren Antworten auf reine Arbeitsschutzvorschriften Bezug nehmen, wie etwa folgendes Zitat beispielhaft belegt:

„Also grundsätzlich gibt es ja die Vorgaben, die der arbeitsschutzrechtlichen Vorgaben, die erfüllt sein müssen. Also sprich, das was für jeden gilt, nicht mehr als 10 Stunden am Tag, oder bei Wochenendarbeit eben die entsprechenden Freistunden, die man dann zusätzlich halt genehmigen muss an der Stelle. Also in, insofern spielt es halt eine Rolle, ich selbst bin halt auch in der Unternehmerverpflichtung was arbeitsschutzrechtliche Dinge angeht – äh, Arbeitsschutzrichtlinien, was weiß ich, Arbeitsschuhe und sonst was, was da so mit reinspielt." (04)

Nur zum Teil werden entsprechende Unklarheiten von den Interviewpartnern selbst erkannt beziehungsweise thematisiert:

„Es ist gar nicht präsent. Funktionsfähigkeit pragmatischer Anwendung steht im Vordergrund. Wir haben zwar Berührungspunkte mit dem Arbeits..., aber ich bin mir nicht sicher, ob das das Arbeitsrecht ist, was Sie meinen [...]. Arbeitsschutz z.B., ob das mit reinzählt."
(09_Kleinst)

Denkbar sind hierfür zwei Ursachen: Einerseits kann der Umgang mit dem klassischen Arbeitsrecht in diesen Unternehmen so konfliktarm sein, dass die Antworten gezielt auf die wenigen, individuell konflikthaltigen Vorschriften gelenkt werden. Hierfür spräche, dass das Thema Arbeitsschutzvorschriften auch in anderen Zusammenhängen von vielen Personalleitern als problematisch bezeichnet wurde, wie im nachfolgenden Abschnitt dargestellt werden wird. Ebenso können diese Verständnis- oder Abgrenzungsprobleme ein Indiz für allgemein verbreitete, begriffliche Unschärfen sein, die, sobald diese systematischer auftreten, zu Problemen sowohl in der Kommunikation über als auch dem Umgang mit Arbeitsrecht führen können.

Die Ergebnisse lassen weiterhin vermuten, dass innerhalb der wahrgenommenen Präsenz des Arbeitsrechts die Betriebsgröße aus zwei Gründen von Einfluss ist: Zum einen gehören nahezu alle Personalleiter, die angaben, *nur selten Anlass* für eine genauere Auseinandersetzung mit den Vorschriften zu haben, kleinsten, kleinen und mittleren Unternehmen an. Zum anderen arbeiteten alle anderen Interviewpartner, die angaben, *kein Interesse* am Arbeitsrecht zu haben, ebenfalls in KMU (vgl. auch Bradtke-Hellthaler 2008a: 140).

Mit Blick auf die von den Personalleitern wahrgenommene Bedeutung des Arbeitsrechts sind diese weiterhin gefragt worden, welche *Funktionen* das Arbeitsrecht ihrer Meinung nach haben sollte. Die Antworten auf diese Frage lassen sich im Wesentlichen in drei Kategorien zusammenfassen, Mehrfachnennungen waren dabei möglich: Demnach hat das Arbeitsrecht nach Ansicht der befragten Personalleiter in erster Linie eine *Schutzfunktion* für die Beteiligten, soll *Rahmenbedingungen und Verhaltensregeln* benennen sowie dem *Interessenausgleich* im Betrieb dienen und dabei eine *Moderatorfunktion* übernehmen.

Nachfolgend werden beispielhafte Antworten hierzu im Detail wiedergegeben. Im Vordergrund steht für die meisten Personalleiter der *"Schutz der Arbeitnehmers"*. Dieser Aspekt wurde von 17 Interviewpartnern explizit angesprochen:

> *"Arbeitsrecht ist doch Schutzrecht des Arbeitnehmers. Das ist es."* (06)
> *"Ich sehe Arbeitsrecht eher zum Schutz der Arbeitnehmer. Und dafür ist es auch da."* (13)
> *"Arbeitsrecht sollte, sollte Grundrechte absichern, im Verhältnis zwischen Arbeitgeber/Arbeitnehmer und diese Gutsherrenmethodik da rausnehmen."* (24)

Nach Ansicht von sechs Interviewpartnern soll das Arbeitsrecht den *"gemeinsamen Schutz von Arbeitnehmer und Arbeitgeber"* erreichen, wie folgende Aussagen begründen:

> *"Für mich, das gilt aber ganz allgemein, aber Arbeitsrecht oder auch vor allen Dingen, das sollte einen guten und sinnvollen und einen Rahmen abstecken, unter dem sowohl Arbeitgeber als auch Arbeitnehmer vernünftig miteinander arbeiten und zusammenleben können. Und das ist das Wichtigste."* (05)
> *"Es soll schon ein Schutz für beide sein, also für Arbeitnehmer und für Arbeitgeber, dass Grenzen abgesteckt sind, was machbar ist."* (42)

In Zusammenhang damit stehen auch die folgenden, von fünf Interviewpartnern gemachten Aussagen, wonach das Arbeitsrecht für einen *Interessenausgleich* sorgen und eine *Moderatorfunktion* einnehmen sollte:

> *"Ja, das Arbeitsrecht ist eigentlich immer dafür da, einen fairen Kompromiss zwischen – im Streitfall – zwischen Arbeitgeber und Arbeitnehmer zu ermöglichen."* (08)
> *"Das Arbeitsrecht muss eigentlich versuchen, irgendwo einen Ausgleich zwischen verschiedenen Interessen zu finden. Also, es darf weder den Arbeitgeber noch den Arbeitnehmer irgendwo bevorzugen oder benachteiligen."* (19)
> *"Also, eher dann so der Moderator, dass Arbeitnehmer und Arbeitgeber in ihren Interessen gleichwertig behandelt werden."* (22)

Weiterhin soll das Arbeitsrecht für alle Beteiligten *Rahmenbedingungen setzen* (zehn Interviewpartner) sowie *Verhaltensregeln benennen* (sieben Interviewpartner):

"Vorteil des Arbeitsrecht ist: Man weiß woran man ist. Es gibt kein Wenn und Aber, steht da drinnen im Arbeitsrecht und jeder kann sich danach richten." (02)

"Arbeitsrecht sollte den Rahmen setzen und klare Spielregeln aufstellen für die eine wie für die andere Seite, für den Arbeitgeber wie für den Arbeitnehmer. Ohne klare Regelung, ohne klare Spielregeln kann es ja nicht funktionieren, nicht?" (11)

"Ja, ich hasse das zwar, aber Menschen müssen einfach Verhaltensregeln haben, einen Regulator." (16)

Die bisherigen Analysen zeigen, dass von den Personalleitern vor allem der Schutzbedarf von Arbeitnehmern gesehen und bejaht wird. Viele Interviewpartner begrüßen dabei zudem die durch die Vorschriften gegebene Orientierungsfunktion. Das Arbeitsrecht soll dabei für beide Seiten einen Rahmen abstecken, der dann aber durchaus, so einige Interviewpartner, auf betrieblicher Ebene etwa durch Betriebsvereinbarungen konkretisierbar sein sollte. Die geäußerte Kritik am Arbeitsrecht richtet sich überwiegend nicht gegen das Recht als solches, vielmehr wird häufiger lediglich eine bessere Anpassung an die betrieblichen Anforderungen gerade der KMU gewünscht. Die Ergebnisse zeigen weiterhin, dass den Regeln in der betrieblichen Praxis wichtige Funktionen zugeschrieben werden, die im Wesentlichen mit dem Grundgedanken einer Schutzfunktion des Arbeitsrechts einerseits sowie Vertragsfunktion andererseits übereinstimmen. Darüber hinaus schreiben einige Interviewpartner dem Arbeitsrecht zudem hilfreiche betriebswirtschaftliche Funktionen zu, indem sie etwa auf organisatorische Zusammenhänge verweisen (vgl. genauer Bradtke-Hellthaler 2008a: 132).

2.3.4.2 Bewertung des Arbeitsrechts durch die Personalleiter

Neben der festgestellten, hohen Präsenz des Arbeitsrechts im betrieblichen Alltag ist für die weitere Untersuchung von Interesse, wie das Arbeitsrecht von den Praktikern aus ihrem Erfahrungsbereich heraus beurteilt wird. Im Rahmen der bisherigen Auswertungen sind individuelle Aussagen der Personalverantwortlichen zu unterschiedlichen Leitfadenfragen hinsichtlich darin deutlich werdender Einstellungen und Bewertungen untersucht worden (vgl. hierzu Bradtke-Hellthaler 2008a: 117ff.). Diese Analysen ergeben eine Reihe unterschiedlicher Erkenntnisse.

Zunächst fällt auf, dass die Mehrzahl der Personaleiter dem Arbeitsrecht gegenüber generell betrachtet *überraschend positiv eingestellt* ist, wie nachfolgende, zunächst beispielhafte Interviewaussagen zeigen:

> *„Ich halte es im Moment für nicht so schlecht, wie es dargestellt wird. Weil, als Arbeitgeber hat man viele Freiheiten, bei der Einstellung von Personal. Man hat auch viele Gestaltungsmöglichkeiten, Zeitverträge etc. Und es wird auch aus meiner Sicht auf die Interessen des Arbeitnehmers Rücksicht genommen. Was Urlaub oder Arbeitszeiten angeht, Arbeitsschutz an sich. Also ich sehe im Moment keinen, aus meiner Sicht keinen übermäßig großen Handlungsbedarf."* (01)
> *„Ohne klare Regelung, ohne klare Spielregeln kann es ja nicht funktionieren, nicht"?* (11)
> *„Und es ist eher hilfreich und notwendig, als dass ich es als lästig empfinde."* (14)
> *„Von daher ist jede Reglementierung im Prinzip erst mal eine Störung. Aber sie schafft natürlich auch Klarheit."* (40)
> *„Na ja, da gibt es schon Vorteile. Also ich kann meine Belegschaft kalkulieren. Ich weiß, wie lange ich sie habe und unter welchen Bedingungen ich sie nicht habe. Ich weiß, was ich zu machen habe, wenn Strukturhänderungen sind. Also, das sind ... das ist schon gut, dass es geregelt ist, finde ich."* (41)

Ein rechtstreues Verhalten hat dabei oftmals eine hohe Bedeutung, wie einige Personalleiter bei Ihren Antworten explizit herausstellen:

> *„Aber es ist schon so, dass für mich die Rechtsgültigkeit eine sehr hohe Bedeutung hat. Also, ich würde ungern irgendetwas machen, was arbeitsrechtlich unzulässig ist."* (14)
> *„Ja, mehr oder weniger hat man sich jetzt mit allen arrangiert, was jetzt so immer gekommen ist, ja. Sei das die Altersteilzeit, die Änderungen die gekommen sind, sei es die Befristung von Arbeitsverhältnissen... Das ist ein ständiger Prozess letztendlich und man muss sehen, wie man das in die betrieblichen Arbeitsabläufe integrieren kann, die neue, neue Gesetzeslage."* (38)

Über die Bedeutung eines rechtstreuen Verhaltens hinaus wird oftmals auch der Vorteil arbeitsrechtlicher Vorgaben für die innerbetriebliche Zusammenarbeit erkannt. Viele Interviewpartner begrüßten die durch das Arbeitsrecht gegebene Möglichkeit, sich etwa bei innerbetrieblichen Auseinandersetzungen in der Personalarbeit gezielt auf externe Vorgaben berufen können:

> *„Also, es ist dann so, dass wir beide gegenübersitzen und die Entscheidung hat eine dritte Person getroffen, nämlich der Staat. Ansonsten machen wir einen Vertrag, wo Sie das Gefühl haben, ich sage Ihnen, was Sie bekommen. Und schon ist Missstimmung zwischen uns. So könnten wir sagen, der Gesetzgeber hat das doch geregelt. Punkt. Dann ist die Stimmung zwischen uns trotzdem gut."* (09)

> *„Wenn man nur das alles immer wirtschaftlich betrachtet und so, dann hat man irgendwann ... sieht man den Wald vor lauter Bäumen nicht und hat das Brett vorm Kopf. Und dann ist vielleicht auch gar nicht schlecht, wenn auch mal ein Betriebsrat oder auch ein Mitarbeiter einem auf die Schulter klopft und sagt: „Moment mal, da gibt es aber eine arbeitsrechtliche Regelung, so richtig zulässig ist das gar nicht, was ihr da macht."* (40)

Die hier beispielhaft dargestellten, empirischen Daten belegen, dass das Arbeitsrecht übergeordnet betrachtet ein gutes Ansehen genießt. Die Praktiker sind gegenüber dem Arbeitsrecht überwiegend positiv eingestellt, die Vorschriften werden akzeptiert, das Vorhandensein von Regeln begrüßt sowie für notwendig erachtet (vgl. hierzu Bradtke-Hellthaler 2008a: 152).

Weitere Analysen zeigen, dass dies übergeordnet betrachtet gerade auch für den oftmals als problematisch bezeichneten Kündigungsschutz gilt. So wird der Existenz des Kündigungsschutzes von den Befragten allgemein eine sehr hohe Bedeutung zugemessen, was an jeweils unterschiedlichen Stellen der Interviews deutlich wurde. Dies gilt insbesondere hinsichtlich eines Schutzes der Beschäftigten vor Willkür, wie etwa nachfolgend begründet wird:

> *„Also was ich vorhin schon sagte, die Wirtschaft ist ja nicht nur eine Seite, die Wirtschaft sind ja auch die Arbeitnehmer. Und ich wäre also absolut dagegen, weil das eine, ein total Liberalismus zur Folge hätte, der mit Sicherheit gesamt Gesellschaftlich zu Verwerfungen führen*

würde. [...] Dass es auch zur Destabilisierung führen könnte. Also ich meine, so lange brauchen wir nicht zurück zu sehen." (01)

„Letztendlich ist das Qualitätsverlust. Sowohl was die Lebensqualität angeht, Angst macht. Dann, wenn Unternehmen blindlinks rausschmeißen können, eben weil sie keine Grenzen mehr haben, nur ein langjähriger Mitarbeiter kann wirklich ein richtig guter Mitarbeiter sein. Je länger man da ist, umso besser ist die Qualität, die man abgibt. Von da her sinkt eigentlich auch die Leistungsqualität, was bedeutet, dass auch Kunden irgendwann dann mal die Nase voll haben, weil sie sagen, es gibt auch noch andere. Das kann ein Unternehmen ruinieren." (31)

Darüber hinaus stellten viele Interviewpartner bei ihren Antworten heraus, dass bei der Einstellung von Beschäftigten gerade nicht die Möglichkeit einer späteren Entlassung im Mittelpunkt der Überlegungen steht, wie folgende beispielhafte Zitate verdeutlichen:

„Also ich würde nie jemanden einstellen, mit dem Gedanken, dass ich ihn wieder entlassen will. Das ist schon irgendwie, dann ist das schon falsch davor. Also man ist da positiv gestimmt, hat sich fünfzig Bewerbungen angesehen, hat sich zehn Leute persönlich angesehen, und für einen hat man sich entschieden, und man will jemanden haben, und den stellen wir jetzt ein. Also erst mal ist man positiv gestimmt. Also ich habe noch nie jemanden eingestellt mit dem Gedanken, dass er wieder weg muss." (02)

„Was soll ich mir dann Gedanken darüber machen, und ich denk ja nicht an die Kündigung, ich denke ja eigentlich eher an die Einstellung. Ich hab halt da, und da will ich mir auch keine Gedanken darüber machen, weil ich weiß, dass es funktionieren kann, wenn die Not groß ist, und ich bin ja nicht dafür eingestellt, die Not zu verweisen. So habe ich eigentlich meine Aufgabe noch nie gesehen. Das würde ich auch nicht machen wollen." (36)

Die Ergebnisse der Experteninterviews zeigen in weiten Teilen eine deutlich soziale Einstellung der Personalleiter gegenüber den Beschäftigten, verbunden mit einem hohen Verantwortungsgefühl für deren persönliche Situation. Trotz der allgemein eher positiven Beurteilung des Arbeitsrechts verdeutlichen die Interviews jedoch auch eine Reihe von Kritikpunkten am Arbeitsrecht, die sich für die Praktiker bei der Anwendung des Rechts in betrieblichen Zusammenhängen ergeben. So zeigt die Analyse der Interviewaussagen, dass insbesondere im Bereich der Umsetzung von Vorschriften durchaus der Wunsch nach Vereinfachung besteht. Dieser bezieht sich überwiegend auf die Möglichkeit, arbeitsrechtliche Zusammenhänge betriebsspezifisch passender zu regeln, um eine höhere Flexibilität zu erreichen (vgl. auch Bradtke-Hellthaler 2008a: 134). Im nachfolgenden Abschnitt werden hierzu ausgewählte Ergebnisse der Interviews zu deutlich gewordenen Problemen im Umgang mit dem Arbeitsrecht dargestellt.

2.3.4.3 Betriebliche Problemlagen im Umgang mit Arbeitsrecht

Die Analysen zeigen, dass Kritik gegenüber dem Arbeitsrecht selten pauschal auf die Regulierung als solche bezogen wird, sondern, dass sich diese vielmehr überwiegend auf die Anwendbarkeit und Handhabung der Vorschriften richtet. Im Mittelpunkt der Kritik steht dabei eine wahrgenommene, hohe Komplexität und Unübersichtlichkeit aufgrund der Vielzahl zu beachtender Vorschriften (vgl. etwa Bradtke-Hellthaler 2008a: 143).

> *„Ich glaube, dass die das Thema Arbeitsrecht, das Thema Komplexität des Arbeitsrechts wirklich immer undurchdringlicher wird und teilweise eben widersprüchlicher, dass das auseinander driftet."* (06)
> *„Wenn Sie einfach mal schauen, welche oder wie viele Gesetze es gibt, die das Arbeitsrecht betreffen, angefangen bei der Arbeitsstättenverordnung oder noch anders, Gewerbeordnung und Handwerksordnung, Arbeitsstättenverordnung, Arbeitsstättenrichtlinien, Gesundheitsschutz, das kann man in der tägliche Personalpraxis überhaupt nicht alles beachten. Da fehlt auch teilweise die Einheitlichkeit."* (03)
> *„Ja, vielleicht etwas weniger komplex und etwas durchsichtiger."* (19)

Andere Interviewpartner nehmen die Vorschriften als nicht flexibel genug wahr:

> *„Das ist ein großer Nachteil, also das Arbeitsrecht müsste flexibler gestaltet werden. Das ist ein absoluter Nachteil."* (02)
> *„Ich sag mal, generell weniger wäre da vielleicht besser, nicht? Aber man muss ja mit den Dingen so leben auch, wie sie sich dann darstellen."* (11)

In Verbindung damit steht die teilweise verbreitete Einschätzung des Arbeitsrechts als bürokratisch oder überreguliert:

> *"Ich empfinde es als zu überreguliert, auch insbesondere durch die Ausweitung durch die Rechtsprechung. Es ist aus meiner Sicht nicht Arbeitsmarkt fördernd und zu bürokratisch und zu formalistisch. Und ich weiß aus einigen Gesprächen, dass durchaus auch Juristen, sprich Arbeitsrichter das so sehen."* (03)

> *"Ja, zum Beispiel, wenn wir – was weiß ich – jede Umgruppierung, jede Höhergruppierung und so weiter alles über den Betriebsrat geht, auch Dinge, die ja eigentlich zugunsten des Mitarbeiters sind. Ja? Aber formal eben, alle sind sich einig, und trotzdem eben dieser Formalismus über den Betriebsrat. Das finde ich zum Beispiel sehr lästig."* (25)

Ein sehr interessantes Ergebnis stellt die *oftmals kritische Bewertung von Arbeitsrechtsreformen* dar, die nach Ansicht vieler Interviewpartner zu einer weiteren Verstärkung bestehender Übersichtsprobleme führen. Dabei wurde vor allem die Häufigkeit der vorgenommenen Änderungen als problematisch thematisiert (vgl. Bradtke-Hellthaler 2008a: 128).

> *"Lästig ist, dass es keine Planungssicherheit mehr gibt für die nächsten Monate, Jahre. Allein die Gesetzesinitiative mit Verlängerung der Probezeit. Ich habe nicht verstanden, wofür cs gut sein soll."* (06)

> *"Halt problematisch ist, wenn ständig wieder Änderungen diskutiert werden. Das ist in meinen Augen.., so ein Arbeitsrecht muss sein, sonst geht es ja gar nicht. Ich finde das schon okay."* (41)

Einige Personalleiter gehen angesichts der häufigen Reformen im Bereich des Kündigungsschutzes zudem von negativen Außenwirkungen gegenüber möglichen Investoren aus:

> *"Ich halte ... der muss schon sein. Ob man da ständig dran rumbastelt, ist eine andere Frage. Nicht die langen Kündigungsfristen oder die langen Arbeitsplatzbindungen stoßen die Investoren ab. Ich glaube das nicht, das ist kalkulierbar, das ist die stößt ab, dass da ständig dran rumgebastelt wird."* (41)

Einen weiteren Kritikpunkt am Kündigungsschutz bildet nach Ansicht einiger Interviewpartner vor allem dessen *Auslegung durch die Arbeitsgerichte*, die in einigen Betrieben zu teilweise erheblicher Verunsicherung zu führen scheint. Die Analysen der Interviews legen jedoch die Vermutung nahe, dass die Kritik an der Arbeitsgerichtsbarkeit jedoch nicht unbedingt eigenen Erfahrungen der Personalleiter entspringen müssen, sondern häufig auf Hörensagen zu basieren scheint (vgl. Bradtke-Hellthaler 2008a: 153).

Mitunter scheinen viele, eher negative Beurteilungen in Verbindung mit Kenntnis-Problemen der Betroffenen zu stehen, wie das Beispiel des folgenden Personalleiters zeigt, der im Bereich des Befristungsrechts eine höhere Flexibilität gefordert hat:

> INT: "Also die Möglichkeit gibt es jetzt schon, sachgrundlos zu befristen..." PL: Ja, äh... Es gibt sicherlich auch andere Möglichkeiten, nur der Markt funktioniert anders, als der Gesetzgeber das hier formuliert hat. Der Markt erfordert von uns sofortiges schnelles Reagieren, schnelles Reagieren, flexibles Arbeiten und das ist mir den Regelungen fast unmöglich." (34)

Auch weisen die vorgenommenen Beurteilungen zum Teil auf eher diffuse und oftmals unkonkrete negative Einstellungen gegenüber dem Arbeitsrecht hin, wie etwa folgende Aussage beispielhaft zeigt:

> "Und beim Arbeitsrecht habe ich manchmal so das Gefühl – na ja –, den Letzten beißen die Hunde. Ist auch irgendwie nicht so ganz recht. Das finde ich nicht ganz in Ordnung, nicht so ganz okay." (16)

Darüber hinaus zeigte die übergeordnete Analyse der Interviewaussagen, dass die von einigen Interviewpartnern getroffene, eher plakative Kritik am Arbeitsrecht mitunter nicht immer konstant beibehalten wird und oftmals auch nicht im Einklang mit dem darüber hinaus geschilderten Verhalten oder Erlebnissen der Interviewpartner steht. Mit Blick sowohl auf die Einstellungen von Personalleitern gegenüber Arbeitsrecht als auch hinsichtlich möglicher Probleme bei dessen Anwendung ergeben die bisherigen Analysen, dass oftmals weniger inhaltliche Zusammenhänge zur Problemen mit dem Arbeitsrecht zu führen scheinen, sondern vielmehr eine teilweise generelle Verunsicherung zu bestehen scheint (vgl. Bradtke-Hellthaler 2008a: 121).

2.3.4.4 Einfluss subjektiver Faktoren in der Arbeitsrechtspraxis

Bereits die bisherigen Ergebnisse zeigen, dass sich sowohl die Einstellungen der Personalverantwortlichen gegenüber Arbeitsrecht als auch ihre Wahrnehmung der Vorschriften im betrieblichen Alltag sehr vielschichtig gestalten. So scheinen die Personalverantwortlichen etwa innerhalb ihrer Einstellungen gezielt auf verschiedene Relevanzebenen, wie etwa betriebliche oder gesellschaftliche Auswirkungen einzelner Vorschriften, Bezug zu nehmen. Denkbar ist, dass dabei verschiedene Bezugsebenen der Wahrnehmung wirksam werden, indem die Personalverantwortlichen bei ihren Aussagen bewusst oder unbewusst zwischen dem Arbeitsrecht als Gesamtes, den Aufgaben eines Einzelgesetzes, ihrem jeweiligen Verständnis über deren Realisierung sowie den Folgen für das eigene Unternehmen unterscheiden.

Darüber hinaus zeigt sich bei der Analyse des Interviewmaterials eine teils logische Widersprüchlichkeit von Einzelaussagen, wie etwa die Aussagen des folgenden Interviewpartners zeigen, in denen das Arbeitsrecht zwar als bürokratisch und überreguliert dargestellt wird, dies jedoch seinen Aussagen zufolge nicht zu betrieblichen Problemen führt:

> INT: „Gibt es arbeitsrechtliche Regelungen, die aus Ihrer Sicht den Alltag bei Ihnen stören?" PL: „Den Alltag? Nein, den Alltag stören die nicht." INT: „Also, ihre Personalarbeit dann?" PL: „Das mag auch daran liegen, dass ich mich daran gewöhnt habe." INT: „Kommt Ihnen vielleicht irgendetwas besonders bürokratisch vor, oder wo Sie sagen: ‚Oh, das tut jetzt wirklich nicht Not?'?" PL: „Ja, da können Sie im Grunde genommen das ganze Arbeitsrecht nehmen, das ist grundsätzlich zu bürokratisch und überreguliert ist." INT: „Können Sie da ein Beispiel vielleicht nennen?" PL: „Wenn Sie einfach schauen, welche oder wie viele Gesetze es gibt, die das Arbeitsrecht betreffen, angefangen bei der Arbeitsstättenverordnung oder Gewerbeordnung und Handwerksordnung, Arbeitstättenverordnung, Arbeitsstättenrichtlinien, Gesundheitsschutz, das kann man in der tägliche Personalpraxis überhaupt nicht alles beachten." INT: „Werden bei Ihnen auch konkret in der Arbeit Handlungsspielräume arg eingegrenzt?" PL: „Also, mir fällt im Moment konkret kein Beispiel ein, wo wir uns jetzt beschnitten fühlen würden." (03)

Insgesamt scheinen sich die jeweils vorgenommenen Bewertungen der Personalleiter an individuellen betrieblichen Problemlagen und Erfahrungen zu orientieren (vgl. auch Bradtke-Hellthaler 2008a: 152).

Neben der zu beobachtenden Widersprüchlichkeit von Aussagen zeigt die Ergebnisse eine Reihe weiterer Auffälligkeiten sowohl bei der betrieblichen Wahrnehmung von Arbeitsrecht als auch dem Antwortverhalten der Interviewpartner selbst, die nachfolgend dargestellt werden und einen genaueren Aufschluss geben können über das Zustandekommen von Bewertungen und Meinungen gegenüber dem Arbeitsrecht. So wurde bei den Interviews auffallend oft deutlich, dass die Interviewpartner mögliche Probleme mit dem Arbeitsrecht oftmals eher Unternehmen einer jeweils anderen Branche oder Unternehmensgröße unterstellen, während sie für das eigene Unternehmen angeben, im angesprochenen konkreten Punkt keine Probleme zu haben. Nachfolgend einige beispielhafte Interviewpassagen:

> *„Aber viele kleinere Betriebe, vielleicht auch Mittelständer, weiß ich nicht, haben trotzdem dann irgendwie eine Scheu, weil sie die Konfrontation oder Auseinandersetzung vielleicht fürchten, bis hin zum Arbeitsgericht. Für mich persönlich und auch hier fürs Unternehmen hat das keine große Auswirkung. Wir gehen damit um."* (03)
>
> *„... ich denke mal, wo es echt zu Ungerechtigkeiten kommen kann, ist im Bereich so vom Kündigungsrecht. Dass, vielleicht nicht bei uns im Unternehmen, aber dass viele Unternehmen dann doch zurückschrecken."* (05)
>
> *„Also, dann würde es viele geben, die mit Ihren Mitarbeitern Schlitten fahren, das ist klar. Die also wirklich, so nach dem Motto Hire-and-Fire, es gibt ja auch Gewerbe, das muss man ja mal ganz deutlich sehen, wo das möglich ist, wo eben wirklich nur ganz einfache Tätigkeiten zum unternehmerischen Erfolg führen. Meinetwegen nehmen Sie diese ganzen Firmen, die Mainzelmännchen, die also hier Hochhäuser und Büros putzen. Wenn die Mitarbeiter keinen Schutz hätten, dann möchte ich nicht wissen, was da los ist."* (36)

Derartig vorgenommene Einschätzungen der Interviewpartner können die Problemlagen von Unternehmen jeweils anderer Branchen oder Betriebsgrößen durchaus realistisch abbilden. Die bisherigen Ergebnisse zeigen allerdings, dass die Verweise auf gegebene oder fehlende Problemlagen im Umgang mit dem Arbeitsrecht mit einer auffälligen Regelmäßigkeit oftmals gegenüber jeweils strukturell grundsätzlich anderen Unternehmen vorgenommen werden (vgl. Bradtke-Hellthaler 2008a: 150). Daher könnte dieses Ergebnis einen Hinweis auf eine teilweise *stereotypenorientierte Wahrnehmung* darstellen. Auch kann nicht ausgeschlossen werden, das einzelne Aussagen in gewissem Umfang unter dem Einfluss vermuteter sozialer Erwünschtheit gemacht wurden, wenngleich die Interviewpartner insgesamt überwiegend sehr offen geantwortet haben.

Ebenso können diese Ergebnisse die in Teilen der Arbeitsmarktdiskussion diskutierte These stützen, dass die Problemwahrnehmung im Arbeitsrecht in nicht unerheblichem Maße unter dem Einfluss anekdotischer Evidenz zustande kommt. Der Begriff der *anekdotischen Evidenz* bezeichnet in der empirischen Sozialforschung eine Art der Beweisführung, deren empirisches Fundament auf Einzelfällen aufbaut. Von diesen Einzelfällen wiederum wird dann oftmals fälschlicher Weise pauschal auf eine regelmäßige Verbreitung geschlossen. Für die betrieblichen Akteure können solche Beispiele dann insbesondere vor dem Hintergrund begrenzter Informationen gerade in KMU sowie aus gutem Glauben oder Vereinfachungsstreben eine mögliche Orientierung bieten.

Problematisch an dieser Wahrnehmung ist, dass unklar bleibt oder oftmals nicht weiter hinterfragt wird, ob sich die geschilderte Sachlage auch in der Mehrzahl der Fälle so verhält oder im eigenen Unternehmen so verhalten müsste. Insbesondere ist anzunehmen, dass gerade diejenigen Betriebe, in denen es Probleme gibt, stärker in Erscheinung treten und damit deutlicher wahrgenommen werden, als eine mögliche Mehrheit, in denen dies nicht der Fall ist, was zu einer Problemüberschätzung führen kann. Nachfolgend auch hier zwei typische Beispiele für Argumentationen auf Grundlage eher anekdotischer Evidenz:

> *„Das ... vielleicht nicht bei uns im Unternehmen, aber dass viele Unternehmen dann doch zurückschrecken. Ich weiß, mein Schwager,*

> *der ist in einem mehr gewerblichen Unternehmen, da ist das durchaus ein Kriterium."* (05)
>
> *"Und da glaube ich schon, dass das Arbeitsrecht noch sehr viele Ansatzpunkte hat, was man ändern kann, um Unternehmen – und damit meine ich in dem Fall wirklich nicht unsers, weil uns motiviert das nicht – aber ich glaube schon, dass es eine Vielzahl von Unternehmen gibt, die sich durch das derzeitige Arbeitsrecht gehindert fühlen, neue Stellen zu schaffen."* (40)

Der Umstand, dass dieses Phänomen der anekdotischen Evidenz nur schwer gezielt erfragt werden kann, sondern vielmehr häufig erst im Zusammenhang weiterer Analysen zu identifizieren ist, erschwert eine Aussage über den Grad ihrer Verbreitung. Die in den bisherigen Analysen deutlich werdenden Effekte und Besonderheiten in der Wahrnehmung des Arbeitsrechts lassen jedoch vermuten, dass hierdurch ein optimaler Umgang mit den Vorschriften zumindest erschwert wird. Gerade in kleinen Unternehmen mit ihren häufig nur bedingt ausgeprägten arbeitsrechtlichen Strukturen dürfte es dabei oftmals zu einer nicht unerheblichen Verunsicherung gegenüber Arbeitsrecht kommen, die für die Betriebe zu Problemen führen kann.

Als ein weiteres Ergebnis des Einflusses subjektiver Orientierungen der Personalleiter in der Arbeitsrechtspraxis zeigt sich schließlich, dass sich einige Personalleiter durch das Arbeitsrecht einer Art *Generalverdacht* ausgesetzt zu sehen scheinen, der zum Teil zu einer zumindest argumentativen Abwehr führt. Diese Abwehr richtet sich dabei offensichtlich weniger gegen die konkreten Inhalte einer arbeitsrechtlichen Regelung, als vielmehr gegen den Umstand, dass eine äußere Instanz Einfluss ausübt. Dabei müssen die geforderten Vorgaben des Arbeitsrechts nicht unbedingt im Widerspruch stehen zu den persönlichen Vorstellungen der Befragten. Nachfolgend auch hierzu einige beispielhafte Aussagen:

> *"Und wir würden es eben – wie gesagt – wir selbst hätten ein schlechtes Gewissen, wenn wir es nicht schaffen würden. Von daher ist Arbeitsplatzsicherheit ... Die Frage ist: Muss es immer im Gesetz stehen, oder sollte man nicht durch irgendwelche Sachen auch Ar-*

beitgeber dazu motivieren, dass die selbst dafür Sorge tragen, dass sie sagen: ‚Ich will meine Leute halten? Das ist wichtig für mich. Anreize schaffen." (40)

„So, wenn Sie jetzt ankommen und das Gesetz durchsetzen müssen oder wollen aus irgendwelchen Gründen, dann sagen wir: ‚Aber warum denn? Hier sitzen 33 Leute, die wollen es doch gar nicht. Was soll das denn? Warum bestraft ihr uns?' Und damit eine Bürokratie einführen, die keiner hier will. Das ist es, was mich ärgern würde. Sofern man uns damit die Flexibilität erhalten würde, ist das in Ordnung. Und übrigens mein Chef, der Ex-Gesellschafter, hat deshalb gekündigt oder hat deshalb verkauft, weil wir diese Gesetze in Deutschland machen. Nicht nur Arbeitsrecht, auch andere. Er sagt: ‚Habe ich keine Lust mehr zu.'" (09)

Vor dem Hintergrund des bereits geschilderten, hohen Inhabereinflusses in KMU auf die individuelle Unternehmenskultur ist denkbar, dass insbesondere in Kleinst- und Kleinunternehmen eine zu erwartende Abwehrhaltung gegenüber externen Vorgaben einen konstruktiven Umgang mit dem Arbeitsrecht zumindest erschweren könnte.

So weisen auch die bisherigen Analysen insgesamt auf einen nicht unerheblichen Einfluss subjektiver Faktoren wie etwa der Wahrnehmung auf die Arbeitsrechtspraxis sowohl von Großunternehmen als auch von KMU hin und lassen einen sehr vielschichtig gestalteten Arbeitsrechtsumgang in der Personalarbeit vermuten.

2.3.5 Weiterführender Forschungsbedarf

Unter Bezugnahme auf die in den vorherigen Abschnitten erarbeiteten konzeptionellen Überlegungen sowie ausgehend von den Ergebnissen der bisherigen empirischen Erkenntnisse ergibt sich eine Reihe, durch eine vertiefende qualitative Analyse zu klärender Fragen.[94]

---

[94] Abweichend von den bisherigen Untersuchungen soll dabei ein systematischer Fokus auf sämtliche, zur Gruppe der KMU zählende Betriebsgrößen

Hinsichtlich des weiteren Forschungsbedarfes können zunächst zwei Interessenbereiche unterschieden werden:

1. Wie gestaltet sich der Umgang mit dem Arbeitsrecht in Kleinst-, Klein- und Mittelbetrieben?

    a. Welche Personen sind hier jeweils mit der Anwendung von Arbeitsrecht befasst?

    b. Wie wird das Arbeitsrecht von den Verantwortlichen hier wahrgenommen?

    c. Welche praktischen Problemstellungen treten im Umgang mit Arbeitsrecht in der Personalarbeit hier auf und welchen Einfluss kann dabei die jeweilige, subjektive Orientierung der Verantwortlichen haben?

    d. In welchem Umfang führen die besondere persönliche Nähe und der häufig hohe Inhabereinfluss hier zu Problemen im Umgang mit den Vorschriften?

    e. Welche Vorgehensweisen, wie etwa ein systematischer oder unsystematischer Umgang mit dem Arbeitsrecht, können hier festgestellt werden?

    f. Welches Verbesserungspotenzial im Umgang mit dem Arbeitsrecht kann hier dabei identifiziert werden?

2. Wie gestaltet sich die Interne Kommunikation bei der Personalarbeit von Kleinst- Klein- und Mittelbetrieben und ihrem Umgang mit dem Arbeitsrecht?

---

vorgenommen und dabei gezielt Erkenntnisse zur Praxis in den *Kleinstbetrieben* integriert betrachtet werden.

a. In welchem Umfang findet hier in der Arbeitsrechtspraxis Interne Kommunikation statt?
b. Wie gestaltet sich hier diese Kommunikation?
c. Welche Akteure sind daran beteiligt?
d. Welche kommunikationsbezogenen Defizite können hier identifiziert werden?
e. Welche Ansatzpunkte für eine gezielte Interne Kommunikation können hier identifiziert werden?
f. Welchen Beitrag kann eine gezielte Interne Kommunikation zur Optimierung der Arbeitsrechtspraxis hier leisten?
g. In welchem Umfang lassen sich hier die erarbeiteten Erkenntnisse aus dem Bereich der Personalarbeit auf andere betriebliche Funktionsfelder übertragen?

Über diese Fragen hinaus können sich aus der späteren Analyse der Interviewprotokolle gegebenenfalls einzelne weitere, damit in Verbindung stehende Fragestellungen ergeben.

2.4 Formulierung eines Untersuchungsmodells

Nachfolgend soll nun, aufbauend auf den Erkenntnissen des zweiten Kapitels, ein Untersuchungsmodell zur Arbeitsrechtspraxis von KMU und der damit verbundenen, internen Kommunikationsprozesse sowie -gelegenheiten entwickelt werden, welches im Rahmen der empirischen Untersuchung in Kapitel vier angewandt und überprüft werden wird.

Eine wesentliche Aufgabe dieses Modelles soll es dabei sein, den im Rahmen der vorliegenden Arbeit eingeführten Begriff der Arbeitsrechtspraxis und damit in Verbindung stehende Prozesse und Einflussfaktoren zunächst empirisch erfassbar abzubilden. Ausgehend von den konzeptionellen Überlegungen, muss das Untersuchungsmodell dabei eine Reihe von Aspekten erfassen.

Im Zusammenhang mit der Gestaltung der Arbeitsrechtspraxis ist zu untersuchen, welche – möglicher Weise KMU-typischen – Rahmenbedingungen und Faktoren einen relevanten Einfluss auf die Anwendung des Arbeitsrechts in der Personalarbeit ausüben. Aufbauend auf dem bereits deutlich gewordenen Einflussbereich der subjektiven Faktoren innerhalb des Akteurhandelns, wie etwa der Wahrnehmung, gilt es, hiermit verbundene Auswirkungen auf das Handeln der jeweiligen Unternehmen darzustellen.

Wie bereits deutlich geworden ist, bestehen für Unternehmen bei der Ausübung ihrer einzelnen personalwirtschaftlichen Funktionen zahlreiche *Spielräume* sowohl im Rahmen teils optionaler, arbeitsrechtlicher Gestaltungsmöglichkeiten, etwa im Hinblick auf Verträge oder Personalstrukturen, als auch hinsichtlich darüber hinaus erwirkter Spielräume bei der Anwendung oder Nichtanwendung von Vorschriften. Hierbei ist die Frage von besonderer Bedeutung, wie in der Praxis im Einzelnen mit zumindest formal relevanten Berührungspunkten mit arbeitsrechtlichen Vorschriften umgegangen wird. Dabei gilt es insbesondere, den *Grad der Systematik* im Umgang mit arbeitsrechtlichen Rahmenbedingungen zu erfassen, damit verbundene Konsequenzen abzubilden sowie eine mögliche Weiterentwicklung des Handelns der Personalleiter auf Grundlage gesammelter Erfahrungen und erneuter Wahrnehmungen aufzuzeigen.

Darüber hinaus bildet das Modell identifizierbare *Kommunikationsbeziehungen* sowie -möglichkeiten in der Arbeitsrechtspraxis, wie etwa zwischen Inhaber und Fachabteilung oder Fach- und Personalabteilung, ab. Auf Grundlage dieser Erkenntnisse soll die Relevanz der Internen Kommunikation, etwa für die Koordination und Orientierung innerhalb möglicher Optimierungspotenziale im Umgang mit dem Arbeitsrecht, herausgearbeitet und darauf aufbauende Implikationen für eine optimale Interne Kommunikation entwickelt werden.

Im Ergebnis bildet das Modell die Entstehung und Entwicklung der Arbeitsrechtspraxis und die dabei stattfindende Kommunikation innerhalb des Unternehmens ab: Die Personalleiter finden, beeinflusst durch ihre Wahrnehmung sowie ihr Wissen über arbeitsrechtliche Details und funktionsbezogene Aufgabenstellungen, zu einer individuellen Arbeitsrechtspraxis. Dabei bestehen innerhalb des Handelns unterschiedliche Möglichkeiten zur Kommunikation, aus denen sich für die Betriebe jeweils unterschiedliche Konsequenzen ergeben können, die als solche erneut zum Gegenstand von Wahrnehmung und Kommunikation werden können.

Die verschiedenen, im nachfolgenden Kapitel zur Erklärung der Abläufe herangezogenen theoretischen Ansätze werden dabei jeweils durch Pfeilbeziehungen dargestellt. Dabei gilt es, im Rahmen dieser deskriptiven Darstellung methodisch, eine gegenüber empirischen Details offene und die zu erwartenden größen- und kulturbezogenen Unterschiede innerhalb der Gruppe der KMU erfassende Darstellungsform zu wählen (vgl. Abbildung 3):

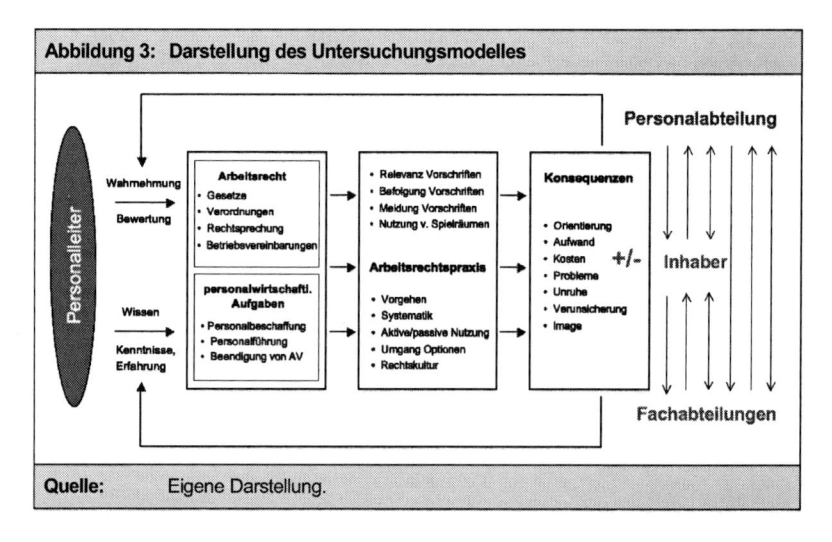

Abbildung 3: Darstellung des Untersuchungsmodelles

Quelle: Eigene Darstellung.

3 Theoretische Grundlagen

Im Mittelpunkt der vorliegenden Untersuchung steht die Frage, wie sich die Arbeitsrechtspraxis von KMU mit Hilfe einer optimalen Internen Kommunikation verbessern lässt. Wie bereits aufgezeigt worden ist, gestaltet sich die Umsetzung von Arbeitsrecht in der Personalarbeit insgesamt vielschichtig, was die Unternehmen vor entsprechende Probleme stellen kann.

3.1 Überblick untersuchungsrelevanter Theorieansätze

In diesem Kapitel sollen nun einzelne *Ansätze geeigneter Theoriefelder* hinsichtlich ihrer Relevanz und ihres möglichen Beitrages zur theoretischen Erklärung der innerhalb der konzeptionellen Grundlagen vorgestellten, grundsätzlichen Zusammenhänge vorgestellt werden. Herangezogen werden dazu zum einen *sozialpsychologische Ansätze*, die das untersuchte Verhalten der Akteure genauer erklären sollen. Das hier beispielhaft betrachtete Themenfeld der Arbeitsrechtspraxis in der Personalarbeit bedarf dabei einer Untermauerung durch *personalwissenschaftliche Theorien* und Erkenntnisse, welche die Aufgaben und Anforderungen dieses betrieblichen Aktionsfeldes aus theoretischer Sicht beschreiben. Für das genauere Verständnis des Aufbaues und der Besonderheiten innerbetrieblicher Kommunikationsbeziehungen sind wiederum entsprechende *kommunikationsbezogene Theorien* von Interesse.

Hierbei ist insgesamt mit der Besonderheit umzugehen, dass es innerhalb der angesprochenen Theoriefelder jeweils keine abgeschlossenen Theorien mit einem umfassenden Erklärungsgehalt gibt, sondern vielmehr im Zuge des Theoriepluralismus unterschiedliche, einander ergänzende Konzepte heranzuziehen sind.

3.2 Darstellung relevanter Theorieansätze

Nachfolgend werden nun entsprechende ausgewählte Ansätze der verschiedenen Theoriefelder näher vorgestellt und hinsichtlich ihres jeweiligen Erklärungsbeitrages für die Themenstellung betrachtet. Auf Grundlage dieser Erkenntnisse werden im Anschluss jeweils Untersuchungshypothesen für die empirische Untersuchung der betrieblichen Arbeitsrechtspraxis entwickelt.

3.2.1 Sozialpsychologische Theorien

Diese Untersuchung folgt der grundsätzlichen Annahme, dass die Wahrnehmung und die Motivation von Individuen – im vorliegenden Bereich strukturell bedingt also hauptsächlich von Inhabern und Personalleitern[95] – einen deutlichen Einfluss auf betriebliche Entscheidungen und Prozesse nehmen. Bei theoretischen Betrachtungen des menschlichen Verhaltens wird oftmals primär auf identifizierbare Persönlichkeitsmerkmale der betrachteten Akteure Bezug genommen. Eine derart einschränkende Betrachtung kann jedoch wichtige, weitere Einflüsse außer Acht lassen.

Mit Hilfe *sozialpsychologischer Theorien* kann dieser Fokus entsprechend erweitert werden, indem bewusst der Aspekt der Macht des sozialen Einflusses auf das betrachtete Handeln mit einbezogen wird. Denn für die Verhaltensvorhersage ist von hoher Bedeutung, wie Akteure von ihnen beobachtete Zusammenhänge und ihr soziales Umfeld jeweils interpretieren. Sozialpsychologische Theorien befassen sich mit eben diesen Phä-

---

[95] Im weiteren Verlauf wird hier allein von *Personalleitern* gesprochen. Die dabei betrachteten Sachverhalte gelten jedoch – sofern nicht anders erwähnt – gleichermaßen auch für Inhaber oder Geschäftsführer von KMU, die neben ihren weiteren Aufgaben auch für die Personalleitung zuständig sind.

nomen des sozialen Einflusses auf Individuen und leisten damit einen zentralen Beitrag für das Verständnis menschlichen Handelns, indem sie die Art und Weise betrachten, in der Gedanken, Gefühle und Handeln von Akteuren durch deren jeweiliges soziales Umfeld beeinflusst werden. Dabei ist innerhalb der Sozialpsychologie von besonderem Interesse, wie sich Akteure im Falle konkurrierender und miteinander in Konflikt geratender Einflüsse verhalten (vgl. Aronson et al. 2004: 6). Im Hinblick auf die vorliegende Fragestellung können sozialpsychologische Erkenntnisse insbesondere dazu beitragen, entsprechende subjektive Einflüsse auf das Handeln von Personalleitern zu erklären, das sowohl individuellen betrieblichen Zielsetzungen und Interessen gerecht werden, als dabei auch externen, arbeitsrechtlichen Anforderungen und Vorschriften entsprechen soll.

Hierzu sind in der Sozialpsychologie in den letzten Jahrzehnten verschiedene, sich oftmals ergänzende theoretische Konzepte entwickelt worden, die sich aus jeweils unterschiedlichen Perspektiven im Kern gerade mit der Bedeutung subjektiver Perspektiven im Sinne von Menschen individuell wahrgenommener Situationen befassen. Im Rahmen dieses Abschnittes sollen nun ausgewählte Ansätze sozialpsychologischer Theorien vorgestellt werden, anhand derer das Handeln der Personalleiter im Rahmen der betrieblichen Arbeitsrechtspraxis theoretisch erklärt werden kann.

Der Einfluss von Einstellungen gegenüber Arbeitsrecht lässt sich, ebenso wenig wie dessen Wahrnehmung sowie Umsetzung in personalwirtschaftliches Handeln, durch einen allgemein gültigen Erklärungsansatz beschreiben. Vielmehr gilt es, über die innerhalb dieser Prozesse wirksamen Zusammenhänge nahe liegende Annahmen anzustellen und zu deren Überprüfung sich ergänzende theoretische Konzepte heranzuziehen.

Diese nötigen verschiedenen Betrachtungen orientieren sich in weiten Teilen an dem in der Verhaltensforschung verbreiteten *S-O-R-Paradigma*[96], bei dem ein Stimulus (S), in diesem Fall das Arbeitsrecht, von einem Organismus (O), hier den Personalleitern, wahrgenommen wird und schließlich individuell und damit nicht offenkundig nachvollziehbar zu einer Reaktion (R), nämlich einem jeweiligen arbeitsrechtlichen Handeln führt (vgl. Abbildung 4):

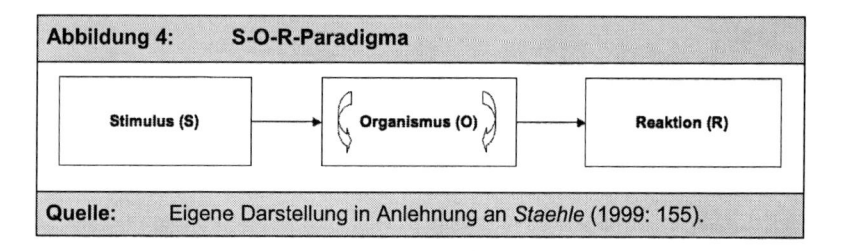

Abbildung 4: S-O-R-Paradigma

Stimulus (S) → Organismus (O) → Reaktion (R)

Quelle: Eigene Darstellung in Anlehnung an *Staehle* (1999: 155).

Zu einem Verständnis der dabei wirksamen Prozesse und Besonderheiten können wiederum verschiedene Theorien beitragen, die nachfolgend dargestellt werden.

Im Rahmen einer allgemeinen Betrachtung des Aufbaues und der Funktionen von *Einstellungen* wird zunächst anhand des Modelles von *Fishbein/Ajzen* (1975) betrachtet, welchen Einfluss die Einstellung von Personalleitern auf ihr Verhalten aus theoretischer Perspektive besitzen kann.

Im Anschluss hieran werden geeignete attributionstheoretische Annahmen zur *Wahrnehmung* vorgestellt, die einen Beitrag zur Untersuchung leisten können.

Aufbauend hierauf, gilt das Hauptinteresse dann der Frage, welche Prozesse innerhalb der Wahrnehmung arbeitsrechtlicher Einflüsse auf das

---

[96] Einen genauen Überblick über das S-O-R-Paradigma sowie verschiedene, hieran angelehnte Varianten bietet Staehle (1999: 154ff).

eigene Handlungsfeld der Personalleiter wirksam werden. Hierzu wird in erster Linie die *Theorie kognitiver Dissonanz* herangezogen, um aufzuzeigen, welchen Einflüssen die Wahrnehmung unterworfen sein kann. Mit Blick auf ein konkretes Verhalten als Reaktion auf die von den Personalleitern wahrgenommene Beeinflussung durch das Arbeitsrecht wird dann schließlich die *Reaktanz-Theorie* von *Brehm* (1972) näher betrachtet und hinsichtlich ihres theoretischen Erklärungsgehaltes für die Fragestellung überprüft.

3.2.1.1 Untersuchungsrelevanter Theoriebezug

Ein wichtiger Untersuchungsgegenstand, dem sowohl in der sozialpsychologischen Forschung, als auch bei der konkreten Analyse subjektiver Orientierungen von Akteuren eine zentrale Bedeutung zukommt, sind die *Einstellungen*.

Einstellungen:

Unter dem Begriff der *Einstellung* wird in der Sozialpsychologie zumeist eine Bewertung von Menschen, Objekten oder Ideen verstanden, die oftmals in einem Zusammenhang mit den Wertvorstellungen einer Person steht (vgl. etwa Aronson et al. 2004: 230; Robbins 2001: 93). Zur Betrachtung der Einstellungen wurde eine Vielzahl ein- und mehrdimensionaler Einstellungsmodelle entwickelt.[97]

Einstellungen tragen – ähnlich wie auch die Wahrnehmung, die in einem wechselseitigen Einfluss mit ihr steht – grundsätzlich zu einem besseren Verständnis der Menschen über ihre Umwelt bei, indem sie die unter Umständen sehr komplexen äußeren Einflüsse der Umwelt strukturieren und

---

[97] Einen entsprechenden Überblick bietet etwa *Schieferle* (1989: 3ff).

vereinfachen helfen. Ebenso wie auch die Wahrnehmung, können die Einstellungen dabei das Verhalten unterschiedlich stark subjektiv prägen. Im Wesentlichen werden drei verschiedene Formen von Einstellungen unterschieden (vgl. jeweils etwa Aronson et al. 2004: 231ff): Innerhalb *kognitiv basierter[98] Einstellungen* orientiert sich die Bewertung des jeweiligen Einstellungsobjektes zumeist an den Überzeugungen bezüglich seiner konkreten Eigenschaften. Dabei wird ein Objekt nach seinen Vor- und Nachteilen beurteilt, um dessen Bedeutung im eigenen Kontext festzustellen.

Im Rahmen *affektiv basierter Einstellungen* orientiert sich die vorgenommene Bewertung dagegen in erster Linie an Werten oder Gefühlen. Affektiv basierte Einstellungen haben weniger die Aufgabe, ein korrektes Bild des eigenen Umfeldes abzugeben, als vielmehr das eigene Wertesystem auszudrücken. *Robbins* etwa bezeichnet den Affekt als den emotionalen Bestandteil einer Einstellung, der zudem auch generell bei der Betrachtung von Einstellungen im Mittelpunkt steht (2001: 93).

Dem gegenüber beruhen *verhaltensbasierte Einstellungen* in erster Linie auf Beobachtungen des eigenen Verhaltens. So kann etwa das beobachtete, eigene Verhalten[99] eine wichtige Basis für die Einschätzung eigener Urteile darstellen (vgl. Aronson et al. 2004: 233). Die Handlungskomponente bezieht sich dabei auf die jeweilige Absicht, sich gegenüber einem

---

[98] In der Literatur finden sich unterschiedliche, jeweils anhand der Kriterien der Kognition, des Affektes und der Handlung vorgenommene Abgrenzungen von Einstellungen und deren Bestandteilen. So sprechen etwa *Aronson et al.* von kognitiv *basierten Einstellungen* (2004: 231f.), während etwa *Robbins* von einem kognitiven *Bestandteil der Einstellungen* spricht (2001: 93). Diese Unterschiede beziehen sich jedoch überwiegend auf die jeweils verwandten Formulierungen und haben weniger inhaltliche Bedeutung.

[99] Vgl. hierzu die Selbstwahrnehmungstheorie von *Bem* (1974).

Menschen oder einer Situation auf eine bestimmte Weise zu verhalten (vgl. Robbins 2001: 94).

Der Aspekt des Verhaltens ist innerhalb der Einstellungsforschung von entscheidender Bedeutung. So ist eine der wichtigsten Annahmen der verschiedenen Einstellungskonzepte deren jeweilige Annahme über die Vorhersagbarkeit sozialen Verhaltens. Über lange Zeit ist davon ausgegangen worden, dass sich das Verhalten von Individuen weitgehend aus ihren Einstellungen vorhersagen lässt.

Einen wichtigen Beitrag haben hierzu die Forschungen von *Fishbein/Ajzen* (1975) geleistet, indem diese klare, begriffliche Trennungen und Definitionen eingeführt haben. Dabei haben sie bestimmte Bedingungen identifizieren können, unter denen eine hohe Übereinstimmung von Einstellungen und Verhalten zu erwarten ist. Ihre bekannteste Theorie ist die *Theorie des geplanten Verhaltens*. Diese besagt, dass die besten Prädiktoren für geplantes und überlegtes Verhalten die Einstellungen gegenüber spezifischen Verhaltensweisen, die subjektive Normen sowie die wahrgenommene Verhaltenskontrolle darstellen (vgl. Abbildung 5):

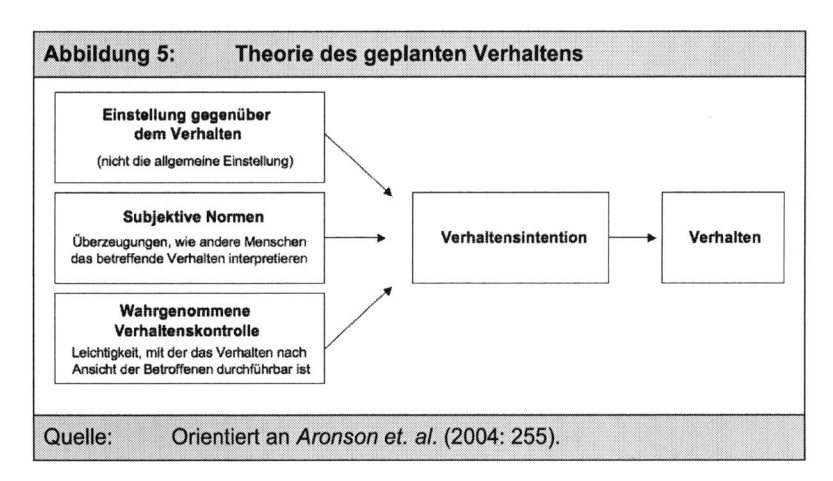

Abbildung 5:	Theorie des geplanten Verhaltens

Einstellung gegenüber dem Verhalten
(nicht die allgemeine Einstellung)

Subjektive Normen
Überzeugungen, wie andere Menschen das betreffende Verhalten interpretieren

Wahrgenommene Verhaltenskontrolle
Leichtigkeit, mit der das Verhalten nach Ansicht der Betroffenen durchführbar ist

→ **Verhaltensintention** → **Verhalten**

Quelle: Orientiert an *Aronson et. al.* (2004: 255).

Innerhalb der spezifischen Einstellungen sind nicht etwa die allgemeinen Einstellungen, sondern vielmehr die spezifisch für das in Erwägung gezogene Verhalten gültigen Einstellungen relevant. Nach dieser Theorie können nur diese als Verhaltensprädiktoren genutzt werden (vgl. Aronson et al. 2004: 255).[100]

Zudem gehen *Fishbein/Ajzen* davon aus, dass zwischen der Einstellung und dem Verhalten einer Person eine nur indirekte Beziehung besteht, bei der deren Intention eine Vermittlerrolle zukommt, ein bestimmtes Verhalten zu bewirken. Einer bestimmten Einstellung können mehrere Verhaltensabsichten zugerechnet werden, was nach ihrer Ansicht bedeutet, das zwischen Einstellungen und Verhalten kein eindeutiger Zusammenhang besteht und vielmehr erst bei einer Unterscheidung der Intentionen hinsichtlich spezifischen Verhaltens eine eindeutige Beziehung existiert (vgl. Fishbein/Ajzen 1975: 372ff.). Trotz einzelner Kritik hat sich das Modell des geplanten Verhaltens zur Verhaltensvorhersage von Einstellungen in der Sozialpsychologie weitgehend etabliert.

Ein wichtiges Merkmal für die Verhaltensvorhersage auf Grundlage der Einstellungen ist deren Verfügbarkeit für die jeweilige Person. So wird davon ausgegangen, dass Einstellungen leichter verfügbar sind, wenn diese auf unmittelbaren Erfahrungen beruhen (vgl. etwa Zimbardo/Gerrig 2004: 775). Demnach wird ein Personalleiter, der bereits über Erfahrungen vor dem Arbeitsgericht verfügt, eine entsprechend deutlichere Einstellung gegenüber der Arbeitsgerichtsbarkeit entwickelt haben und diese im Bedarfsfalle abrufen können.

---

[100] Weitere Ansätze zur Vorhersage von Verhalten stellen die Selbsttheorien dar. Hierzu zählen die Theorie der Selbstüberwachung von *Snyder* (1974) sowie die Theorie der Selbstaufmerksamkeit von *Duval/Wicklund* (1972).

Den Einstellungen kommt darüber hinaus, gerade auch im Zusammenhang mit Kommunikation, eine besondere Bedeutung zu, wie spätestens seit den *Yale-Studies* nachgewiesen wurde.[101]

Wie bereits erwähnt, stehen die Einstellungen von Akteuren in wechselseitiger Beeinflussung mit ihren jeweiligen Wahrnehmungen, die sich in der Praxis durchaus vielschichtig gestalten können. Bevor nachfolgend verschiedene, theoretische Ansätze vorgestellt werden, welche die zu beachtenden Besonderheiten der Wahrnehmung in der Arbeitsrechtspraxis genauer zu erklären vermögen, soll zunächst auf einen grundlegenden Zusammenhang hingewiesen werden, der eine wichtige Voraussetzung für das Grundverständnis wahrnehmungsbezogener Prozesse darstellt und entsprechend Eingang findet in die einzelnen, nachfolgend beschrieben Ansätze.

Das Handeln von Menschen findet grundsätzlich unter Einfluss einer Vielzahl sich teils überschneidender Motive statt. Dabei sind zwei Motive von herausragender Bedeutung: Zum einen haben Menschen das Bedürfnis, innerhalb ihrer Wahrnehmung und Urteile so richtig wie nur möglich zu liegen, zum anderen streben sie an, mit sich selbst zufrieden zu sein. Aus dem Zusammenspiel dieser jeweils sehr dominierenden Motive kann sich für Individuen in der Praxis das Problem ergeben, dass ein Verfolgen beider Bedürfnisse zu einander im Widerspruch steht. Im Rahmen einer objektiven Wahrnehmung müsste dieses zu der Einsicht führen, dass das eigene Verhalten unvernünftig oder unmoralisch sei (vgl. Aronson et al. 2004: 18).

Am Beispiel der Personalarbeit kann diese Problematik beispielsweise darin bestehen, einerseits aus betriebswirtschaftlichen Gründen ein-

---

[101] Vgl. hierzu die entsprechenden Ausführungen in Abschnitt 3.2.3.

schränkende Maßnahmen gegenüber den Beschäftigten durchsetzen zu müssen, andererseits jedoch eine soziale Verantwortung ihnen gegenüber zu empfinden oder anzustreben. Die Personalleiter, die innerhalb ihrer Aufgaben mit arbeitsrechtlichen Vorgaben konfrontiert werden, nehmen diese Einflüsse dementsprechend konträr wahr und sind gezwungen, bei ihrem Handeln mit vielfältigen, kognitiven und affektiven Einflüssen umzugehen, die ihre jeweilige Problemwahrnehmung entsprechend beeinflussen.

Der Umfang der in der Personalleitungspraxis zu beachtenden Informationen, wie etwa rechtliche Vorschriften oder vorgebrachte Interessenlagen, hat in den letzten Jahren deutlich zugenommen und erfordert von den Betroffenen, die verschiedenen, teils widersprüchlichen Informationen und Anforderungen entsprechend zu organisieren. Ein Instrument, das dazu von Menschen bewusst oder unbewusst genutzt wird, um ihre Alltagswelt zu interpretieren und zu strukturieren, sind *Schemata*, im Sinne mentaler Strukturen, die helfen, komplexe Informationslagen handhabbar zu machen (vgl. auch Aronson et al. 2004: 62f.). Schemata umfassen eine Reihe von Annahmen sowie Wissen etwa über Menschen, die eigene Person oder vermutete Zusammenhänge. Nachfolgend sollen nun verschiedene, sich jeweils mehr oder weniger deutlich an Schemata orientierende kognitive Prozesse beschrieben werden, die aus sozialpsychologischer Perspektive die besondere Bedeutung der Wahrnehmung von Arbeitsrecht innerhalb der Arbeitsrechtspraxis herausstellen und die dabei wirksame Prozesse beschreiben können. Die Wahrnehmung kann allgemein als kognitiver Teil einer Einstellung betrachtet werden (vgl. Staehle 1999: 176f.)

Nach Ansicht von *Staehle* handeln *Menschen „...auf Grundlage dessen, was und wie sie etwas wahrnehmen und nicht auf Grundlage dessen, was ist. Insofern ist nicht die objektive Situation, sondern die subjektiv wahrgenommene Situation unmittelbar handlungsrelevant"* (1999: 197).

So kann etwa ein als besonders komplex wahrgenommenes Arbeitsrecht zu einer ablehnenden Anwendung führen. Einen entscheidenden Einfluss auf die entsprechenden Reaktionen auf wahrgenommene Eindrücke und Zusammenhänge besitzen die jeweilig vorgenommenen Deutungen der Wahrnehmungen.

Attributionstheorie:

Die Frage, wie derartige Deutungen im Rahmen der Wahrnehmung zustande kommen, ist ein zentraler Untersuchungsgegenstand der *Attributionstheorie* nach *Heider* (1958). Attributionstheoretische Überlegungen behandeln die Frage, wie es zur Wahrnehmung bestimmter Ursachen eigenen oder fremden Verhaltens kommt. Demnach wird etwa ein Personalleiter, der sich in einer Problemstellung mit einem bestimmten Verhalten seines Betriebsrates konfrontiert sieht, entsprechende Zuschreibungen über dessen Motive des Handelns vornehmen. Die dem zugrunde gelegten Annahmen können dabei seine Wahrnehmung entsprechend beeinflussen und sein eigenes Verhalten steuern. Attributionstheoretische Ansätze eignen sich insbesondere für die Analyse zwischenmenschlichen Verhaltens.[102] Vorgenommene Attributionen haben dabei die grundsätzliche Funktion, bestimmten Ereignissen in der sozialen Umgebung von Menschen Bedeutungen zu verleihen und deren Verhalten erklärbar zu machen. *Heider* geht davon aus, dass eine wissenschaftlich zufrieden stellende Erklärung des beeinflussten Verhaltens von Personen nur erreicht werden kann, wenn dessen Attributionen und kognitiven Prozesse in die Analyse mit einbezogen werden können, da diese sein Verhalten maßgeblich beeinflussen (vgl. Meyer/Schmalt 1978: 99).

---

[102] Einen sehr umfassenden Überblick über verschiedene Attributionsmodelle der Führung und deren Anwendungszusammenhänge in Unternehmen bietet *Schettgen* (1991: 141ff.).

Aus Sicht von *Heider* ist der Mensch ein „wissenschaftlicher Laie", der versucht, das Verhalten anderer zu verstehen und dazu die zur Verfügung stehenden Einzelinformationen so zusammenfügt, dass er zu einer sinnvollen Erklärung für das beobachtete Verhalten gelangt (vgl. etwa Aronson et al. 2004: 115; Staehle 1999: 196).

Das Verhalten (R) wird demnach nicht unmittelbar durch die erlebten Rahmenbedingungen (S) ausgelöst und gesteuert, vielmehr werden diese, ähnlich dem oben beschriebenen S-O-R-Paradigma, zunächst verarbeitet und in eine kognitive Attribution (C) umgesetzt, im Sinne folgenden Ablaufes: S → C → R. Von den dabei vorgenommenen Kognitionen ist abhängig, mit welchem Verhalten daraufhin reagiert wird und wie lange dieses Verhalten anhält.

Unterschieden werden kann dabei zwischen internaler sowie externaler Attribution. Die *internale Attribution* geht davon aus, dass die Gründe für ein bestimmtes Verhalten auf die innere Einstellung oder Persönlichkeit eines Menschen zurückzuführen sind. Dem entgegen liegt der *externalen Attribution* die Annahme zugrunde, dass das Verhalten auf äußere Ursachen, wie etwa die momentane Situation, unter der jemand handelt und sich die meisten Menschen in dieser Situation ähnlich verhalten würden (vgl. Aronson et al. 2004: 116; Robbins 2001: 159).

Von Einfluss sind hierbei im Wesentlichen drei Kriterien: Das *Distinktheitskriterium* zielt darauf ab, ob eine Person in verschiedenen Situationen verschieden Verhaltensweisen zeigt. Wenn dagegen jeder in einer ähnlichen Situation in derselben Weise reagieren würde, ist das *Konsensuskriterium* erfüllt. Das *Konsistenzkriterium* wiederum bezieht sich auf die Frage, ob Verhalten im Zeitverlauf unverändert bleibt. Den entsprechenden Attributionsprozess von der Beobachtung über die Interpretation bis zur Attribuierung der Ursachen stellt folgende Abbildung dar (vgl. Abbildung 6):

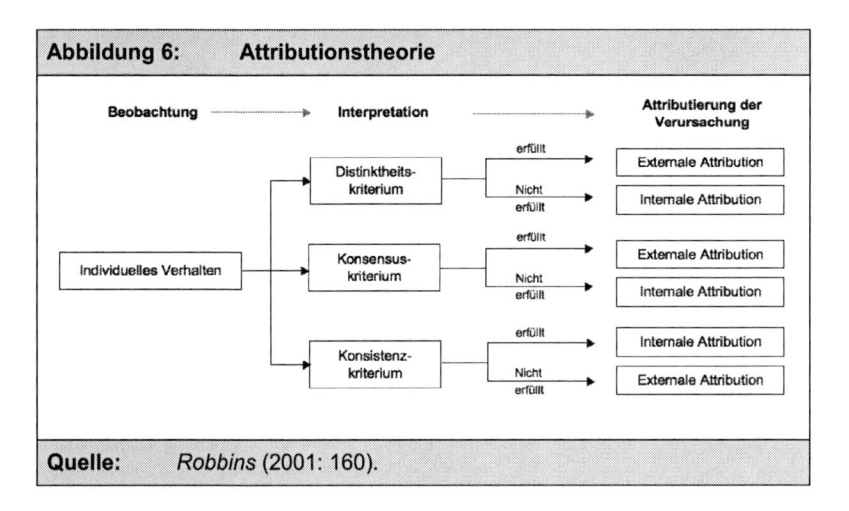

Abbildung 6: Attributionstheorie

Beobachtung	Interpretation		Attributierung der Verursachung
Individuelles Verhalten	Distinktheitskriterium	erfüllt / Nicht erfüllt	Externale Attribution / Internale Attribution
	Konsensuskriterium	erfüllt / Nicht erfüllt	Externale Attribution / Internale Attribution
	Konsistenzkriterium	erfüllt / Nicht erfüllt	Internale Attribution / Externale Attribution

Quelle: Robbins (2001: 160).

Die Attributionstheorie hilft im Rahmen der vorliegenden Fragestellung, insbesondere die nicht offenkundigen, von den Personalleitern in ihrem Umgang mit anderen betrieblichen Akteuren vorgenommenen Bewertungen gezielt in die Analyse der betrachteten Zusammenhänge einzubeziehen.

Eine wichtige Erkenntnis, die auch für die hier betrachtete Fragestellung von Bedeutung ist, besteht darin, dass innerhalb der Attributionsprozesse bestimmte Irrtümer oder Vorurteile die Wahrnehmung verfälschen können. So wird etwa bei der Verhaltensbeurteilung anderer Personen der Einfluss externer Faktoren tendenziell unterschätzt, während die Wirkung interner wie etwa persönlicher Faktoren allgemein eher überschätzt wird.[103] Eine Theorie, die zu derartigen Wahrnehmungseffekten näheren Aufschluss geben kann, ist die *Theorie der kognitiven Dissonanz* nach *Festinger* (2000).

---

[103] Zu diesem so genannten *Grundirrtum der Attribution* vgl. etwa *Robbins* (2001: 160).

Theorie der kognitiven Dissonanz:

Personalleiter sind, wie Menschen allgemein, in ihrer täglichen Arbeit einer zunehmend größer werdenden Informationsdichte ausgesetzt. Zu diesen Informationen zählen neben harten Fakten, wie etwa zu beachtende Kennzahlen oder Vorschriften, immer mehr auch weiche Informationen oder Annahmen, die es kognitiv zu ordnen, zu bewerten und zu bewältigen gilt. Rein praktisch betrachtet, können nicht alle Informationen systematisch und objektiv analysiert werden. Daher stellt sich die Frage, nach welchem Muster Individuen bei der Strukturierung dieser Vielzahl an Eindrücken vorgehen. In der Sozialpsychologie wird angenommen, dass anstelle einer objektiven Bewertung der Informationen diese vielmehr auf Grundlage individueller Einstellungen und Wahrnehmungen in jeweilige Denkmuster eingeordnet werden.

Die *Theorie der kognitiven Dissonanz* (vgl. Festinger 1957) geht von der Annahme aus, dass Individuen ein Gleichgewicht ihres kognitiven Systems anstreben. Unter den dazugehörigen Kognitionen werden etwa Meinungen, Attitüden, Glaubensweisen oder Wissen verstanden (vgl. Frey 1978: 244). Kognitive Dissonanz bezeichnet dabei einen Konfliktzustand, den eine Person erlebt, die, nachdem sie etwa eine bestimmte Handlung vollzogen hat, an Informationen gelangt ist, die im Widerspruch zu ihren Überzeugungen, Gefühlen oder Werten stehen. Dem liegt die Annahme zugrunde, dass im Falle dissonanter, das heißt nicht aufeinander folgender Zusammenhänge, etwa zwischen der eigenen Einstellung und dem bei sich selbst beobachteten Handeln, ein für die jeweilige Person unangenehmer Zustand entsteht, den sie reduzieren möchte. Die wahrgenommene Dissonanz übt dabei einen motivierenden Einfluss aus, der mit ihrer jeweiligen Stärke ansteigt. Nach *Festinger* ist die Höhe der kognitiven Dissonanz sowohl vom jeweiligen Verhältnis der dissonanten zu den konsonanten Kognitionen abhängig als auch von der Bedeutung der in der dissonanten Beziehung stehenden Kognitionen (1957: 18). Je höher die Dissonanz ist, desto größer ist die Motivation, sie zu verringern (vgl. auch Zimbardo/Gerrig 2004: 780; Aronson et al. 2004: 188). *Festinger* nennt drei Möglichkeiten, die entstandenen Dissonanzen zu reduzieren:

- Addition neuer, konsonanter Kognitionen,
- Subtraktion dissonanter Kognitionen durch Ignorieren, Vergessen oder Verdrängen sowie
- Substitution von Kognitionen durch Subtraktion dissonanter bei gleichzeitiger Addition konsonanter Kognitionen (vgl. jeweils Festinger, zitiert in Frey 1978: 245).

Eine eher praxisbezogene Formulierung grundlegender Möglichkeiten, Dissonanz zu reduzieren, bieten *Aronson et al.* mit folgenden Beschreibungen:

- durch eine Veränderung des Verhaltens, um dieses mit der dissonanten Kognition wieder vereinbaren zu können,
- durch den Versuch, das Verhalten zu rechtfertigen, indem eine der dissonanten Kognitionen dem entsprechenden Verhalten angepasst wird sowie
- durch den Versuch, das Verhalten zu rechtfertigen, indem neue Kognitionen hinzugefügt werden (2004: 188).

Frey weist in diesem Zusammenhang darauf hin, dass die zur Reduktion der Dissonanz vorzunehmenden Additions-Subtraktions- sowie Substitutionsprozesse ein hohes Ausmaß an kognitiven Verzerrungen erfordern (1978: 245). Dabei weist er auf den Einfluss von *Tendenzen* hin, indem er betont, dass es auf der Suche eines Menschen nach konsonanten Informationen zur Beseitigung einer empfundenen Dissonanz zu bestimmten Bevorzugungen kommen kann: So werden Informationen, welche die Dissonanzreduktion erleichtern, gegenüber objektiv negativen, aber dissonanzverstärkenden Informationen bevorzugt (1978: 266). Bereits hierdurch wird deutlich, dass die Wahrnehmung sozialer Zusammenhänge ein nicht zu unterschätzendes Konfliktpotenzial für einen objektiven Umgang mit Problemstellungen des Alltages birgt.

Im Zusammenhang mit kognitiver Dissonanz haben wiederum auch Einstellungen eine besondere Bedeutung. So stellt gerade die Änderung von Einstellungen eine wirksame Möglichkeit zur Reduktion empfundener Dissonanz dar. Indem Einstellungen entsprechend geändert werden, lassen sich dissonante Relationen in konsonante Relationen verändern. Jedoch verfügen Menschen bei einer festgestellten, äußeren Einflussnahme auf ihre Einstellungen über bestimmte Resistenzen gegenüber einer Änderungsversuchen (vgl. Frey et al. 2005: 57f.).

Die Theorie kognitiver Dissonanz ist in der sozialpsychologischen Forschung sehr weit verbreitet, wenn auch nicht unumstritten. Vor allem in den achtziger Jahren des vergangenen Jahrtausends sind zahlreiche Variationen der Theorie von *Festinger* entwickelt worden, mit dem Ziel, die eigentlichen Bedingungen, unter denen Dissonanz entsteht, besser zu beschreiben, so etwa die Selbstwahrnehmungstheorie von *Bem* (1974) oder der Ansatz von *Irle* (1975), der besagt, dass es innerhalb der kognitiven Prozesse nicht darauf ankommt, ob eine bestimmte Entscheidung zur Dissonanzreduktion in veränderten Annahmen einer Person oder bereits im offenen Verhalten erfolgt. Diese Konzepte konnten die Theorie kognitiver Dissonanz jedoch insgesamt nicht ersetzen, da diese jeweils nur über bestimmte Einzelaspekte Auskunft geben können, ohne dabei wirksame Prozesse insgesamt besser beschreiben zu können (vgl. zu dieser Problematik Frey et al. 1978: 251, 267ff.).

Das Streben von Menschen, kognitive Dissonanzen zu beseitigen, hat einen wesentlichen Einfluss auf die Frage, inwieweit Individuen wirklich rational oder aber vielmehr rationalisierend handeln. *Aronson et al.* beschreiben hierzu einige psychologische Experimente, die insbesondere die Irrationalitäten im dissonanzreduzierenden Verhalten belegen (2004: 190f.).[104] *Dissonanz* ist danach ein fester Bestandteil jeglicher Entscheidungssituationen, denen Menschen ausgesetzt sind und ist dabei in der Lage, sogar persönliche Wertesysteme zu verändern. Auch auf die Kommunikation von Akteuren können kognitive Dissonanzen Auswirkungen besitzen, weil Kommunikation nach Ansicht von Festinger eine grundsätzliche Quelle von Dissonanzen sein kann:

„Soziale Kommunikationen und Interaktionen mit anderen Menschen stellen, falls diese nicht die eigene Meinung teilen, immer eine potentielle Quelle kognitiver Dissonanz dar. Interaktionen mit Gleichgesinnten dagegen können eine Reduktion von Dissonanz erleichtern, indem sie entsprechende neue konsonante kognitive Elemente liefern" (Festinger 1957, zitiert nach Frey 1978: 268).

Indem also etwa Personalleiter mit Informationen anderer betrieblicher oder externer Akteure konfrontiert werden, die zu ihrem bestehenden System von Annahmen in Widerspruch stehen, entsteht kognitive Dissonanz, die es zu beseitigen gilt. Diese Dissonanz ist nach *Frey* umso geringer, je geringer die Glaubwürdigkeit des jeweiligen Kommunikators oder je geringer die Diskrepanz zwischen Empfänger und Sender eines Kommunikationsinhaltes ist oder je weniger fest die entsprechende Einstellung im kognitiven System verankert ist (1978: 268). *Frey* folgert auf Grundlage der Dissonanztheorie weiterhin, dass bestimmte Einstellungen durch Beeinflussungsversuche im Rahmen von Kommunikation eher noch verstärkt werden können, wenn die beeinflussten Einstellungen be-

---

[104] Einen umfassenden und noch weitgehend aktuellen Überblick über verschiedene empirische Forschungen zur Frage der *Kognitiven Dissonanz* bietet *Frey* (1978: 256ff).

sonders veränderungsresitent sind, wie etwa starke Vorurteile oder Werte (1978: 269).

In diesem Zusammenhang lässt sich ein weiteres, schematabasiertes Phänomen einordnen, das in der Diskussion über Arbeitsrecht einen nicht unwesentlichen und hinsichtlich möglicher Verhaltenswirkungen problematischen Einfluss auszuüben vermag: Da gerade in KMU nur wenig objektive Ressourcen und damit Kenntnisse zum Arbeitsrecht[105] vorhanden sind, kann hier eine Orientierung an Gerüchten oder den Medien entnommenen, besonders anschaulichen Beispielen eine besondere Bedeutung erlangen. Eine derartige, individuelle „Beweisführung" hinsichtlich vermuteter Probleme anhand *anekdotischer Evidenz* (vgl. hierzu vor allem Pfarr et al. 2005) mag zwar geeignet sein, eine besondere Aufmerksamkeit innerhalb der verschiedenen Kognitionen zu erzeugen, jedoch kann diese die jeweiligen Unternehmen aus verschiedenen Gründen vor Probleme stellen. So werden oftmals gerade solche, in den Medien berichtete oder in der Diskussion mit anderen Personalleitern erfahrene Praxisbeispiele besonders wahrgenommen, die entweder bereits bestehende Überzeugungen stützen oder auch besonders extreme, aber damit nicht zwingend repräsentative Beispiele betreffen. Dabei kann es zu entsprechend verzerrenden Problemwahrnehmungen kommen.

Bereits diese Erkenntnisse verdeutlichen, dass Personalverantwortliche in ihrem Handeln in erheblichem Maße von kognitiven Dissonanzen beeinflusst sein dürften, da gerade diese in ihrer Praxis oftmals verschiedenen Rollen gerecht werden müssen: Einerseits obliegt ihnen, die individuellen Bedürfnisse der Beschäftigten im Auge zu behalten, andererseits haben sie auch Arbeitgeberinteressen zu wahren. So können sie beispielsweise mit der Aufgabe konfrontiert sein, Personalabbaumaßnah-

---

[105] Vgl. hierzu *Alewell/Koller* (2002).

men optimal vorzubereiten, die gleichzeitig jedoch den Interessen der Beschäftigten deutlich entgegenstehen. Dabei sind etwa nach Ansicht von *Schramm et al.* gerade arbeitsrechtliche Zusammenhänge stark politisch geprägt, wobei die entsprechenden Überzeugungen wiederum als kognitive Schemata einen Einfluss auf die Einstellungen der Betroffenen ausüben können (2008: 18).

Bei der *individuellen Wahrnehmung des Arbeitsrechts* in der Personalarbeit kann es somit vor allem aufgrund kognitiver Dissonanzen zu bestimmten Verzerrungen kommen, die zu einem nicht immer rationalen Umgang führen und eine systematische, objektive Auseinandersetzung mit dem Arbeitsrecht erschweren können.

Eine Theorie, die sowohl die Abwehr von Einstellungsbeeinflussungen als auch mögliche, verhaltensbezogene Reaktionen auf die Wahrnehmung des Arbeitsrechts durch Personalleiter erklären kann, ist der *Ansatz der Freiheitseinengung und psychologischen Reaktanz* nach *Brehm (1972)*. Diese Theorie hat in den letzten Jahren insbesondere in der Arbeits- sowie Marketingpsychologie eine größere Verbreitung gefunden. Sie baut auf der Grundannahme auf, dass Menschen generell bestrebt sind, ihre persönliche Freiheit zu bewahren. Aufgrund dieses Strebens reagieren Menschen auf Einschränkungen ihrer persönlichen Freiheit, definiert über bestimmte Entscheidungs- und Wahlalternativen, mit unterschiedlichen Formen von Widerstand, um erwartete, bereits beeinflusste oder bedrohte Freiheiten zu verteidigen und zurückzuerlangen. Für das Eintreten von Reaktanz ist erforderlich, dass der wahrgenommene, externe Druck von den Betroffenen als variabel, nicht aber als konstant gegeben eingeschätzt wird. Innerhalb dieser Wahrnehmungen werden wiederum die oben bereits beschriebenen Attributionsprozesse wirksam (vgl. Gniech/ Grabitz 1978: 47).

Holzapfel diskutiert Reaktanz als quasi-negative Akzeptanz bestimmter Zusammenhänge oder Phänomene und verweist darauf, dass eine hohe Akzeptanz keineswegs nur positiv zu bewerten sei, sondern ebenso als ein Zeichen von Resignation gewertet werden kann. Seiner Auffassung nach kann gerade im Falle einer überwundenen Reaktanz eine besonders deutliche Akzeptanz erreicht werden, weil eine genauere sowie produktive Auseinandersetzung mit dem jeweiligen Thema stattgefunden hat (1996: 237f.).

Aufgrund der Annahmen dieser Theorie können Personalverantwortliche, die sich etwa durch neu eingeführte Rechte von Arbeitnehmern oder auch aufgrund seit langem bestehender, externer rechtlicher Vorgaben einer Einschränkung ihrer Handlungsspielräume ausgesetzt sehen, mit Reaktanz reagieren. Das Phänomen der Reaktanz vermag dabei auch eine mögliche Erklärung bieten für den innerhalb der empirischen Voruntersuchung bereits festgestellten Umstand, dass sich Personalleiter durch externe Vorgaben mitunter einer Art Generalverdacht ausgesetzt sehen. Die konkrete Entstehung und Entwicklung der Reaktanz werden durch eine Reihe von Faktoren beeinflusst. So wird am Beispiel der Personalarbeit die Handlungsfreiheit von Personalverantwortlichen durch ihre Möglichkeiten und Fähigkeiten bestimmt, mittels einer Entscheidung Einfluss auf die momentane Situation zu nehmen oder diese auch gegen den Willen anderer beizubehalten. Hierzu können diese eine bestimmte Handlung vornehmen, wie etwa autonom über die Beendigung eines Arbeitsverhältnisses zu entscheiden, oder eine Wahl über eine bestimmte Alternative zu treffen, wie zum Beispiel innerhalb betriebsbedingter Kündigungen frei über die zu entlassenden Personen zu entscheiden.

Diese Aktionsfreiheit kann nun generell verschiedenen Beschränkungen unterworfen sein. Im Falle des Arbeitsrechts können etwa zu beachtende Sozialauswahlkriterien die freie Wahl zwischen zu entlassenden oder weiterzubeschäftigenden Arbeitnehmen beschränken, worauf die betroffenen Personalleiter, so die Theorie, mit psychologischer Reaktanz reagieren. *Wicklund* unterscheidet dabei drei verschieden Formen der Freiheitseinengung:

Sozialer Einfluss, durch den eine Person zu einer bestimmten Handlung gebracht werden soll, *Barrieren*, die sie daran hindern, etwas zu tun, sowie *selbstverhängte Einengungen*, innerhalb derer sich eine Person auf eine bestimmte Position oder Alternative festlegt, wodurch sämtliche anderen Alternativen aus dem Entscheidungsspielraum herausgenommen sind (vgl. Wicklund 1974, zitiert nach Gniech/Grabitz 1978: 49).

In der Personalarbeit kann der soziale Einfluss, etwa durch den Betriebsrat oder andere Interessengruppen, ausgeübt werden, Barrieren können allgemein in Form arbeitsrechtlicher Vorschriften bestehen oder aber selbstverhängte Einengungen in Form der Wahl einer bestimmten Beschäftigtenstruktur bestimmte Vorschriften erst relevant werden lassen.

Die Stärke der ausgelösten Reaktanz hängt dabei von drei Bedingungen ab:

1. Der Bedeutung der Freiheit für die jeweilige Person,
2. dem Umfang der bedrohten oder eliminierten Freiheit sowie
3. der Stärke der empfundenen Freiheitseinengung.

Die Generalisierung von Situationen und Erlebnissen führt dazu, dass durch die Einengung auch andere, nicht betroffene Freiheiten als bedroht empfunden werden. Werden durch eine aktuelle Einschränkung von einer Person Konsequenzen auch für künftige Situationen erwartet, wird diese Einengung stärker empfunden und führt zu einer höheren Reaktanz (vgl. Gniech/Grabitz 1978: 48ff.). Ein Auftreten von Reaktanz kann zudem auch dann erwartet werden, wenn die Einengung von Freiheiten bei anderen Personen erlebt oder hierüber berichtet wird (vgl. Grabitz-Gniech/ Gniech 1973b; zitiert nach Gniech/Grabitz 1978: 50).

Hier wird deutlich, dass gerade Informationen von anekdotischer Evidenz auch in nicht betroffenen Betrieben zu entsprechenden Reaktionen führen können. So weisen auch *Schramm et al.* darauf hin, dass Reaktanz auch dann entstehen kann, wenn Personalverantwortliche entsprechende Autonomieverluste bei Kollegen wahrnehmen, die etwa durch ein Urteil vor dem Arbeitsgericht in ihrer unternehmerischen Freiheit eingeschränkt wurden (2007: 20).

Gniech/Grabitz gehen davon aus, dass neben den situativen Faktoren zudem jeweils unterschiedlich ausgeprägte Bereitschaften der Betroffenen zur Mobilisierung von Reaktanz führen. Dabei sei entscheidend, dass diese Personen die Freiheitseinengung als illegitim ansehen. Daher würde jede Form der Akzeptanz der Einengung, so etwa aus sozialen Gründen, keine Reaktanz entstehen lassen (1974: 50f.). Angesichts der in der empirischen Voruntersuchung berichteten Ergebnisse, dass das Arbeitsrecht von der Mehrzahl der Befragten als sinnvoll und akzeptiert bezeichnet wird, gleichzeitig jedoch die hohe Komplexität der Vorschriften bemängelt wird, ist aus theoretischer Perspektive von einem eher differenzierten Auftreten von Reaktanz auszugehen. Im Rahmen der empirischen Hauptuntersuchung soll dieses genauer betrachtet werden.

In der Theorie psychologischen Reaktanz wird weiterhin angenommen, dass eine Person mit eingeschränkter Freiheit diese wieder zu erweitern strebt. Dabei werden in der Literatur unterschiedliche Reaktionsmöglichkeiten unterschieden. *Gniech/Grabitz* unterscheiden hierbei im Wesentlichen die direkte und indirekte Wiederherstellung von Freiheit, Aggressionen sowie Attraktivitätsänderungen (1974: 52f.), die sich im Rahmen der hier betrachteten Fragestellung etwa wie folgt ausdrücken können:

Mit dem Ziel einer *direkten Wiederherstellung von Freiheit* kann etwa ein Personalleiter trotz fehlender, aber erforderlicher Zustimmung des Betriebsrates Überstunden anordnen. Diese nach Ansicht von *Gniech/Gra-*

bitz zweifelsohne effektivste Form der Freiheitswiederherstellung wird jedoch nicht immer realisierbar sein oder Auswirkungen nach sich ziehen, welche die ursprüngliche Freiheitseinschränkung übersteigen.

Ebenso kann ein Personalleiter seine empfundene Freiheitseinschränkung dadurch *indirekt wiederherstellen*, indem er der *nächsten* Aufforderung, etwas zu tun oder zu unterlassen, nicht nachkommt, also etwa in der aktuellen Situation von der Anordnung von Überstunden absehen. Die Wiederherstellung der empfundenen Freiheit über die Abnahme sozialer Orientierung kann zu *Aggressionen* führen, die keine direkte Konsequenz nach sich ziehen, sondern lediglich zum Abbau von Wut führen. Dieses kann im Extremfall entsprechende Änderungen des Führungsstiles oder der Unternehmenskultur zur Folge haben.

Eine Reaktion im Rahmen von *Attraktivitätsänderungen* kann im vorliegenden Beispiel schließlich bedeuten, dass ein Personalleiter, der seine Reaktanz gegenüber arbeitsrechtlichen Beeinflussungen aufgrund deren langfristiger Geltung nicht im Zeitverlauf abbauen kann, mit einer Veränderung der gegenüber der eingeengten Verhaltensweisen empfundenen Attraktivität reagiert. So kann dieser etwa künftig bestimmte Personalstrukturen meiden, um der Beeinflussung, etwa durch Befristungsvorschriften, zu entgehen. Hierbei ist nahe liegend, dass ein solches Vorgehen nicht unbedingt zu einer objektiven, sachlichen Arbeitsrechtspraxis führen dürfte.

Erste empirische Beispiele für personalwirtschaftliche Reaktionen auf das Arbeitsrecht, die vor dem Hintergrund der hier beschriebenen, theoretischen Erkenntnisse auf Reaktanz zurückgeführt werden können, nennt *Hübner* im Zusammenhang einer von ihr entwickelten Typologie und schildert dabei mögliche Spannweiten von einer genauen Beachtung geltender Vorschriften über eine Anpassung des Rechts an betriebliche Belange bis hin zu einer offenen Ignorierung oder Missachtung der Vorschriften (2005: 472ff.; hierzu auch Bradtke et al. 2004).

Aufgrund der oben genannten theoretischen Erkenntnisse ist davon auszugehen, dass sich eine mögliche Reaktanz weniger gegen die eigentlichen Inhalte einer jeweiligen Regelung selbst richten wird, als vielmehr gegen den Umstand der Existenz externer Vorgaben. Nach Ansicht von *Gniech et al.* wird Reaktanz zudem eher im Denken als über das Handeln von Akteuren abgebaut (1977, zit. nach Gniech/Grabitz 1974: 51). Vor diesem Hintergrund wäre davon auszugehen, dass eine empfundene, arbeitsrechtliche Freiheitseinschränkung eher zu mentalen Auseinandersetzungen führt und damit Ressourcen bindet oder Unsicherheiten erzeugt, als direkt ein entsprechendes Handeln auszulösen.

3.2.1.2 Konkretisierung von Untersuchungshypothesen

Die hier betrachteten Theorien haben eine Reihe von Zusammenhängen und möglichen Reaktionen aufgezeigt, die im Umgang mit Arbeitsrecht aus sozialpsychologischer Perspektive auftreten können und daher bei der Analyse der Arbeitsrechtspraxis zu beachten sind. Diese Effekte müssen weder zwangsläufig noch in allen Fällen auftreten.

Nachfolgend sollen auf Grundlage dieser theoretischen Erkenntnisse und mit Blick auf die bereits vorliegenden Ergebnisse der empirischen Voruntersuchung sowie der Erkenntnisse aus den konzeptionellen Betrachtungen des Themas nun entsprechende Hypothesen entwickelt werden, anhand derer die verhaltensbezogene Arbeitsrechtspraxis im nachfolgenden Kapitel untersucht wird.

Dabei bestehen in einem gewissen Umfang *Wechselwirkungen und Verbindungen* zwischen den sozialpsychologisch orientierten Hypothesen sowie den Hypothesen, die sich an die in den nachfolgenden Abschnitten vorgestellten Ansätze personalwirtschaftlich und kommunikationswissenschaftlich orientierter Theorien anlehnen. Die Entwicklung der nachfolgenden Hypothesen folgt dem dieser Arbeit zugrunde liegenden Forschungsverständnis von *Ulrich* und seinen Forderungen nach einer anwendungs- und lösungsorientierten Vorgehensweise innerhalb betriebswirtschaftlicher Fragestellungen. Indem für die Hypothesen ein mittlerer Detaillierungsgrad gewählt wird, kann die Untersuchung entsprechend offen gegenüber Details der zu beschreibenden Phänomene durchgeführt werden.

Bezogen auf den Einfluss der Wahrnehmung von Arbeitsrecht durch Personalleiter in KMU lässt sich für die Untersuchung zunächst folgende Untersuchungshypothese ableiten:

1. Das Arbeitsrecht wird vor allem in Kleinst- und Kleinunternehmen als einmischend empfunden.

Aus den zuvor aufgezeigten, psychologischen Tendenzen von Menschen, in komplexen Problemlagen eher schematische Vereinfachungen vorzunehmen, als eine systematische Auseinandersetzung mit entsprechenden Details zu suchen, kann wiederum folgende Untersuchungshypothese abgeleitet werden:

2. Personalleiter, die sich nicht mit dem Arbeitsrecht auseinander setzen, suchen hierfür unternehmensinterne Rechtfertigungen.

Hinsichtlich möglicher Verhaltensreaktionen aufgrund der Wahrnehmung arbeitsrechtlicher Vorschriften werden folgende Untersuchungshypothesen aufgestellt:

3. Die Einflussnahme des Arbeitsrechts auf die Arbeitsbeziehungen in KMU führt zu Reaktanz der Personalverantwortlichen.
4. Wahrgenommene Wissensdefizite führen zu argumentative Abwehr gegenüber dem Arbeitsrecht.

3.2.2 Personalwirtschaftliche Theorien

Nach den zuvor betrachteten, sozialpsychologischen Erkenntnissen zum Einfluss subjektiver Orientierungen auf das Verhalten von Individuen interessiert in diesem Abschnitt, welche konkreten, theoretischen Ansätze die praktischen Anforderungen und Rahmenbedingungen der Personalarbeit als betriebliches Aktionsfeld beschreiben helfen, anhand derer diese ihr betriebliches Handeln zu gestalten haben. Dabei soll der organisatorische Kontext beschrieben werden, auf den das individuelle Handeln der Personalleiter jeweils Bezug nimmt. Innerhalb der konzeptionellen Grundlagen sind dazu bereits die verschiedenen Aufgabenstellungen der Personalarbeit im Einzelnen dargestellt worden. Für eine weitergehende Betrachtung der individuellen Ausgestaltung dieser Aufgaben zu einer betrieblichen Arbeitsrechtspraxis ist der organisatorische Kontext der Personalarbeit und ihrer Arbeitsrechtspraxis von besonderer Bedeutung.

Unternehmen sind, pragmatisch betrachtet, keineswegs zu einer vorausschauenden, systematischen Auseinandersetzung mit arbeitsrechtlichen Vorschriften verpflichtet. Vielmehr stehen ihnen bei der Ausgestaltung ihrer Arbeitsrechtspraxis bestimmte Spielräume zur Verfügung. Eine der vielfältigen, sich daraus ergebenden Handlungsoptionen kann etwa eine situationsbezogene, wenig langfristig geplante Personalarbeit sein, die – zunächst – wenig Aufwand erfordert. Ein solches Vorgehen wiederum kann sowohl das Ergebnis einer fehlenden Auseinandersetzung mit dem Thema Personalarbeit sein, als auch gezielt erfolgen. Dabei können sich Betriebe ohne bisherige eigene Erfahrungen zum Beispiel entweder an anderen Betrieben orientieren oder erst im Falle des Auftretens eines konkreten Problems informieren.

Ebenso können Unternehmen jedoch ihre Personalarbeit langfristig gestalten und vorausplanen und sich in ihrer Arbeitsrechtspraxis systematisch und aktiv mit den spezifischen, arbeitsrechtlichen Vorschriften auseinandersetzen. Beide Verfahrensweisen können durchaus als Teil der unternehmerischen Freiheit gewertet werden. In beiden Fällen, und auch in den sich zwischen diesen Idealtypen einordnenden Fällen, werden Entscheidungen getroffen, einen bestimmten Aufwand an Planung, Personalkosten etc. zu „investieren". Dabei können ein unsystematisches Vorgehen und die Inkaufnahme eines gewissen, arbeitsrechtlichen Konfliktpotenziales, betriebswirtschaftlich betrachtet, unter Umständen vorteilhaft erscheinen – die Verantwortung möglicher Folgen eines unpräzisen Umganges mit den Vorschriften haben jedoch die betrieblichen Entscheidungsträger zu tragen.

Bei der Suche geeigneter Theorien zur Personalarbeit fällt auf, dass zunächst keine in sich geschlossene Theorie zu diesem betrieblichen Aktionsfeld existiert. Vielmehr zeigt sich, dass, – ebenso, wie auch Personalarbeit nicht allein innerhalb der Personalabteilung stattfindet, sondern gestaltend im gesamten Unternehmen wirkt – die Personalwirtschaft mit Hilfe einer Vielzahl unterschiedlicher, aggregierter Theorieansätze erklärt werden kann. So weist auch *Martin* darauf hin, dass das betriebliche Personalwesen ein äußerst komplexes Gebilde sei, *„...das nur schwer durchschaubar, verwickelt und von zahlreichen Kausalfaktoren bestimmt ist"* (2001: 9).

In Folge der in den letzten Jahren gewandelten Bedeutung der Personalwirtschaft von einer ursprünglich dominierenden Verwaltungsorientierung hin zu einem strategisch bedeutsamen Teil der Unternehmensführung, ist auch die Vielfalt der Theorien und Methoden angestiegen, mit der dieses Gebiet betrachtet wird.[106] Dabei stehen zumeist verschiedene, traditio-

---

[106] Diesen Bedeutungswandel und die mit ihm verbundenen Entwicklungslinien der Personalarbeit sowie deren Rolle als Gegenstand der Wissenschaft beschreibt sehr ausführlich *Schanz* (2000: 34ff.).

nelle oder moderne Ansätze der Managementforschung im Mittelpunkt der theoretischen Auseinandersetzung.[107]

3.2.2.1 Untersuchungsrelevanter Theoriebezug

Die vorliegende Arbeit folgt der Annahme, dass das individuelle Handeln von Akteuren unter einem deutlichen Einfluss subjektiver Orientierungen stattfindet. Zur Erklärung des betrieblichen Handelns innerhalb der Personalarbeit ist daher innerhalb des oben beschriebenen, aggregierten Gesamtspektrums personalwirtschaftlicher Ansätze insbesondere der Bereich von besonderer Bedeutung, der diese subjektiven Orientierungen auch auf Organisationsebene entsprechend abbildet und damit weniger ausgeprägte Rationalitätsannahmen zugrunde legt. Eine entsprechende, für die aktuelle Fragestellung besonders geeignete Theorie stellt zunächst die Verhaltenswissenschaftliche Entscheidungstheorie dar.

Verhaltenswissenschaftliche Entscheidungstheorie:

Verhaltenswissenschaftlich-entscheidungsorientierte Ansätze gehen im Wesentlichen davon aus, dass betriebliche Akteure bei ihrem Handeln absichtsbezogen vorgehen und dabei interessengeleitet sowie beschränkt-rational handeln. Ihr Erkenntnisinteresse gilt der Frage, wie Organisationen ihren Bestand durch eine Anpassung an eine komplexe und veränderliche Umwelt sichern. Dabei wird diese Aufgabe primär als ein Entscheidungsproblem betrachtet. Die Ansätze bauen auf den beiden Prämissen auf, dass Menschen nur über beschränkte Informationsverarbeitungskapazitäten verfügen und dass ihre Bereitschaft zum eigenen

---

[107] Für einen entsprechenden Überblick vgl. *Staehle* (1999: 22ff., 36ff.).

Engagement in Organisationen beschränkt ist (vgl. Berger/Bernhard-Mehlich 2002: 133).

Einen zentralen Ausgangspunkt der Überlegungen zum Entscheidungsverhalten bildet das *Konzept der begrenzten Rationalität*, wonach Individuen zwar intentional rational handeln, jedoch kognitive Grenzen der Informationsaufnahme und -umsetzung das Treffen objektiv rationaler Entscheidungen verhindern können. Von besonderem Einfluss sind dabei die Unvollständigkeit des Wissens, Bewertungsschwierigkeiten gegenüber künftigen Ereignissen sowie eine begrenzte Auswahl an Entscheidungsmöglichkeiten.[108] Dennoch müssen die Akteure ihre Entscheidungen treffen. Dazu nutzen sie Entscheidungsregeln, die ihnen ermöglichen, dass ihre Entscheidungen auch unter den beschriebenen Bedingungen vernünftig und intelligent ausfallen (vgl. Berger/Bernhard-Mehlich 2002: 140f.).[109]

Ein relativ neuer, verhaltenswissenschaftlich-entscheidungsorientierter Ansatz, der sich der sozialen Wirklichkeit in Betrieben und den dabei wirkenden Beziehungen widmet und dazu auch wichtige Elemente anderer sozialwissenschaftlicher Ansätze integriert, ist das *Modell der Handlungsentlastung* von *Martin* (1998).

Modell der Handlungsentlastung:

Die zentrale Grundlage dieses Ansatzes bildet die Überlegung, dass sich die Personalpolitik zu einem erheblichen Anteil aus dem konkreten Wesen der Beziehungen zwischen Arbeitgeber und Arbeitnehmern ergibt. Diese Beziehungen wiederum konkretisieren sich nach Ansicht von *Martin* in Entscheidungsstrukturen, die für die arbeitspolitische Entschei-

---

[108] Diese Rahmenbedingungen entsprechen weitgehend den in Kapitel 2.1.2 beschriebenen Anforderungen der Personalarbeit in KMU.

[109] Einen Überblick über verschiedene, die verhaltenswissenschaftliche Orientierung ergänzende Ansätze bietet *Scholz* (2000: 111).

dungsfindung verantwortlich sind (1998: 155). Sowohl die Personalpolitik als auch die dazugehörige arbeitspolitische Entscheidungsfindung besitzen einen unmittelbaren Einfluss auf die Gestaltung der betrieblichen Arbeitsrechtspraxis, weshalb dieses Modell besonders hilfreich erscheint.

Um nicht nur einzelne, individuelle Unternehmensentscheidungen analysieren, sondern darüber hinaus Aussagen über deren Verlauf treffen zu können, ist deren Betrachtung unter Einbettung in die jeweiligen *Entscheidungsstrukturen* von besonderer Bedeutung. Unter Entscheidungsstrukturen versteht *Martin* in diesem Zusammenhang „*...die institutionellen Arrangements, die das Zusammenwirken der arbeitspolitischen Akteure regulieren*" (1998: 162). Zu diesen Arrangements zählen etwa formal vorgesehene Gremien der Betriebsverfassung, wie der Betriebsrat, darüber hinaus jedoch auch weitere, teils informelle, Institutionen, wie Vereinbarungen, Verfahrensweisen, Regelungen und Instrumente, sofern diese geeignet sind, die Beziehungen zwischen Arbeitgeber und Beschäftigten insgesamt zu regulieren. Da auf diesem Wege die Bedingungen der Willensbildung nicht fortlaufend neu ausgehandelt werden müssen, wird im Unternehmen eine Handlungsentlastung erreicht, innerhalb derer ein interessengeleitetes Verhalten möglich bleibt (vgl. Martin 1999: 162).

Vor diesem Hintergrund kann argumentiert werden, dass sowohl die arbeitsrechtlichen Vorschriften selbst dazu prädestiniert sind, als eine solche Institution zur Schaffung von Entscheidungsstrukturen verstanden zu werden als auch der von den Unternehmen gewählte Grad, sich hieran zu orientieren.

Die Entwicklung dieser Institutionen wird von wenig planbaren Zweckmäßigkeiten beeinflusst, was dazu führen kann, dass sich Verhaltensweisen erst im Nachhinein stabilisieren. Dabei entstehen die betrieblichen Entscheidungsstrukturen insgesamt weniger aus zielgerichtetem, rationalem Zweckhandeln als vielmehr unter Einfluss subjektiver Orientierungen sowie Machtkonstellationen. Die im Rahmen des Modelles vorgenommene Gegenüberstellung von Beschäftigten und Arbeitgebern ist dabei nach *Martin* nicht akteursspezifisch zu verstehen. Stattdessen stehen sich beide Seiten in ihren Rollen als gewissermaßen fiktive Akteure gegenüber. Dabei beschreibt die Machtvariable nicht etwa das Kräfteverhältnis zwischen beiden, sondern die Unterschiede in der Macht *der durch sie repräsentierten* sozialen Kräfte (1998: 170). Bei der Betrachtung des Zustandekommens der Strukturen sind zwei Aspekte von besonderer Bedeutung: Zum einen ist das *Ausmaß möglicher Interessengegensätze* von Arbeitgebern und Beschäftigten, etwa in Gestalt einer geplanten oder emergenten Unternehmenspolitik, wie zum Beispiel Rationalisierungszielen gegenüber Berufs- und Lebensplänen der Beschäftigten, wie etwa dem Wunsch nach lebenslanger Beschäftigung, relevant.

Zum anderen ist die *Komplexität* in den Austauschbeziehungen zwischen Arbeitgeber und Beschäftigten von Einfluss. So sei etwa ein weniger spezialisiertes Arbeitsverhältnis einfacher zu regeln und zu überwachen als ein hochqualifiziertes und damit weniger formalisiert regelbares Beschäftigungsverhältnis.

Sich an diesen Kriterien des Grades des Machtgleichgewichtes sowie der Komplexität orientierend, unterscheidet *Martin* verschiedene Formen der Regulierung als konkretisierte Personalpolitik, die sich auch sehr gut auf die Gestaltungsmöglichkeiten der Arbeitsrechtspraxis übertragen lassen (vgl. Abbildung 7):

Abbildung 7: Regulierungsformen im Modell der Handlungsentlastung

	Machtgleichgewicht Interessengegensätze		Machtasymmetrie Interessengegensätze	
	gering	hoch	gering	hoch
Komplexität gering	Bürokratische Regulierung	Politische Regulierung	Laisser-faire-Politik	Bürokratische Regulierung
Komplexität hoch	Kollegiale Regulierung	Politische Arena		Symbolische Regulierung

Quelle: Martin (1998: 187) (modifizierte Darstellung).

Übertragen auf das Handlungsfeld der Arbeitsrechtspraxis, lässt sich diese Matrix wie folgt interpretieren (vgl. nachfolgend jeweils Martin 1998: 187ff.): Institutionen *Bürokratischer Regulierung* entwickeln sich demnach in zwei Konstellationen, die durch eine geringe Komplexität der Beziehungen gekennzeichnet sind: Im Falle nur geringer Interessengegensätze, in denen die Macht (vgl. etwa Nienhüser 2003: 139ff.) in etwa ausgewogen verteilt ist, wird eine Institution gesucht, die eine unnötige Störung der Beziehungen vermeidet. Dazu wird etwa ein leicht umzusetzendes Regelwerk entworfen und werden Verfahrensweisen schriftlich festgehalten. Die Auseinandersetzung mit den Vorgaben des Arbeitsrechts dürfte dabei eher aktiv und konstruktiv erfolgen. Diese Form der Regulierung könnte also vor allem in solchen Unternehmen zu finden sein, die sich durch eine aktive und konstruktive Arbeitsrechtspraxis auszeichnen.

Nach Ansicht von *Martin* kann jedoch auch im Falle starker Interessengegensätze eine Bürokratisierung effizient sein, wobei jedoch eine reale Handlungsentlastung nur im Falle eines deutlichen Machtübergewichtes des Arbeitgebers zu erreichen sein wird. Dieses kann etwa in Unternehmen der Fall sein, in denen das Arbeitsrecht vor allem deshalb präsent ist und genutzt wird, um in erster Linie mögliche Probleme zu verhindern und sich juristisch abzusichern.

Im Falle ungefähr gleich mächtiger Akteure mit jeweils hohen Interessengegensätzen kann sich dagegen eine *Politische Regulierung* herausbilden, innerhalb derer die Auseinandersetzung zwischen Vertretern von Arbeitgeber und Beschäftigten geführt wird. So kann etwa gerade in größeren Unternehmen über Bedingungen, wie Arbeitszeitgestaltung, verhandelt werden.

Kommt jedoch eine hohe Komplexität der zu regelnden Aufgaben hinzu, spricht *Martin* von einer *Politischen Arena*, in der wechselseitige Rechte und Pflichten jeweils neu ausgehandelt werden. Dabei besteht eine relativ hohe Unsicherheit mit eher geringerer Handlungsentlastung. Im Bedarfsfalle werden dabei auch die Spielregeln selbst zur Disposition gestellt. Hier kann der Umgang mit Arbeitsrecht in der Personalarbeit vor allem mikropolitisch ausgerichtet erfolgen.

Der Fall *kollegialer Regulierung* wiederum ist überall dort eine Option, wo unter Machtgleichgewicht kaum Interessengegensätze zu erwarten sind. Diese Variante ist jedoch nicht gleichzusetzen mit einem Verzicht auf Regulierung, vielmehr findet diese nach *Martin* spezifischer statt und wird so etwa häufiger in kleinen und mittleren Unternehmen zu finden sein.

Fehlt jedoch die Komplexität in den Aufgaben und bestehen nur kleine Interessengegensätze, so ist wiederum ein hohes Maß an Willkür des Arbeitgebers denkbar, der etwa auf Regulierung verzichtet, um seine Handlungsspielräume nicht einzuschränken und stattdessen im Rahmen einer *Laisser-faire-Politik* nur dort Zugeständnisse macht, die zur Aufrechterhaltung funktionierender Prozesse erforderlich sind. Eine derart gestaltete Arbeitsrechtspraxis dürfte sich vor dem Hintergrund der Erkenntnisse aus Kapitel 2.1 theoretisch gerade in Kleinst- und Kleinbetrieben zeigen.

Im Falle ungleicher Machtverhältnisse und komplexer Arbeitsbeziehungen kann ein Arbeitgeber wenig Veranlassung sehen, Macht zu teilen und sich an Regeln zu binden. Stattdessen wird auf eine emotionale Einbindung der Beschäftigten und eine verbindende Unternehmenskultur gesetzt. Die sich hierbei bietende Institution bezeichnet Martin als *Symbolische Regulierung*. Um dennoch die Leistungsbereitschaft der Beschäftigten zu fördern, kann etwa auf freiwillige Sozialleistungen oder gewährte Beschäftigungsgarantien gesetzt werden.[110]

Die Handlungsentlastung durch Institutionen ist für das soziale Zusammenwirken in Betrieben von besonderer Bedeutung, da die Handlungsdispositionen ihrer Akteure nicht ohne weiteres auf Kooperation angelegt sind und auch unter vorausgesetztem guten Willen nicht notwendiger Weise zu kooperativem Handeln führen (vgl. Martin 1998: 170f.; 180). Der Einfluss vielfältiger subjektiver Orientierungen, wie etwa wirksamer Attributionen auf das Handeln von Individuen, erfordert in der Praxis oftmals komplexe Problemlösungsbemühungen. Der Aufwand hierfür kann verringert werden, indem geschaffene Institutionen Komplexität reduzieren und Verfahrensweisen wiederholbar vorstrukturieren. Bei der Ausgestaltung der verschiedenen Institutionen spielt gerade die Interne Kommunikation der beteiligten Akteure eine wichtige Rolle (vgl. hierzu Kapitel 2.2 der Arbeit).

Im Rahmen der vorliegenden Fragestellung trägt das Modell der Handlungsentlastung dazu bei – orientiert an den Aufgaben betrieblicher Personalarbeit – das institutionelle Zustandekommen individueller Arbeitsrechtspraxis anhand der von den Unternehmen gewählten Institutionen theoretisch zu erklären und mögliche Begründungen für die Ausgestaltung von Handlungsspielräumen zu finden.

---

[110] Zur symbolischen Führung vgl. etwa *Weibler* (1995: 2015ff.).

Oechsler wiederum kritisiert am Modell der Handlungsentlastung, dass es keine genauen Aussagen über die hinter den jeweils herausgebildeten Institutionen stehenden Motive träfe (1998: 194). Dennoch erscheint das Modell für die vorliegende Untersuchung hilfreich, da die auf die organisatorischen Prozesse wirkenden Motive für das Handeln der Akteure anhand der in Kapitel 3.2.1 beschriebenen, sozialpsychologischen Ansätze ergänzend erklärt werden können. In der Praxis dürften sich nicht nur zwischen Arbeitgeber und Beschäftigten, sondern gegenüber sämtlichen betrieblichen Akteuren, wie etwa auch Interessenvertretern und Eigentümern, entsprechende Institutionen herausbilden. So weist auch *Martin* darauf hin, dass die in seinem Modell erfolgende Gegenüberstellung lediglich zweier Akteure allein einer Vereinfachung der Darstellung der Zusammenhänge dienen soll und geht davon aus, dass durch die Einbeziehung weiterer Akteure kein Erkenntnisgewinn zu erwarten ist (190f.).

3.2.2.2 Konkretisierung von Untersuchungshypothesen

Auf Grundlage der konzeptionellen Grundlagen sowie theoretischen Erkenntnisse ergeben sich, bezogen auf die *Einflussfaktoren der Arbeitsrechtspraxis*, folgende Hypothesen:

5. Personalarbeit wird in KMU nur selten strategisch gestaltet.
6. Die Kultur der Personalarbeit von KMU wird deutlich durch den Inhaber geprägt.
7. Die gewählten, personalwirtschaftlichen Verfahrensweisen orientieren sich an Machtüberlegungen.

Hinsichtlich der vermuteten *Vorgehensweisen und Systematik* im Arbeitsrechtsumgang werden folgende Hypothesen aufgestellt:

8. Die Auseinandersetzung mit dem Arbeitsrecht erfolgt wenig systematisch und eher anlassbezogen.
9. KMU nutzen nur einen Teil der sich bietenden, arbeitsrechtlichen Instrumente.

Mit Blick auf mögliche *Auswirkungen der Arbeitsrechtspraxis* ergeben sich für die nachfolgende Untersuchung folgende Hypothesen:

10. Eine unsystematische Arbeitsrechtsanwendung erzeugt Unruhe.
11. Reaktanz gegenüber arbeitsrechtlichen Vorschriften erzeugt kontraproduktiven Aufwand.

3.2.3 Kommunikationsbezogene Theorien

Das Thema Kommunikation spielt nicht erst seit den Yale-Studies (vgl. Frey et al. 2005: 56) auch in der Betriebswirtschaftslehre eine elementare Rolle und ist hier in nahezu allen Konzepten und Fragestellungen mit unterschiedlichen Akzenten präsent. So werden etwa auch die zuvor betrachteten Bereiche der Sozialpsychologie und der Personalwirtschaft von Kommunikationsfragestellungen begleitet und unterlagert.

3.2.3.1 Untersuchungsrelevanter Theoriebezug

Anknüpfend an die innerhalb der konzeptionellen Grundlagen der Internen Kommunikation erläuterten Ziele, Zusammenhänge und Gestaltungsmöglichkeiten, interessieren nun Ansätze, die aus *kommunikationstheoretischer Perspektive* dazu beitragen, die innerhalb der Internen Kommunikation von Unternehmen wirksamen, elementaren Prozesse und Besonderheiten, wie etwa Einflussfaktoren und mögliche Grenzen, inhaltlich auszufüllen und zu erklären. Neben grundsätzlichen, theoretischen Erkenntnissen über die Gestaltung und Abläufe menschlicher Kommunikation, der *Mikroperspektive*, sollen dazu geeignete Ansätze betrachtet werden, die aus *Mesoperspektive* den Bereich organisationaler Kommunikation und dessen Besonderheiten betrachten. Von Interesse ist dabei weiterhin, welche Zusammenhänge zwischen akteuersbezogener und organisationaler Kommunikation aus theoretischer Sicht bestehen.

Der in Kapitel 2.2.1 bereits erwähnte Umstand, dass eine Vielzahl an Definitionen und Begriffen zur Kommunikation eine inhaltliche Orientierung sowie Verständigung über den Begriff erschweren, ist unter anderem darauf zurückzuführen, dass der Gegenstand der Kommunikation seit vielen Jahren das Interesse einer Vielzahl von Disziplinen und ihren jeweiligen Ansätzen weckt.[111] Zu einem überwiegenden Teil nehmen die verschiedenen Ansätze einen grundlegenden Bezug auf psychologische Grundannahmen bezüglich der Gestaltung zwischenmenschlicher Kommunikation und betrachten diese Grundannahmen menschlicher Kommunikation zumeist als einen Sender-Empfänger-orientierten Prozess:

Sender-Empfängerorientiertes Modell

Das *Sender-Empfängerorientierte Modell* von *Shannon/Weaver* (1976) entspringt in seinen Grundlagen einer ursprünglich mathematischen Betrachtung technischer Kommunikationsprozesse. Obwohl innerhalb dieses Modelles ursprünglich rein technische Zusammenhänge abgebildet werden, bildet es die Grundlage vieler Kommunikationstheorien und soll daher nachfolgend dargestellt werden (vgl. Abbildung 8):

---

[111] Für einen entsprechenden Überblick vgl. etwa *Bruhn* (2005: 14ff.; 1995: 20ff.).

Abbildung 8: Sender-Empfängerorientiertes Modell nach *Shannon/Weaver*

Nachrichten-quelle → Sender → Signal → Störquelle → Empfangenes Signal → Empfänger → Nachricht → Nachrichten-ziel

← Störungen →

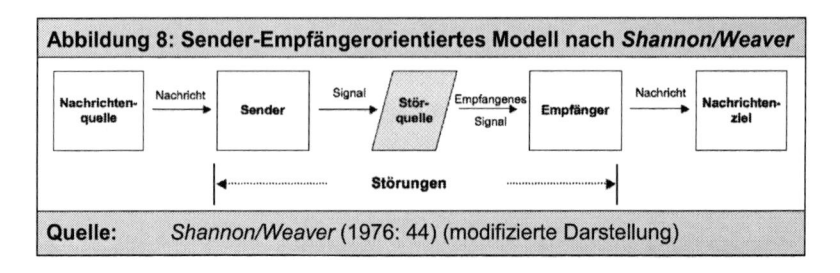

Quelle: *Shannon/Weaver* (1976: 44) (modifizierte Darstellung)

Nach diesem Modell wird eine Nachricht mittels eines Signals über einen Sender an einen Empfänger übermittelt. Bei der technischen Übermittlung etwa akkustischer Informationen können dabei Störungen zu einer Verzerrung der Nachricht und damit Veränderung der Botschaft führen und so den Kommunikationsprozess beinträchtigen. Die Wirkung solcher technischer Störungen kann interessanter Weise relativ unverändert auch auf menschliche Kommunikationsprozesse übertragen werden. Ein wichtiger Beitrag dieses Modelles für die aktuelle Themenstellung als auch für das Verständnis von Kommunikation allgemein liegt in der Erkenntnis, dass die Annahme eines Akteurs, einen bestimmten Inhalt deutlich an den Kommunikationspartner vermittelt zu haben, nicht allgemein zutreffen muss. Hier ist für alle an der Kommunikation Beteiligten wichtig, zu beachten, dass es zu Verzerrungen und Ungenauigkeiten in den Inhalten kommen kann (vgl. etwa Traut-Mattausch/Frey 2005: 189; Oelert 2003: 31). Dieser Umstand gilt umso mehr innerhalb sozialer Kommunikation, über die ein zwischenmenschlicher Austausch von Mitteilungen, Gedanken und Gefühlen stattfindet und mit deren Hilfe soziale Beziehungen aufgebaut und geführt werden (vgl. hierzu Staehle 1999: 301).

So kann das Ausbleiben von Reaktionen auf eine Botschaft auf verschiedene Ursachen oder Phasen im Kommunikationsprozess zurückgeführt werden. Beispielsweise kann die Fähigkeit einer Person zur Informationsverarbeitung eingeschränkt sein, etwa dergestalt, dass sie mehr Informationen erhält, als sie verarbeiten kann, so dass sie gezwungen ist, diese selektiv wahrzunehmen (vgl. etwa Traut-Mattausch/Frey 2005: 189). Dabei können unter anderem auch die in Kapitel 3.2.1.1 beschriebenen Reaktionen auftreten. Ebenso kann es gerade im organisationalen Kontext von Kommunikation dazu kommen, dass etwa unternehmenskulturelle oder machtbezogene Einflüsse, die sich in der betrieblichen Arbeitsrechtspraxis niederschlagen, die stattfindende Kommunikation beeinflussen.

Gerade die Kommunikation in und von Unternehmen gestaltet sich allgemein so vielschichtig und teilweise problemanfällig, dass eine reine Sender-Empfänger-orientierte Betrachtung alleine nicht ausreicht. So sind etwa bei der Kommunikation über zu wählende, arbeitsrechtliche Verfahrensweisen eines KMU zahlreiche, unter Umständen nicht deckungsgleiche Interessen unterschiedlicher Akteure, wie etwa des Inhabers, eines Personalsachbearbeiters sowie des betroffenen Beschäftigten zu berücksichtigen, die eine idealtypische Kommunikation erschweren können. Nachfolgend sollen hierzu weiterführende Erkenntnisse ebenfalls verhaltenswissenschaftlichen Ursprunges betrachtet werden, die näheren Aufschluss geben können über den Aufbau und die Wirkung von Störeinflüssen auf die Kommunikation von Unternehmen, die gerade auch bei einer Analyse der Internen Kommunikation von KMU von Interesse sind.

Verhaltenwissenschaftliche Ansätze

Verhaltenswissenschaftliche Ansätze zur Erklärung von Kommunikationsprozessen basieren überwiegend auf Reiz-Reaktions-Schemata, wie insbesondere dem bereits beschriebenen S-O-R-Paradigma (vgl. Abbildung 4). Eine Betrachtung von Kommunikation mit Hilfe dieses Paradigmas ermöglicht gegenüber dem sender-empfängerorientierten Modell eine bessere Einbeziehung und Betrachtung nicht beobachtbarer Verhaltensweisen und Einflüsse auf die Kommunikation. *Bruhn* wiederum verwendet das S-O-R-Paradigma zur theoretischen Analyse der Reaktion von Konsumenten auf Kommunikationsmaßnahmen des Marketing (2005:

22f.). Die möglichen Reaktionen auf wahrgenommene Botschaften können dabei unterschieden werden in *momentane Reaktionen*, die sich im unmittelbaren Anschluss hieran zeigen sowie *dauerhafte Gedächtnisreaktionen*, wie etwa veränderte Einstellungen und schließlich *finale Verhaltensreaktionen*, wie etwa Kaufentscheidungen (vgl. Steffenhagen 1984, zitiert nach Bruhn 2005: 23f.).

Übertragen auf die Arbeitsrechtspraxis von Unternehmen kann demnach ein Personalleiter etwa als momentane Reaktion auf einen gegenüber ihm kommunizierten Anspruch auf die Gewährung von Teilzeitarbeit im Rahmen des TzBfG – gegebenenfalls nicht beobachtbar – mit Verärgerung reagieren, die im weiteren Verlauf zu einer dauerhaften Gedächtnisreaktion in Form einer negativen Einstellungsentwicklung gegenüber Arbeitsrecht führt und als finale Verhaltensreaktion eine Ablehnung des vorgetragenen Antrages zur Folge hat. Dabei können die verschiedenen Reaktionen unterschiedlich miteinander vernetzt sein (vgl. auch Bruhn 2005: 24).

Hier stellt sich die Frage, welche Bedeutung die Interne Kommunikation aus theoretischer Perspektive auf die Beeinflussung solcher Reaktionen oder allgemein die Verhaltensweisen von Unternehmensmitgliedern hat und wie sich eine solche Einflussnahme gestalten kann. *Trommsdorff* betrachtet in diesem Zusammenhang, auf welche kognitiven Zustände – als von ihm für die Erklärung des Akteursverhaltens herangezogene Größen – mit internen Kommunikationsmaßnahmen abzuzielen ist. Zu diesen Größen zählt er *Aktiviertheit, Emotionen, Wissen, Einstellungen* und *Motive*, auf deren Grundlage sich das Verhalten der jeweiligen Akteure ergibt (1989: 22ff.). Als einen möglichen, auf diese Größen aufbauenden Prozess zur Gestaltung der Internen Kommunikation mit dem Ziel von Prozess- oder Verhaltensverbesserungen beschreibt er folgenden Ablauf:

Das erste Ziel im Rahmen der Internen Kommunikation ist die *Aktivierung*. Um eine ausreichende Aufmerksamkeit für die jeweiligen Themen zu erreichen, muss ein gewisses Maß an Aktivierung erreicht werden. Dabei hängt der Grad der zu erzielenden Aktivierung durch die Interne Kommunikation von der beabsichtigten Maßnahme ab. Demnach bedürfe eine Standardaktivierung einer geringeren Aktivierung als die Vermittlung strategischer Veränderungen. Mit dem Grad der Aktivierung ist wiederum das zweite Ziel der Internen Kommunikation, die *Emotionalisierung*, eng verbunden: Während Aktiviertheit noch keine spezielle Richtung beinhaltet, ist die Emotionalisierung ein interpretierter Erregungszustand im Sinne positiver oder negativer Gefühle. Dabei sollten nach *Oelert* mögliche, bereits erlebte Erfahrungen der Betroffenen bei Kommunikationsmaßnahmen berücksichtigt werden. Das dritte Ziel Interner Kommunikation ist wiederum die *Wissensbildung*, für das die jeweiligen Unternehmensmitglieder je nach Betroffenheit ein mehr oder weniger breites Wissen aufbauen müssen. Dazu sei wichtig, ihnen neben den entsprechenden Zusammenhängen zum Unternehmenskontext auch die Bedeutung für ihr eigenes Arbeitsumfeld zu vermitteln.

Hieran schließt sich das vierte Ziel, die *Einstellungsbildung* an. So sollten Unternehmensmitglieder im Rahmen der Kommunikation eine intendierte Einstellung entwickeln, die auf ein langfristiges und konsistentes Verhalten schließen lässt (vgl. hierzu auch Kapitel 3.2.1). Der letzte, innerhalb der Internen Kommunikation relevante und zu beeinflussende kognitive Zustand ist die *Motivansprache*. Hierunter wird die gezielte, kommunikative Ansprache von vorhandenen Motiven und Beweggründen für ein Verhalten verstanden. Die Art der angesprochenen Motive sei dabei von der jeweiligen Situation abhängig. So kann sowohl auf intrinsische als auch auf extrinsische Motive gezielt werden. Mit Blick auf die Interne Kommunikation von KMU stellt sich hier bereits die Frage, welche betrieblichen Akteure den hier beschriebenen Prozess initiieren und steuern könnten, was anhand der empirischen Untersuchung zu betrachten sein wird.

Oelert weist darauf hin, dass die genannten Zielkategorien nicht unabhängig voneinander bestehen, sondern sich vielmehr überschneiden und komplex zusammenspielen. So ist zum einen für eine zu erreichende Wissensbildung ein gewisser Aktivierungsgrad erforderlich, während zum anderen eine positive emotionale Emotionalisierung den Prozess der Wissensbildung und die Aktivierung beeinflusst (vgl. jeweils Oelert 2003: 44ff.).

Darüber hinaus betont *Oelert*, dass neben den *kognitiven Zuständen* auch die *kognitiven Prozesse* selbst zu analysieren sind, die den Veränderungen von Aktiviertheit, Emotionen, Wissen, Einstellungen und Motiven zugrunde liegen. Einen wichtigen Einfluss hierauf besitzen demnach wiederum die – unter 3.2.1 beschriebenen – Wahrnehmungsprozesse (2003: 47).

Das Spektrum möglicher Auswirkungen auf die sowie durch die jeweilige Kommunikation ist insgesamt sehr komplex und beinhaltet generell ein latentes Konfliktpotenzial. In der Literatur werden hierzu vielfältige *Kommunikationsbarrieren* überwiegend struktureller oder persönlicher Art thematisiert, die nachfolgend zusammenfassend dargestellt werden.[112]

So können etwa *Filter* die Kommunikation beeinflussen, wenn etwa persönliche Interessen oder Bewertungen in die Zusammenfassung einer weiterzugebenden Information einfließen. Dabei können sowohl Statusunterschiede ursächlich sein als auch mögliche Kenntnis- und Verständnisprobleme. *Robbins* geht davon aus, dass statusbezogene Filter vor allem in größeren Unternehmen auftreten werden (2001: 340). Ebenso

---

[112] Mögliche *Barrieren* einer Internen Kommunikation wurden bereits innerhalb der konzeptionellen Grundlagen der Internen Kommunikation in Kapitel 2.2 beschrieben.

kann eine selektive oder schemataorientierte Wahrnehmung die gesendeten oder empfangenen Kommunikationsinhalte verzerren. *Staehle* nennt darüber hinaus eine Reihe *organisatorischer Aspekte*, die sich in der Praxis als Kommunikationsbarrieren auswirken können, so etwa eine hohe Arbeitsteilung und Spezialisierung sowie Zielkonflikte, aber auch vorgefasste Meinungen, unterschiedliche Fachterminologien, unzuverlässige Informationsquellen, mangelnde Kommunikationsfähigkeit oder ein allgemein misstrauensgeprägtes Organisationsklima (1999: 306). Darüber hinaus nennt er jedoch auch eine Reihe von Aspekten, die den Erfolg von Kommunikationsprozessen positiv beeinflussen können: So kann etwa mittels einer Erhöhung der Objektivität der Informationsquellen, die Schaffung eines angstfreien Klimas oder die Berücksichtigung auch informeller Informationen eine bessere Kommunikation erreicht werden (1999: 308).

Viele dieser Einflussfaktoren auf die Kommunikation von Unternehmen können zudem auch aus einer akteursbezogenen Perspektive interpretiert werden. Nach Ansicht von *Funke-Welti* verfolgen die Organisationsmitglieder im Rahmen ihrer Kommunikation immer auch individuelle Interessen. Dazu stehen ihnen *Kommunikationsoptionen* zur Verfügung, die den Interessen der Kommunikation nicht unbedingt förderlich sein müssen, sondern diesen auch zuwider laufen können. Dabei sind die jeweiligen Kommunikationsstrukturen Ausdruck spezifischer Handlungskonstellationen auf der Akteursebene, die wiederum Ergebnis früherer Prozesse sind und laufenden Veränderungen unterliegen (2000: 59). Diese Erkenntnisse sind vor allem mit Blick auf die Kapitel 2.2 erwähnte, informelle Kommunikation von Bedeutung.

Das Ausmaß, in dem sich die hier beschriebenen Unschärfen und mögliche Störungen in der Kommunikation entwickeln können, wird nicht zuletzt von den in Kapitel 2.2 beschriebenen aufbau- und ablauforganisatorischen Bedingungen eines Unternehmens determiniert. Aus einer verhaltenswissenschaftlich-entscheidungsorientierten Perspektive wiederum lassen sich darüber hinaus Ansatzpunkte für Kommunikation innerhalb unternehmerischer Problemstellungen aufzeigen, welche die Bedeutung von Kommunikation als Managementinstrument unterstreichen: Ausgehend von der entscheidungsorientierten Annahme, dass Akteure aufgrund beschränkter Rationalität nicht optimale, sondern zufrieden stellende Entscheidungen bevorzugen, wird hier unter anderem gefolgert, dass von Organisationen entscheidungsrelevante Situationen typisiert wahrgenommen werden. Für die jeweiligen Typen von Situationen werden dann spezielle Handlungsprogramme entwickelt, die als Alternativen in wiederkehrenden Situationen herangezogen werden können. Hieraus ergeben sich nach Ansicht von *March/Simon* folgende, grundsätzliche Ansätze für Kommunikation als Instrument für Entscheidungen:

- Kommunikation hinsichtlich *nicht-programmierter Aktivitäten*,
- Kommunikation, die der *Initiierung von Handlungsprogrammen* dient,
- Kommunikation, die *Daten hinsichtlich der Anwendung von Strategien* liefert,
- Kommunikation, die als *Auslöser zum Hervorrufen von Handlungsprogrammen* dient sowie
- Kommunikation, die *Informationen über die Ergebnisse von Aktivitäten* liefert (vgl. jeweils March/Simon (1967), zitiert nach Theis 1994: 129f.)

Bezogen auf die aktuelle Themenstellung wird aus theoretischer Perspektive deutlich, dass Kommunikation gerade im Falle unsicherer oder neuer arbeitsrechtlicher Problemstellungen zu einem besseren betrieblichen Umgang mit den Vorschriften beizutragen vermag, indem über einen kommunikativen Austausch eine systematische und teils vorwegnehmende Betrachtung möglicher Probleme mit rechtlichen Anforderungen und unternehmerischer Antworten erreicht wird. Dabei können insbesondere unvorbereitete, arbeitsrechtliche Situationen vermieden werden, die ansonsten nur im Rahmen möglicher Weise suboptimaler Ad-hoc-Entscheidungen gelöst werden können.

In der Literatur zur individualen und organisationalen Kommunikation stehen überwiegend die zuvor beschriebenen, inhaltlichen Zusammenhänge von Kommunikation, wie etwa Botschaftsübermittlung und dabei auftretende Effekte, im Mittelpunkt des Interesses. Hinsichtlich theoretischer Erläuterungen zu ihrer strukturellen oder organisatorischen Gestaltung wird von den meisten Autoren auf entsprechende Organisationstheorien und deren Zusammenhänge etwa zu hierarchischen Gestaltungsformen Bezug genommen (vgl. etwa Bruhn 2005: 161ff.; Staehle 1999: 452ff., 577ff.; Robbins 2001: 345ff.). Hinsichtlich struktureller Gestaltungsansätze zur Internen Kommunikation sei an dieser Stelle auf die entsprechende Ausführungen zur Internen Kommunikation in Kapitel 2.2 verwiesen.

In der neueren Kommunikationsliteratur wird oftmals innerhalb einführender Betrachtungen darauf hingewiesen, dass man „nicht nicht-kommunizieren" kann, da jegliches Handeln von Individuen informationsgeladen ist. Übertragen auf die betriebliche Arbeitsrechtspraxis ließe sich hieraus folgern, dass auch in KMU über Arbeitsrecht zumindest latent oder in vermittelter Weise kommuniziert wird, auch wenn dieses unter Umständen nicht immer als Kommunikation erkennbar ist.

3.2.3.2 Konkretisierung von Untersuchungshypothesen

Auf Grundlage der konzeptionellen Betrachtungen zur Internen Kommunikation und den vorgestellten kommunikationstheoretischen Ansätzen lassen sich bezogen auf die *Verbreitung und Gestaltung der Kommunikation* in der Personalarbeit für die Untersuchung folgende Untersuchungshypothese ableiten:

12. In der Personalarbeit von KMU findet keine systematische Interne Kommunikation statt.
13. Gesammelte Erfahrungen werden nicht systematisch aufgegriffen und kommuniziert
14. Kommunikation dient in KMU primär der Vermittlung von Anweisungen.
15. In KMU dominiert eine Top-down-Kommunikation.
16. Der Inhabereinfluss auf die Arbeitsbeziehungen von KMU erschwert eine systematische Interne Kommunikation.

3.3 Hypothesenüberblick

Die in diesem Kapitel behandelten sozialpsychologischen, personalwirtschaftlichen und kommunikationsbezogenen Zusammenhänge sind im Rahmen der hier vorgenommenen, theoretischen Betrachtungen weitgehend voneinander isoliert betrachtet worden. Dieses diente in erster Linie einer übersichtlicheren Darstellung. Zwischen den einzelnen Aspekten bestehen jedoch in der Praxis –und in einem gewissen Umfang auch in der theoretischen Auseinandersetzung – bestimmte Zusammenhänge und Wechselwirkungen, indem etwa die sich entwickelnde Wahrnehmung der Vorschriften unter Einfluss personalwirtschaftlicher Konstellationen zustande kommt und auf diese rückwirkt. Ebenso entwickelt sich gerade auch die Interne Kommunikation organisationsspezifisch unter Einfluss sowohl personalwirtschaftlicher Grundhaltungen als auch individueller Wahrnehmungen.

In der nachfolgenden empirischen Untersuchung soll nun – sich orientierend am bereits vorgestellten Untersuchungsmodell und unter Berücksichtigung der hier erläuterten, theoretischen Erkenntnisse – die Gestaltung der betrieblichen Arbeitsrechtspraxis und Verfahrensweise im Umgang mit den Vorschriften untersucht werden.

Neben den wahrnehmungsbezogenen Einflüssen hierauf interessieren weiterhin auch die aus den Schilderungen der befragten Personalleiter identifizierbaren Kommunikationsoptionen in der Arbeitsrechtspraxis, um schließlich aufbauend auf diesen Erkenntnissen Ansatzpunkte für eine verbesserte, Interne Kommunikation in der Arbeitsrechtspraxis entwickeln und deren Eignung für einen eventuell deutlich werdenden, verbesserten Umgang mit den Vorschriften empirisch prüfen zu können.

Nachfolgend werden die Untersuchungshypothesen in einem Überblick zusammengefasst dargestellt (vgl. Tabelle 6):

Tabelle 6: Überblick über die Untersuchungshypothesen

Nr.	Bereich	Hypothesen
H1	Wahrnehmung und subjektive Orientierung	Das Arbeitsrecht wird vor allem in Kleinst- und Kleinunternehmen als einmischend empfunden.
H2		Personalleiter, die sich nicht mit dem Arbeitsrecht auseinander setzen, suchen hierfür unternehmensinterne Rechtfertigungen.
H3		Die Einflussnahme des Arbeitsrechts auf die Arbeitsbeziehungen in KMU führt zu Reaktanz der Personalverantwortlichen.
H4		Wahrgenommene Wissensdefizite führen zu argumentativer Abwehr gegenüber dem Arbeitsrecht.
H5	Gestaltung der Arbeitsrechtspraxis	Personalarbeit wird in KMU nur selten strategisch gestaltet.
H6		Die Kultur der Personalarbeit von KMU wird deutlich durch den Inhaber geprägt.
H7		Die gewählten, personalwirtschaftlichen Verfahrensweisen der KMU orientieren sich an Machtüberlegungen.
H8		Die Auseinandersetzung der KMU mit dem Arbeitsrecht erfolgt wenig systematisch und eher anlassbezogen.
H9		KMU nutzen nur einen Teil der sich bietenden, arbeitsrechtlichen Instrumente.
H10		Eine unsystematische Arbeitsrechtsanwendung erzeugt Unruhe.
H11		Reaktanz gegenüber arbeitsrechtlichen Vorschriften erzeugt kontraproduktiven Aufwand.
H12	Kommunikation in der Personalarbeit	In der Personalarbeit von KMU findet keine systematische Interne Kommunikation über Arbeitsrecht statt.
H13		Gesammelte Erfahrungen werden nicht systematisch aufgegriffen und kommuniziert
H14		Kommunikation dient in KMU primär der Vermittlung von Anweisungen.
H15		In KMU dominiert eine Top-down-Kommunikation.
H16		Der Inhabereinfluss auf die Arbeitsbeziehungen von KMU erschwert eine systematische Interne Kommunikation.

Quelle: Eigene Darstellung.

4 Empirische Untersuchung

In diesem Kapitel wird nun, aufbauend auf den bereits darstellten Ergebnissen der empirischen Voruntersuchung in Kapitel 2.3 dieser Arbeit, die weiterführende *empirische Hauptuntersuchung* zur Kommunikation in der Arbeitsrechtpraxis von KMU vorgestellt.

4.1 Weitere methodische Vorgehensweise

Die methodischen Grundlagen zur Auswertung von Experteninterviews sind bereits im Zusammenhang mit der empirischen Voruntersuchung ausführlich beschrieben worden. Innerhalb des folgenden Abschnittes soll nun das *methodische Vorgehen* innerhalb der Konzeption und Durchführung der eigenständigen Hauptuntersuchung beschrieben werden, in deren Rahmen die bisherigen Ergebnisse vertieft und um den Fokus auf die Gestaltung der Internen Kommunikation im Rahmen der Arbeitsrechtspraxis erweitert werden. Im weiteren Verlauf soll dabei am vorliegenden Beispiel betrachtet werden, welchen Beitrag die Interne Kommunikation als ein ursprünglich rein marketingbezogenes Instrument, sich an dem Ansatz einer marktorientierten Unternehmensführung (vgl. etwa Homburg/Krohmer 2006: 10, 1315ff.) orientierend, auch in anderen betrieblichen Funktionsbereichen zu liefern vermag.

4.1.1 Beschreibung der weiterführenden Vorgehensweise

Das Erkenntnisinteresse der Hauptuntersuchung gilt zum einen der genauen Gestaltung der Arbeitsrechtspraxis von KMU. Hierbei soll, vor dem Hintergrund der konzeptionellen und theoretischen Grundlagen, überprüft werden, welche größen- und kulturbedingten Besonderheiten bei dem individuellen Umgang der Akteure mit dem Arbeitsrecht festgestellt werden können. Zum anderen soll hierbei, auf Basis empirischer Informationen, analysiert werden, in welchem Umfang in der Personalarbeit von KMU über Arbeitsrecht kommuniziert wird und welche Besonderheiten und möglichen Probleme auch hier identifiziert werden können. Hierzu werden die zuvor dargestellten Hypothesen empirisch überprüft, mit dem Ziel, auf Basis der dabei deutlich werdenden betrieblichen Verfahrensweisen im weiteren Verlauf der Arbeit Implikationen für eine gezielte und verbesserte Interne Kommunikation der KMU zu entwickeln.

Die empirische Grundlage dieser Hauptuntersuchung bilden die größenbezogen ausgewählten Experteninterviews mit Kleinst-, Klein- sowie mittelgroßen Unternehmen des Forschungsprojektes *Arbeitsrecht in der betrieblichen Anwendung*. Im Ergebnis konnten dabei die verschiedenen, interessierenden Verfahrensweisen und Problemstellungen von 21 Klein- und mittelgroßen Unternehmen, ergänzt um die 12 gesondert befragten Kleinstbetriebe (vgl. Kapitel 2.3.2.1), ausführlich herausgearbeitet und analysiert werden. Die Daten der in der Voruntersuchung in Kapitel 2.3 betrachteten 21 Großunternehmen mit 250 und mehr Beschäftigten werden dabei nicht mehr berücksichtigt.

4.1.2 Praktische Vorgehensweise bei der Auswertung

Wie beschrieben, wurden für die Hauptuntersuchung aus der Gesamtstichprobe, sich an der in Kapitel zwei dargestellten EU-Definition orientierend, größenbezogen die zum Bereich der KMU zählenden Betriebe separiert und in das Textanalysesystem *MAXQDA* eingelesen, das sich gegenüber anderen Programmen als besonders innovativ und gleichzeitig anwenderfreundlich erwiesen hat.

Das computergestützte Vorgehen ermöglichte eine systematische und reproduzierbare Untersuchung der umfassenden Interviewprotokolle. Die Software selbst stellt dabei nur ein Hilfsmittel dar, das den Auswertungsprozess unterstützt, während die Betrachtung und Interpretation der einzelnen Interviewpassagen und ihre anschließende Codierung durch den Forscher selbst vorgenommen wird. Trotz gestiegener Möglichkeiten automatischer Codierverfahren, wie etwa mit Hilfe einer automatischen Begriffssuche, stand, wie in den meisten qualitativen Analysen, auch in der vorliegenden Untersuchung die so genannte *intellektuelle Codierung* im Mittelpunkt. Unter dem Begriff des *Codierens* ist dabei allgemein zunächst eine Zuordnung von Auswertungskategorien zu relevanten Textpassagen zu verstehen. Der Code selbst stellt einen Bezeichner dar, der den entsprechenden Textstellen zugeordnet wird. Hierbei kann es sich sowohl um ein einzelnes Wort, wie etwa „stören", oder auch eine bestimmte Wortkombination, wie etwa „störende Vorschriften", handeln. Die vorgenommene Codierung ist dabei Ergebnis der jeweiligen menschlichen Interpretationsleistung im Zuge einer *Zeile-für-Zeile-Analyse* der gesamten Interviewprotokolle (vgl. auch Kuckartz 2007:57f.).

Um aus dem mit insgesamt 63 Fragen sehr umfangreichen Fragenkatalog besonders interessante und für die Fragestellung ergiebige Themenbereiche und Fragen zu identifizieren, wurden die ersten Interviews zunächst durchgängig analysiert, um aus den geschilderten Problemstellungen, Sichtweisen und Verfahrensweisen der Interviewpartner geeignete Kategorien zu entwickeln, welche die konzeptions- und theoriegeleiteten Kategorien ergänzen und anreichern. Im Ergebnis wurde ein Kategoriensystem[113] zur Analyse aller Interviews und zur Überprüfung der Untersuchungshypothesen entworfen, das sowohl auf den konzeptionellen und theoretischen Erkenntnissen aufbaut und darüber hinaus bislang nicht abgedeckte Aspekte mit erfasst, die sich erst im Rahmen der Analyse der

---

[113] Zum Zusammenhang von Auswertungskategorien und der Gestaltung von Interviewleitfäden vgl. *Kuckartz* (2007: 85ff.).

Interviewaussagen der Interviewpartner ergeben haben. Das Kategoriensystem gliedert sich in vier übergeordnete Bereiche:

1. Wahrnehmung und subjektive Einflüsse,
2. Vorgehensweisen,
3. Kommunikationszusammenhänge,
4. Ressourcen und Rahmenbedingungen.

Die Codes des Kategoriensystems besitzen im Zuge der Analyse der Texte mehrere Funktionen. So dienten sie zu Beginn der Interviews zunächst als „explorative Hinweisschilder" für eine immer weiter zu verfeinernde Analyse, um für relevante Äußerungen entsprechende Passagen festzuhalten und die Begriffe einer späteren Analyse und Interpretation zugänglich zu machen. Darüber hinaus ermöglichten die Codes als quasi Indikatoren auch eine theoretische Durchdringung der Daten. *Kuckartz* unterscheidet hierbei drei Arten von Codes: *Codes als Wegweiser* für interessierende Passagen, Faktencodes, die objektive Gegebenheiten zum Ausdruck bringen, sowie bewertende Codes, bei denen auf Grundlage eines entsprechenden Hintergrundwissens und Codierkenntnissen bestimmte *Einstufungen von Interviewaussagen* vorgenommen werden (2007: 61f.).

Im Zuge einer genauen Analyse wurde dann das entwickelte Kategoriensystem zur Anwendung gebracht. Dabei ermöglichen nach Abschluss der Codierung insgesamt mehr als 1.200 Fundstellen eine genaue Herausarbeitung individueller Sichtweisen, Verfahrensweisen und Problemlagen zum Umgang mit dem Arbeitsrecht und der Kommunikation in der Personalarbeit von KMU. Hierbei wurden weitgehend deskriptive Ergebnisse angestrebt, die eine empirische Grundlage bilden für die spätere Entwicklung von Implikationen zur Optimierung der Internen Kommunikation in der Arbeitsrechtspraxis.

Für die Interpretation und Analyse der codierten Texte standen in *MAXQDA* weitere vielfältige und zuverlässige Analysetools zur Verfügung, die neben einem Überblick über die dem Kategoriensystem zugeordneten Einzelaussagen sowie -phänomene auch interessierende Zusammenhänge, wie etwa zwischen einer geschilderten Vorgehensweise und an anderen Stellen des Interviews deutliche werdenden Problemen eines Unternehmens, erkennbar machen.[114]

Dazu konnten im Rahmen eines *einfachen Retrievals* zunächst alle Segmente einer Kategorie zusammengestellt werden, so etwa alle positiven Wahrnehmungen des Arbeitsrechts durch die Interviewpartner oder die Nutzung bestimmter, arbeitsrechtlicher Instrumente in einem Unternehmen. Als Ergebnis steht ein Überblick über die quasi empirisch ausgefüllten Einzelkategorien zur Verfügung. Dabei können insgesamt mehr als 140 Kategorien empirisch überprüft werden.

Mit Hilfe eines *kontrastierenden Retrievals* wurden wiederum zwei oder mehrere Kategorien einander gegenübergestellt, um mögliche Zusammenhänge identifizieren zu können, so etwa zwischen einer negativen Wahrnehmung und einem möglicher Weise außer Acht lassen des Arbeitsrechts. Dabei wurden mögliche Beziehungen zwischen Codes oder Codierungen untersucht (vgl. hierzu im Einzelnen Kuckartz 2007: 110ff., 159f.). Insgesamt entstand im Rahmen der fortschreitenden Analyse ein immer besserer Überblick über die verschiedenen empirischen Zusammenhänge. Dabei konnten etwa auch erste Muster in den Aussagen der Personalleiter identifiziert werden, die sich entweder aus Regelmäßigkeiten ihrer Antworten oder aber auch aus sich ergänzenden Aussagen zu verschiedenen Sachverhalten ergaben und somit ein immer genaue-

---

[114] Zur Qualitätsüberlegungen innerhalb qualitativer Untersuchungen vgl. etwa *Helfferich* (2005).

res Bild über die Gestaltung der Arbeitsrechtspraxis und Kommunikation in der Personalarbeit boten. Codiert und analysiert wurden neben den Antworten auf gezielte Leitfadenfragen ferner vor allem auch geeignete Interviewpassagen, die sich in den Experteninterviews in anderen Zusammenhängen ergeben haben und dennoch einen wichtigen Beitrag für ein Nachvollziehen der jeweiligen Fragestellungen leisten konnten. Der so über die Breite der betrachteten Zusammenhänge erzielte Informationsgewinn führte jedoch dazu, dass nicht alle identifizierten Äußerungen und Phänomene entsprechend über alle Interviews hinweg ausgezählt werden konnten, da diese oftmals nur individuell erkennbar waren. Die entsprechenden Zuordnungen und Verteilungen der Codierungen zu den einzelnen Kategorien können jedoch, jeweils größenbezogen, aus den Code-Matrix-Darstellungen nachvollzogen werden.

Bei der Analyse der codierten Interviews konnte jeweils *zwischen Kleinst-, Klein- und Mittelunternehmen* unterschieden werden, um mögliche Unterschiede ausweisen zu können. Dazu wurden die Interviews zu Beginn der Analyse entsprechenden Textgruppen für kleine und mittlere Unternehmen zugeordnet, die dann in den einzelnen Analyseschritten aktiviert oder deaktiviert wurden.

Die zugrunde gelegte Stichprobe setzt sich wie folgt zusammen: Es wurden 12 Kleinstbetriebe mit bis zu neun Beschäftigten, 16 Kleinbetriebe mit bis zu 49 Beschäftigten sowie fünf mittelgroße Unternehmen mit bis zu 249 Beschäftigten untersucht. In der untersuchten Teilstichprobe waren die Branchen „Dienstleistung" (15 Betriebe), „Produzierendes Gewerbe" (sieben Betriebe), „Bau/Handwerk" (fünf Betriebe), „Handel" (drei Betriebe) sowie „Sonstige" (drei Betriebe) enthalten.[115]

---

[115] Ein detaillierter Überblick ist dem Anhang beigefügt. Die Zugehörigkeit der befragten Unternehmen zu Kleinst-, Klein- oder Mittelunternehmen ist inner-

Nach Abschluss der Codierung wurde mit Hilfe geeigneter Auswertungstools wie insbesondere einer entsprechenden Code-Relations-Matrix ein systematischer Überblick über die vergebenen Codierungen vorgenommen, der die damit verbundenen empirischen Verteilungen und Relevanzen der Problemlagen entsprechend verdeutlicht.

Hierdurch ist es möglich, im Rahmen der folgenden Darstellung und Beschreibung ausgewählter Ergebnisse mit beispielhaften Interviewpassagen zu arbeiten, welche die Vielzahl vergleichbarer, hier aus Gründen des Umfanges nicht insgesamt darstellbarer Zitate entsprechend repräsentieren. Im Zuge einer verantwortungsvollen Interpretation sind dazu, neben besonders informativen Passagen, lediglich stellvertretende, gerechtfertigte und damit quasi typische Beispiele aus dem Gesamtspektrum der betrieblichen Praxis dargestellt.

Aufgrund der in weiten Bereichen gezielt offenen Herangehensweise an die Interviews ergab sich bei der Auswertung zum Teil das Problem, dass etwa bestimmte Einzelgesetze oder Anforderungen, deren Anwendung untersucht werden sollte, vielen Interviewpartner nicht unbedingt bekannt waren, so dass lediglich die Nicht-Kenntnis als Ergebnis festgehalten werden konnte. Ebenso war damit umzugehen, dass in den Betrieben zum Teil so wenig über Arbeitsrecht kommuniziert zu werden scheint, dass sich lediglich aus einzelnen Praxiszusammenhängen Erkenntnisse zur Kommunikation direkt ergeben, was bereits jenseits einer angestrebten Analyse der Gestaltung der Kommunikation ein Ergebnis als solches darstellt. Hinsichtlich des deskriptiven Charakters der Untersuchung sei an dieser Stelle nochmals darauf hingewiesen, dass diese Ausrichtung eine *Konsequenz des Interesses an interessierenden Bewertungen, Pro-*

---

halb der zitierten Antworten anhand der anonymisierten Unternehmensbezeichnungen (Kleinst, Klein, MU) ersichtlich.

zessen und Problemlagen darstellt, um ein empirisches Fundament für die Entwicklung von Implikationen zu erarbeiten, das weniger eine Erkenntnis komplexer, individueller Zusammenhänge unternehmerischer Situationen erfordert, als vielmehr Kenntnis verallgemeinerbarer betrieblicher Rahmenbedingungen. Empirisch kann diese Verallgemeinerbarkeit erreicht werden, indem sich die Auswahl der befragten Betriebe anhand größen- und branchenbezogener und damit struktureller Kriterien vorgenommen wurde und somit davon ausgegangen werden kann, dass sich die Lage in *strukturell vergleichbaren*, nicht befragten Betrieben ähnlich gestaltet.

4.2 Darstellung der Ergebnisse

4.2.1 Beschreibung ausgewählter Ergebnisse

Nachfolgend werden nun zentrale Ergebnisse zur Wahrnehmung und Kommunikation in der Arbeitsrechtspraxis dargestellt. Dabei wird, wie beschrieben, mit beispielhaften Zitaten gearbeitet, die jedoch nach eigener Einschätzung das Gesamtspektrum der angesprochenen Motivationen und Verfahrensweisen optimal abbilden. Dabei wird in einigen Bereichen auf eine entsprechende Nennung genauer Häufigkeiten verzichtet, wenn zu den jeweiligen Themen von anderen Interviewpartnern keine entsprechenden oder eindeutigen Aussagen gemacht wurden.

4.2.1.1 Genereller Überblick zu den Ergebnissen

Es konnten insgesamt umfassende Ergebnisse zur Frage der Gestaltung der betrieblichen Arbeitsrechtspraxis in KMU und der dabei stattfindenden internen Kommunikation zwischen Personalleitern und anderen betrieblichen Akteuren erarbeitet werden. Im Wesentlichen sind dabei drei Hauptbereiche ausführlich untersucht worden, die in den nächsten Abschnitten entsprechend dargestellt werden. Im *ersten Bereich* interessierte die Frage, wie das Arbeitsrecht von den verantwortlichen Akteuren in den KMU *wahrgenommen* wird und welche weiteren *subjektiven Orientierungen* gegebenenfalls zu einem problematischen Umgang mit dem Arbeitsrecht und vermeidbaren Problemen für die Unternehmen führen. Hierzu wurden aufbauend auf den Ergebnissen der empirischen Voruntersuchung, geeignete Interviewpassagen der um die Kleinstbetriebe erweiterten Teilstichprobe vertiefend untersucht. Innerhalb des *zweiten Bereiches* wurde betrachtet, wie sich – unter anderem beeinflusst durch die angesprochenen subjektiven Orientierungen – die *Arbeitsrechtspraxis* in den KMU im Einzelnen gestaltet. Dabei wurde etwa Frage nachgegangen, inwieweit mögliche, von den Interviewpartnern geäußerte Probleme mit dem Arbeitsrecht etwa auf eine problematische, wie zum Beispiel unsystematische Anwendung der Vorschriften oder ein Nichtnutzen von Möglichkeiten, zurückgeführt werden kann.

Im *dritten Bereich* schließlich wurde analysiert, wie sich die *Interne Kommunikation* der Akteure bei ihrem Umgang mit dem Arbeitsrecht gestaltet. Vor allem interessierte dabei, welche verschiedenen Akteure in der Personalarbeit von KMU über welche arbeitsrechtlichen Zusammenhänge kommunizieren und wie sich die jeweiligen Kommunikationsprozesse gestalten. Dabei wurde etwa untersucht, wie systematisch in den Betrieben über das Arbeitsrecht gesprochen wird und welche kommunikationstypischen Fehler oder Verzerrungen, wie etwa durch einen möglichen Inhabereinfluss, dabei feststellbar sind. Dabei war weiterhin von besonderem Interesse, inwieweit in den KMU ein entsprechendes Bewusstsein für die Bedeutung einer systematischen Internen Kommunikation innerhalb der betrieblichen Aufgabengestaltung besteht. Dabei wurde gezielt nach empirischen Anhaltspunkten gesucht, auf deren Grundlage im nachfolgenden Kapitel mögliche Implikationen für eine Verbesserung der Internen Kommunikation entwickelt werden können, die den identifizierten Besonderheiten und Anforderungen der KMU gerecht zu werden vermögen. Die Implikationen sollen hierbei insgesamt dazu beitragen, als Alternative zu den häufig fehlenden arbeitsrechtlichen Ressourcen in KMU mit Hilfe der Internen Kommunikation als einem ursprünglich klassisch marketingorientierten Instrument der Unternehmensführung zu einem besseren Umgang mit arbeitsrechtlichen Vorschriften zu finden.

Bei den Analysen wurde, neben den erwarteten unterschiedlichen Ressourcen der KMU, zudem ein oftmals unterschiedlich systematisches Vorgehen sowohl in der Kommunikation über als auch in der Anwendung von Arbeitsrecht deutlich. Mit Blick auf die Kommunikation und Gestaltung der Personalarbeit interessierte dabei vor allem, welche Akteure in den verschieden großen Unternehmen mit der Personalleitung betraut sind, weil sich hieraus wichtige Rahmenbedingungen sowohl für die Zusammenarbeit als auch konkrete Kommunikationsschnittstellen ergeben.

So zeigt sich, dass in der überwiegenden Mehrzahl der verschiedenen KMU die Aufgabe der Personalleitung vom jeweiligen Inhaber oder der Geschäftsführung wahrgenommen wird. Lediglich in zwei mittleren Unternehmen sind separate Stellen eines Personalleiters mit entsprechenden Mitarbeitern vorhanden, die der jeweiligen Geschäftsleitung untergeordnet sind. Darüber hinaus wird deutlich, dass in allen Größenklassen der KMU weitere Teilzuständigkeiten für Teile der Personalarbeit aufgeteilt wurden, wie nachfolgende Interviewaussagen beispielhaft zeigen:

„Wir sind zwei Partner. Ich mache den praktischen Teil. Und was das Arbeitsrecht anbetrifft, wenn es dann in die Tiefe gehen muss aus verschiedenen Gründen, das macht mein Partner. Ansonsten sage ich einmal oberflächlich. Aus dem einfachen Grund, was also die Tiefe anbetrifft, dadurch, dass es immer einmal wieder Änderungen gibt, muss man sich sehr intensiv damit befassen." (23_KU)

PL: *„Das heißt auch, wir hier sind im Grunde genommen eigenständig, aber sind eben über Controlling und Reporting genauso an die Muttergesellschaft angekoppelt. Aber wir können schon relativ eigen-*

ständig entscheiden, wo der Weg lang geht. Wichtig ist, dass die Zahlen stimmen." INT: *"...auch in der Personalarbeit?"* PL: *"Ja."* (04_KU)

"Ich bin da zwar nicht formal Geschäftsführer, das gehört eben auch zu dieser [Firmenname]-Geschichte, das ist ein [Firmenname]- Mensch, der, der hat eben 45 Geschäftsführungen in Deutschland, kümmert sich aber im Einzelnen nicht um das Geschäft. Der ist eigentlich handelsregistermäßig eingetragen." (01_KU)

INT: *"Wer ist für die Personalarbeit in Ihrem Unternehmen zuständig?"* PL: *"Im Unternehmen ist es die GF, aber in unserem Betriebsort, was das Studio in Hamburg zum Beispiel ist, bin ich das. [...] Aber die größeren Entscheidungen trifft der Geschäftsführer, zum Beispiel der Studioleiter, Assistent der GF oder fest eingestellte Projektleiter."* (09_Kleinst)

Hierbei ist *kein größenbezogenes Muster erkennbar*, nach dem diese Zuständigkeiten vergeben sind. Aus dieser überwiegenden Aufgabenaufteilung innerhalb der Personalarbeit ergeben sich entsprechende Kommunikationsbedarfe und Abläufe, die in Abschnitt 4.2.1.4 näher betrachtet werden.

Generell weisen die Aussagen der verschiedenen Personalleiter auf eine sehr unterschiedlich gestaltete Arbeitsrechtspraxis sowie ein insgesamt eher intuitives und oftmals objektiv betrachtet unsystematisches Agieren der KMU hin. Trotz der allgemein deutlich gewordenen Wertschätzung des Arbeitsrechts, gerade auch in KMU, zeigen sich in vielen Unternehmen und Bereichen vermeidbare Probleme mit dem Arbeitsrecht, zu denen nachfolgend ausgewählte Ergebnisse im Detail vorgestellt werden.

4.2.1.2 Wahrnehmung des Arbeitsrechts und subjektive Orientierungen

Das Arbeitsrecht wird von den Personalleitern der KMU, übergeordnet betrachtet, weitgehend akzeptiert. Dahingehend bestätigen die Analysen die Ergebnisse der in Kapitel 2.3 dargestellten Voruntersuchung im Wesentlichen. Das Arbeitsrecht wird als sinnvoll angesehen und vor allem dessen Schutzfunktion hervorgehoben:

"Also, ich finde das Arbeitsrecht ist unheimlich wichtig, weil es ja eigentlich den Abhängigen davor schützen soll, ausgenutzt zu werden, weil er eigentlich in seiner Entscheidung nicht frei ist. Denn Recht haben und Recht bekommen sind zweierlei Dinge. Und Recht haben und sein Recht gegenüber einem Vorgesetzten, einem Menschen, der das monatliche Gehalt überweist, was Existenz bedeutet, durchzusetzen, kann nur mit Hilfe von Arbeitsrecht gelebt werden. Aber es wird nicht genügend gelebt, weil der Einzelne viel zu große Angst hat, eben ins Fettnäpfchen zu treten und sein Recht durchzusetzen." (31_KU)

"Also, notwendig ist ganz gut, ja. Das ist halt ein juristisches Thema und wenn es keine Einigung gibt, brauche ich ein Recht, was niedergeschrieben ist. Und deshalb ist es notwendig, auch wenn man das nicht unbedingt möchte." (28_MU)

"Ja, ich sage mal, das Arbeitsrecht ist ja nicht nur zum Schutze des Arbeitnehmers da, sondern regelt ja auch das Miteinander zwischen Arbeitgeber und Arbeitnehmer. Und es ist schon so, dass es für den Arbeitgeber halt auch ganz sinnvoll sein kann, sich an einem, an einem Gerüst lang zu hangeln, wenn es um Klärung von konkreten Fragen geht. Also zum Beispiel, arbeitet der Arbeitnehmer denn wirklich genug?" (04_KU)

"Zum Beispiel, unsere Europazentrale sitzt in Mailand, da können Sie nicht mal eben die Produktion hochfahren, saisonbedingt. Das wird sofort abgeblockt, da muss man Leute einstellen, kann man nicht mehr entlassen, geht nicht. Also die Hindernisse haben wir nicht mehr bei uns, ganz klar. Also ich denke mal, ohne dass ich jetzt also wirklich im kleinsten Detail ... ohne dass ich jetzt wirklich Großbetriebe kenne, also für den Mittelstand ist es nicht soo schlimm aus meiner Sicht, wie es immer dargestellt wird." (01_KU)

Viele Interviewpartner vermitteln, übergeordnet betrachtet, eine überwiegend gelassene Beurteilung des Arbeitsrechts als solches. Die Analysen zeigen jedoch deutlich, dass sich die Wahrnehmung arbeitsrechtlicher Vorschriften, bezogen auf das eigene Handlungsfeld, wiederum relativ vielschichtig und durchaus kritisch gestaltet. So verdeutlichen die Aussagen vieler Interviewpartner, dass trotz der globalen Akzeptanz des Arbeitsrechts die individuell zu beachtenden Vorschriften und der mit der Auseinandersetzung verbundene Aufwand mitunter als störend empfunden werden, wie nachfolgende Aussagen beispielhaft belegen:

"Das heißt, wenn Sie Mitarbeiter haben, die schon länger da sind oder auch vielleicht noch nicht so lange da sind, es ist egal, ob ein oder zwei Jahre, und die sind in der Leistung schlecht und machen viele Fehler, dann müssen Sie dem erst mal immer jeden Fehler nachweisen. Dann müssen Sie es schriftlich niederlegen, dass er den Fehler gemacht hat, dann noch mal, dann noch mal, dann mahnen Sie ihn vielleicht ab, dann mahne ich ihn noch mal ab. Sie dürfen ihn nicht das zweite Mal wegen was anderem abmahnen. Das muss zweimal der gleiche Fehler sein." (20_KU)

"Es gibt sicherlich auch andere Möglichkeiten, nur der Markt funktioniert anders, als der Gesetzgeber das hier formuliert hat. Der Markt erfordert von uns sofortiges schnelles Reagieren, schnelles Reagieren, flexibles Arbeiten und das ist mir den Regelungen fast unmöglich." (34_MU)

<u>INT:</u> *"Können Sie Beispiele nennen?"* <u>PL:</u> *"Nein. Ich ignoriere es einfach, weil es mich nicht interessiert und weil ich nicht in Verlegenheit gekommen bin, damit in irgendeiner Form in Berührung zu kommen. Ähm, wahrscheinlich würde es das Unternehmen in irgendeiner Form beschneiden. Klar! Für mich als GF bin ich mir ziemlich sicher, dass es eher negative Folgen hat als positive."* (07_Kleinst)

"Wenn du zum Arbeitsgericht musst, da brauchst du gar nicht erst hinzugehen. Da hast du schon verloren. Aber ich bin ja so lange ich selbständig bin noch nie vorm Arbeitsgericht gewesen." (02_Kleinst)

Dabei stört viele Interviewpartner vor allem die *Komplexität* der zu beachtenden Vorschriften, wie folgende, exemplarische Aussagen zeigen:

"Also, Nachteil würde ich einfach sagen.. teilweise zu komplex und ..zu übergeregelt ... überreguliert, dass man da noch wirklich als jemand, der sich nicht dauernd damit beschäftigt, da noch durchblicken kann. Das würde ich eindeutig als Nachteil sehen. Und dann in der Folge wahrscheinlich auch darauf die entsprechende Rechtsprechung." (05_KU)

"Wenn man wüsste, was in den nächsten Jahren passiert, das heißt also, wenn die Politik einmal eine klare Linie fahren würde, dann würde man auch da noch mehr ausbauen, aber ich kann es nicht, weil ich nicht weiß, was Morgen ist." (23_KU)

<u>Überprüfung der Hypothese H1:</u>

Unter Berücksichtigung der Ergebnisse empirischen Voruntersuchung lässt sich die Untersuchungshypothese H1: *"Das Arbeitsrecht wird vor allem in Kleinst- und Kleinunternehmen als einmischend empfunden."* nur **zum Teil bestätigen**, da deutlich wurde, dass arbeitsrechtliche Vorschriften, neben einem deutlichen Teil der Kleinst- und Kleinunternehmen, auch von einigen mittelgroßen Unternehmen als teilweise einmischend wahrgenommen werden. Hierbei können jeweils unterschiedliche größenbezogene Ursachen einen Einfluss besitzen: Während sich einige Kleinst- und Kleinbetriebe durch die Vorschriften aufgrund von Vermutungen mangels eigener Erfahrungen oder Kenntnisse eingeengt sehen, können in den betreffenden mittleren Unternehmen oftmals größere Kenntnisse über die Vorschriften oder häufigere Erfahrungen bei ihrer Anwendung vorhanden sein, wodurch die Wahrnehmung jeweils entsprechend beeinflusst werden kann.

Schemataorientierte Wahrnehmung:

Die Wahrnehmung des Arbeitsrechts gestaltet sich in vielen Bereichen *schemataorientiert*. So ist vor allem in den kleineren KMU-Größen die überwiegend pauschal vorgenommene Einschätzung recht verbreitet, dass eine Kündigung etwa problematischer Beschäftigter nicht oder nur schwer möglich sei – ohne dass dies jedoch unbedingt dazu führt, auf Einstellungen zu verzichten. Die Zusammenhänge, in denen diese Annahmen geäußert wurden, lassen jedoch vermuten, dass dabei nicht unbedingt auf realistisch schwierige, den Interviewpartnern bekannte arbeitsrechtliche Details im Zusammenhang mit Beendigungen Bezug genommen wird, sondern die Annahme eher pauschal und auf Basis einer fehlenden Auseinandersetzung mit den rechtlichen Anforderungen zustande kommt:

> *„Ja, die Flexibilität fehlt. Das ist das. Bevor ich jemanden einstelle, überleg ich mir schon dreimal, bevor ich ihn einstelle. Weil, ich hab ja, ich muss doch genauso auch die Chance haben, ihn wieder los zu werden, wenn das wirtschaftlich nicht mehr die Lage, die Lage nicht mehr so da ist, ihn zu beschäftigen." (04_Kleinst)*
>
> *„Das ist ja immer das Problem mit dem Kündigungsschutz, du wirst die Leute nicht los. Natürlich kann man sie befristet einstellen und so*

> *weiter, aber grundsätzlich es ist nicht so einfach, habe ich jedenfalls bisher immer von meinem Anwalt gehört."* (10_ Kleinst)
>
> *"Ja, indem ich zum Beispiel nicht den Mitarbeiter einstellen kann, den ich will. Indem ich, sage ich einmal, wenn ich viel Arbeit habe, keinen Mitarbeiter einstellen werde, weil ich ihn nicht wieder loswerden würde, wenn es dann enger wird."* (23_KU)
>
> *"Also, was ich zum Beispiel problematisch finde ist, dass ich mich von Low Performern nur sehr, sehr schwer trennen kann, und die das auch im Grunde wissen. Das halte ich im Arbeitsrecht jetzt definitiv für schwierig und das macht auch natürlich den Umgang mit gewissen Leuten schwierig."* (35_MU)

Derartige, pauschale Annahmen werden nicht nur im Zusammenhang mit Beendigungsüberlegungen angestellt, sondern fallen auch in diversen anderen personalwirtschaftlichen Zusammenhängen des Arbeitsrechts auf:

> *"Das kann ich nicht beurteilen weil ich nicht mal weiß, worüber alles geklagt wird. Aber es ist definitiv zu viel."* (07_Kleinst)
>
> *"Ja, wir haben im Tarifvertrag auch die Kündigungszeit aufgeführt, wann gekündigt werden kann, welche Kündigungszeiten. Obwohl das ja eigentlich Quatsch ist."* <u>INT:</u> *"Warum?" „Ich kann ja ... ich kann ja nicht kündigen. Da stehen zwar Kündigungszeiten drin, aber ich kann nicht kündigen. Das heißt also, wenn ich jetzt jemanden kündige, ja, und der geht zum Arbeitsgericht und macht eine Kündigungsschutzklage, bin ich schon Letzter."* (12_KU)

In der empirischen Voruntersuchung ist bereits aufgezeigt worden, dass die Präsenz des Arbeitsrechts in KMU eher zurückhaltend beurteilt wird. Auch die weiteren Analysen zeigen, dass sich einige KMU oftmals nur wenig an das Arbeitsrecht gebunden sehen, was jedoch weniger mit den aufgrund des Unterschreitens bestimmter Schwellenwerte für KMU nicht relevanten Vorschriften als vielmehr mit deutlich werdenden, geringeren Kenntnissen zusammenhängen kann:

> *"Also, was ich jetzt die letzten Monate, Jahre sagen kann, eigentlich wüsste ich jetzt nicht, dass irgendwas wichtig wäre vom Arbeitsgesetz her."* (30_KU)

Als bedenklich sind dabei gerade auch deutlich werdende Wissensdefizite in Kleinstunternehmen im Bereich der Schwellenwerte des Kündigungsschutzgesetzes zu bewerten, die gerade für diese eine besondere Bedeutung besitzen und daher bekannt sein sollten:

> INT: „Was halten Sie von dem Vorschlag, dass der Kündigungsschutz für neueingestellte Arbeitnehmer nur noch für Betriebe ab 21 Beschäftigte gelten soll?" PL: „Ja, keine Ahnung, spielt keine Rolle. Nun ob 21 Beschäftigte oder ein paar weniger. Allgemein denke ich jedoch gut." (08_Kleinst)

> „Da habe ich keine Meinung dazu. Ich weiß nicht, ob man das an irgendeiner Zahl festmachen kann. Und was ist mit den anderen?" (09_Kleinst)

Allgemein wird bei der Analyse der Interviewprotokolle deutlich, dass die Personalleiter oftmals von zumindest widersprüchlichen, mitunter jedoch auch kritischen Annahmen ausgehen, wie etwa folgender Interviewpartner eines Kleinstbetriebes zeigt, der bei der Frage nach der Präsenz des Arbeitsrechts davon ausgeht, durch die Nutzung freier Mitarbeiter keine arbeitsrechtlichen Vorschriften beachten zu müssen:

> „..ehrlich gesagt, ist es völlig irrelevant, einfach weil die Personen, mit denen wir zusammen arbeiten oder besser gesagt unsere Mitarbeiter, ja nicht fest angestellt sind." (09_Kleinst).

> „Wir würden uns ausschließlich für freie Mitarbeiter entscheiden, da es bei uns in der Branche üblich ist, an einer längerfristigen Bindung an den Mitarbeiter interessiert zu sein. Das hat auch was mit Menschführung zu tun." (05_Kleinst)

<u>Überprüfung der Hypothese H2:</u>

Die Untersuchungshypothese H2 „Personalleiter, die sich nicht mit dem Arbeitsrecht auseinander setzen, suchen hierfür unternehmensinterne Rechtfertigungen." lässt sich auf Grundlage der vorliegenden Daten weitgehend *bestätigen*. Die Praktiker nehmen dabei zum Teil pauschale Annahmen vor und rechtfertigen auf dieser Basis ihr jeweiliges Verhalten. Dabei scheinen sowohl bestimmte Schemata als auch kognitive Dissonanzen zum Tragen zu kommen (vgl. Festinger 1957).

Insgesamt zeigen die bisherigen Auswertungen, dass die Auseinandersetzung mit dem Arbeitsrecht zum Teil ungeordnet und problematisch erfolgt. Ein erstes Ergebnis der Untersuchung ist hierbei, dass, ebenso wie die Arbeitsbeziehungen selbst, gerade auch die Wahrnehmung des Arbeitsrechts unter einem deutlichen Einfluss einer KMU-typischen Kultur zustande zu kommen scheint. Dieses verwundert nicht, da, wie oben erwähnt, in den befragten KMU überwiegend die Inhaber die Personalleitungsfunktion ausfüllen und das oftmals von ihnen selbst gegründete Unternehmen vom Arbeitsrecht beeinflusst sehen. Die entsprechende Kultur scheint bei der Wahrnehmung des Arbeitsrechts und Gestaltung der Arbeitsrechtspraxis in zweierlei Hinsicht von Einfluss zu sein:

Zum einen wird eine klare *Inhaberdominanz* im Umgang und der Bewertung des Arbeitsrechts deutlich, die zum Teil deutliche patriarchalische Züge annehmen kann. So weisen sehr viele Aussagen der Praktiker darauf hin, dass arbeitsrechtliche Vorschriften von eigenen, subjektiven Orientierungen gesteuert zur Anwendung gelangen:

"Wir haben jetzt ... das ist auch, worauf ich Wert lege, dass ich, wenn ich jetzt Gespräche geführt habe aufgrund unserer Umstrukturierung, dass ich die Leute erst mal ganz klar darauf aufmerksam mache, was ihre Rechte sind. Damit sie gar nicht erst zum Rechtsanwalt laufen müssen." (02_KU)

"Das muss man einfach dann kommunizieren. Man muss dann seine Argumente einfach auch präsentieren und zur Not auch immer mal nicht Einzelne reden lassen, wie es häufig leider beim Betriebsrat der Fall ist, dass zwei Leute sagen, wie es sein soll." (09_KU)

"Der Betriebsrat – sagen wir einmal – hat das Recht, in vielen Dingen gehört zu werden und es verzögert letztlich gewisse Entscheidungen, manchmal verhindert es Entscheidungen und ich habe mir hier immer wieder gesagt, der Betriebsrat bin ich, das würde zwar nicht so gerne gehört von der Belegschaft, aber letztlich gab es nie, zumindest ist es mir nicht bewusst, Anstrengungen, einen Betriebsrat zu schaffen, was die Firma S. anbelangt." (28_MU)

Die Ergebnisse lassen vermuten, dass gerade in Kleinstunternehmen Inhaber und Personalverantwortliche mitunter Probleme haben, einer äußere Instanz, wie dem Arbeitsrecht, eine ausreichende Geltung einzuräumen, wie folgende Antworten auf die Frage nach dem Einfluss des Arbeitrechts auf ihr Handeln beispielhaft zeigen:

> „Spielt keine Rolle, spielt keine Rolle. Es interessiert nur an der Stelle, wo wir entscheiden müssen, ob wir jemanden kündigen können oder nicht. Wie wir den Arbeitsvertrag dann am Geschicktesten stricken, um ihn erforderlicherweise dann auf kürzestem Weg wieder raus zu kriegen. [...] Hier ist noch nie ein Mädchen gekommen und hat gesagt, dass stünde ihr aber von Rechtswegen aus ihrem Arbeitsvertrag zu. Gibt's nicht." (01_Kleinst)

> „Egal, ganz grob gesagt, egal, was da nun im Gesetz drinsteht, oder nicht. Das interessiert mich eigentlich, im Grunde genommen, nicht wirklich. Also, das läuft hier alles fair ab. Ab alles wirklich in beiderseitigem Einvernehmen. [...] Aber, hier braucht mir auch keiner zu kommen, wenn irgendwas ist, das brauche ich nicht, oder sonst irgendwas." (06_Kleinst)

Teilweise wird dabei ein bedenkliches Rechtsbewusstsein der Personalleiter deutlich, wenn etwa die Gewährung arbeitsrechtlich definierter Ansprüche der Beschäftigten von einem persönlichen Gutdünken abhängig gemacht wird:

> „Was in der Tat so war, wir haben das also angeboten, aber nicht, weil der Gesetzgeber jetzt irgendwie eingeräumt hat, dass er es zur Verfügung gestellt hat dieses Recht, sondern weil es geboten schien, es anzubieten." (28_MU)

> „So, hier sagen wir jetzt mal zehn Minuten geht uns fürs Essen flöten, mehr nicht. Es hört sich sozial an, es hat einen betriebswirtschaftlichen Hintergedanken. Die Leute auf der einen Seite streicheln, auf der anderen Seite treten. Das ist das Prinzip. Aber so treten, dass sie sich nicht getreten fühlen, sondern geschubst, gestüpt. Und das auch gerne freiwillig ... also, nehmen und geben." (09_KU)

> „Man hat das festgestellt, weil ein oder zwei Mitarbeiter so viel Mumm in den Knochen hatten, sich Rechtsbeistand zu suchen und zu sagen: "ist das hier überhaupt alles richtig? Meine 285 Überstunden sollen einfach so wegfallen? Wir reden hier von 285 mal [XXX €]. Das kann ja wohl alles nicht sein." Und zu erst sind natürlich viele mitgelaufen und haben den Boykott gestartet: "Oh nein, wir akzeptieren das nicht", davon sind natürlich wenige übrig geblieben, aber die mit Penetranz. Und die haben gesagt: "Nein, das stimmt nicht, weil der Anwalt hat gesagt ..., und es steht mir zu, und ich möchte das Geld haben." Und dann wurde gesagt: "Alles klar, Sie kriegen das Geld ausgezahlt, aber Sie verlassen dieses Haus."" (31_KU)

Die teilweise festzustellende Inhaberdominanz beeinflusst zudem auch die Arbeit und Handlungsmöglichkeiten von Mitarbeitern der Personalabteilung, wie etwa folgende Aussagen aus einem kleinen Unternehmen lebhaft deutlich machen:

> „Ich bin die Älteste hier. Wir haben eine hohe Personalfluktuation, die sicherlich daher rührt, dass auf der Führungsebene mit einer gewissen Form der Rücksichtslosigkeit gehandelt wird aus diesem unternehmerischen Denken heraus. Mein Chef ist sehr jung, jünger als ich, hat das Ganze vom Vater übernommen und wirkt entsprechend seines Alters manchmal. Des Öfteren." (31_KU)

> „Es läuft so ab, dass die Führungsebene der Meinung ist, sie ist im Recht, und sie streitet sich dann auch und zahlt eine Menge Geld für, ich sag mal, für Dinge, die von Anfang an klar waren, die jemand nur mit dem BGB oder dem Arbeitsgesetz in der Hand völlig klar darlegen kann, dass das so nicht funktioniert. Also, es geht aber darum, dass nicht sein soll, was nicht sein darf." (31_KU)

> „Meine Kollegin hat dieselbe Ausbildung wie ich, sie hat nur [X] Jahre weniger Berufserfahrung, aber von der Sache her hat sie es gelernt. Und mein Chef hatte gerade seinen großzügigen Tag, holte uns also rein und wir mussten uns vor ihm hinsetzen und er las uns diesen Vertrag vor. Wie im Kindergarten! Und ich hab nun schon überlegt: „Wann nimmt das ein Ende, ich hab zu tun!" Muss das denn sein?" (31_KU)

In der Gesamtschau der verschiedenen Interviewaussagen entsteht oftmals der Eindruck, dass die Personalleiter eher dazu tendieren, betriebliche Zusammenhänge selbst zu regeln und das Arbeitsrecht auf ein Instrument zur Begründung oder Beendigung von Arbeitsverhältnissen zu reduzieren. Zum Teil scheinen die arbeitsrechtlichen Vorschriften gewissermaßen als Fremdkörper zwischen Inhaber und Beschäftigten angesehen zu werden, was gerade bei dominanteren Akteuren zu einer entsprechenden Meidung des Umganges mit den Vorschriften führen kann.

Neben den Auswirkungen der hier geschilderten Inhaberdominanz verdeutlichen die Interviews einen weiteren Aspekt, der einen Einfluss auf die Wahrnehmung des Arbeitsrechts selbst ausübt und dessen Kenntnis zudem von besonderer Bedeutung für das Verständnis des Personalleiterhandelns in KMU zu sein scheint:

So hat sich die, bereits innerhalb der konzeptionellen Grundlagen beschriebene, hohe *soziale Nähe* in KMU auch empirisch in den Interviews bestätigt: Die Beschreibung betrieblicher Zusammenhänge und Werthaltungen der Personalleiter vermitteln ganz überwiegend ein Bild einer hohen sozialen Orientierung sowie engen Bindung der Personalleiter an ihre Mitarbeiter, etwa im Zusammenhang mit der Personalsuche:

> *„Meistens über Empfehlungen, dass ... Wir sind hier eine Kleinstadt. Wenn wir sehen, wir brauchen jemanden, dann kennen die schon irgendwelche Leute oder Verbindungen und wissen, dass der jetzt zurzeit arbeitslos ist." (42_MU)*

> *„Ja, aber wir können ja berichten, dass wir im vorigen Jahr einen neuen kaufmännischen Leiter hatten, der alles zu untersuchen hatte und auch das Outsourcing. Und wir sind da noch nicht sehr weit gekommen. Und wir sind auch weitgehend der Meinung, dass es nicht nur auf Gewinnmaximierung ankommt, sondern dass man, wenn man eine eigene Auslieferung hat, sehr viel flexibler ist zu regeln." (06_MU)*

Dabei wird deutlich, dass dem Arbeitsrecht von vielen Interviewpartnern auch innerhalb persönlicher Arbeitsbeziehungen durchaus Bedeutung zugemessen wird:

> *„Naja, das sagt ja jeder, "wir können das auch ohne". Würde ich ja grundsätzlich auch sagen, in unserer kleinen, in unserer kleinen Fauna hier, in unserer kleinen Welt können wir das grundsätzlich auch ohne. Ähm, aber es ist für beide Seiten schon wichtig, dass da irgendwo ein Gerüst vorhanden ist, an dem man sich auch orientieren kann und sagen kann, "also hör mal, hier steht aber wirklich so geschrieben". Weil man verliert ja auch unter Umständen mal den richtigen [...] Blickwinkel, oder was... Wo man einfach auch mal auf dieses Gerüst hin gestoßen werden muss [...], halte ich für durchaus richtig und wichtig, dass es ein Regelwerk gibt, was das Verhältnis da regelt eigentlich. (04_KU)*

Dabei werden von einigen Unternehmen gezielt Potenziale erschlossen, von denen sowohl die Unternehmen als auch deren Beschäftigte profitieren.

> *„Ja, die Befristung wollte er. Ich weiß nicht, was er wollte, da hat er wahrscheinlich irgendetwas missverstanden wegen des Arbeitslosengeldes oder sonst was, aber uns war es egal, weil er hat gute Referenzen gehabt, und wir wussten, dass er vom Arbeitsamt versaut war. Den hat man drei Mal zur Umschulung geschickt, zum*

> *Schluss war er irgendwie Gabelstaplerfahrer oder so was und, gut, wir haben auch einen Gabelstaplerfahrer gebraucht, aber haben schnell festgestellt, dass er ein hervorragender Schlosser ist und zu dieser Einsicht ist das Arbeitsamt nicht gekommen, die wollten ihn lieber umschulen. Aber er ist einer der besten Schlosser, mit 58 Jahren, die wir haben."* (36_MU)

> *„Wir haben zum Beispiel, wir arbeiten mit Praktikanten, jetzt in diesem Jahr forciert. Wir haben erkannt, hier gibt es ein Problem in sozialer Richtung, dass eine Menge junger Menschen nicht mehr in der Lage sind, sich in einen Arbeitsprozess integrieren zu lassen. Es gibt hier Praktikantenprogramme. Wir haben dort intensiven Kontakt gesucht und gefunden. Und fahren jetzt in Größenordnungen Praktika, Betriebspraktika... Und Leute, die dort gut sind, ich war eben noch gerade auf einer Baustelle, die werden dann auch befristet bei uns eingestellt."* (34_MU)

> *„Ganz einfach, weil wir die Leute, ach so, wir haben zu den Leuten damals 2004 gesagt, wir lassen keinen in Hartz IV, wir versuchen, alle wieder einzustellen. Das haben wir dann auch gemacht. Wir haben also das, was wir vorher in Absprache gehabt haben, haben wir auch eingehalten."* (23_KU)

> *„Wir haben einen Meister – Führungsposition – der war in Teilzeit, dem haben wir ein Homearbeitsplatz eingerichtet, als seine Frau äh das Babyjahr nicht machen konnte – hab ich ausgemacht [...]. Und das war sogar für zwei Jahre."* (34_MU)

Neben einer engen, sozialen Bindung zu den Beschäftigten werden diese zudem auch durchweg als Erfolgsfaktor für das Unternehmen angesehen, wie sich nicht nur in den Antworten auf die Frage nach der Bedeutung der langfristigen Bindung von Mitarbeitern zeigt:

> *„In Zahlen möchte ich es jetzt nicht unbedingt ausdrücken. Aber ganz klar ist – und das ist nicht nur so ein Satz, den wir jetzt dahersagen können, wie es vielleicht in anderen Unternehmen ist – unsere Mitarbeiter sind unsere wichtigsten Leute, ganz klar. Wir wissen, dass unsere Mitarbeiter die wichtigsten ... der wichtigste auch Wirtschaftsfaktor für uns ist. Wenn wir Informationen verarbeiten, kommt es auf die Menschen drauf an. Da ist es eben besonders wichtig."* (06_MU)

> *„Und ich sage immer gerne diesen Spruch: „Wir können nur so stark sein, wie unser Team das ist." Und wenn das nicht funktioniert, dann geht eben gar nichts, ja, das ist das Allerwichtigste. Gut, was wir haben und dann müssen wir gucken. Nicht, dass wir [...] nun behätscheln und machen, nein, wir haben natürlich klare Forderungen, aber das muss alles funktionieren. Das ist ganz, ganz wichtig für das Unternehmen."* (27_KU)

"Es ist natürlich dann ein gewachsenes Know-how da. Also gerade wenn ich jetzt an die Konstruktionsabteilung oder die Entwicklungsabteilung denke, wo dann die jüngeren dazukommen, die neue Ideen und neue Fertigungsmethoden kennen. Und auf der anderen Seite die älteren, die dann eben schon auch wieder mehr von der Praxis wissen. [...] Und diesen Praxisbezug, und was da alles mitspielt, also da wächst schon in so einer Abteilung ein großes Wissen auch, wenn da die Leute auch lang drin sind, viel Erfahrung haben, und da eben dann so eine ganze Bandbreite im Betrieb ist." (36_MU)

Die soziale Orientierung der Personalleiter in den KMU scheint mitunter – gerade auch unabhängig vom Arbeitsrecht – dazu zu führen, dass von ihnen gezielt Situationen vermieden werden, die sie in die Situation versetzten könnten, Beschäftigte entlassen zu müssen. Diese zeigt sich insbesondere auch im Zusammenhang der später dargestellten Ergebnisse zur Gestaltung der personalwirtschaftlichen Vorgehensweisen im nachfolgenden Abschnitt.

"Es gibt so ein, zwei Fälle, wo man sich immer wieder denkt, Mensch, eigentlich müsste man diese Person kündigen. Und dann siegt letztlich die Einsicht, dass das durchgehen wird. Weil man einfach sagt, eigentlich ist es ... man will jetzt nicht unbedingt die verhaltensbedingte Kündigung so durchpowern, indem man nur darauf wartet, irgendwelche Abmahnungen zu schreiben, [...] Und auf der anderen Seite haben die Leute dann – sagen wir einmal – eine Betriebszugehörigkeit und ein Alter, wo man sagt, Mensch, [...] Also, man muss dann schon abwägen und dann sind wir halt immer wieder dazu gekommen und sagen: „Komm, lassen wir das Thema." (28_MU)

"Wenn Arbeitnehmer das mit mir vereinbaren würde, ein junger Arbeitnehmer, dann weiß man schon gleich, was er will. Er kriegt die Abfindung und wird unter Umständen so arbeiten, dass er die Kündigung,....das Risiko habe ich ja. Ich will schon ein einvernehmliches Verhältnis von Anfang an und nicht an die Kündigung denken." (36_MU)

<u>INT:</u> *Haben Sie in den vergangenen Jahren auf bereits geplante Kündigungen verzichtet?* <u>PL:</u> *"Ja."* <u>INT:</u> *Ja? Aus welchem Grunde?* <u>PL:</u> *"Weil die Leute mir leid taten."* (02_KU)

Diese Erkenntnisse stützen bereits die Untersuchungshypothese H6 *„Die Kultur der Personalarbeit von KMU wird deutlich durch den Inhaber geprägt."* des nachfolgenden Abschnittes. Die Hypothese soll jedoch in nächsten Abschnitt noch genauer untersucht werden.

Diese eher persönlich geprägten Arbeitsbeziehungen in KMU sind – nicht nur aus sozialen Erwägungen – von Vorteil und wünschenswert. Wichtig ist dennoch, dass auch unter Beibehaltung einer sozialen Orientierung und engen Zusammenarbeit eine objektive Auseinandersetzung mit dem Arbeitsrechtsrahmen stattfindet, damit mögliche Probleme sowohl für das Unternehmen als auch für dessen Beschäftigte auch langfristig vermieden werden können.

Aus den Aussagen und Schilderungen vieler mit dem Arbeitsrecht konfrontierter Interviewpartner zeigen sich, wie vermutet, *zahlreiche Ansätze von Reaktanz* als Reaktion auf die wahrgenommenen Vorschriften durch die Personalleiter. Die Schilderungen eines reaktanztypischen Verhaltens, das zum Teil in Verbindung mit dominanten Inhaberpositionen zu stehen scheint, lassen vermuten, dass dieses Verhalten die Betriebe vor Probleme stellt, indem etwa Unruhe und Verunsicherung erzeugt werden oder aber Vermeidungs-Kosten entstehen, die bei einer objektiven Auseinandersetzung mit den Vorschriften nicht unbedingt anfallen würden:

„Und da ist es also teilweise dazu gekommen, dass Zeugnisse viermal zurück hin und her gingen, weil dem Zeugnisempfänger zu wenig stets enthalten war, in diesen Zeugnissen. Diesen ganzen Müll haben wir uns nachher nicht mehr geben müssen." (Klein_32)

„Die Zunahme der Drangsalierung durch die Gesetzgeber hat dazu geführt, dass man eben seinen Laden betriebswirtschaftlich organisiert, anfängt Aufgabenbereiche zu verteilen, diese Sachen auch zu beschreiben – nennen Sie das Qualitätsmanagement, ich mag diesen Begriff nicht so – aber so ist es eigentlich hier in unserer Praxis gemacht worden." (12_Kleinst)

„So weit die Theorie. Ich würde es nicht machen. Wenn ich dazu verpflichtet bin, wie ihr sagt, müsste ich es vielleicht tun, aber ich würde versuchen aus der Sachen raus zu kommen. Das sollen größere Firmen machen, ich bin nicht eigentlich um ehrlich zu sein nicht da für, ich kriege drei neue." (10_Kleins)

„Da gibt es, das ist so ein bisschen Minenfeld, Niemandsland. Das ist hier ein ganz kleines Unternehmen, wo sich jeder mehr oder minder einbringt und da gibt es keine ... äh, da wird so was wie Arbeitsrecht nicht in irgendeiner Form beachtet. Wir sehen zu, dass wir unser Un-

> ternehmen etablieren, da wird keine Rücksicht auf Arbeitsrecht genommen, auf irgendwelche Pause oder sonst was." *(09_Kleinst)*

> "...wenn es da mal zu einem Konflikt kommen würde, gibt es ja nur zwei Entscheidungen. Entweder man einigt sich tatsächlich im Guten oder so was geht vor Gericht. Und wenn das vor Gericht geht, dann würde in diesem Fall mein gesamter Idealismus kippen." *(07_Kleinst)*

> <u>INT:</u> "Hat mal jemand die Idee gehabt einen Betriebsrat zu gründen?"
> <u>PL:</u> "Nein und wenn nicht zu meiner Zeit. Und wenn dann hat sich das auch sehr schnell erledigt mit dem- oder derjenigen." *(01_Kleinst)*

Dabei scheint *Reaktanz* vor allem in kleinen Unternehmen in Verbindung mit der Bewertung arbeitsgerichtlicher Prozesse aufzutreten, wie folgende Aussagen exemplarisch zeigen:

> "Wo ich sage ... wenn ich sage, okay, dann zahle ich das gerne mehr, bevor ich da vors Gericht gehe und mich dann zeitmäßig da töte und nervenmäßig töte, da zahle ich gerne einen Tausender mehr. Also, das ist. So wird das eigentlich bei uns dann gehandled. Nicht, dass wir es hätten zum Rausschmeißen, aber da muss man das einfach sehen." *(30_KU)*

> "Es darf und kann nicht sein, dass eine Mitarbeiterin, die einen Behindertenausweis hat, anders behandelt werden muss wie ein normaler Mitarbeiter. Das heißt also, ich muss auf einen Angestellten, ich will jetzt nicht sagen, schlechten, aber ich will jetzt einmal, vom Betriebswirtschaftlichem ausgesehen, es ist ein schlechter und unzuverlässigerer Mitarbeiter gegenüber einem, der zum Beispiel zwei Kinder hat, ja, und ein super Mitarbeiter ist, ja, die muss ich beide eher entlassen wie die. Ergebnis der ganzen Sache: Lieber bezahle ich jede Strafe, als mich mit so einem Schwachsinn noch einmal zu befassen." *(23_KU)*

> "Wir hatten einmal das Problem, dass auf der Rampe ein Ex-Mitarbeiter angezeigt hat – weil, man hat sich von ihm getrennt gehabt, das war vor sechs Jahren –, dass die Arbeitszeiten nicht eingehalten werden, auf der Rampe. Und daraufhin gab es dann diese Diskussionen mit der Arbeitszeit auf der Rampe. Und daraufhin wurde ihm dann mitgeteilt, dass er als Geschäftsführer dafür haftet, wenn jetzt zum Beispiel auf der Rampe jemand umfällt und man dann feststellt, dass die Arbeitszeit nicht eingehalten wurde, dass er als Geschäftsführer dafür privat ... privat haftbar. Sagt er: „Privat? Ich? Ich habe eine GmbH, ich nicht mehr. Keinen Bock." Ja?" *(09_KU)*

> Das kann man nicht generell beantworten, aber in vielen Dingen möchte man natürlich lieber selbst entscheiden als von anderen dazu gezwungen werden. *(06_MU)*

Überprüfung der Hypothese H3:

Die Untersuchungshypothese H3 *„Die Einflussnahme des Arbeitsrechts auf die Arbeitsbeziehungen in KMU führt zu Reaktanz der Personalverantwortlichen."* lässt sich auf Grundlage der dargestellten Interviewaussagen eindeutig empirisch *bestätigen*.

Es zeigt sich, dass der wahrgenommene Einfluss der Vorschriften auf die Entscheidungsfreiheit der Personalleiter zu reaktanztypischem Verhalten (vgl. Brehm 1972) oder zumindest zu entsprechenden Ankündigungen führt. Dabei werden die verschiedenen, innerhalb der theoretischen Grundlagen erläuterten Strategien zur Rückerlangung der Freiheit empirisch belegt. Die Schilderungen einzelner Personalleiter, etwa im Zusammenhang mit Beendigungen von Arbeitsverhältnissen anstelle einer systematischen juristischen Auseinandersetzung lieber Abfindungen zu zahlen, machen deutlich, dass subjektive Orientierungen der verantwortlichen Akteure vermeidbare Kosten erzeugen können.

Einfluss von Kenntnisdefiziten auf die Wahrnehmung:

Weiterhin verdeutlichen die Expertenaussagen, dass etwa Kenntnisdefizite zu einer weiteren Unruhe und Verunsicherung in der Personalarbeit beitragen. So werden von einigen Personalleitern mitunter Wünsche an das Arbeitsrecht formuliert, deren Erfüllung bereits unter den bestehenden Vorschriften möglich wäre, die ihnen jedoch oftmals nicht bekannt zu sein scheinen. Eine entsprechende negative Wahrnehmung führt hier zu Kritik an den Vorschriften, obwohl diese in erster Linie auf *Wissensdefizite* zurückgeführt werden kann.

> *„Ich würde mir wünschen, dass es – für eine, ja, für eine Kündigung – eine etwas arbeitgeberfreundlichere Definition der Gründe geben würde. Oder dass man schlicht und einfach am Betrieb orientiert Gründe festlegt oder nachvollzieht und beschreibt, das wäre ja dann das Qualitätsmanagement im juristischen Bereich, dass es also nachvollziehbar ist für alle Parteien: wenn Du als Arbeitnehmer ge-*

> wisse Linien übertrittst, dann bist Du raus. So." INT: "Ganz kurz gefragt: gibt es das nicht?" PL: „Ne. Also, das glaube ich nicht. Das ist, es ist zum Beispiel in einem Dienstleistungssektor, ist es meines Erachtens nach nicht definiert, was man sich sozusagen an, ja, Verfehlungen erlauben kann, bevor man sozusagen die fristlose Kündigung bekommt." (12_Kleinst)
>
> „Wenn du zum Arbeitsgericht musst, da brauchst du gar nicht erst hinzugehen. Da hast du schon verloren. Aber ich bin ja so lange ich selbständig bin noch nie vorm Arbeitsgericht gewesen." (02_Kleinst)

Auch aus personalwirtschaftlicher Sicht sehr bedenklich ist die Position des folgenden Inhabers eine Kleinstbetriebes auf die Frage, wie sich sein Umgang mit dem Arbeitsrecht gestaltet:

> PL: „Es interessiert mich überhaupt nicht." INT: „Welche Rolle spielt die Rechtsprechung für die Personalarbeit in Ihrem Unternehmen?" PL: „Gar keine." INT: „Sehen Sie Ihre Handlungsspielräume durch das Arbeitsrecht beeinflusst?" PL: (Pause) „Ja." INT: „Können Sie Beispiele nennen?" PL: „Nein. Ich ignoriere es einfach, weil es mich nicht interessiert und weil ich nicht in Verlegenheit gekommen bin, damit in irgendeiner Form in Berührung zu kommen. Ähm, wahrscheinlich würde es das Unternehmen in irgendeiner Form beschneiden. Klar! Für mich als GF bin ich mir ziemlich sicher, dass es eher negative Folgen hat als positive." (07_Kleinst)

Einen weiteren Einfluss auf die Wahrnehmung des Arbeitsrechts üben wie vermutet verschiedenste *Annahmen anekdotischer Evidenz* (vgl. hierzu Pfarr et. al. 2005) aus, die oftmals im Zusammenhang mit fehlenden Kenntnissen auftreten. Dieses belegen beispielhaft etwa folgende Aussagen zweier Personalleiter aus einem kleinen und einem mittleren Unternehmen, die zwar beide über keinen Betriebsrat verfügen, dieses Gremium dennoch kritisch beurteilen:

> „Dass dann irgendein Betriebsrat dann da hineinquatscht [...] und vom Betriebsrat selber kommt sowieso fast nur Unsinn, ja, die hängen sich auf ihr Geld, also, zumindest von meiner Frau weiß ich das, die hat in einem großen Möbelladen gearbeitet, der Betriebsrat ist gehasst worden von allen Mitarbeitern. Nur dann, wenn sie etwas wollten, dann waren sie auf einmal die Lieben. Aber ansonsten haben die sich aus allem rausgezogen, haben dann, wenn strukturschwache Zeiten waren, haben die alle mit den Versammlungen und so etwas gemacht, was alle anderen mit erarbeiten mussten. Und ich denke, wenn man mit den Leuten vernünftig spricht, wenn man ein

vernünftiges Klima haben will, in einem Betrieb geht das auch ohne, wir brauchen das nicht. Wir können das besprechen." (23_KU)

"Ja, gut, vielleicht kenne ich auch nur diese negativen Erfahrungen, die halt irgendwo in der Presse oder wo auch immer kommuniziert werden, und – sagen wir einmal – bei Unternehmen unserer Größe ist der Betriebsrat ja doch relativ selten, zumindest – sagen wir einmal – in der Branche, in der wir uns bewegen. Deshalb kann ich auch so gesehen nicht von positiven Erfahrungen berichten." (28_MU)

Überprüfung der Hypothese H4:

Die Untersuchungshypothese H4 *„Wahrgenommene Wissensdefizite führen zu argumentativer Abwehr gegenüber dem Arbeitsrecht."* lässt sich insbesondere aufgrund der Aussagen vieler Interviewpartner aus Kleinstunternehmen *bestätigen*. Dabei scheinen die Personalleiter bei ihren Argumentationen oftmals auf Belege von anekdotischer Evidenz zurückzugreifen.

Die hier beispielhaft dargestellten Auswertungen zu den Einflüssen der Wahrnehmung innerhalb der Arbeitsrechtspraxis machen insgesamt bereits deutlich, dass insbesondere KMU-spezifische, kulturelle Einflüsse auf die Gestaltung der Arbeitsrechtspraxis wirken. So scheint in den KMU neben einer verbreiteten Inhaberdominanz eine gewisse allgemeine Verunsicherung im Zusammenhang mit arbeitsrechtlichen Fragestellungen zu bestehen, die in den Betrieben vermeidbaren finanziellen Aufwand sowie Unruhe erzeugt. Insgesamt zeigt sich, dass vor allem die empfundene Komplexität sowie „Bevormundung" durch den Arbeitsrechtsrahmen die betreffenden Akteure stören. Dabei wird jedoch in etlichen Zusammenhängen eine *begrenzte Rationalität* (vgl. hierzu etwa Staehle 1999: 520f.) bei der Beurteilung des arbeitsrechtlichen Rahmens sowie den daraus erwachsenden Folgen deutlich.

Die eher negative Wahrnehmung des Arbeitsrechts in KMU scheint dabei in Wechselwirkung zu stehen mit einer oftmals fehlenden, systematischen Auseinandersetzung der KMU mit konkreten Vorschriften und einer Orientierung an vermuteten, anstelle realer Folgen und Relevanzen für das eigene Unternehmen. Die entsprechenden Ergebnisse hierzu werden nachfolgend dargestellt.

4.2.1.3 Gestaltung der Arbeitsrechtspraxis

Aus den Experteninterviews zeigt sich deutlich, dass sich die betriebliche Arbeitsrechtspraxis von KMU, wie im Wesentlichen erwartet, relativ vielschichtig und teilweise nicht unproblematisch gestaltet. Nachfolgend wird nun aus den umfangreichen Interviewaussagen zur individuellen Gestaltung der Arbeitsrechtspraxis eine Zusammenfassung der wesentlichen Erkenntnisse und Eindrücke vorgenommen.

Generelle Gestaltung:

Die Ergebnisse zeigen, generell betrachtet, dass die Personalarbeit vor allem in mittleren Unternehmen zwar allgemein strukturiert gestaltet ist, jedoch insgesamt nur *vereinzelt im Sinne eines Instrumentes zur strategischen Unternehmensführung genutzt* wird. So lassen die Aussagen der Interviewpartner nur in zwei mittleren sowie jeweils einem kleinen sowie Kleinstunternehmen eine Nutzung der Personalarbeit erkennen, die über eine überwiegend administrative Fokussierung hinausgeht:

> *„Wir haben alles befristete Verträge. Jeder! Auch ich. Das sind dann diese Vierjahresfristen, und wenn das dann nicht gekündigt wird, dann läuft das weiter und damit wurde sozusagen das Kündigungsschutzgesetz ausgehebelt. Auf Raten des Arbeitgeberverbandes wurden diese Verträge geschlossen und formuliert." (31_KU)*

> *„Ja, würde ich die Vielzahl der Aufgaben, nicht zuletzt, dass wir uns auch so ein bisschen für die Aufgaben natürlich des Betriebsrates, die er dann sonst machen würde, haben. Es ist so, dass wir ganz grob in der Unterteilung, die wir wie folgt haben: eine Mitarbeiterin Lohn- und Gehaltsabrechnungswesen, eine Mitarbeiterin Personal-/Sozialwesen, eine Mitarbeiterin – die zweite Teilzeitkraft –, die ist seit Januar im Unternehmen. Und da gehen wir dann mehr in die Kernthemen rein, projektbezogenes Arbeiten, Personalentwicklungs-*

arbeit. Arbeitsrechtliche Fragestellung, vertragliche Fragestellung, Sozialversicherungsrecht, steuerrechtliche Fragestellung, die liegen dann sicherlich bei mir." (06_MU)

Folgendes Zitat verdeutlicht sehr gut die gerade in Kleinstbetrieben weitgehend vorherrschende, administrative Perspektive auf die Personalarbeit:

<u>INT:</u> *"Wer ist für die Personalarbeit im Unternehmen zuständig?"* <u>PL:</u> *"Teilzeitkraft – meine Ehefrau gibt die Daten für die Lohnberechnung in ein vom Steuerberater zur Verfügung gestelltes Programm ein." (04_Kleinst)*

Ein ähnliches Bild zeigt sich folglich auch hinsichtlich des allgemeinen Umganges mit dem Arbeitsrecht. Hier zeigen die Erkenntnisse aus den Interviews, dass in den KMU oftmals ein allgemein zurückhaltender, eher defensiver Umgang mit arbeitsrechtlichen Vorschriften erfolgt. Mit Blick auf ein Verständnis des Arbeitsrechts zeigt sich, dass die arbeitsrechtlichen Rahmenbedingungen weniger als Gestaltungsinstrument für die betrieblichen Arbeitsbeziehungen als vielmehr überwiegend als Instrument zur Konfliktlösung angesehen werden und in KMU vor allem im Zusammenhang mit Einstellungen oder Beendigungen von Arbeitsverhältnissen relevant werden:

"Ich sag einmal so, die alltägliche Personalarbeit beschränkt sich ja im Wesentlichen jetzt, was das Arbeitsrecht betrifft, auf die Lohnabrechnung einmal im Monat. Ansonsten haben wir eigentlich kaum Berührung. Bei der Einstellung und bei der Verwendung, ansonsten haben wir kaum Berührung mit dem Arbeitsrecht und bei der Lohnabrechnung ist es dann letztendlich so, da ist ja vieles vorgegeben durch die Programme.." (36_MU)

Insgesamt zeigt sich, dass die Personalleiter von KMU überwiegend an einem Aufbau und dem Erhalt langfristiger Beschäftigungsverhältnisse interessiert zu sein scheinen. Die Deutlichkeit der Ergebnisse lässt sich sicherlich nicht zuletzt durch die besondere persönliche Nähe in den Arbeitsbeziehungen von KMU erklären. Auch sprechen viele Interviewpartner gezielt die Bedeutung stabiler Personalstrukturen im Zusammenhang mit Erwartungen ihrer Kunden an:

> „Also, die langfristige Bindung des Mitarbeiters ist das Beste, was uns passieren könnte, wenn wir es dann letztendlich mal in die Tat umsetzen könnten, weil, wir haben gerade in der Auftragsabwicklung die Erfahrung gemacht, wie eng der Sachbearbeiter mit dem Kunden doch liiert ist, und wie kritisch der Kunde es sieht, wenn er weiß, dass sein Stammsachbearbeiter geht, ein Nachfolger kommt, der auch nach eineinhalb Monaten geht, ein Nachfolger kommt, den sie nicht mögen dann ... Das ist ein sehr, sehr heikles, kritisches Thema und wir haben auch von dem einen oder anderen Kunden auf jeden Fall schon mal gesagt bekommen, dass da jetzt Ruhe einkehren muss, weil sie sich sonst entscheiden müssten, jemand anderes zu suchen, der sehr wohl auf dem Markt ist." (31_KU)

> „Wenn der Kunde über Jahre den gleichen Ansprechpartner hat, und ein Dauerkunde ist, der also immer wiederkommt, dann gibt es nichts Besseres. Also ein Mittel der Kundenbindung. Und damit letztlich des Erfolgs." (28_MU)

Angesichts dieser Herausstellungen des *Personals als besonderem Erfolgsfaktor* müsste als Konsequenz eigentlich ein besonderes Interesse an gerade demjenigen Rechtsbereich bestehen, der deren Einbindung in die Betriebe sowie ihre Recht und Pflichten regelt. Dieses lässt sich aus der Mehrzahl der Interviews jedoch nur schwer identifizieren. Wenn auch aufgrund der häufig geringeren Ressourcen der KMU sowie dem Unterschreiten arbeitsrechtlicher Schwellenwerte insgesamt weniger Möglichkeiten zur arbeitsrechtlichen Gestaltung der Personalarbeit bestehen können, so zeigen sich selbst in relevanten Bereichen ein teils fehlendes Problembewusstsein oder Schwierigkeiten einer Durchsetzung gegenüber dem Inhaber.

Überprüfung der Hypothese H5:

Aufgrund dieser Erkenntnisse lässt sich die Untersuchungshypothese H5: *„Personalarbeit wird in KMU nur selten strategisch gestaltet."* eindeutig empirisch *bestätigen*. Dieses Ergebnis scheint dabei in einem Zusammenhang zu stehen mit gerade KMU-spezifischen, unternehmenskulturellen Einflüssen, die bezogen auf das Thema nachfolgend beispielhaft beschrieben werden.

Unternehmenskulturelle Einflüsse

Die Entfaltung des oftmals hohen Einflusses der Inhaber auf die Unternehmenskultur der KMU resultiert nicht zuletzt weitgehend aus dem Prinzip unternehmerischer Freiheit und wird in einem gewissen Umfang lediglich durch die unterschiedlichen, auch arbeitsrechtlichen Rahmenbedingungen begrenzt. Hier zeigt die Auswertung der Experteninterviews, dass diese unternehmerische Freiheit, bezogen auf das Arbeitsrecht, äußerst unterschiedlich angewandt wird.

Auch wenn sich allein aufgrund der Bewertung der Experteninterviews nicht immer mit letzter Konsequenz feststellen lässt, dass das deutlich werdende Handeln allein auf Veranlassung der Inhaber zustande kommt, so wird dennoch ihr oftmals hoher Einfluss auf den betrieblichen Umgang mit dem Arbeitsrecht deutlich. Hinsichtlich der Gestaltung der Arbeitsrechtspraxis sind hier zwei Aspekte von besonderer Bedeutung: Zum einen der *Umgang der Betriebe mit den sich ihnen bietenden Spielräumen* in der Arbeitsrechtspraxis und zum anderen ihre *Wahrnehmung hinsichtlich deren Beeinflussung*.

Unternehmen können auch innerhalb ihres personalwirtschaftlichen Handelns bestimmte Entscheidungen treffen über den Umfang einer formalen oder informalen Nutzung realer oder empfundener Spielräume. Innerhalb des dritten Kapitels ist dazu anhand des Handlungsentlastungsmodelles von *Martin* (1998) theoretisch erläutert worden, dass Unternehmen mit dem Ziel der Entscheidungsvereinfachung bestimmte Institutionen, wie etwa Regulierungsinstrumente oder aber eigene Verfahrensweisen, wählen und gestalten. Die untersuchten Daten zeigen, dass die Unternehmen diese Spielräume sowohl verschieden als auch mit unterschiedlichem Erfolg gestalten. Die verschiedenen, nachfolgenden Zitate verdeutlichen recht gut sowohl eine gewisse *Dominanz und Machtausübung* (vgl. Nienhüser 2003: 139ff.) *bei der Anwendung der Vorschriften* als auch die *Spannweite* etwaiger, zu erwartender, juristischer Probleme:

> INT: *"Und existiert in Ihrem Unternehmen ein Betriebsrat?* PL: *"Nein. Und es wird sicherlich auch dafür gesorgt werden, dass das niemals sein wird."* INT: *"Die Befolgung von Regeln steht so also nicht unbedingt im Vordergrund."* PL: *Das kommt darauf an, wer diese Regel aufstellt.* INT 01: *"Wenn wir jetzt mal arbeitsrechtliche Regelungen nehmen?"* PL: *"Die stehen hier ganz bestimmt nicht im Vordergrund."*
> (31_KU)

Dieselbe Interviewpartnerin macht im Zusammenhang mit der Wirkung des Arbeitsrechts innerhalb betrieblicher Machtzusammenhänge sehr deutlich, dass das Arbeitsrecht nicht immer, wie geplant, zur Wirkung kommen kann:

> *"Mir ist es jetzt einmal ganz wichtig, eins klar zu machen. Es gibt immer Mittel und Wege, das zu erreichen, was man erreichen will. Und dazu braucht man nicht das Kündigungsschutzgesetz und auch nicht das bröckelnde Kündigungsschutzgesetz. Von da her steht und fällt eine Entscheidung nicht mit dem Wissen um irgendwelche Änderungen oder irgendwas. Und das Kündigungsschutzgesetz muss sich das einfach jetzt mal sagen lassen. Dass es nämlich an zweite Stelle oder dritte Stelle gerückt ist. Seit jeder seine Verträge so abschließen kann, wie er es will, und seitdem es Menschen gibt, die so viel Not haben, dass sie diese Verträge unterschreiben und eigentlich gar nicht wissen, was sie unterschreiben, interessiert es keine Sau mehr, was das Kündigungsschutzgesetz sagt oder schreibt. Und das ist traurig, aber wahr. Und das wird gelebt."* (31_KU)

Im Zusammenhang mit einer Frage zum Umgang mit Befristungsvorschriften wird vereinzelt deutlich, dass die Vorschriften zum Teil bewusst nicht eingehalten werden, weil davon ausgegangen wird, dass die Beschäftigten die Rechtslage nicht kennen:

> INT: *"Also man darf, wenn es eine Zeitbefristung ist, innerhalb von zwei Jahren dreimal verlängern. Also quasi vier Halbjahresverträge."* PL: *"Wir machen das so, dass wir dreimal ein Jahr ... in Wirklichkeit ist es dann eigentlich schon zulange, aber ..."* INT: *"Ja, die haben dann alle – im dritten Jahr haben Sie die dann alle sowieso drin, auch die, die Sie nicht behalten wollen. Oder Sie machen eine Zweckbefristung mit einer Projektbindung."* PL: *"Ja, solange laufen sie normalerweise nicht. Gut, ich mache tatsächlich dreimal ein Jahr. Und dem Mitarbeiter im dritten Jahr ist nicht unbedingt bewusst, was*

es heißt. Es ist immer eine Frage dessen, was wäre tatsächlich, wenn, wenn man nicht verlängern würde. Es kam nie vor." (28_MU)

Zum Teil werden von den Praktikern Betriebsvereinbarungen geschlossen, die mit dem in diesem Fall übergeordneten Vorschriften des Arbeitszeitgesetzes eindeutig nicht zu vereinbaren sind. Die Aussage erweckt allerdings den Anschein, dass es sich dabei nicht um eine formale, schriftlich festgehaltene Vereinbarung handelt:

„Nein, sagen wir so, wir haben ja einfach innerbetriebliche Betriebsvereinbarungen stillschweigend geschlossen. Das heißt, die Arbeitnehmer, die arbeiten auch 12 oder 13 Stunden. Oder wenn wir ...ganz viel Arbeit haben, gehen die auf 24 Stunden Schicht. Das heißt, es arbeitet einer fünf Tage 12 Stunden. Das ist mit dem Arbeitsrecht eigentlich nicht vereinbar. Aber wir können das nicht anders regeln, also machen die Leute mit. Damit findet das Arbeitsrecht im Grunde keine Anwendung." (20_KU)

Ebenfalls als bedenklich kann die folgende Praxis angesehen werden, trotz besseren Wissens mit geringfügig Beschäftigten nicht ohne Weiteres einen Arbeitsvertrag abzuschließen. Dem Interviewpartner scheint nicht bewusst zu sein, dass die im Rahmen eines Arbeitsvertrages festgehaltenen Arbeits- und Vertragsbedingungen auch das Unternehmen gegenüber möglichen Ansprüchen durch den Arbeitnehmer absichern:

INT: *„Auch die Geringfügigen?"* PL: *„Mit den habe ich normalerweise gar kein Arbeitsvertrag.* INT: *Gar kein Vertrag?"* PL: *„Ich hatte eine gehabt, die hat darauf bestanden, aber ansonsten ist es in solchen Arbeitsverhältnissen nicht üblich, obwohl das eigentlich sein müsste, aber wenn sie nicht fragen, dann mache ich es auch nicht, da kannst du dir nur Ärger mit anfangen, nö?"* (10_Kleinst)

In einigen Unternehmen scheint zum Teil ein individuelles Rechtsempfinden handlungsleitend zu sein, das nicht unbedingt im Einklang stehen muss mit der realen rechtlichen Situation. Mögliche spätere Konflikte scheinen dabei bewusst in Kauf genommen zu werden.

INT: *„In solchen Situationen – sag ich mal – wo Sie denn ja doch das Arbeitsrecht irgendwie bemühen müssen, spielt da auch Rechtsprechung bei Ihnen eine Rolle? Also, informieren Sie sich darüber?"* PL: *„Nein. Gar nicht. Weil, wir haben einfach eine Art Rechtsgefühl für* uns. Und zum Schluss entscheidet sowieso zur Not ein Richter. Das können wir nicht ändern." (09_KU)

Folgender Interviewpartner schildert den Versuch, einen Mitarbeiter im Arbeitsalltag zur Beendigung seines Arbeitsverhältnisses zu veranlassen, um eine Klärung vor dem Arbeitsgericht zu vermeiden:

> „Wir haben Sachen gemacht, wo wir den Mitarbeiter indirekt geärgert haben, weil, wir haben da sicher eine Lösung und der Mitarbeiter dann von sich aus gegangen ist. Ging nicht anders. Geht nicht anders. Das heißt also, durch das Arbeitsrecht ist man eingeschränkt, weil man nicht sagen kann, so, wir müssen abbauen, tut uns leid, Sie müssen gehen. Geht nicht, also versucht man natürlich, einen Umweg zu machen. Weil, wenn wir offiziell kündigen, kriegt man eine Klage, die verliert man in der Regel." (23_KU)

Bei folgender Antwort auf die Frage nach der Präsenz des Arbeitsrechts wird – abgesehen von einem unklaren Begriffsverständnis zum Arbeitsrecht – von einem Inhaber eines Kleinstunternehmens etwa fälschlicher Weise davon ausgegangen, dass bei der Beschäftigung freier Mitarbeiter über die Vorschriften zur Scheinselbständigkeit hinaus keine weiteren arbeitsrechtlichen Vorgaben zu beachten sind:

> PL: „Es ist gar nicht präsent. Funktionsfähigkeit pragmatischer Anwendung steht im Vordergrund. Wir haben zwar Berührungspunkte mit dem Arbeits..., aber ich bin mir nicht sicher, ob das das Arbeitsrecht ist, was Sie meinen oder was ihr meint. Arbeitsschutz z.B., ob das mir reinzählt. Das müssten Sie mir sagen... Also eigentlich da wir im Grunde genommen mit freien Mitarbeitern arbeiten: keine Berührungspunkte oder nur ganz wenige, da wir das Problem mit der Scheinselbständigkeit haben" (09_Kleinst)

Als besonders bedenklich ist wiederum das aus folgender Aussage eines ebenfalls Inhabers eines Kleinstunternehmens deutlich werdende Desinteresse an gerade für Kleinstunternehmen besonders relevanten Schwellenwerten zu bewerten:

> INT: „Da waren Sie ja gerade rüber über die Schwelle. Oder war das zu einem Zeitpunkt als das... war das für Sie nicht relevant?" PL: „Also wir haben uns darum nicht gekümmert, sagen wir mal so." (04_Kleinst)

Ein Vergleich der verschiedenen Antworten aus Kleinst-, Klein- und mittleren Unternehmen lässt vermuten, dass in einigen mittleren Unternehmen mitunter bewusst arbeitsrechtlichen Vorschriften zuwidergehandelt wird, während in Kleinst- und Kleinunternehmen eher Wissensdefizite ursächlich sein könnten.

Überprüfung der Hypothese H6:

Auf Grundlage der zuvor dargestellten Interviewergebnisse lässt sich auch die Untersuchungshypothese H6: *„Die Kultur der Personalarbeit von KMU wird deutlich durch den Inhaber geprägt."* bestätigen. Dieser Inhabereinfluss entfaltet sich dabei sowohl im Rahmen einer machtorientierten Inhaberdominanz, ebenso jedoch auch über eine – teilweise parallel dazu deutlich werdende – soziale Orientierung. Diese besondere Prägung der Personalarbeit durch den Inhaber ist darüber hinaus vor allem auch auf die Tatsache zurückzuführen, dass in vielen Fällen die Personalarbeit sowie die Führung des Unternehmens vom Inhaber in Personalunion wahrgenommen werden. Auch muss sich ein entsprechender Einfluss keineswegs zwingend negativ auswirken, da hierdurch eine Kontinuität und Stabilität erreicht werden können. Erforderlich ist dabei jedoch, dass diese dennoch systematisch und an den geltenden Vorgaben orientiert ausgerichtet wird.

Überprüfung der Hypothese H7:

Ebenfalls *bestätigen* lässt sich dadurch die Untersuchungshypothese H7: *„Die gewählten, personalwirtschaftlichen Verfahrensweisen orientieren sich an Machtüberlegungen."* Hierbei scheint die Macht weniger im Sinne einer entschiedenen Umsetzung der Vorschriften angewandt. Hierzu fehlen teilweise die entsprechenden Detailkenntnisse innerhalb der Vorschriften. Ausgehend vom eigentlichen Charakter rechtlicher Vorschriften, die im Falle bestimmter Tatbestände, wie etwa der Zugehörigkeit zu einer bestimmten Betriebgröße, entsprechende und oftmals nicht dispositive Folgen vorsehen, konkretisiert sich Macht sich vor allem im Rahmen von Entscheidungen über den Grad der Befolgung der Vorschrift sowie der ihr zugeschriebenen Relevanz.

Die bisherigen Ergebnisse verdeutlichen, dass die Personalarbeit in KMU nur selten strategisch genutzt wird und die Anwendung des Arbeitsrechts zudem teils unter deutlichen, subjektiven Einflüssen aufgrund der Unternehmenskultur sowie der Wahrnehmung der Personalverantwortlichen zustande kommt. Für detailliertere Beurteilung der Arbeitsrechtspraxis von KMU mit dem Ziel einer Entwicklung möglicher Verbesserungsvorschläge ist darüber hinaus von Relevanz, wie systematisch sowie zu welchem Zeitpunkt mit dem Arbeitsrecht umgegangen wird.

Gestaltung der Vorgehensweisen:

Die Analyse der betrieblichen *Vorgehensweisen* bei der Anwendung zeigt relativ deutlich, dass sich etwa jedes dritte der befragten KMU insgesamt vorausschauend und aktiv mit dem Arbeitsrecht auseinandersetzt. Im Umfang zeigen sich dabei kaum Abweichungen zwischen den Kleinst-, Klein- sowie mittelgroßen Unternehmen. Jedoch scheinen insgesamt jeweils unterschiedliche Erwägungen eine Rolle für den aktiven Umgang zu spielen:

Ein Teil der Befragten, überwiegend aus mittelgroßen und kleinen Unternehmen, möchte etwa aus Gründen der Rechtssicherheit des eigenen Handelns informiert sein:

> *„Das machen wir grundsätzlich nicht, weil wir wissen, dass wir immer Letzter sind, deswegen versuchen wir, das Arbeitsrecht also einzuhalten. Wir haben vor dem Problem gestanden – ich weiß nicht, ist vielleicht acht Jahre her – wo die 38-Stundenwoche eingeführt worden ist in der Metall verarbeitenden Industrie. Da haben unsere Arbeitnehmer gesagt: „Wir wollen lieber 40 Stunden arbeiten. Und geben Sie uns prozentual lieber dann pro Stunde was mehr." Und das haben wir damals auch überlegt gehabt. Aber wir haben dann, weil*

> *das auch wieder juristisch so ein bisschen fraglich ist, haben wir den Unternehmerverband eingeschaltet. Und die haben also gesagt: „Lassen Sie bloß die Finger davon. Selbst wenn Ihre ganze Belegschaft dafür ist und das sogar unterschreibt, und wenn dann plötzlich irgendwo mal Diskrepanzen sind oder es zum Arbeitsprozess kommt, und da hebt einer die Hand und sagt: ‚Das will ich nicht', dann ist das alles wirkungslos." (12_KU)*

> *„Das ist eigentlich der seltenste Fall. In der Regel ist es ja so, dass man eine planerische Perspektive hat und sagt, man will das und das Ziel erreichen... was weiß ich, ein neues Produkt einführen, wenn ich das ja weiß, dann weiß ich auch, OK, jetzt brauche ich... Die Ressourcen in der Konstruktion zum Beispiel reichen, oder sie reichen nicht. Also das ist eigentlich schon eher im planerischen Vorfeld. So, dass man sagt, da und da möchte ich hin und da brauche ich jetzt... Reichen meine Ressourcen oder sie reichen nicht." (35_MU)*

Folgendes mittelgroße Unternehmen sah sich durch das neu eingeführte AGG zu einer besseren Dokumentation betrieblicher, möglicher Weise diskriminierungsrelevanter Prozesse und Entscheidungen veranlasst:

> <u>PL:</u> *„Wir dokumentieren viel mehr."* <u>INT:</u> *„Jetzt schon?"* <u>PL:</u> *„Ja. Wir dokumentieren [...] viel mehr, also viel mehr als sonst, glaube ich, ja." (06_MU)*

Überwiegend wird dabei Rat bei einem Rechtsanwalt gesucht. Die weitere, genaue Zusammensetzung der von den Betrieben genutzten Informationsquellen wird im nachfolgenden Abschnitt noch genauer dargestellt.

> *„Also ich habe mich jetzt vor ungefähr einem dreiviertel Jahr mal ausführlich damit beschäftigt, kann ich sagen, wobei das mit Sicherheit schon wieder a) überholt ist, b) konnte ich einige Sachen nicht so umsetzen, wie ich sie umsetzen wollte. Ich hab mich dann mit unserem, mit einem Rechtsanwalt zusammengesetzt, der Arbeitsrecht macht. Der hat mir auch neue Arbeitsverträge ausgearbeitet. Wir haben dann aber hier bestimmte Dinge eben auf dem kleinen Weg geregelt. Weil wir viel junge Leute haben, wir haben sie nicht erpresst in dem Sinne, sondern haben einfach eine faire Konstellation gefunden. Jetzt haben wir noch die paar Kandidaten, wo wir vielleicht uns mehr mit dem Arbeitsrecht beschäftigen müssen." (02_KU)*

> *„Ich hab' mir auch angewöhnt, vorher zum Rechtsanwalt zu gehen und nicht nachher. Das habe ich die ganzen Jahre immer gemacht, auch mit den Partnern, wenn da etwas gewesen ist. Da habe ich lieber da Geld reingesteckt als hinterher." (02_Kleinst)*

Ein kleinerer Teil der Betriebe macht seine vorausschauende Vorgehensweise von der Relevanz der jeweiligen Problemstellung abhängig:

> „Reaktiv bei positiven Ereignissen, wie Einstellungen und und und ... wobei der Betriebsrat dort zeitnah mit einbezogen wird und vorausschauend bei personellen Problemen, wie Kündigung, wie organisatorische Dinge, die zuhauf sind – dann informell." (34_MU)
>
> „Bei Bedarf. Ich habe ... die einzige Sache, die wir jetzt hatten vor einem dreiviertel Jahr war eben, dass ich vorausschauend war, dass ich mich beim Rechtsanwalt erkundigt habe, guck dir mal unsere Verträge an, wenn wir morgen jemanden einstellen, dann nehmen wir immer einen alten Vertrag aus der Schublade, ist der überhaupt noch rechtens. Da haben wir neue gemacht." (02_KU)

Ein ebenfalls kleiner Teil der Betriebe geht hierbei gewissermaßen aktiv-vermeidend vor und nutzt etwa Befristungen zur Vermeidung von Festanstellungen:

> „Ok, durch unser Geschäft, wir sind ein Unternehmen das sich mit zeitlich befristeten Arbeitsverträgen beschäftigt. Also wir gehen mehr davon aus, dass das Arbeitsrecht die Wirtschaft mehr hindert als fördert und wir haben deshalb ein Geschäftsmodell aufgebaut, dass das Arbeitsrecht nicht umgeht, sondern was anpasst, den Bedürfnissen des Unternehmens entsprechend." (08_Kleinst)
>
> „Ja, wir versuchen alle Möglichkeiten auszureizen, die Kündigungsfristen so kurz wie möglich zu halten." (01_Kleinst)

Für die Mehrzahl der befragten Unternehmen finden sich jedoch Anhaltspunkte für einen überwiegend passiven, reaktiven Umgang mit dem Arbeitsrecht.

> INT: „Und uns interessiert auch, wie wird in Ihrem Unternehmen im Allgemeinen mit arbeitsrechtlichen Informationen umgegangen? Also wann und in welchen Situationen werden die Informationen eingeholt? In Krisensituationen?" PL: „Nur in Krisensituationen. Wenn ein Mitarbeiter mit Kündigung droht." (31_KU)
>
> „Wie gesagt, es ist dann überhaupt nicht präsent, überhaupt nicht. Das ist dann wirklich nur, eigentlich überhaupt nicht. Auch wenn es Probleme gab mit irgendwelchen Entlassungen, die gegangen sind, sondern das ist dann ein Anwalt hingeschoben worden: „Mach du das." So ist das eigentlich. Ich glaube, so wird es wahrscheinlich auch weiterhin rechtlich laufen, weil ich den Einblick nicht habe, sagen ich Ihnen ganz ehrlich, ich habe die Erfahrung nicht und den Einblick nicht in diese Rechts- und die Gesetzeslage." (30_KU)

„Nein, nein, wenn es – sagen wir einmal – etwas kritischer wird, dann gibt es schon einen Anwalt, ja." (28_MU)
INT: *„Nun ja, es gibt auch den gesetzlichen Anspruch auf Teilzeit. Kennen die Mitarbeiter diesen Anspruch?"* PL: *„Weiß ich nicht. Wir sind noch nicht konfrontiert damit."* (23_KU)

Für den Personalleiter des folgenden Kleinbetriebes reduziert sich die Relevanz der arbeitsrechtlichen Auseinandersetzung scheinbar auf die Aushändigung des Arbeitsvertrages:

> *„Gar nicht. Also, weil – wie gesagt – wir haben Arbeitsverträge, und wir haben in den Arbeitsverträgen, die wir natürlich auch laut den gesetzlichen Vorgaben aufgestellt haben, beziehungsweise die man ja kriegt, haben wir feste Arbeitsverträge, wo Kündigungsfristen, Sonstiges alles drin steht. Und nach denen wir uns richten, die wir natürlich den Kollegen geben, die wir von den Kollegen unterschrieben zurückbekommen."* (07_KU)

> *„Also, wenn es um Recht mit den Mitarbeitern geht, dann, wenn es anfällt. Da habe ich dann ja auch wenig mit zu tun in meinem Geschäft. Man kriegt ja auch hier und da etwas mit, bei einem Kunden. Ja, und das interessiert mich sonst auch nicht, nur, wenn ja davor stehe. Also, [Name], die bildete sich ja gut fort, weil die auch die Lohnabrechnung macht. […] Ich will dann auch nicht jeden Kram hören und sag' dann auch, lass mich doch damit in Ruhe. Ja, ich muss mich nicht mit jedem Kram beschäftigen."* (02_Kleinst)

Es zeigt sich, dass bereits der Zeitpunkt der Auseinandersetzung mit dem Arbeitsrecht ein gewisses Konfliktpotenzial hinsichtlich zu erwartender juristischer Probleme bergen kann. Neben dem Zeitpunkt ist dabei weiterhin auch der jeweilige Grad der Systematik in der Vorgehensweise von Bedeutung.

Hier zeigen die Ergebnisse erwartungsgemäß einen Einfluss der Betriebsgröße. So befassen sich in erster Linie mittlere Unternehmen, zumindest in Ansätzen, systematisch mit dem Arbeitsrecht, gegenüber etwa zwei Dritteln der Kleinunternehmen und nur vereinzelten Kleinstunternehmen. Ein systematisches Vorgehen wird dabei vor allem im Zusammenhang mit Beendigungen von Arbeitsverhältnissen deutlich:

> *„Wenn ich zum Gütetermin selber gehen kann, ohne einen Rechtsanwalt mitschleppen zu müssen, dann ist das doch auch schon mal*

eine Sache, wo ich sage: "Na ja gut, so schlimm kann es ja nicht sein!" [...] Wenn ich das jeden Tag machen müsste, dann müsste ich mir mal die Fälle anschauen, das kann nicht sein, dass ich im Grunde jeden Tag diese Fälle habe, das gibt es eigentlich auch nicht." (36_MU)

„Also, das lief dann im Endeffekt wider Erwarten gut, wobei ich – vielleicht lag es auch daran, dass wir nicht erst angefangen haben, selber rumzuwurschteln und dann, als die Karre festgefahren war, dann jemanden zu holen und sagen: „Wie holst du uns da jetzt wieder raus?", sondern im Prinzip, als die Situation anstand, dass wir uns von vornherein jemanden genommen haben, gesagt: „So, wir müssen jetzt die und die Dinge machen, jetzt unterstütze und berate uns mal dabei." Und dass der praktisch mit uns bei Null angefangen hat. Und das war sicherlich ein Vorteil." (MU_05)

„Und dann, wenn das wirklich so ist und bestätigt ist, dann, und es gibt keinen anderen Weg, dann muss es halt auch so eine rechtliche Maßnahme geben. Und dann bereite ich das so vor. Und dann wird die Formulierung, und was da eben alles im Wesentlichen eine Rolle spielt, damit das auch nicht anfechtbar ist, wird dann so noch einmal geprüft von unserer Rechtsabteilung, dass dann auch in Ordnung ist." (27_KU)

„Ein Jahr, also ungefähr, diese Beratung war vor einem Jahr. Früher hab ich mich mit den Leuten zusammengesetzt, hab gesagt „pass mal auf hier Frau Meier" ich sag jetzt einfach mal so einen Namen Meier, „das, was Sie da machen, so geht das nicht, weil" So. Und heute setz ich mich auch zusammen, aber das steht dann auch schriftlich hier, bitte unterschreiben, dass Sie das bekommen haben und kommt in die Personalakte. Das gab es erst, seitdem ich mich hab beraten lassen, dass, wenn es mal zur Kündigung kommt, dass ich dann was in der Akte habe, zwei, drei Abmahnungen und dann kann ich kündigen." (02_KU)

„Es gibt gar kein Gespräch. Der kriegt das Kündigungsschreiben zugestellt und zwar bringt mein Vorarbeiter das hin. Das ist der sicherste Weg. Ein Kündigungsschreiben selbst einzuwerfen, einwerfen zu lassen und sich von dem, der das einwirft, quittieren zu lassen, dass er das eingeworfen hat und dass er weiß, was da drin steht. Das ist der absolut sicherste Weg und daran halte ich mich auch. [...] Und das habe ich jedes Mal hier so gemacht und deswegen ist es reibungslos, problemlos abgelaufen. Es kommt keine gegen an, er kann nicht sagen, er hat es nicht gekriegt." (10_Kleinst)

Häufig ist ein eher unsystematisches Vorgehen in Unternehmen zu finden, die über keine eigene Personalabteilung verfügen. Folgendes Zitat illustriert recht gut einen häufig unsystematischen Umgang mit Informationen, der im nachfolgenden Abschnitt genauer dargestellt wird:

> *"Externe Leute oder wir [...] jeder schmeißt ein bisschen was in den Topf rein, und dann ziehen wir uns da was raus. So, okay, das ist es oder das ist es nicht. Aber dann schon externe Spezialisten, die sich eben in diesem Bereich auskennen. Da sind wir eigentlich in dem gesetzeslagemäßig, der eine oder andere mehr. Vielleicht durch einen privat oder sonst welchen anderen Geschichten. Aber ansonsten."* (30_KU)

Die Frage, ob in arbeitsrechtlichen Zusammenhängen *Szenarien* durchgespielt werden, wurde nahezu durchweg verneint.

> *"Nein, gar nicht. Weil, wir wissen ja gar nicht, wie lange das existiert das Recht, also die letzten 15 Jahre hat sich das so oft geändert, also beschäftigen wir uns nicht mit irgendwelchen Szenarien, sondern dann, wenn es soweit ist, dann beschäftigen wir uns damit, im Moment, kann ich sagen."* (23_KU)

<u>Überprüfung der Hypothese H8:</u>

Angesichts dieser Ergebnisse lässt sich die Untersuchungshypothese H8: *"Die Auseinandersetzung mit dem Arbeitsrecht erfolgt wenig systematisch und eher anlassbezogen."* nur *teilweise* bestätigen. Es zeigt sich nicht für alle Unternehmen, dass sich der Umgang mit dem Arbeitsrecht insgesamt unsystematisch gestaltet, sondern dass etliche Unternehmen – aus verschiedenen Gründen – durchaus systematisch mit den Vorschriften umgehen. Insgesamt werden von den Unternehmen sowohl formelle als auch informelle Spielräume genutzt.

Im Zusammenhang mit der Nutzung dieser Spielräume zeigen die Analysen der Interviews, dass auch innerhalb, als häufig durch das Arbeitsrecht eingeschränkt empfundener Handlungsspielräume längst nicht alle grundlegenden, arbeitsrechtlichen Optionen genutzt werden. So lassen gerade Kleinstbetriebe oftmals eine Vielzahl von Instrumenten ungenutzt, was jedoch zum Teil auch im Zusammenhang mit einem häufigen Unterschreiten von Schwellenwerten zu bewerten sein dürfte.

Für alle Größen der KMU entsteht jedoch insgesamt der Eindruck, dass selbst innerhalb einer grundlegend systematischen Vorgehensweise längst nicht alle Möglichkeiten einer produktiven Nutzung arbeitsrechtlicher Optionen bekannt oder bewusst zu sein scheinen. Stattdessen werden von vielen Unternehmen oftmals störende Einschränkungen vermutet. Nachfolgend werden, unterschieden nach Betriebsgröße, einige Beispiele für nicht genutzte personalwirtschaftliche Instrumente dargestellt:

Einige *Kleinbetriebe* setzen *keine verhaltens- oder personenbezogenen Kündigungen* ein. Teilweise scheinen hier entsprechende Kenntnisse zu fehlen, mitunter jedoch scheint die empfundene soziale Nähe die Aussprache einer entsprechenden Kündigung zu beeinflussen. Dieses lässt sich vor allem aufgrund der dargestellten, oftmals sozialen Orientierung der Personalleiter und ihrem Bestreben, eine Kündigung vermeiden zu können, annehmen:

> INT: *„Oder personenbedingt, dass jemand krank ist und seine Leistung nicht mehr bringen kann oder Alkoholprobleme hat oder ...?"* PL: *„Nein, das wurde auf andere Art und Weise geklärt. Also, wird auf normales Reden miteinander geklärt, wenn so was auftritt."* (30_KU)

Auch das arbeitsrechtlich oftmals besonders bedeutsame Instrument der *Abmahnung* wird von vielen Unternehmen nicht eingesetzt. Oftmals werden auch dabei unternehmenskulturelle oder zumindest persönliche Werthaltungen deutlich:

> *„Also, wenn man an Arbeitsrecht denkt, denkt man ja an Abmahnung und, was weiß ich, solche Dinge. Damit wird eigentlich relativ spärlich umgegangen. Also, jedenfalls in meinem Verantwortungsbereich könnte ich mich nicht erinnern, dass ich einmal irgendeine Abmahnung..."* (27_KU)

Nur ein mittleres der befragten Unternehmen besitzt einen *Betriebsrat*, gegenüber jedem dritten kleinen Unternehmen. In den Kleinstbetrieben sind keine Betriebräte vorhanden, was zumindest dort überwiegend auf ein Unterschreiten des Schwellenwertes zurückzuführen sein dürfte, oberhalb dessen die Beschäftigten einen Betriebsrat wählen können. Wenn hierzu auch nicht überall die Initiative zur Gründung eines Betriebsrates allein von den Beschäftigten ausgeht, so scheinen bei einigen Personalleitern Bestrebungen zu bestehen, die Gründung zumindest nicht zu fördern:

> „Nein. Und es wird sicherlich auch dafür gesorgt werden, dass das niemals sein wird." (31_KU)

> „Nein und wenn nicht zu meiner Zeit. Und wenn dann hat sich das auch sehr schnell erledigt mit dem- oder derjenigen." (01_Kleinst)

> „Nein, das sind wir alle, wenn überhaupt." (03_Kleinst)

17 Unternehmen, darunter elf Kleinbetriebe, nutzen momentan keinerlei *Befristungsmöglichkeiten*. Insbesondere die sachgrundbezogenen Befristungsmöglichkeiten etwa für Projekte oder Vertretungen, die den Unternehmen eine erhebliche Flexibilität einräumen würde, scheint nur wenigen Befragten bekannt zu sein.

> INT: „Dafür macht man oft Verträge mit einer so genannten Zweckbefristung, also man sagt für die Zeit der Elternzeit" PL: „Nein, nein, das.. hat sich da nicht, bei uns. [...] Auch nach diesem normalen Zeitraum: „Okay, wir bleiben erst mal zu Hause und machen vielleicht dann ganz was anderes", und überlegen sich, ob sie kommen. Wir haben es immer freigehalten, ich sag: „Jederzeit, wenn ihr kommt, könnt ihr wieder anfangen." Das ist kein Thema." (30_KU)

> „Nein, wir haben bis jetzt immer eine Zeitbefristung gemacht auf 24 Monate. Heute müssen Sie ja die Begründung mit reinschreiben. Wir würden in dem Fall eine Befristung also nicht mehr so viel in Augenschein nehmen, weil es sehr schwer ist, dass wirklich zu begründen, auf zwei Jahre einen Arbeitnehmer einzustellen befristet, zum Beispiel um einen großen Auftrag abzuwickeln. Da müssen Sie wirklich sagen: „Der Auftrag läuft von A bis Z, und da habe ich genau 24 Monate oder 18 Monate jemanden gebraucht." Und das ist sehr schwierig." (12_KU)

> „Nein, immer unbefristet." (23_KU)

Häufiger werden dabei Informationsdefizite hinsichtlich der Befristungsvorgaben deutlich:

> „Also, Sie können ja ein befristetes Arbeitsverhältnis nur einmal verlängern und dann ist es sowieso eine Festanstellung. Das war mein Kenntnisstand bisher." (12_Kleinst)

Teilweise scheint auch der Fachkräftemangel von Einfluss zu sein:

„Also ein großer Nachteil ist sag mal fähiges Personal zu kriegen für diese befristeten Arbeitsverträge. Wenn den wirklich was ist. Weil bei uns ja viel im kleinen Rahmen läuft mit viel Privatkundschaft und so." (04_Kleinst)

Folgender Interviewpartner nutzt nicht nur keine Befristungen, sondern scheint generell eher zurückhaltend mit arbeitsrechtlichen Instrumentarien umzugehen und sich stattdessen auf seine Intuition zu verlassen:

„Nein, wir haben keine befristeten Arbeitsverträge. Also, wir haben keine befristeten Arbeitsverträge, weil ... die kriegen natürlich einen Teilzeit-Arbeitsvertrag. Wir haben keine Probezeit, Sonstiges, weil wir uns halt die Zeit nehmen. Ich guck mir die Leute an oder wir. Und unser Bauchgefühl hat uns jetzt zweimal enttäuscht." (07_KU)

Die deutliche Mehrzahl der KMU verzichtet aus unterschiedlichen Gründen auf eine Nutzung von *Leiharbeit*. Insbesondere wird dieses Instrument von keinem der Kleinbetriebe genutzt. Dabei werden neben Kostengründen sowohl häufig schlechte Erfahrungen in der Vergangenheit als auch eine deutliche Ablehnung dieses Instrumentes aus sozialen Erwägungen deutlich:

„Wir sind keine Ausbeuter." (07_KU)

„Nein, Leiharbeitskräfte haben wir gar nicht. Da haben wir ganz am Anfang mal schlechte Erfahrung gemacht. So was wollen wir auch nicht. Wenn, dann stellen wir Leute immer nur fest ein." (12_KU).

„Es ist nicht so, dass ich diese Leiharbeitsfirmen nicht mag, das hat damit nichts zu tun, aber ich brauche feste Mitarbeiter, ich brauche keine Leiharbeiter, befristete Mitarbeiter." (36_MU)

Auffällig ist, dass eine vergleichsweise hohe Zahl von KMU unterschiedliche Formen von Tarifverträgen nutzt oder sich zumindest hieran orientiert. Lediglich ein mittleres, acht kleine sowie zwei Kleinstbetriebe nutzen keine Tarifverträge. Denkbar ist hierbei einerseits, dass Tarifverträge auch in den KMU im Allgemeinen weitgehend bekannt sind. Zum anderen könnten die darin enthaltenen, oftmals branchenbezogen Regelungen von den KMU nur mit erheblichem Aufwand direkt mit den Beschäftigten ausgehandelt werden, wodurch eine Orientierung an den Vorgaben vorteilhafter erscheint.

Eine ebenfalls hohe Zahl der KMU nutzt schließlich Teilzeitarbeit: Alle mittleren Unternehmen sowie zehn Klein- und sieben Kleinstbetriebe greifen hierauf, oftmals auf Wunsch der Beschäftigten zurück.

Zusammenfassend betrachtet, wird in allen Betriebsgrößen eine unregelmäßige Nutzung der verschiedenen personalwirtschaftlichen Instrumentarien deutlich. Insbesondere das häufige Nichtnutzen von Befristungsmöglichkeiten wurde von vielen Interviewpartnern mit einem Interesse an langfristigen Beschäftigungsverhältnissen begründet. Dennoch könnten befristete Arbeitsverhältnisse auf Seiten beider Vertragspartner die Flexibilität erhöhen und Möglichkeiten zur Beschäftigung eröffnen. Bei der Auswahl genutzter personalwirtschaftlicher Instrumente ist darüber hinaus jedoch eine entsprechende Kenntnis erforderlich, die teilweise nicht oder nur unvollständig vorhanden zu sein scheint.

Überprüfung der Hypothese H9:

Die Daten zeigen eindeutig, dass viele personalwirtschaftliche Optionen, so etwa Befristungsmöglichkeiten, ungenutzt bleiben. Damit wird die Untersuchungshypothese H9: *„KMU nutzen nur einen Teil der sich bietenden, arbeitsrechtlichen Instrumente."* insgesamt bestätigt. Hierbei scheinen unterschiedliche Aspekte ursächlich zu sein. Zum einen stellen sich sowohl die erforderlichen Regelungsbedarfe als auch die zu Verfügung stehenden Ressourcen in den KMU recht unterschiedlich dar. Darüber hinaus vermitteln die Aussagen der Interviewpartner den Eindruck, dass hinsichtlich der Nutzung oder Nichtnutzung der einzelnen personalwirtschaftlichen Instrumente sowohl die in den Betrieben vorhandene Kenntnisse als auch Macht von Einfluss sind. Hinsichtlich einer möglichen Problematik im Zusammenhang mit der Nichtnutzung einzelner Instrumente ist zu unterscheiden zwischen einem bewussten Verzicht auf oder aber einer fehlenden Kenntnis über die entsprechende Vorschrift.

Weiterhin zeigt sich, bezogen auf die Gestaltung der Arbeitsbeziehungen in den KMU, dass sich mit Ausnahme der „*Politischen Regulierung*", allen Regulierungs-Institutionen des Modelles der Handlungsentlastung von *Martin* (1998) entsprechende empirische Beispiele zuordnen lassen.

Deutlich werdende Probleme:

Aus den Aussagen der befragten Personalleiter werden weiterhin auch unterschiedliche Folgen sowie insbesondere Probleme aufgrund der beschriebenen Arbeitsrechtspraxis deutlich, die nachfolgend beispielhaft betrachtet werden sollen:

Aus der Kombination einer teilweise unsystematischen Auseinandersetzung mit den arbeitsrechtlichen Vorschriften und deren – entsprechend – oftmals schematisch orientierter, pauschaler Ablehnung, entstehen in den Betrieben sowohl *vermeidbarer Aufwand* als auch eine *Verunsicherung* und *Unruhe*.

So zeigt sich zum Teil, dass Unternehmen zwar angeben, sich durch das Arbeitsrecht und speziell das Kündigungsschutzgesetz in ihren Handlungsspielräumen beschränkt zu sehen, das Problem jedoch weniger in den Vorgaben des Gesetzes als vielmehr in einer unsystematischen Auseinandersetzung mit selbigem zu liegen scheint. So bemängelt etwa der folgende Interviewpartner eines Kleinstunternehmens, gezielt auf seine Handlungsspielräume angesprochen, eine gewünschte Entlassung nicht vornehmen zu können:

> <u>INT:</u> *„Sehen Sie dann Ihre Handlungsspielräume durch das Arbeitsrecht beeinflusst?"*
>
> <u>PL:</u> *„Ja."* <u>INT:</u> *„Ja? Inwiefern?"* <u>PL:</u> *„Na ja, ich habe einen Mitarbeiter gehabt, den hätte ich sehr gerne gekündigt, aber ich hatte keine Handhabe, ich hatte nichts wirkliches, dass ich ihm nicht mehr aufs Fell gucken konnte."* (10_Kleinst)

Dabei scheint er sowohl den Umstand zu übersehen, dass er bereits früher unter einer höheren Mitarbeiterzahl bereits erfolgreich eine Entlassung durchgeführt hat, als auch die Tatsache, dass er mit seiner heutigen Beschäftigtenzahl keinesfalls unter das Kündigungsschutzgesetz fällt. Auch im Rahmen des allgemeinen Kündigungsschutzes durch das BGB wäre eine Entlassung möglich:

> „Und dann habe ich ihm eine fristgerechte Kündigung geschickt und weg war er. Aber fristgerecht, ich konnte es damals noch machen, weil der Betrieb noch kleiner war. Heute mit vier Vollzeitleuten kann ich das nicht mehr machen." (10_Kleinst)

Mögliche Probleme scheinen gerade in kleinen und mittleren Unternehmen teilweise allgemein eher auf finanziellem Wege als über eine systematische Auseinandersetzung gelöst zu werden:

> „Aber wir haben hier auch, das haben wir ja jetzt gerade abgeschlossen, einen Mitarbeiter, der war doch relativ lange hier im Haus und ist dann in Ungnade gefallen und wurde einfach so entlassen. Und der hat aber so viel Mumm besessen, eine Kündigungsschutzklage einzureichen und hat auch Recht bekommen. Und das ist lebensnotwendig. Das finde ich, sollte fast noch verschärft werden können." (31_KU)
>
> INT: „Also sehen Sie Ihre Handlungsspielräume durch das Arbeitsrecht beeinflusst?" PL: „Ja." INT: „Irgendwelche Auflösungsverträge, oder?" PL: Nein, habe ich nicht gemacht." INT: „Setzen Sie befristete Arbeitsverträge ein?" PL: „Nein." (20_KU)

Folgendem Interviewpartner sind die flexibleren Möglichkeiten der Befristung bei älteren Arbeitnehmern nicht bekannt. Selbst nach einem entsprechenden Hinweis vermittelt dieser den Eindruck, Flexibilität eher über Zahlungen zu regeln:

> INT: „Bei Älteren kann man immer weiter befristen." PL: „Ja, das wusste ich nicht." INT: „Im Gesetz steht 58 Jahre." PL: „Gut, das wusste ich nicht." INT: „Das ist eine Möglichkeit. Da ist es dann leichter. Man kann die dann immer wieder befristen, sonst geht es ja immer mit Zeitbefristung eben nur dieses eine Mal. Gut. Würden Sie sagen, dass Ihre Handlungsspielräume durch das Arbeitsrecht beeinflusst werden, eingeschränkt werden? Dass Sie nicht so können, wie Sie wollen?" PL: „Sagen wir einmal so: Wenn man viel Geld in die Hand nimmt, kann man alles regeln. So gesehen wären Sie bei

uns dadurch etwas eingeschränkt, dass unsere wirtschaftliche Lage nicht alle Möglichkeiten zulässt." (28_MU)

Als betriebswirtschaftlich problematisch erscheint etwa auch folgender Beendigungsprozess im Zusammenhang mit der Untreue einer Arbeitnehmerin, die nicht etwa verhaltensbedingt gekündigt wurde, sondern unter nicht unerheblichem finanziellen Auswirkungen betriebsbedingt entlassen wurde:

> *„Die Dame, die vorher meine Funktion hatte, also zweithöchste im Hause, Prokuristin, hat den Laden beklaut, hat illegale Dinge getan, hat betrogen, hat Mitarbeiter gepiesackt, hat täglich nur sechs Stunden gearbeitet, obwohl sie offiziell ja Arbeitsverträge, hat sie Sonderprämien gezahlt an Lohn und Gehalt vorbei, hat also effektiv, das kann man ja nicht Klauen nennen, als Prokurist darf man das ja ... theoretisch sein Gehalt ja anpassen, wenn man befreit ist nach 181 BGB. [...] Daraufhin haben wir denn den Vertrag, habe ich eine Chance gegeben, dass sie wieder ein bisschen aktiver arbeitet. Dann hat sie nur noch fünf Stunden ... ist sie halt morgens später gekommen, abends früher gegangen. Da haben wir dann den Vertrag gekündigt, normale Kündigungsfrist eingehalten."* <u>INT:</u> *„Verhaltensbedingt?"* <u>PL:</u> *„Wir haben betriebsbedingt damals das genannt, haben dann sechs Monate Kündigungsfrist eingehalten und alles haben wir. Das Gehalt weitergezahlt, sie hat den Firmenwagen auch behalten diese sechs Monate, also, alles komplett." (09_KU)*

Auch die folgenden Zitate machen beispielhaft deutlich, dass gerade eine reaktanzähnliche Abwehr arbeitsrechtlicher Vorschriften mitunter finanziellen Aufwand verursacht, der im Zuge einer systematischen Auseinandersetzung mit dem Arbeitsrecht nicht unbedingt anfallen würde:

> *„Es darf und kann nicht sein, dass eine Mitarbeiterin, die einen Behindertenausweis hat, anders behandelt werden muss wie ein normaler Mitarbeiter. Das heißt also, ich muss auf einen Angestellten, ich will jetzt nicht sagen, schlechten, aber ich will jetzt einmal, vom Betriebswirtschaftlichem ausgesehen, es ist ein schlechter und unzuverlässigerer Mitarbeiter gegenüber einem, der zum Beispiel zwei Kinder hat, ja, und ein super Mitarbeiter ist, ja, die muss ich beide eher entlassen wie die. Ergebnis der ganzen Sache: Lieber bezahle ich jede Strafe, als mich mit so einem Schwachsinn noch einmal zu befassen." (23_KU)*

> *„Ja, weil, das können Sie nicht mit Geld regeln. Sagen wir mal so. Ein Arbeitsrechtproblem können Sie ja mit Geld ... es gibt Abfindungen, es gibt Einigungen, man sagt, hier kriegst Geld und ich will dich*

nicht mehr wieder sehen, so ungefähr. Sie können aber nicht zur Arzneimittelüberwachungsstelle gehen sagen, hier ist Geld, nun gib mal das Zertifikat her. Das geht einfach nicht. Insoweit macht das mehr Sorgen." (02_KU)

<u>Überprüfung der Hypothesen H10 und H11:</u>

Vor dem Hintergrund dieser Erkenntnisse lassen sich sowohl die Untersuchungshypothese H10: *"Eine unsystematische Arbeitsrechtsanwendung erzeugt Unruhe."* als auch die Hypothesen H11: *"Reaktanz gegenüber arbeitsrechtlichen Vorschriften erzeugt kontraproduktiven Aufwand."* insgesamt bestätigen. Allerdings zeigen sich diese Auswirkungen nur in einem Teil der befragten Unternehmen. Dabei können der aus deren individuellem Handeln entstehende Aufwand und die Unruhe durchaus als ein Resultat unternehmerischer Freiheit gewertet werden, die, wie erwartet, teilweise unter Einfluss einer eingeschränkten Rationalität umgesetzt wird.

Wichtig ist, zu erwähnen, dass die Ergebnisse, übergeordnet betrachtet, durchaus zeigen, dass die Praktiker in weiten Teilen mit den Vorschriften zurecht kommen. Dennoch werden in verschiedenen Bereichen durchaus problematische Vorgehensweisen deutlich. Dabei zeigen oftmals bestimmte Unternehmen deutlicher oder häufiger ein problematisches Verhalten.

Zwar ist nachvollziehbar, dass aus Sicht der Praktiker ein gewisses Maß an Regulierung mit Blick auf ihren Arbeitsalltag als problematisch angesehen wird, jedoch stellt sich die Frage, inwieweit angesichts der vorgestellten Ergebnisse, zumindest langfristig betrachtet, nicht eine systematischere Auseinandersetzung mit den Vorschriften vorteilhafter erscheint und helfen kann, sowohl vermeidbare Kosten als auch Unruhe zu verhindern. Dieses gilt nicht zuletzt bezogen auf die Außenwirkung der Personalpolitik und das immer wichtiger werdende Arbeitgeber-Image in der Öffentlichkeit und gegenüber immer häufiger fehlenden Fachkräften. Gerade KMU könnten aufgrund ihrer typischen Arbeitsbeziehungen gezielt Vorteile nutzen. Dabei ist vor allem eine Kenntnis und systematische Betrachtung der Anforderungen wichtig, um die eigene Arbeitsrechtspraxis optimal gestalten zu können. Hierbei spielt die unternehmensinterne Kommunikation eine besondere Bedeutung. Im nachfolgenden Abschnitt wird hierzu schließlich dargestellt werden, in welchem Umfang die KMU innerhalb ihrer Personalarbeit und der Anwendung von Arbeitsrecht kommunizieren und welchen Einfluss diese Prozesse auf den Umgang sowie die Folgen für die Unternehmen haben können.

4.2.1.4 Gestaltung der Kommunikation in der Arbeitsrechtspraxis

Die Auswertung der Experteninterviews hat eine Reihe interessanter Ergebnisse über die Gestaltung der Kommunikation in den KMU ergeben. Daraus werden nun im Wesentlichen Ergebnisse über das Ausmaß und die Gestaltung der Kommunikation in der Arbeitsrechtspraxis berichtet. Dabei soll zum einen beschrieben werden, wie sich die Kommunikation im Zusammenhang mit der Anwendung des Arbeitsrechts in den KMU gestaltet. Neben der Frage nach dem generellen, der Kommunikation in der Arbeitsrechtspraxis zukommenden *Stellenwert* und ihrer Nutzung als *Steuerungsinstrument*, interessiert dabei insbesondere, wie die *Kommunikationsprozesse* von den Verantwortlichen gestaltet werden und welche *Kommunikationspartner* und *Informationsquellen* dabei einbezogen werden. Zum anderen sollen aus den Interviews deutlich werdende *Einflussfaktoren* auf die Kommunikation in KMU beispielhaft dargestellt werden.

Vorgehen bei der Internen Kommunikation:

Generell betrachtet zeigt sich, dass sich die Kommunikation in der Arbeitsrechtspraxis ähnlich vielfältig gestaltet wie auch diese Praxis selbst. Dieses verwundert aufgrund der Tatsache nicht, dass beide Bereiche des betrieblichen Handelns einander bedingen. Bei einem deutlichen Teil der Betriebe zeigt sich zunächst eine allgemein *aktive Kommunikation*, die auf unterschiedlichen Intentionen zu beruhen scheint.

> *"Ich sag jetzt mal, wie eine kleine Betriebsversammlung – in Anführungsstrichen –, dass man halt auch von den Leuten was erfährt, nicht? Es ist ja immer wichtig: Ist es auch so, wie wir es jetzt rausgeben als Disponenten und kann man das alles wirklich so auch umsetzen, wie wir das gemacht haben vom Plan her? Hat man Veränderungsvorschläge? [...]. Meistens ist das ein nettes Zusammensitzen." (07_MU)*

> *"Und wenn die zurückkam, hat die dann auch informiert, die Belegschaft bei uns. Das war Tagesordnung, das war daran. Oder es gab eine E-Mail oder überhaupt eine Runduminformation. Das war, als der Betriebsrat größer war, war das noch so. Und das schlief dann immer mehr ein, weil man einfach, ja, das sich so entwickelt hat. Wie es eben ist. Das ist so." (27_KU)*

> <u>INT:</u> *"Das heißt, demnächst werden Sie wieder entlassen und Arbeitsplätze reduzieren?"* <u>PL:</u> *"Weiß ich nicht, weiß ich nicht. Ich hoffe es nicht."* <u>INT:</u> *"Sie entscheiden also immer individuell?"* <u>PL:</u> *"Ja. Also entweder machen wir das in der Gemeinschaft, das heißt also, dass ich alleine einlade, dann machen wir ein kurzes Gespräch, worum es geht, dann wird auch diskutiert, also insofern eine Diskussion überhaupt einmal anfängt, ja, das ist immer schwierig, das aus der Nase zu ziehen. Aber ich spreche das richtig offiziell an, ich höre mir auch individuelle Meinungen an, das heißt also, die man dann unter vier Augen mal bespricht, ja, und wenn das solche Sachen sind, wo man einmal die Mindeststunden abbauen will, das spreche ich mit jedem Einzelnen ab. Weil die familiäre Situation da natürlich ausschlaggebend ist, da gibt es 1000 Gründe." (23_KU)*

Folgender Interviewpartner eines Kleinunternehmens verweist darauf, vor allem strategische Überlegungen, etwa im Rahmen eines Managementzirkels, zu besprechen. Aus dem weiteren Interview wurde jedoch deutlich, dass dabei nicht unbedingt arbeitsrechtliche Zusammenhänge diskutiert werden:

> *"Aber wenn ein Unternehmenszweig sich entwickeln soll, dafür haben wir Managementzirkel. Das heißt also, die Seniorverkäufer und ich setzen uns einmal im Monat zusammen und diskutieren über die Geschäftsentwicklung, allgemein. Wollen wir neue Produkte aufnehmen." (09_KU)*

Eine ähnlich aktive Kommunikation scheint in diesem Unternehmen etwa auch im Zusammenhang mit geplanten Einstellungen üblich zu sein:

> *„Die Drei gehen mit ihm essen [...] machen wir erst ein Vorgespräch hier. Wenn er die Runde überlebt, dann gehen sie mit dem mal in eine privatere Atmosphäre. Also, wie läuft es richtig? Derjenige wird angesprochen, persönlich angesprochen, in der Regel durch ein Telefonat von dem Seniorverkäufer aus seinem Marktsegment. Dann wird ein erstes Meeting gemacht. In der Regel wird er hier eingeladen. Dann macht diese Person ein erstes Gespräch. Wenn das in Ordnung ist, dann führt sie ein, leitet sie dieses Gespräch an die drei anderen Seniorverkäufer rüber und sagt: „Ich finde den oder die Dame interessant aus folgenden Gründen..." Und dann gehen die Drei zusammen mit dieser Person mal essen und führen dann auch noch mal ein Gespräch. Und wenn die Drei dann der Meinung sind, dass es immer noch in Ordnung ist, dann führen sie das Schlussgespräch zum Geschäftsführer, der ja nun der Chef von Einkauf und Verkauf ist. Und entweder sagt er, wenn das einfach – ich sag mal – eine unwichtige Entscheidung – in Anführungsstrichen unwichtig – also ein Juniorverkäufer nur ist, der einfach nur die Masse auffüllen soll – dann treffen, sagt er: „Komm, mach mal." Dann macht er noch ein Hallo-Gespräch, um sein Gefühl zu bekommen für den Menschen." (09_KU)*

Einige Unternehmen gehen etwa *vorausschauend* vor, indem sie mit Hilfe gedruckter Medien für eine optimale Verbreitung betrieblicher Anweisungen sorgen:

> *„Wir erarbeiten gerade so was, weil wir so eine Art ISO hier einführen. Die meisten Sachen sind wirklich per E-Mail, aber dann auch mit Anweisungscharakter, also, geht an alle. Und die im Lager bekommen es dann am Schwarzen Brett dann ausgehändigt. Bei wichtigen Sachen lassen wir uns das noch mal individuell unterschreiben [...] Also, so einfach nur so ein Handbuch, wo jeder mal reingucken darf oder so, macht eigentlich, machen wir nicht. Wir versuchen sicherzustellen, dass auch jeder drüber informiert ist." (09_KU)*

> *„Das sind bestimmte Prinzipien, Prinzipien, die wir uns gegeben haben, zumindest einen Idealzustand, den wir uns vorstellen. Intern haben wir eine Mitarbeiterinformation entwickelt. Verhaltensprinzipien, Prinzipien für den Konfliktfall, für bestimmte Sitzungsverläufe, für bestimmtes Verhalten, auch ein Kritikgespräch gehört dazu, Jahresgespräche." (06_MU)*

In der Gesamtbetrachtung der Interviews zeigt sich jedoch, dass eine besonders aktive Kommunikation *vor allem im Bereich administrativer Auf-*

gabenstellungen, wie etwa Lohn- und Gehaltsabrechnungen oder in steuerrechtlichen Zusammenhängen, stattfindet:

> *"Ja, also das aller wichtigste ist, dass die Lohnabrechnung sitzt, das heißt alle Informationen, die sich beziehen auf Versicherungsbeiträge oder Steuersätze, oder diese ganzen Thematiken, die muss ich mit nebenan besprechen, weil das ist ja jeden Monat wichtig für die Lohnabrechnung. Ganz wichtig sogar. Ich gebe das weiter, wir kommunizieren das. [...]. Wir sind wie gesagt kein großer Laden mehr. Die Tür ist meistens auf. Man redet durch die Tür hinweg: das und das und das muss berücksichtigt werden und teilweise besprechen wir Themen zu diesem Abfindungsthema hier... mit der Steuerfreiheit haben wir Material halt mal einfach gesammelt, weil ich davon ausgehe, dass das Thema noch turbulent sein wird." (32_MU)*

Unsystematische Kommunikation von Arbeitsrecht:

Neben dem Aktivitätsgrad der Kommunikation ist weiterhin relevant, wie *systematisch* sich die Kommunikation in Unternehmen gestaltet. So kann etwa auch eine aktive Kommunikation durchaus unsystematisch und damit gegebenenfalls problematisch erfolgen. In den Daten zeigen sich dazu vielfältige Ansätze einer in den meisten Unternehmen eher unsystematischen Kommunikation. Dieses wird zum einen im Zusammenhang mit anderen, im weiteren Verlaufe dieses Abschnittes vorgestellten Teilergebnissen, wie etwa dem Informationsverhalten, den von den Akteuren genutzten Kommunikationsinstrumenten sowie typischen Kommunikationsfiltern deutlich. Darüber hinaus entsteht in der Gesamtbetrachtung zusammenhängender Schilderungen der Interviewpartner der Eindruck, dass nur in wenigen Unternehmen ein systematisches *Kommunikationsbewusstsein* vorzuherrschen scheint. Die entsprechenden Anhaltspunkte hierfür werden im weiteren Verlaufe dieses Abschnittes beispielhaft dargestellt. Nachfolgendes Zitat gibt die entsprechende Grundproblematik in der Internen Kommunikation von KMU sehr gut wieder:

> *"Das kommuniziert sich so im runden Kreis, würde ich sagen, das ist ja so, also ich denke mal, das ist mehr für Einzelteile, aus der Situation heraus, da kommt irgendjemand und sagt das und das und das,*

und dann sagt man halt „Stopp so ist das nicht gemeint, was sie da im Fernsehen gesehen haben" (02_KU)

Einigen Interviewpartnern scheinen die jeweiligen Kommunikationsdefizite durchaus bewusst zu sein:

„Aber so Sachen Informationen von außen her, interessante Sachen wie jetzt zum Beispiel Arbeitsrecht oder auch andere Sachen, wird eigentlich schon – sagen wir mal – zu wenig informiert oder weitergegeben." (30_KU)

INT: „Wenn Sie jetzt so Informationen bekommen – wie gehen Sie damit um? Sie sagten vorhin, Sie legen das ab, wenn es interessant ist, aber kommunizieren Sie das auch in das Unternehmen rein?" PL: „Eher nein. Also, wenn es jetzt natürlich etwas ist, was aus der Gesetzesänderung ist, die das Unternehmen beachten muss, dann, es fällt mir jetzt zwar kein Beispiel ein, aber dann werde ich natürlich etwas, was man unternehmensweit oder GmbH-weit auch die Mitarbeiter kommuniziert würde" (28_MU)

INT: „Wie werden in Ihrem Unternehmen Entscheidungen über Einstellungen bzw. Entlassungen getroffen? Wer ist an diesem Prozess beteiligt? Wer führt die Auswahl durch und wer entscheidet?" PL: „Autonom durch den GF. Die Entscheidungen, die ich miterlebt habe, sind autonom durch die GF gefällt." (09_Kleinst)

Im Rahmen der Beurteilung der Internen Kommunikation von Unternehmen und deren Systematik ist die Frage nach ihrem *Informationsverhalten* von besonderer Bedeutung, da dieses einen entscheidenden Einfluss auf den Erfolg und die Gestaltbarkeit der Kommunikation besitzt. Hierzu sind die Interviewpartner unter anderem gefragt worden, zu welchem *Zeitpunkt* und in welchen *Situationen* von ihrem Unternehmen arbeitsrechtliche Informationen eingeholt werden und in welchem Umfang von ihnen die aktuelle Rechtsprechung beobachtet wird. Die hierauf gegebenen Antworten lassen sich im Wesentlichen in drei Bereiche unterteilen: In den Unternehmen ist ein *aktives* Informationsverhalten, *passives* Informationsverhalten sowie ein *reaktives* Informationsverhalten feststellbar:

Aktives Informationsverhalten:

Ein sehr deutliches Beispiel für ein *aktives Informationsverhalten* stellt etwa folgende Äußerung dar, die allerdings im Vergleich mit anderen Interviews fast schon als Extremfall einer aktiven und zugewandten Informationssuche anzusehen ist:

> *„Also, ich habe meine Gesetze, die liebe ich heiß und innig, und alles, was ich an Fachliteratur, auch von Krankenkassen, die da sehr informativ sind, was das angeht, das lese ich alles, und wenn ich eine Fortbildung diesbezüglich kriege oder die Möglichkeit habe, mich auszutauschen diesbezüglich, nutze ich alles, was ich nutzen darf. Auf der oberen Ebene ist dem nicht so, weil da ist wirklich schlichtweg keine Zeit für." (31_KU)*

> *„Na ja, ich lese alles, was ich darüber in der Zeitung finde, was so in der Fachpresse, die wir ja dann auch von der Handwerkskammer und so kriegen, das lese ich schon und schneide mir Artikel aus, wenn irgendwas ist oder im Rahmen unseres Tarifvertrages, wenn da Änderungen zum Arbeitsrecht kommen, zum Urlaub und so, was man alles beachten muss. Also, das lese ich schon. Aber dass das nun im Vordergrund steht, kann ich nicht sagen." (42_MU)*

Einige Interviewpartner machen ihr Informationsverhalten von ihrer, dem Thema zugeschriebenen Relevanz abhängig, wie etwa folgende Antwort zeigt:

> *„...wenn es Änderungen gibt, die so gravierend sind, dass man sie vielleicht mal vorher besprechen muss, weil der Verband ja an den entsprechenden Organisationen mitarbeitet, zum Beispiel bei tariflichen Auseinandersetzungen, Tarifrecht usw., dann gibt es auch schon mal Seminare, die notwendig sind." (36_MU)*

In vielen Interviews wird ein aktives Informationsverhalten insbesondere innerhalb eher administrativer Bereiche der Personalarbeit oder einer entsprechenden Orientierung deutlich:

> *„Ja, doch also, wenn ich das ganze Sozialversicherungsrecht mit reinnehme, das ganze Steuerrecht, was ich da, oder das Altersversorgungssystem, das ist ja auch ziemlich umfangreich, ja, das nimmt eigentlich schon einen breiten Raum ein." (35_MU)*

> *„Wir müssen das ja berücksichtigen, heißt, wenn Änderungen kommen, dann berücksichtigen wir die in unseren Arbeitsverträgen. Wir lassen sie also in irgendeiner Form mit einfließen und versuchen, die*

also auch zu verarbeiten. Und – ich sag mal – Änderungen, die also kommt, die uns vom Unternehmerverband mitgeteilt werden, werden hier also abgeheftet und verwaltet. Wir haben also da – ich sag mal – eine Regalseite, die voll ist mit allen möglichen Gesetzesänderungen und ... und die verwahren wir dann auch, nicht?" (12_KU)

"Ja, ich habe alles ausgedruckt, was ich jemals verschickt habe: Kündigung und die Begleitschreiben dazu und ich habe alles auf Papier. Ich arbeite eigentlich ganz altmodisch, zwar mit einem PC, aber ich drucke alles aus, es ist nichts raus, was ich nicht auf dem Papier habe." (10_Kleinst)

Passives Informationsverhalten:

In vielen anderen Unternehmen wird ein unterschiedliches, *passives Informationsverhalten* deutlich. Auch hier ist oftmals eine administrative Ausrichtung zu erkennen:

"Das ist also so, die Lohnbuchhalterinnen und ich wir sammeln alles – zunächst einmal bist du ja Sammler und Jäger – kommt ja rein, der ist jetzt elektronisch, und wenn dann Probleme auftreten, oder wenn man dann schon sieht an der Überschrift, Hoppla, das interessiert mich mal, dann liest man es halt, und wenn man denkt, naja, das könnte mich mal interessieren, dann kommt es in den Korb rein und wird dann halt rausgesucht, wenn man es braucht beziehungsweise nachgefragt und die sagen dann schon: "Mensch, das haben wir doch erst vor 14 Tagen geschickt, hast du es nicht gelesen?" (36_MU)

Derselbe Personalleiter sieht zudem keinen Bedarf, die archivierten arbeitsrechtlichen Informationen in seine Personalstrategie mit einfließen zu lassen:

<u>INT:</u> *Arbeiten Sie arbeitsrechtliche Änderungen auch in Personalstrategien oder so etwas rein?* <u>PL:</u> *Nein, das habe ich noch nie gemacht. Das war noch nie notwendig, sagen wir das so. (36_MU)*

Nachfolgend wird eine Reihe weiterer Beispiele für ein eher passives Informationsverhalten vieler Interviewpartner, das sich häufiger in kleinen und Kleinstbetrieben als in mittleren Untenehmen gezeigt hat:

"Nein, ich habe das mal vor Jahren mal durch irgendeine Ausbildung hat man mal da ins Bundesgesetz – also in das BGB – reingeschaut. Aber das war so die einzige Erfahrung damit. Erfahrung in dem Sinne, wo ich gesagt habe, das ist nicht meins." (30_KU)

"Man kennt immer nur das, womit man Kontakt hatte." (28_MU)

Das sind immer die gleichen Informationsquellen, ja. So tief arbeiten wir uns da nicht hinein, weil, so oft haben wir keine Problempunkte, dass man sich also ewig mit dem Thema beschäftigen muss. Glücklicherweise ist es bei uns so. (23_KU)

„Ja. Interessiert mich nicht. Man hat ja Rechtsanwalt." (18_KU)

INT: „Gibt es sonst noch Situationen, wo Sie arbeitsrechtliche Informationen einholen, zum Beispiel, wenn sich in den Medien jetzt entwickelt, da eine Diskussion abzeichnet, dass der Kündigungsschutz geändert werden soll. Dass das Teilzeit und Befristungsgesetz zum Beispiel angeführt worden ist." PL: „Nein, eigentlich gar nichts. Ich handle nur aus dem Bauch." (02_KU)

„Na ja, ich sage ja, man ist nicht genügend informiert, man kann sich ja informieren, das ist nicht die Frage, aber ich tue das erst, wenn ich was dringend brauche. Ich kann mich nicht um alles kümmern, mir reichen schon die sozialen Gesetze, das ändert sich ja andauernd was, da musst du dich wirklich informieren, sonst geht es daneben." (10_Kleinst)

„Wenn wir Fragen haben, wenden wir uns an den jeweiligen Spezialisten, entweder unseren Rechtsanwalt, auch die dem Arbeitsrecht vertraut sind oder unseren Steuerberater, dieser kennt sich auch gut aus, weil er auch viele mittelständischem Unternehmen betreut. Wir würden jetzt nicht spontan in Fachzeitschriften reingucken, und auch nicht die Rechtssprechung lesen. Wir kennen glücklicherweise viele Leute, die uns bei spezifischen fragen alle helfen können." (08_Kleinst)

Hinsichtlich der dazu genutzten *Informationsquellen* ergibt sich bei den Interviewpartner folgendes Bild: Im Wesentlichen werden von den Befragten Informationen bei *Rechtsanwälten* oder in *Newslettern* und dem *Internet* gesucht. Die Informationssuche erfolgt dabei in der Regel anlassbezogen und weniger umfassend oder vorausschauend.

Der *Rechtsanwalt* wird von drei der fünf mittleren Unternehmen sowie neun der 15 kleinen sowie nur drei der 12 Kleinstbetriebe als Informationsquelle genutzt. Die Informationssuche erfolgt dabei von der Mehrzahl der Betriebe überwiegend anlassbezogen:

„Also in der Regel übergebe ich es dem Anwalt nur, wenn es wirklich zu einer arbeitsgerichtlichen Auseinandersetzung kommt. Da auch nicht in allen Fällen. Dann wird es an den Anwalt übergeben. Ansonsten lassen wir das meiste so. (35_MU)

„Nein, nein, wenn es – sagen wir einmal – etwas kritischer wird, dann gibt es schon einen Anwalt, ja." (28_MU)

INT: „Und wenn es um so arbeitsrechtliche Fragen geht? Wer macht das bei Ihnen?" PL: „Macht der Rechtsanwalt." (18_KU)

Folgende Interviewpartnerin eines Kleinstbetriebes etwa verlässt sich dabei ausschließlich auf die beim Anwalt erhaltenen Informationen und hat darüber hinaus kein Interesse, sich näher mit dem Arbeitsrecht zu befassen:

> *„Ich bin tierisch verwöhnt, ich habe nämlich, mein bester Freund überhaupt ist nämlich Fachanwalt für Arbeitsrecht. Und wenn ich etwas möchte, dann frage ich den, dann kriege ich die allerbeste Auskunft und zwar sofort. Und deswegen habe ich mich mit der Literatur und diesem ganzen Quatsch überhaupt nicht belastet, wenn ich was wissen will, dann frage ich den, der verdient von morgens bis abends sein nicht weniges Geld mit Arbeitsrecht, also besser kann man es nicht haben." (10_Kleinst)*

Oftmals werden gerade Anwälte erst im Konfliktfall kontaktiert:

> *INT: „Wann rufen Sie den an?" PL: „Sobald es im Betrieb kneift." (23_KU)*
>
> *„Da wollte sie die Probezeit verlängert, musste ich erst mal überprüfen lassen. Ist das möglich, dass die Probezeit über sechs Monate verlängert werden kann? Und dann mache ich kurz eine E-Mail an den Anwalt, und der antwortet dann relativ zügig." (09_KU)*

Einige Personalleiter lassen sich jedoch von ihrem Anwalt vorbeugend in arbeitsrechtlichen Fragen beraten, wie etwa folgender Interviewpartner:

> *„Also wir haben uns neue Arbeitsverträge ausarbeiten lassen, wir haben uns mal aufklären lassen. Er hat unsere Arbeitsverträge angesehen, die wir haben, die haben wir damals gemacht auf Basis unseres Partnerbetriebes zum Beispiel, sind jetzt abgeändert." (02_KU)*

Die zweithäufigste Informationsquelle aller KMU stellen *Newsletter* sowie das *Internet* dar. Hier nutzt jedes dritte Unternehmen entsprechende Angebote verschiedenster Anbieter, wie etwa Fachverlage, Anwaltskanzleien oder Unternehmensverbände. Die hier erhaltenen Informationen dienen sowohl der eigenen Information als zur Weitergabe im Unternehmen:

> *„Also, einen Newsletter gibt es sowieso regelmäßig bei uns ein Mal im Monat über unseren Bundesverband und auch über den Steine-Erden-Verband und dort werden wichtige Themen immer aufgegriffen." (36_MU)*

Die Informationssuche scheint auch bei diesem Interviewpartner eher anlassbezogen zu erfolgen:

> *INT: "Und, holen Sie dort viele Informationen ein oder werden Sie informiert?" PL: "So würde ich das sagen. Also, wenn wir Bedarf haben, dann holen wir uns gezielt Information und werden aber regelmäßig über einen Newsletter informiert bzw. Rundbriefe, vor zwei Jahren gab es noch Rundbriefe, jetzt gibt es halt den Newsletter." (36_MU)*

> *"Wir bekommen einen Newsletter von einer Anwaltskanzlei, mit der wir generell zusammenarbeiten. Da bekommen wir arbeitsrechtliche Veränderungshinweise, genereller Art natürlich. Mandantenbriefe. Also nicht speziell auf unsere Branche oder unseren Bereich hin, sondern ganz genereller Art." (09_KU)*

Folgender Interviewpartner etwa informiert sich mit Hilfe einer Vielzahl von Medien über das Arbeitsrecht:

> *"Über das Arbeitsrecht, da gibt es ja den Haufe Verlag, der diverse Loseblattsammlungen hat. Darüber, dann über unsere Anwaltskanzlei, die macht so mehr oder minder in regelmäßigen Abständen zu bestimmten Themen so einen Newsletter, der kommt, würde ich sagen, vielleicht einmal im Monat. Und meistens ist es ein interessantes Thema, manchmal ist es auch ein Thema, gut, da klickt man dann halt auf Löschen. Dann gibt es diverse Seminarveranstaltungen, besuche ich zwar relativ selten, aber so ab und zu, wenn eine Thematik mich besonders interessiert." (35_MU)*

Die rechtzeitige Informationssuche hilft dabei gerade auch Kleinstbetrieben, Kosten und Aufwand zu reduzieren:

> *"Ja, Internet, das ist klar. Wenn ich was brauch', dann gucke ich erstmal im Internet nach. Gerade in diesem Fall mit der Kündigung. Ich wollte ja auch nichts Falsches machen. Ich dachte, ich müsste noch eine Abfindung zahlen. Da war ich ja positiv überrascht, dass ich das nicht musste. Da war ich fest davon ausgegangen, ein halbes Monatsgehalt pro Beschäftigungsjahr, oder wie war das?" (02_Kleinst)*

Sowohl Kammern als auch Verbände werden lediglich von jeweils fünf Klein- und Kleinstbetrieben als Informationsquelle genutzt:

> *"Wir sind dem Unternehmerverband angegliedert, heißt also, wir haben da kostenlose Rechtsauskunft. Wenn wir also ein Problem haben, können wir da anrufen und den Fall schildern, haben die Möglichkeit, auch dahin zu fahren beziehungsweise auch kommen die*

> *Mitarbeiter des Unternehmerverbands raus und gucken sich vor Ort die Sache an, besprechen das hier vor Ort."* (12_KU)

> *"Also, das was wir an Artikeln von der Kammer kriegen, wird gelesen, und dann habe ich noch über die zusätzlichen Fachzeitschriften, die ich lese, wo auch immer was zu Arbeitsrecht drinsteht, das wird sozusagen abgespeichert im Kopf, und bei Bedarf dann hervorgeholt. Das ist ja ein Feld, was einen Gott sei dank nicht täglich berührt, wo man aber konstant drüber Bescheid wissen muss."* (12_Kleinst)

Spezielle Netzwerke werden wiederum von einem mittleren Unternehmen, zwei Kleinunternehmen sowie einem Kleinstbetrieb genutzt:

> *"Äh, ein Netzwerk über einen Personalberater, mit dem ich ab und an zusammenarbeite, der Schulungen, In-Haus-Schulungen durchführt [...] Und da gibt es ein Netzwerk über Human Ressources. Da gehe ich ab und an hin und informier mich dort."* (34_MU)

> *"Nein, einfach nur Arbeitstruppe, einfach nur Interessensgruppe, Informationsaustausch, Ähnliches war das nur. [...] Es waren einfach nur ein-, zweimal im Monat Abende, wo man sich mit leitenden Richtern des Arbeitsrechts dort dann getroffen hat, die Arbeitgeber, und wo man dann einfach Informationsaustausch betrieben hat, Erfahrungen von uns aus der Praxis und Erfahrungen aus dem Recht, auch was sich dort geändert hat."* (09_KU)

Darüber hinaus werden vereinzelt Steuerberater, die Personalleiter der Muttergesellschaft sowie in einem Fall eine Gewerkschaft genutzt:

> *"Und es gibt natürlich auch jede Menge Informationen die einem sozusagen automatisch ins Haus flattern, das heißt über den Steuerberater."* (35_MU)

> *"In erster Linie extern, unser Steuerberater."* (05_Kleinst)

> *"Ich habe einen Anwalt und ich kann bei der Muttergesellschaft, die hat einen Personalleiter, dort jederzeit sehr gute Beratung in Anspruch nehmen."* (34_MU)

> *"Also Informationen hole ich mir, wenn ich etwas brauche, von ver.di, ver.di hat hervorragendes Informationsmaterial, meine Freundin arbeitet bei ver.di, also da kriege ich alles über das Arbeitsrecht. Wenn ich irgendetwas formulieren muss oder irgendwelche Paragrafen wissen muss, da habe ich schon Zugriff."* (27_KU)

Bei der Auswahl der Informationspartner können das Problem einer Wertgeladenheit und mitunter einer fehlenden Objektivität der Informationsquellen die Qualität der erwünschten Informationen beeinflussen, was die Nutzung einander ergänzender Quellen erforderlich machen könnte und auch von einigen Unternehmen zumindest unbewusst so praktiziert wird. Trotz der, übergeordnet betrachtet, positiven Bewertung des Arbeitsrechts zeigt sich bei vielen Personalleitern ein nur geringes Interesse an einer aktiven, vorausschauenden Informationsaufnahme im Zusammenhang mit der Änderung arbeitsrechtlicher Vorschriften. Hiermit wird bereits ein problematisches Vorgehen der Praktiker deutlich, da eine vorausschauende Auseinandersetzung mit neuen Regeln – die das eigene Handlungsfeld der Personalarbeit verändern können – dazu beitragen kann, unnötige Risiken zu vermeiden. Allerdings vermitteln viele Interviewaussagen den Eindruck, dass der Umgang mit Arbeitsrecht in der Personalarbeit als so konfliktarm wahrgenommen wird, dass eine gezielte Informationssuche nicht oder nur selten für notwendig erachtet wird.

Auch die Antworten auf die Frage, in welchen Umfang die Rechtsprechung in der individuellen Personalarbeit verfolgt wird, stellen sich ähnlich dar. Einige Interviewpartner sowohl mittlerer als auch kleiner und Kleinstunternehmen schildern ein aktives Verfolgen der aktuellen Rechtsprechung:

„Nein, ich versuche schon, also mich ständig auf dem Laufenden zu halten, weil das mit dem Abrufen, aber wenn man es braucht, das ist ja so eine Sache. Weil, wenn ich gar nicht weiß, dass da etwas ist, kann ich auch nicht danach fragen. Also ich muss zumindest wissen, dass irgendwo jetzt ein interessantes Urteil zu irgendetwas gefallen ist oder nicht. Ich merkte. es mir vielleicht nicht ganz im Detail aber ich weiß dann zumindest, da war was, da kann ich nachschauen."
(35_MU)
„Wie gesagt, also es gibt eine neue Verordnung in dem Bereich, die Kammer, arbeitet das für uns, im Prinzip, ja versucht sie zumindest, das mundgerecht aufzuarbeiten, so dass man das verstehen kann, wenn man das liest. Dass es eben nicht nur Juristen verständlich ist: ein konkretes Beispiel ist die Änderung unserer Berufsordnung zum Beispiel, das ist nichts arbeitsrechtliches, das betrifft im Prinzip uns als Zahnärzte in unserem Arbeitsrecht. Wir haben eine neue Berufsordnung bekommen, und das bedeutet, äh..., dass diese Informationen sozusagen dann in die Planung einbezogen werden können. Über die Veränderung des Betriebes, zum Beispiel." (12_Kleinst)

> „Doch, die wird vom Inhaber sehr stark im Auge behalten, ob da was geändert wird oder wenn da was im Gespräch ist was doch nicht geändert wird, oder der Kündigungsschutz nu gelockert werden soll, oder solche Sachen. Das alles ist schon im Blick, weil der Geschäftsinhaber war früher selber auch politisch tätig von daher."
> (11_Kleinst)

Eine größere Zahl von Interviewpartner, überwiegend aus Kleinstunternehmen scheint hierbei jedoch nur reaktiv und anlassbezogen vorzugehen. Auch dies ist als eher problematisch zu werten, da sich gerade aus der Rechtsprechung eine Vielzahl für alle Unternehmensgrößen relevanter arbeitsrechtlicher Veränderungen und Konkretisierungen ergeben:

> „Also informiert ist wahrscheinlich übertrieben, weil ich – sagen wir einmal – nicht gezielt mich mit den Informationen versorge. Sondern es gibt so diverse Heftchen, Broschüren oder weiß Gott was, die man irgendwann einmal in einer ruhigen Minute kurz durchblättert. Und wenn da etwas über Arbeitsrecht drinsteht, dann überfliegt man es oder liest es. Also ist es mehr oder weniger so, Informieren au passon, aber jetzt nicht gezielt jede Woche eine Stunde Arbeitsrecht."
> (28_MU)

> „Nein das nicht, nein. Wenn ich sie sehe, dann ja na klar lese ich mir das durch, aber ich schütteln nicht die Zeitung danach durch." (10_Kleinst)

> „Ja, genau. Also, ja nur die Änderung kriegen wir jetzt nicht unbedingt mit, nicht wöchentlich oder regelmäßig mit, nur wenn es akut ist. Also nur, wenn wir Informationen benötigen." (08_Kleinst)

> „Nur im Konfliktfall." (03_Kleinst)

<u>Überprüfung der Hypothese H12:</u>

Bezogen auf die hier dargestellten Vorgehensweisen bei der Internen Kommunikation zeigt sich, dass sowohl Kleinst-, Klein- als auch Mittelunternehmen zum Teil deutlich unsystematisch vorgehen. Während ein Teil der Unternehmen vorausschauend und aktiv kommuniziert, gehen andere Unternehmen reaktiv und einzelfallbezogen vor. Oftmals werden auch wichtige Informationen eher administriert als kommuniziert. Es zeigt sich insgesamt, dass auch im Falle einer aktiven und vorausschauenden Kommunikation in den befragten KMU kein entsprechend ausgerichtetes Bewusstsein für eine gestaltende, systematisch ausgerichtete interne

Kommunikation deutlich wird. Damit lässt sich die Untersuchungshypothese H12: *"In der Personalarbeit von KMU findet keine systematische interne Kommunikation über Arbeitsrecht statt"* insgesamt bestätigen. Insbesondere ergeben sich aus den Daten auch keine Anhaltspunkte für das Vorhandensein einer geplanten, gestaltend ausgerichteten Kommunikation und deren bewusste Nutzung als Steuerungsinstrument.

Bezogen auf das kommunikationsrelevante Informationsverhalten in den KMU zeigen die Interviews eine Reihe typischer Defizite bei Suche oder Umsetzung von Informationen auf, die nachfolgend ebenfalls beispielhaft dargestellt werden. Neben einer teilweise zu verzeichnenden allgemeinen Unsicherheit gegenüber zu beachtenden arbeitsrechtlichen Informationen werden vor allem typische Kenntnisdefizite deutlich sowohl hinsichtlich arbeitsrechtlicher Details als auch Grundzusammenhängen, die zumindest theoretisch für die Gestaltung des eigenen Handlungsumfeldes von besonderer Bedeutung sind. Von einigen Interviewpartnern wird zudem eine entsprechende Informationssuche bewusst vermieden oder eine Orientierung an eigenen Vorstellungen bevorzugt.

Folgendes Zitat verdeutlicht recht gut eine *Unsicherheit gegenüber zu beachtenden Informationen*. In diesem Falle wird ein entsprechender Verbesserungsbedarf vom Interviewpartner selbst erkannt:

> *"Also, wir haben da immer bestimmte rechtliche Dinge auch einzuhalten. Das geht mit der Arbeitszeitwahrnehmung los und viele andere Sachen, wo man doch noch ein bisschen vielleicht auch der Wunsch, dass man noch ein bisschen mehr Information bekommt, selbst, dass ich mich sicher fühlen kann. Das kann nicht irgendjemand machen, der vielleicht auch im Unternehmen selbst zu organisieren oder wie auch immer. Dass wir selber mehr befähigt werden, sicherer zu werden im Umgang mit rechtlichen Dingen, mit rechtlichen Ansprüchen. Dass man nicht immer nur angewiesen ist auf andere. Klar, es muss Experten geben, aber alles kann man nicht wissen, das ist schon klar. Aber arbeitsrechtlich, ich sage das ganz ehrlich, das sind Dinge, die so ein bisschen nebenher laufen. Und immer erst dann aktuell werden, wenn ein konkreter Fall ist."* (27_KU)

Die arbeitsrechtlichen *Kenntnisdefizite* erstrecken sich über verschiedene Bereiche des Arbeitsrechts.

> <u>INT:</u> „Welche Gestaltungsspielräume und Öffnungsklauseln bietet der geltende Tarifvertrag?" <u>PL:</u> „Gestaltungsspielräume und Öffnungsklauseln. Da müsste ich mir den durchlesen und mich damit beschäftigen. Das weiß ich nicht. Das weiß ich nicht, weil wir haben an und für sich.... wir arbeiten mit dem Tarifvertrag und gestalten ja unsere Personalarbeit damit, aber Gestaltungsspielräume, das klingt ja irgendwie, als würde ich was positiveres noch brauchen, aber das ist so in Ordnung. Gewiss!" (36_MU)

> „Also, möglicherweise wird es einschränken, möglicherweise wird es aber auch dann irgendwo vielleicht besser sein, kann ich nicht beurteilen, weil ich denn von der Situation her erst sagen könnte. Das, wenn ich das jetzt anwende oder ich wende das, was wir machen, an, das kann ich jetzt schlecht beurteilen" (30_KU)

> „Nein, ich habe das mal vor Jahren [...] mal durch irgendeine Ausbildung hat man mal da ins Bundesgesetz – also in das BGB – reingeschaut. Aber das war so die einzige Erfahrung damit. Erfahrung in dem Sinne, wo ich gesagt habe, das ist nicht meins." (30_KU)

Häufiger sind *Befristungsmöglichkeiten* insgesamt oder im Detail nicht bekannt.

> <u>INT:</u> „Wobei natürlich die Möglichkeit gibt, die Zeit zu befristen. Und zwar immer wieder." <u>PL:</u> „Ja, mache ich auch. So starten wir alle Beschäftigungsverhältnisse, aus Sicherheitsgründen. Aber nach drei Jahren ist das Thema rum." <u>INT:</u> „Ja, aber bei den Älteren nicht." <u>PL:</u> „Ach, bei Älteren kann man immer weiter [...] Ja, das wusste ich nicht." (28_MU)

Zum Teil sind etwa für das Unternehmen relevante *Kündigungsfristen* oder auch gerade für Kleinstunternehmen besonders relevante *Schwellenwerte* nicht eindeutig bekannt:

> „Wir haben bei den meisten Mitarbeitern, glaube ich, vier Wochen zum Quartal. Und ansonsten, glaube ich, keine." (20_KU)

> <u>INT:</u> „Der Geltungsbereich des KSchG hat sich zum 01.01.2004 geändert. Welche Auswirkungen hatte dies auf Ihr Unternehmen?" <u>PL:</u> „Keine, weil ehrlich zu sein. Hab ich keine Ahnung was sich am 1.1. 2004 passiert ist." (08_Kleinst)

> „Scheinselbständigkeit, Kündigungsschutz, und die Betriebsratsgeschichte ist eigentlich auch noch so ein Risiko. Ich weiß gar nicht wie

die Zahl mittlerweile ist. Früher durfte man den Betriebsrat gründen, wenn man fünf Personen im Betrieb hatte" (09_Kleinst)

Folgender Interviewpartner etwa *meidet bewusst, sich mit arbeitsrechtlichen Fragen zu befassen*, was mögliche Probleme keinesfalls beseitigen dürfte.

> <u>INT:</u> *"Verfolgen Sie die Rechtsprechung? Also, wie Gesetze ausgelegt werden?"* <u>PL:</u> *"Verfolgen tun wir ... wir werden ja regelmäßig vom unseren Unternehmerverband informiert über die neuesten Sachen. Und ich lese das auch in der Regel also meistens an, aber durchlesen ganz tu ich das nicht, weil ich mich darüber immer ärgere."* (12_KU)

Ein anderer Personalleiter, der sogar als ehrenamtlicher Richter am Arbeitsgericht tätig ist, lässt in seinem eigenen Handlungsbereich arbeitsrechtliche Informationen scheinbar *bewusst unberücksichtigt*:

> *"Also, ich bin ja hin und wieder beteiligt an solchen Kündigungsverfahren als ehrenamtlicher Richter. Und ich finde das auch hochinteressant. Aber dass die nun, sage ich einmal, unmittelbar in meine Arbeit einfließt, das kann man so eigentlich nicht sagen."* (27_KU)

Einige Personalleiter scheinen sich eher an *eigenen Vorstellungen* als den konkreten Vorschriften zu orientieren, wie etwa folgender Interviewpartner ausführt:

> *"Gar nicht, in keinem Verband drinnen, auch nicht in irgendwelchen ... auch nicht im AGA oder Ähnliches drinnen, also, wir sind in null Verbänden drin. Sonst, wir orientieren uns an uns selber, haben aber gute Marktkontakte."* (09_KU)
>
> *"Nein. Gar nicht. Weil, wir haben einfach eine Art Rechtsgefühl für uns. Und zum Schluss entscheidet sowieso zur Not ein Richter. Das können wir nicht ändern."* (09_KU)

In einigen Unternehmen ist nach eigenen Angaben *kein arbeitsrechtlicher Gesetzestext vorhanden*:

> <u>INT:</u> *"Haben Sie irgendwie ein ... Gesetzesbücher oder so etwas?"* PL_02: *"Nein, nein."* (07_KU)
>
> *"Ja, ich sage ja, Literatur habe ich keine, ich frage meinen Freund und er sagt mir, was ich tun soll und er das nicht weiß, guckt er selber nach. Der hat seine Bücher auf dem Schreibtisch liegen, ich habe ja keine Bücher."* (10_Kleinst)

Derselbe Interviewpartner geht zudem davon aus, dass die *Rechtsprechung für ihn keine Rolle* spiele, ohne dieses näher zu begründen:

INT: Welche Rolle spielt die Rechtsprechung für die Personalarbeit in Ihrem Unternehmen? PL: „Keine!!" (10_Kleinst)

Überprüfung der Hypothese H13:

Die hier dargestellten Informationsdefizite sind weitgehend in allen Größenklassen der KMU zu identifizieren und scheinen dabei insgesamt unregelmäßig verteilt zu sein. Vor dem Hintergrund dieser Erkenntnisse sowie unter Berücksichtigung der zuvor dargestellten Ergebnisse lässt sich die Untersuchungshypothese H13: *„Gesammelte Erfahrungen werden nicht systematisch aufgegriffen und kommuniziert."* für die deutliche Mehrzahl der KMU *eindeutig bestätigen*. Damit wird insgesamt bislang eine oftmals problematische Praxis hinsichtlich eines systematischen Vorgehens auch bei der Informationssuche und Kommunikation deutlich.

Kommunikationspartner und -inhalte:

Für die weitere Beurteilung der Internen Kommunikation in KMU sind die hieran beteiligten Kommunikationspartner sowie -inhalte von Bedeutung. Nachfolgend werden dazu nun die wesentlichen Ergebnisse zu diesem Bereich dargestellt:

Hinsichtlich der potenziellen *internen Kommunikationspartner* zeigt sich, dass in bestimmten KMU allgemein viele verschiedene Akteure an der Kommunikation beteiligt sind, während in vielen anderen Unternehmen nur wenig Kommunikationspartner identifiziert werden können. Die häufigsten Kommunikationspartner der befragten KMU stellen *Beschäftigte* dar. Mit diesen wird in diversen Zusammenhängen kommuniziert. Dabei scheinen im Zusammenhang mit Arbeitsrecht überwiegend Beendigungsüberlegungen oder abrechnungsbezogene Inhalte im Mittelpunkt zu stehen.

> „... ich hatte letztes Jahr schon einen Fall, da ist ein Mitarbeiter gegangen, und mir ist vollkommen klar, dass er gemerkt hat, er wäre der Nächste auf der Liste gewesen. Einfach wird er durchgucken, wie lange bin ich dabei, bin ich verheiratet, habe ich Kinder, bin ich schwerbehindert und so weiter und dann konnte er sich ausmalen, nachdem er – sagen wir einmal – schon so eine Krisensitzung gehabt haben, wo ich gesagt habe, ich kann jetzt nicht garantieren, was wir machen. Entweder wir machen Lohnverzicht oder wir machen Teilzeit, nein Teilzeit, Teilzeit habe ich angeboten, ja, gut, das Arbeitsamt springt ein bisschen ein oder aber wir müssen einen ausstellen, in vier Wochen weiß ich mehr, so ungefähr. Und sechs Wochen darauf hat er halt gekündigt." (28_MU)

> „Also, wenn es spezielle Sachen sind, die uns betreffen, wir machen dann immer so alle zwei Monate, alle drei Monate, dass wir uns einmal zusammensetzen, Arbeitsschutzbelehrung machen, über die Baustellen sprechen, was da jetzt nun neu ist, wie es läuft. Und in dem Zusammenhang informieren wir dann auch über alles Wesentliche, was sich geändert hat, was neu ist." (42_MU)

> „...und wenn ein Mitarbeiter fragt, dann zieht man es raus, oder man sagt : "Komm, den rufen wir gleich einmal an", und machen das dann in der Regel so, dass wir den Anwalt beim Steine-Erden-Verband anrufen und gleich mit dem Mitarbeiter reden lassen, und dann ist der Fall erledigt. (36_MU)

> „Vielleicht noch mal ganz kurz, damit wir das wieder zuordnen können. Wir suchen immer über Jobbörsen oder Empfehlungen und vorausgewählt werden die Kandidaten immer über die Praktikanten. Wir führen die Gespräche immer im Team, also immer nacheinander. So wird die Entscheidung nicht von einer Person getroffen, sondern von allen zusammen." (08_Kleinst)

Vereinzelt werden von juristisch versierten Beschäftigten jedoch auch arbeitsrechtliche Zusammenhänge erläutert.

> „Richtig, wir sind sozusagen hier auch in der glücklichen Lage, dass wir auch hier Redakteure haben, die uns da noch das eine oder andere Mal wieder drauf hinweisen, wenn fast immer ... also, wenn es Änderungen sind in Teilzeit, zu Befristungsgesetz, Altersteilzeitgesetz.." (06_MU)

Weitere Kommunikationspartner im Zusammenhang mit Arbeitsrecht stellen ebenfalls erwartungsgemäß *Personalsachbearbeiter* und *Fachvorgesetzte*, wie in Kleinstbetrieben etwa Meister, dar.

> „Also, ich tausche mich natürlich mit unserer Personalsachbearbeiterin aus, ganz klar." (35_MU)

„Dann werden die Meister, die es auch betrifft, werden dann mit einbezogen in die Geschichten." (34_MU)

Ein eher überraschendes und ernüchterndes Ergebnis ist jedoch, dass eine *abteilungsübergreifende Kommunikation* sowohl von als auch mit der Personalabteilung beziehungsweise den Personalleitern aus den Interviews nur selten ersichtlich ist. Dies könnte ein Indiz für eine in vielen Unternehmen eher defensive, anlassbezogene Kommunikationsgestaltung sein.

Die *Personalabteilungen* werden in den befragten KMU überwiegend in Zusammenhang mit Personalbedarf angesprochen

„Das ist natürlich ein bisschen unterschiedlich, für welche Abteilung wir Leute suchen. Also in der Produktion geht es also wirklich oft auf, also, wie Sie sagen, auf dem kleinem Dienstweg, also dass die Leute draußen wissen, wir suchen jemanden für die Fräserei und wir müssen gar nicht groß ausschreiben, sondern der kennt jemanden, der jemanden kennt und es erledigt sich dann sozusagen auf dem direkten Weg, wenn dann da sozusagen Kenntnisse, Fertigkeiten, Zeugnisse, – wenn das passt und der oder die noch einem guten Eindruck gemacht hat, dann sagt man halt, probiert man es." (35_MU)

„...wird mit der Personalabteilung dann geplant. Letztendlich ist es auch eine kaufmännische Entscheidung. Wofür brauchen wir den Mitarbeiter? Oder ist es eben durchaus mal eine Sache, die man weggeben kann oder rausgeben." (06_MU)

Auch der *Betriebsrat* ist ein im Allgemeinen wichtiger Kommunikationspartner der Personalabteilungen, was auch durch das Betriebsverfassungsgesetz entsprechend geregelt wird. Hier zeigen die Interviews jedoch, dass mit den betrieblichen Interessenvertretern, insgesamt betrachtet, in eher geringem Umfang kommuniziert wird, was jedoch vor allem auf deren geringe Verbreitung in den KMU zurückzuführen zu sein dürfte. Die Zusammenarbeit wird dabei unterschiedlich bewertet:

„Da gab es auch, dadurch, dass sich auch bei mir in meiner Region eine verantwortliche Kollegin hatte, die im Betriebsrat war, hatte ich auch immer erstens einmal Kenntnis darüber, die hat an solchen zentralen Veranstaltungen teilgenommen. Und wenn die zurückkam, hat die dann auch informiert, die Belegschaft bei uns." (27_KU)

„Ach der, der spielt die Rolle, die er spielen muss. Äh, der soll sich halt, äh, sowohl um die Interessen der Mitarbeiter, aber auch äh, um

> den Fortbestand, äh, des Betriebes halt hier einsetzen. Und da wird schon recht intensiv ähm, personalplanerisch eben mit dem Betriebsrat zusammen festgelegt, was gemacht werden muss." (04_KU)

> "Ich sehe das als Vorteil, man hat einen Ansprechpartner, mit dem man sprechen kann. Der auch wiederum ... der seine Kompromisse, die er vielleicht schließt, wiederum vertreten muss. Das also vereinfacht auch viele Dinge, aus meiner Sicht. Also ich würde den Betriebsrat nicht unbedingt als Übel bezeichnen, also wie gesagt, eher im Gegenteil." (01_BR)

Für einige Betriebe wiederum stellt die *Muttergesellschaft* einen weiteren Kommunikationspartner dar, der zumeist im Falle langfristigerer Entscheidungen oder auch anspruchsvollerer personalwirtschaftlicher Problemstellungen kontaktiert wird.

> "Ich habe einen Anwalt und ich kann bei der Muttergesellschaft, die hat einen Personalleiter, dort jederzeit sehr gute Beratung in Anspruch nehmen." (34_MU)

> "Es sind, wenn ich zum Beispiel einen neuen Niederlassungsleiter, wir haben ja mehrere Standorte, einstelle, ist es üblicherweise so, neben meinem Geschäftsführerkollegen natürlich, dass man zum Vorstand geht, der letztlich auch in dieser Freundesrunde drin ist, und sagt, hier, den würden wir nehmen, was hältst du davon?" (28_MU)

> "Fragen von Abmahnungen gibt es natürlich schon auch immer mal, ähm, das wird in der Regel auch mit der Personalführung des Stammwerks dann abgesprochen. Ab wann darf abgemahnt werden, unter welchen Vorraussetzungen und so weiter." (04_KU)

Kommunikationsgelegenheiten:

Gegenstand der Kommunikation mit den verschiedenen Akteuren sind in der Personalarbeit der befragten Unternehmen wiederum unterschiedliche Aspekte. Aus den einzelnen Inhalten ergeben sich hierbei mögliche weiterzuentwickelnde Gelegenheiten für eine erfolgreiche Interne Kommunikation. Zu eher allgemeinen Kommunikationsinhalten zählen etwa *Arbeitsschutzbelehrungen* gegenüber Beschäftigten, die Planung und Entwicklung von Projekten sowie Berichte über die Geschäftsentwicklung.

> "Und da versuche ich halt, da muss man halt auch die Leute drauf hinweisen. Ich mach auch immer, wenn ich einstelle, Arbeitsschutzbelehrungen und die regelmäßig. Aber dass ich wirklich nun alles berücksichtigen kann,

> *geht nicht. Also, bin ich immer als Geschäftsführer der Dumme, in Anführungsstrichen." (42_MU)*
>
> *"Wir arbeiten sehr stark im Team. Wir waren gestern Abend wieder zusammen gesessen bis um halb eins, haben neue Projekte durchgesprochen und so weiter. Das funktioniert recht gut." (19_MU)*

Folgendes Unternehmen, bei dem im Übrigen auch in anderen Zusammenhängen eher offensive, teils KMU-typische Arbeitsbeziehungen deutlich wurden, kommuniziert nach Aussagen des Personalleiters allgemein sehr offensiv und gibt etwa individuelle Arbeitsergebnisse im Team bekannt:

> *"Wir kommunizieren ja auch alles. Jeder Beleg geht raus, jeder sieht, was der andere gestern verkauft hat, jeder sieht den Preis, den er gestern gemacht hat. Jeder sieht den Fehler, alle Gutschriften werden kommuniziert [...] Das heißt, jeder weiß, wenn der andere grade eine häufigere Fehlerquote hat, dann muss das seinen Grund haben. Was nicht heißt, dass wir ihn deshalb irgendwie ankreiden. Aber wir versuchen, herauszufinden, was ist mit ihm los um das ... das dann abzustellen." (09_KU)*

In anderen Unternehmen werden mit Blick auf das Arbeitsrecht von der Personalleiterin *vor allem administrative Informationen* an den Inhaber kommuniziert:

> *"Also, wenn der Herr S. im Hause ist, ich gebe ihm natürlich Futter, was er nicht wissen kann. Dass ich ihm erzähle, das hat sich geändert, die Beitragssätze haben sich geändert und so weiter. Informationspost, die wir von den Kassen, von der Knappschaft – wie auch immer– bekommen, werden ihm natürlich zur Ansicht vorgelegt: "Lesen Sie sich das bitte durch, das ist jetzt noch mal eine Änderung." (07_KU).*

Zudem scheinen im Vergleich zu mittleren Unternehmen vor allem in Kleinstunternehmen oftmals vor allem *abrechnungsbezogene Fragestellungen* oder die *Urlaubsplanung* einen wichtigen Gegenstand der arbeitsrechtsbezogener Kommunikation darzustellen:

> *"Erst Mal besprechen sie das untereinander und dann besprechen sie das mit meinem Vorarbeiter und dann kommt er damit zu mir, so geht das denn meistens. Ich habe so einen großen Plan und der trägt das da ein." (10_Kleinst)*

Ebenso werden gerade in Kleinstunternehmen *Neueinstellungen* oftmals im Team besprochen und geplant:

> *"Wir suchen immer über Jobbörsen oder Empfehlungen und vorausgewählt werden die Kandidaten immer über die Praktikanten. Wir führen die Gespräche immer im Team, also immer nacheinander. So wird die Entscheidung nicht von einer Person getroffen, sondern von allen zusammen."* (08_Kleinst)

Aktuelle Personalbedarfe wiederum sind vor allem in mittleren und kleinen Unternehmen ein häufiger Gegenstand der Kommunikation. Hier wird im Übrigen deutlich, dass in KMU Personal häufig im direkten Umfeld des Unternehmens gesucht zu werden scheint:

> *"Normalerweise läuft es so: wenn jetzt in Betrieb ein Mitarbeiter gebraucht wird, oder auch im Vertrieb oder in der technischen Beratung, dann fragen wir erst einmal in Betrieb untereinander in den Abteilungen. "Schlosser, kennst du einen Schlosser, Elektriker, kennst du einen Elektriker, oder Bauberater, kennst du einen Bauberater?" Das ist klar, dass man dann sagt, man stellt jemanden ein, durch diese Beziehungen, die man hat, was ja auch hin und wieder funktioniert."* (36_MU)

> *"Also in der Produktion geht es also wirklich oft auf, also, wie Sie sagen, auf dem kleinen Dienstweg, also dass die Leute draußen wissen, wir suchen jemanden für die Fräserei und wir müssen gar nicht groß ausschreiben, sondern der kennt jemanden, der jemanden kennt und es erledigt sich dann sozusagen auf dem direkten Weg."* (35_MU)

> *"Und dann setzen wir uns hinterher dann mit dem Betrieb zusammen mit dem Bruder – also, der den gewerblichen Bereich draußen macht, also technischen –, mit dem Meister und mit mir, und dann sprechen wir drüber. Und da ich die Gespräche geführt habe, habe ich natürlich auch eine suggestive Meinung zu der ganzen Sache, aber wir vergleichen das dann. Und dann sagen wir: „Ja, okay, da sind die zwei oder oder Leute, die sind die engere Auswahl."* (12_KU)

Bei einigen Unternehmen werden in unterschiedlichen Zusammenhängen gezielt arbeitsrechtliche Details besprochen, so etwa individuelle Absprachen mit einzelnen Beschäftigten oder die Information von Vorgesetzten über arbeitsrechtliche Neuerungen:

> *"Da haben wir einen Schwerstbehinderten eingestellt und dem haben wir jetzt zunächst einmal einen Jahresvertrag gegeben, weil wir einfach, ja, nicht so richtig einschätzen können... ich meinen, da greifen*

> *ja dann wirklich da die Gesetzgeber sehr schnell und sehr drastisch zu, was die Möglichkeiten einer Kündigung betrifft, und da haben wir jetzt einfach im gegenseitigen Einvernehmen auch mit ihm, der kennt die Rechtslage auch, er findet es eher aus seiner Sicht diskriminierend, dass er sagt: „Ich will eigentlich nicht immer wie ein Mensch andere Klasse gehandelt werden, ich bin im Kopf genau so gut, wie jeder andere und eigentlich werde ich dadurch in meinem beruflichen Fortkommen gehindert." Also das war auch ein ganz offenes und ehrliches Gespräch über diese Thematik und da haben wir halt gesagt: „Gut. Dann gehen wir einfach mal den Weg der Befristung ein Jahr, und dann gucken wir weiter."" (35_MU)*

> *„Genau, ich versuche, diese Themen dann derart zu lokalisieren, ob sie für die Firma generell interessant sind und das dann auch mit dem Geschäftsführer durch eine kurze ... bei uns ist das immer per E-Mail oder ein kurzes Statement. So: „In diesem Teilzeit-Bereich sind wir jetzt verpflichtet, nur damit du es auch in deinem Bereich von vornherein weißt, wenn mal jemand kommt und einen Teilzeit-Anspruch nur mal meldet, muss du im Kopf haben, der hat einen Anspruch drauf." So. Damit er es dann weiß, damit er zumindest im Generellen da mit dabei ist. (09_KU)*

Absprachen über *Gehälter* oder *Prämienausschüttungen* mit übergeordneten Verantwortlichen oder auch Themen aus dem Bereich der Sozialversicherung, die teilweise einer *Pflicht-Kommunikation* unterliegen, sind weitere Inhalte der Kommunikation in der Personalarbeit:

> *„Das wird dann in Abhängigkeit von dem Erfolg der einzelnen Niederlassungen aufgeteilt und dann hat normalerweise der Niederlassungsleiter das Recht zu sagen, von dem Paket gebe ich, in Kooperation mit dem Geschäftsführer, würde ich sagen, für mich soundso viel und für die Mitarbeiter für den das, für den das, für den das. Und da führt man die Gespräche, und wenn es dann gut geht, dann war es super. Wenn manche Mitarbeiter der Meinung sind, sie hätten doch mindestens dreimal so viel kriegen müssen, dann überlegt man halt noch ein bisschen, ob man da nicht schiebt oder etwas drauflegt oder wie auch immer." (28_MU)*

> *„Und in einigen Bereichen arbeiten wir halt auch mit Spezialleuten zusammen, die Altersvorsorge, da haben wir dann einen Versicherungsmakler, der uns auf dem Laufenden hält, dass wir verpflichtet sind, allen Arbeitnehmern ein Angebot zu machen für § 1 der betrieblichen Altersvorsorge und Ähnlichem. Dass wir das auch ... in die Personalakte rein soll, wenn er das dann ablehnt, damit wir nicht später vor Gericht vielleicht einen Schaden zugefügt bekommen, so haben wir also um uns herum auch Partner, die uns dann gegebenenfalls auch noch über so Spezialvorschriften mit unterrichten." (09_KU)*

Der Bereich arbeitsrechtlicher Änderungen wiederum interessiert einige Personalleiter vor allem anwendungsbezogen, wie etwa mit Blick auf den Kündigungsschutz oder hinsichtlich neuer Urlaubsregelungen:

> *„Das ist meistens Kündigungsschutz, das ist die Urlaubsregelung, die ist immer einmal verändert, jetzt müsste ich nachfragen, was haben wir noch geändert, ja, die Arbeitsverträge werden natürlich immer aktualisiert, da bekommen wir schon von den, das müsste ich nachfragen, von wem das ist, kriegen wir automatisch neue Unterlagen"*
> *(23_KU)*

Dabei werden die betreffenden Informationen oftmals über Unternehmensverbände vermittelt:

> *„Ja, also, wie gesagt, in der Hauptsache über den Weg, dass wir sagen, über den AGA und die laufenden Informationen, die wir dazu bekommen. Da gibt es aus ... also auch extra ein Gebiet, wo ... dass sich rein mit aktuellen Sachen im Arbeitsrecht auseinander setzt, und da kriegt man dann halt entsprechende Hinweise. [...] Und da gab es auch schon Veranstaltungen so zum Kündigungsrecht und so, wo wir dann durchaus mal hingegangen sind und uns das angehört haben dann da." (05_KU)*

Für Kleinstunternehmen ist hier vor allem die *Scheinselbständigkeit* von Interesse, wie folgendes Beispiel zeigt:

> *„Wichtigstes arbeitsrechtliches Problem ist die Scheinselbständigkeit und da sind im letzten Jahr auch schon mehrere Novellen durchgegangen und wir versuchen eigentlich diese zu beachten. Wir informieren uns sporadisch alle halbe, dreiviertel, alle Jahre wie die Entwicklung ist. Muss man immer noch seine eigene Kugelschreiber mitbringen als Selbständiger oder nicht?" (09_Kleinst)*

Dann schließlich wird von einigen Betrieben gezielt in Zusammenhang mit *Beendigungsüberlegungen* kommuniziert. Dabei wird von ihnen, je nach Anlass der geplanten Beendigung, etwa mit dem Betriebsrat, Verbänden oder auch dem Beschäftigten selbst gesprochen. Dabei wird aus den Aussagen der Interviewpartner deutlich, dass gerade eine gezielte Kommunikation dazu beiträgt, hier erfolgreich vorzugehen:

> *„Kündigungen gab es. Und ich muss sagen, dadurch, dass wir auch einen ordentlich funktionierenden Betriebsrat hatten, ist das ja alles im Vorfeld besprochen und ausgehandelt worden und es gab dann*

auch entsprechende, ja, Vereinbarungen zwischen Betriebsrat und Geschäftsführung, wie das alles zu laufen hat." (27_KU)

" Aber ich würde heute nicht mehr eine betriebsbedingte oder eine verhaltensbedingte Kündigung aussprechen, bevor ich mit dem Unternehmerverband nicht juristisch das durchgesprochen habe, um mir von denen also juristischen Rat geben, wie die Kündigung ausgestellt und auch geschrieben werden soll. Früher habe ich das immer selber gemacht, heute machen wir das nicht mehr, heute würde ich immer den Unternehmerverband vorher anrufen, sage: „Passt mal auf, das und das aus dem und dem Grunde. Wie setzen wir das am besten auf, die Kündigung?" (12_KU)

„Also, auf der einen Seite, bei dem einen Mitarbeiter um ihn rauszukriegen. Wir haben vorher sehr viele Gespräche mit ihm geführt. Auch bevor wir die erste Abmahnung ihm geschickt haben, haben wir gesprochen und gesagt so und so geht das nicht, aber er hat nicht gehört nichts, gar nichts. Dann haben wir halt eine Abmahnung gemacht. Dann ging es halt etwas besser." (11_Kleinst)

„Wir haben darüber gesprochen und sie hat versucht, einen anderen Job zu finden und nachdem sie den hatte, haben wir gesagt so. Das heißt, wir haben auch ne Frist gesetzt, aber eine Frist, ich glaube, von vier Monaten." (03_Kleinst)

Zu den häufigsten, dabei genutzten Kommunikationsmedien der Personalabteilungen zählen *Aushänge* oder die Nutzung eines *„Schwarzes Brettes"*. Dabei werden von einigen Unternehmen gezielt arbeitsrechtliche Gesetzestexte ausgehängt. Im Zusammenhang mit individuellen, personalbezogenen Problemstellungen, wie etwa arbeitsvertraglicher Änderungen, dominieren dagegen typische *Face-to-Face-Gespräche*.

„Wenn man ein Thema durch einen Aushang kommunizieren kann, weil es eindeutig auf einem Blatt Papier steht, dann machen wir halt das (36_MU)

„Ja, es ist immer, grundsätzlich ist es ja erstmal so, dass äh, eine Menge an Gesetzestext halt sowieso eine Veröffentlichung halt bedarf. Das heißt also, auch bei uns im Unternehmen ist es natürlich so, dass äh, das Arbeitsrechtsgesetz und so weiter natürlich öffentlich aushängt – und auch entsprechend revisioniert aushängt halt." (04_KU)"

Gezielte *Meetings* wiederum werden überwiegend im Zusammenhang mit wichtigen Entscheidungen genutzt. Aus den Interviews ergeben sich jedoch nur vereinzelt Hinweise auf gezielte Meetings zu arbeitsrechtlichen Problemstellungen oder Themen.

> *"Ja, wir haben so Stabssitzung hört sich bescheuert an, aber es gab irgendwie so aus dem Bundeswehrbereich immer so ein... Das machen wir eigentlich schon regelmäßig, das Austauschen. Aus den einzelnen Bereichen, wir hocken zusammen und dann wird auch aus ... Werden da auch solche Sachen hauptsächlich, also, wenn irgendwie jetzt die Firmenentscheidung, die machen weiter, das ist schon klar, (...) welche Ziele wir setzen. Es sind auch sehr viele Personalgeschichten dabei, also menschliche Geschichten, wo rumpelt es bei ihm, wo rumpelt es bei dem. Und dann ... da wird auch , ob es in der Ebene auch angekommen ist. Also, ich kriege das schon vorher alles mit, ich frage ... ich rieche dann bloß immer rein."* (30_KU)

Insgesamt wird aus den Aussagen deutlich, dass die von den Personalleitern genutzten Informationsquellen einen deutlichen Einfluss sowohl auf die Qualität als auch auf die Gestaltung der Kommunikation besitzen.

Überprüfung der Hypothese H14:

Auf Grundlage der hier beschriebenen Ergebnisse zur Kommunikationsgestaltung lässt sich die Untersuchungshypothese H14: *"Kommunikation dient in KMU primär der Vermittlung von Anweisungen."* für einen deutlichen Teil der Betriebe empirisch *nicht bestätigen.* Vielmehr zeigen die Daten, dass über eine reine, anweisungsorientierte Kommunikation hinaus gerade in KMU zahlreiche weitere, arbeitsrechtsbezogene Inhalte, zumindest mit einem eingeschränkten Teilnehmerkreis, besprochen werden. Deutlich wird jedoch auch hier das Fehlen einer gezielten Internen Kommunikation, etwa im Zusammenhand mit arbeitsrechtlichen Chancen und Risiken.

Als letzter Bereich sollen nun darüber Ergebnisse berichtet werden, welche Besonderheiten hinsichtlich der Kommunikationsverläufe sowie der Kommunikationskultur in der Personalarbeit der KMU aus den Interviews ersichtlich werden.

Kommunikationsverläufe und -kultur:

Hierbei wurde zunächst bei vielen Unternehmen, wie auch schon im Zusammenhang mit der Informationsgestaltung, ein oftmals administratives Kommunikationsverständnis deutlich, indem etwa arbeitsrechtliche Details nicht weitergehend kommuniziert, sondern eingeordnet und abgelegt werden, wie etwa folgende Antwort auf die Frage, wie arbeitsrechtliche Themen im Unternehmen kommuniziert werden, beispielhaft zeigt:

> *„Da das in der Hauptsache bei mir liegt, landet das bei mir und bleibt auch bei mir dann. Beziehungsweise die Frau S., die mich vorne unterstützt, wir machen dann halt manches gemeinsam dann. Sie ... sie legt das dann ab und ... und so. Aber in der Regel bleibt es ... bleibt das dann bei mir."* (05_KU)

Dieses Ergebnis wird zudem durch das Antwortverhalten vieler Interviewpartner insofern gestützt, als dass viele Fragen, die eindeutig auf die Kommunikation im Sinne eines aktiven Austausches gerichtet waren, mit Informationen beantwortet wurden, die ein eher passives Einordnen und Dokumentieren beschreiben.

Darüber hinaus lassen viele Interviewaussagen einer größeren Anzahl von Personalleitern eine latente bis deutliche *Top-down-Orientierung* in der eigenen Kommunikation erkennen. Hieraus ist jedoch nicht zwangsläufig auf eine dominante Kommunikation zu schließen. So kann auch eine Top-down-orientierte Kommunikation durchaus die Interessen der Beschäftigten berücksichtigen. Dennoch können aus einer einseitig ausgerichteten Kommunikation aber auch Nachteile für eine aktive und gestaltende Interne Kommunikation entstehen. Insbesondere über eine gezielte In-between-Ausrichtung von Kommunikation (vgl. Bruhn 2005: 1203) können hier für die Personalarbeit wichtige Informationen ausgetauscht und genutzt werden.

„Da achten wir schon darauf. Wir haben jetzt, das ist auch, worauf ich Wert lege, dass ich, wenn ich jetzt Gespräche geführt habe aufgrund unserer Umstrukturierung, dass ich die Leute erst mal ganz klar darauf aufmerksam mache, was ihre Rechte sind. Damit sie gar nicht erst zum Rechtsanwalt laufen müssen." (02_KU)

„Oft, also im, im Winter werden Inhouse-Schulungen gemacht. Also da trage ich vor, über die Philosophie der Firma, über Entwicklungen, über Dinge, was wir vorhaben im nächsten Jahr. Und dann kommt jemand von der Handwerkskammer, der hat hier in der Firma gelernt, der ist Jurist und stellvertretender Hauptgeschäftsführer. Der spricht Arbeitsrecht, der spricht Dinge, die technisch interessieren, Baurecht... Dann gibt es noch eine Möglichkeit Fragen zu stellen, sich auszutauschen. Das hat bis jetzt gereicht." (34_MU)

<u>INT:</u> *Mit dem Teilzeit- und Befristungsgesetz gibt es ja auch einen gesetzlich geregelten Anspruch auf Teilzeitarbeit. Haben Sie da irgendwie Berührungspunkte bei sich im Unternehmen gehabt?"* <u>PL:</u> *„Wir haben das kommuniziert. Wir haben das kommuniziert, dass jeder Anspruch auf Teilzeitarbeit hat. Und die wissen auch, dass wir alles tun. Wenn hier irgendjemand kommen würde, ob es nun kurzfristig nur ist für ein Jahr oder ½ Jahr oder so." (09_KU)*

„Ja, das müssen Sie auch nur regelmäßig kommunizieren. Also, das Problem ist natürlich, dass sich die Leute an so was gewöhnen." (09_KU)

Ebenfalls deutlich wird eine oftmals *pragmatische Ausrichtung* der internen Kommunikation:

„Wenn man ein Thema durch einen Aushang kommunizieren kann, weil es eindeutig auf einem Blatt Papier steht, dann machen wir halt das, und wenn es ein Thema ist, wo auf Nachfrage kommuniziert wird, weil es eben ein nullachtfünfzehn Thema ist, wo sich halt bloß irgend etwas geändert hat, ja gut, dann ist das halt ausgelegt, und wenn ein Mitarbeiter fragt, dann zieht man es raus, oder man sagt: „Komm, den rufen wir gleich einmal an", und machen das dann in der Regel so, dass wir den Anwalt beim Steine-Erden-Verband anrufen und gleich mit dem Mitarbeiter reden lassen, und dann ist der Fall erledigt." (36_MU)

„Ja, und das ist auch nicht schlimm, wenn mir jemand mal eine unangenehme Frage stellt, da wird die trotzdem beantwortet in der Personalabteilung. Also, wie ist denn die tarifliche Regelung? Oder wie ist denn das überhaupt? Da können die immer da anfragen." (06_MU)

> „Es sind ja nicht nur drei Mitarbeiter die das 3-Schicht-System gestalten, sondern das sind ja mehrere Mitarbeiter, von daher ist ja eine grundsätzliche Kommunikationssicherung, ist ja schon vorhanden." (04_KU)

Einen weiteren, häufig negativen Einfluss auf die Gestaltung und den Erfolg von Kommunikation besitzen – wie innerhalb der konzeptionellen und theoretischen Grundlagen erläutert worden ist – mögliche *Filter* innerhalb der Kommunikation, welche die Kommunikation bestimmter Inhalte sowohl behindern als auch unterbinden können. Neben den jeweils genutzten Informationsquellen zeigen die Interviews hier, dass ferner gerade auch die KMU-typische *Inhaberdominanz*, die größere soziale Nähe sowie geringer ausgeprägte Strukturen und Ressourcen die Kommunikation in der Personalarbeit verschiedentlich beeinflussen. Insbesondere im Falle einer ausgeprägten Inhaberdominanz entstehen oftmals Probleme für eine systematische und erfolgreiche Interne Kommunikation, wie folgende, zusammenhängende Schilderungen einer Personalleiterin über die Zusammenarbeit mit dem Inhaber deutlich machen:

> *INT: „Und wird die aktuelle Rechtsprechung im Auge behalten?" PL: „Nein, weil die niemand kennt. Wenn ich die nicht sage, ich erfahre dieses Problem, nicht immer von demjenigen, von dem ich es eigentlich erfahren müsste, sondern ich weiß ja, wo meine tickenden Bomben sind und informiere mich dann bei den Kollegen über einen Sachstand, wenn ich mitkriege, da wurden Gespräche geführt, falls ich ... ja, eher wenn ich es mitkriege, das ist richtig formuliert. Und erfahre dann von dem Mitarbeiter, wie es ist. Wenn ich meinen Chef fragen würde, würde ich was ganz anderes zu hören bekommen, weil er die Dinge wohl irgendwie anders sieht. Und dann gebe ich meinen Senf dazu, dass ich sage, da und da ist die und die Problematik, da und da, da und da müssen wir uns dran halten, das sage ich, das ist eher als Monolog anzusehen, dieses Gespräch, dann wird genickt, und dann wird gehandelt. Aber nicht unbedingt immer nach dem, wie ich zum Beispiel informiert habe, sondern so, wie es sein soll ... sein zu haben hat." (31_KU)*

Dabei scheint der Kommunikation von Seiten des Inhabers den Aussagen der Interviewpartnerin zufolge keine Aufmerksamkeit zugemessen zu werden.

> INT: „Was wird denn überhaupt kommuniziert, wenn Sie sagen: „OK, erfahren die Leute überhaupt irgendwas? "Hallo, wir haben einen neuen Auftrag", oder "Wir sind da dran"? Weil Sie sagten, es wird gar ... oder wenig kommuniziert." PL: „Ja, genau das ist das Problem." (31_KU)

Dennoch ist in diesem Falle die besondere Bedeutung von Kommunikation zumindest der Personalabteilung bekannt:

> „Aber, dass man so was als motivierenden Faktor vielleicht auch mal mit nach unten in die Produktion gibt, oder so, das wird hier nicht gelebt, weil irgendwie scheint der Chef zu meinen, dass das keinen was angeht. Das ist sein persönliches Tribut, das er zollt, wenn er Informationen weiter gibt. Also selbst unser Geschäftsführer ist im Moment als Informationsquelle schlicht weg nicht mehr zu gebrauchen, weil er kaum noch was erfährt." (31_KU)

Aus einigen Interviews wird zudem deutlich, dass Inhaber zum Teil die mit der Personalarbeit betrauten Personalleiter gezielt außen vor lassen beziehungsweise deren fachliche Hinweise ignorieren, wie etwa auch der bereits zuvor zitierte Inhaber:

> „Es läuft so ab, dass die Führungsebene der Meinung ist, sie ist im Recht, und sie streitet sich dann auch und zahlt eine Menge Geld für, ich sag mal, für Dinge, die von Anfang an klar waren, die jemand nur mit dem BGB oder dem Arbeitsgesetz in der Hand völlig klar darlegen kann, dass das so nicht funktioniert. Also, es geht aber darum, das nicht sein soll, was nicht sein darf." (31_KU)

Viele Interviews verdeutlichen den Einfluss von *Macht* (vgl. Nienhüser 2003) der Unternehmensleitung auf die Entwicklung der Internen Kommunikation und den Umgang mit der Ressource Information. Hiermit soll selbstverständlich nicht der Bereich objektiv sinnvoll ausgeübter Macht angesprochen werden, wenn etwa vertrauliche Informationen nicht kommuniziert werden oder strategische Interessen des Unternehmens zu berücksichtigen sind. Vielmehr scheint Macht gerade auch über diesen Bereich hinaus ausgeübt zu werden und damit die Möglichkeiten einer erfolgreichen Interner Kommunikation beschränken, wenn etwa willkürlich auf Themen Einfluss genommen wird oder erforderliche Informationen zurückgehalten werden. So entscheiden oftmals Inhaber oder Personalleiter darüber, über welche Rechte ihrer Einschätzung nach die Beschäftigten informiert werden oder worüber eine Information unterbleiben kann:

> *„Das heißt, wir machen keinen Aushang, wenn jetzt eine Gesetzesänderung kommt, sondern hier sind ein paar informiert, die das also brauchen, und das geben wir also nicht nach draußen."* (12_KU)
>
> *„Das muss man einfach dann kommunizieren. Man muss dann seine Argumente einfach auch präsentieren und zur Not auch immer mal nicht Einzelne reden lassen, wie es häufig leider beim Betriebsrat der Fall ist, dass zwei Leute sagen, wie es sein soll."* (09_KU)
>
> *„Also, wenn die GF Informationen erhält, dann behält sie die irgendwo für sich, weil das ja keine Informationen sind, die uns im Tagesgeschäft... Wenn es Informationen sind die uns ins Tagesgeschäft irgendwie nicht nützlich sind, dann werden sie behalten. Ansonsten wenn es Informationen sind wie Straßenbenutzungsgebühr, Standgebühren oder Scheinselbständigkeit, dann werden sie uns das per E-Mail zugestellt."* (09_Kleinst)
>
> <u>PL:</u> *„Eine Partnerin, ja genau."* <u>INT:</u> *„Wird Sie dann auch darüber informiert, wenn Sie irgendwelche Vorschriften erfahren, oder wenn Sie..."* <u>PL:</u> *„Ne [...] Sie packt das nicht mehr. Die bringt alle Vorschriften durcheinander und verkauft sie mir nachher von links nach rechts. Am besten man sagt ihr gar nicht."* (Kleinst_10)

Der negative Einfluss von Macht auf die Gestaltung der Arbeitsrechtspraxis dürfte sich zudem verstärken, wenn etwa *persönliche und subjektive Einflüsse* personalwirtschaftlicher Entscheider, wie etwa negative Einstellungen gegenüber dem Arbeitsrecht oder Fehleinschätzungen, im Zusammenhang mit Macht zur Wirkung gelangen.

Eine weitere, möglicherweise negative Beeinflussung der Internen Kommunikation scheint in der *Vertretungsproblematik* zu bestehen. So zeigt sich in einigen Interviews, dass in den Betrieben relevantes arbeitsrechtliches Wissen an eine einzelne Person gebunden ist. Folglich können sowohl Informations- als auch Kommunikationsprobleme entstehen, wenn die betreffende Personen nicht zur Verfügung stehen.

> <u>INT:</u> *„Hat denn außer Ihnen noch jemand anders – Herr R. vielleicht – Einblick in die arbeitsrechtliche Lage? Oder so, was ist jetzt, wenn Sie mal nicht da sind, wenn Sie mal ausfallen vielleicht?"* <u>PL:</u> *„Als Selbstständiger darf man nicht ausfallen."* <u>INT:</u> *„Okay. Also, es gäbe dann keine Absicherung, dass dann irgendwie im Problemfall oder so jemand entsprechende Leute..."* <u>PL:</u> *„Eigentlich nicht."* INT *„...mit dem spezifischen Wissen?"* <u>PL:</u>

„Also, Herr R. informiert sich sicher auch. Aber der ist mehr oder weniger auf der Baustelle. Nur wenn es um spezielle Sachen, dass wir jemanden einstellen oder dass wir irgendwas ändern, das sprechen wir schon ab. Aber eigentlich, mehr oder weniger muss ich mich schon damit beschäftigen." (42_MU)

<u>Überprüfung der Hypothesen H15 und H16:</u>

Mit Blick auf die deutlich gewordene Kommunikationskultur in der Arbeitsrechtspraxis von KMU lässt sich die Untersuchungshypothese H15: *„In KMU dominiert eine Top-down-Kommunikation."* für viele Unternehmen bestätigen. Es haben sich nur in wenigen Unternehmen Ansätze einer abteilungsübergreifenden Kommunikation gezeigt, bei der etwa ein Personalleiter aktiv auf andere Abteilungen zugeht und etwa vorausschauend personalwirtschaftliche oder arbeitsrechtliche Optionen aufzeigt.

Da Kenntnisse über die jeweiligen Möglichkeiten und Bedarfe von Fach- und Personalabteilungen hierbei an die jeweiligen Abteilungen und Akteure gebunden bleiben, werden das wechselseitige Erkennen und Umsetzen erfolgreicher Möglichkeiten einer innovativen Personalarbeit in den Unternehmen erschwert oder aber verhindert. Damit bleiben oftmals zugleich wichtige, bereits beschriebene Funktionen der Kommunikation nach *March/Simon* (1967: 129ff.), wie die *Gestaltung nicht vorgesehener Aktivitäten*, die *Initiierung von Handlungsprogrammen*, das *Verteilen strategierelevanter Informationen* sowie ein *Auslösen erforderlich gewordener Handlungsprogramme* ungenutzt.

Weiterhin lässt sich auch die Untersuchungshypothese H16: *„Der Inhabereinfluss auf die Arbeitsbeziehungen von KMU erschwert eine systematische Interne Kommunikation."* weitgehend bestätigen. Reflektiert auf die dieser Arbeit zugrunde liegenden Definition der Internen Kommunikation von *Koch*, als dem *„Bestandteil der Unternehmenskommunikation [der] jegliches soziales Verhalten im Zusammenhang mit der Dialogführung zwischen der Unternehmensführung und den Mitarbeitern sowie* *dem Informationsaustausch zwischen den Mitarbeitern innerhalb eines Unternehmens*" (2004: 55) [umfasst], zeigt sich, dass, neben weiteren Faktoren, gerade Macht und dominierende Interessenlagen in eben diesen gezielten Austausch von Informationen und Erkenntnissen eingreifen und damit eine Hürde darstellen können für Unternehmen, von der Kommunikation hin zur Internen Kommunikation zu finden.

Nachfolgend werden nun die Ergebnisse der empirisch überprüften Untersuchungshypothesen in einem Überblick zusammengefasst, bevor dann das im Rahmen der empirischen Untersuchung identifizierte Verbesserungspotenzial im Umgang der KMU mit Arbeitsrecht formuliert wird (vgl. Tabelle 7):

Tabelle 7: Ergebnisse der Hypothesenüberprüfung

Nr.	Bereich	Überprüfte Hypothesen	Ergebnis
H1	Wahrnehmung und subjektive Orientierung	Das Arbeitsrecht wird vor allem in Kleinst- und Kleinunternehmen als einmischend empfunden.	Teilweise bestätigt
H2		Personalleiter, die sich nicht mit dem Arbeitsrecht auseinander setzen, suchen hierfür unternehmensinterne Rechtfertigungen.	Weitgehend bestätigt
H3		Die Einflussnahme des Arbeitsrechts auf die Arbeitsbeziehungen in KMU führt zu Reaktanz der Personalverantwortlichen.	Weitgehend bestätigt
H4		Wahrgenommene Wissensdefizite führen zu argumentativer Abwehr gegenüber dem Arbeitsrecht.	Bestätigt
H5	Gestaltung der Arbeitsrechtspraxis	Personalarbeit wird in KMU nur selten strategisch gestaltet.	Eindeutig bestätigt
H6		Die Kultur der Personalarbeit von KMU wird deutlich durch den Inhaber geprägt.	bestätigt
H7		Die gewählten, personalwirtschaftlichen Verfahrensweisen der KMU orientieren sich an Machtüberlegungen.	bestätigt
H8		Die Auseinandersetzung der KMU mit dem Arbeitsrecht erfolgt wenig systematisch und eher anlassbezogen.	Teilweise bestätigt
H9		KMU nutzen nur einen Teil der sich bietenden, arbeitsrechtlichen Instrumente.	Insgesamt bestätigt
H10		Eine unsystematische Arbeitsrechtsanwendung erzeugt Unruhe.	Insgesamt bestätigt
H11		Reaktanz gegenüber arbeitsrechtlichen Vorschriften erzeugt kontraproduktiven Aufwand.	Insgesamt bestätigt
H12	Kommunikation in der Personalarbeit	In der Personalarbeit von KMU findet keine systematische Interne Kommunikation über Arbeitsrecht statt.	Insgesamt bestätigt
H13		Gesammelte Erfahrungen werden nicht systematisch aufgegriffen und kommuniziert.	Für die Mehrzahl der KMU bestätigt
H14		Kommunikation dient in KMU primär der Vermittlung von Anweisungen.	Nicht bestätigt
H15		In KMU dominiert eine Top-down-Kommunikation.	Für viele Unternehmen bestätigt
H16		Der Inhabereinfluss auf die Arbeitsbeziehungen von KMU erschwert eine systematische Interne Kommunikation.	Weitgehend bestätigt
Quelle:	Eigene Darstellung.		

4.2.2 Identifiziertes Verbesserungspotenzial zur Internen Kommunikation

Aus den empirischen Ergebnissen zur Internen Kommunikation in der Arbeitsrechtspraxis der KMU ergibt sich in einigen Bereichen ein teils deutliches Verbesserungspotenzial bezüglich des Umganges mit den Vorschriften und – in Verbindung hiermit – einer besseren Internen Kommunikation bei ihrer Anwendung. Wesentliche Ansatzpunkte für entsprechende Verbesserungen in den drei hier betrachteten Hauptbereichen des individuellen, subjektiv geprägten Umganges mit den Vorschriften durch die verantwortlichen Akteure, deren Anwendung im organisationalen Kontext der KMU als auch der Gestaltung der Internen Kommunikation scheinen jeweils in unternehmenskulturellen Aspekten sowie systematischen Überlegungen begründet zu sein.

Neben der häufig KMU-typischen, geringen Ressourcenausstattung zeigte sich in unterschiedlichen Bereichen ein oftmals unsystematisches Vorgehen sowie eine fehlende Auseinandersetzung mit auch vorteilhaften Vorschriften des Arbeitsrechts.

Wenn auch eine überwiegend hohe soziale Orientierung der Personalleiter und Inhaber deutlich geworden ist, so kommt dennoch ihr Handeln unter einem, zumindest teilweisen, Einfluss begrenzter Rationalität zustande (vgl. Staehle 1999: 520f.), was gerade auch im Umgang mit Arbeitsrecht zu nicht immer optimalen Ergebnissen führen kann. Die subjektive *Wahrnehmung* der Vorschriften durch die Personalleiter ist in einigen Bereichen durch oftmals pauschale Annahmen beeinflusst, wodurch eine systematische Auseinandersetzung mit den Vorschriften erschwert werden kann und Kenntnisdefizite nicht abgebaut werden können. Diese Problematik scheint sich aufgrund der oftmals hohen Inhaberdominanz gerade in KMU verstärkt auszuwirken. Die wahrgenommene Einflussnahme auf die eigene Unternehmensführung durch externe Vorschriften sowie deren Komplexität führen zum Teil zu einer pauschalen Ablehnung und fehlenden gestaltenden Auseinandersetzung mit den Vorschriften. Daraus entstehende Reaktanz kann zu vermeidbarem Aufwand, Verunsicherung sowie Unruhe in der Personalarbeit führen und gerade auch für KMU interessante Potenziale ungenutzt lassen.

Bei der empirischen Betrachtung der *Arbeitsrechtspraxis* wurde deutlich, dass gerade in KMU die Personalarbeit nur selten strategisch gestaltet wird. Zudem werden arbeitsrechtliche Rahmenbedingungen noch wenig als Gestaltungsinstrument für die individuellen Arbeitsbeziehungen genutzt, sondern vielmehr auf ein Instrument zur Konfliktlösung reduziert. Auch wenn es den Unternehmen oftmals gelingt, auch ohne zwingenden Rückgriff auf das Arbeitsrecht die Beziehungen im Unternehmen zum Wohle aller Beteiligten zu steuern, zeigt sich, dass dennoch häufig Vorschriften oder personalwirtschaftliche Instrumente mangels Kenntnis oder Bereitschaft zur Auseinandersetzung ungenutzt bleiben, die dazu beitragen könnten, die von den Unternehmen formulierten Wünsche, wie etwa Flexibilität oder geringere, innerbetriebliche Konflikte, zu erfüllen. Durch die beschriebene, teilweise Ablehnung einer Auseinandersetzung mit den Vorschriften werden Gestaltungsspielräume weiter reduziert. Ein deutliches Verbesserungspotenzial besteht daher im Bereich einer Überwindung von Vorurteilen und systematischeren Auseinandersetzung mit den Vorschriften. Dabei erscheint ein sowohl vorausschauendes als auch aktives Vorgehen besonders Erfolg versprechend.

Die gerade in den Kleinstunternehmen deutlich gewordene, oftmals geringere Präsenz des Arbeitsrechts scheint sowohl auf unternehmenskulturelle, subjektive als auch ressourcenbedingte Ursachen zurückzuführen zu sein. Diese Einflüsse dürften sich damit auch in anderen betrieblichen Funktionsbereichen vergleichbar darstellen und könnten dort zu ähnlichen Problemen führen. Dieses unterstreicht die Bedeutung eines trotz gegebenenfalls geringer Ressourcen anzustrebenden, systematischen

Vorgehens. Bezogen auf die betriebliche Personalarbeit erscheint auch unter diesen Bedingungen ein aktives und gestaltendes Vorgehen nicht zuletzt mit Blick auf die Akzeptanz[116] und Professionalisierung der Personalarbeit im Unternehmen von besonderer Bedeutung. Auf die in den letzten Jahren weiter gestiegene Bedeutung eines professionellen Umganges mit sowohl internen als auch externen Bezugspartnern sowie auf den Bedarf eines darüber hinaus besseren Selbst-Marketings der Personalabteilungen im Unternehmen weisen auch die aktuellen Ergebnisse zur Selbsteinschätzung von Personalverantwortlichen im Rahmen des HR-Kompetenz-Barometers hin (vgl. Mandewirth/Schiegg 2007: 54f.).

Bezogen auf den Umgang mit dem Arbeitsrecht ist dabei ein Aspekt von besonderer Bedeutung: Wenn das Personal immer häufiger als zentraler Erfolgsfaktor von Unternehmen erkannt wird, sollte als Konsequenz dessen gerade der Rechtsbereich, der dessen Einbindung in die Unternehmen und die Gestaltung der Arbeitsbeziehungen regelt, auch in KMU von besonderem Interesse sein. Dabei sollte ein systematischer und zugewandter Umgang angestrebt werden, die Vorteile des Arbeitsrechts, die vielen Befragten zudem bewusst sind[117], aktiv zu nutzen und die Aufmerksamkeit auf reale arbeitsrechtliche Probleme zu lenken.

Hinsichtlich der *Internen Kommunikation* der KMU bei ihrem Umgang mit dem Arbeitsrecht zeigt sich ebenfalls ein teils deutliches Verbesserungspotenzial, ebenfalls vor allem bezogen auf eine Erhöhung der Systematik sowie der Aktivität in der Kommunikation. Wenn auch in der Arbeitsrechtspraxis grundsätzlich durchaus kommuniziert wird, – so ist nicht zuletzt eine verbreitete Redewendung im Zusammenhang mit Kommunika-

---

[116] Vgl. hierzu in einer auch auf Großunternehmen bezogenen Perspektive ausführlich *Brandl* (2005).

[117] Vgl. hierzu die empirische Voruntersuchung sowie *Bradtke-Hellthaler* (2008a).

tionsbetrachtungen, dass es unmöglich ist, nicht zu kommunizieren – so zeigt sich, dass die Kommunikation selbst nur selten systematisch gestaltet und als Managementinstrument genutzt wird.

Die Ergebnisse lassen vor allem in den Kleinst- und Kleinbetrieben nur wenige Ansätze für ein Bewusstsein für eine systematische Kommunikation erkennen. Dieses kann zwar einerseits mit einer ebenfalls deutlich gewordenen Belastung der Akteure durch das Tagesgeschäft sowie durch oftmals geringe Ressourcenausstattungen erklärt werden. Andererseits bleiben wiederum gerade durch eine geringe systematische Nutzung der Kommunikation viele Funktionen und Vorteile, wie etwa Rationalisierungspotenziale, durch eine verbesserte und effizientere Aufgabenverteilung, ein Aufbau interner Unterstützungspotenziale sowie eine bessere Planung und Entwicklung der Unternehmenskultur (vgl. Noll 1996; Mast 2002: 249; Pfannenberg/Zerfaß 2005: 185) ungenutzt. Diese könnten gerade auch KMU erfolgreich für sich nutzbar machen.

Stattdessen haben sich zudem nur in wenigen Unternehmen Ansätze einer abteilungsübergreifenden Kommunikation gezeigt, in deren Zusammenhang etwa vorausschauend personalwirtschaftliche oder arbeitsrechtliche Optionen aufgezeigt und diskutiert werden. Hier erscheint hilfreich, die insbesondere innerhalb administrativer Zusammenhänge, wie etwa Lohn- und Gehaltsabrechnungen, zu verzeichnende, aktive Kommunikation auch auf den eher „gestaltenden" Bereich des Arbeitsrechts und seiner personalwirtschaftlichen Möglichkeiten auszuweiten. Hier könnte eine systematische Kommunikation dazu beizutragen helfen, etwa deutlich gewordene Unsicherheiten im Umgange mit dem Arbeitsrecht aufgrund wahrgenommener Gerüchte oder Fehlannahmen zu reduzieren.

In diesem Zusammenhang wurde weiterhin deutlich, dass gerade in kleinen, aber auch einigen mittleren Unternehmen ein Verbesserungspotenzial im Umgang mit Informationen besteht, so etwa gegenüber der Änderung arbeitsrechtlicher Vorschriften. Hier geht die Mehrzahl der befragten KMU überwiegend anlassbezogen, das heißt erst im Bedarfsfall vor. Ein aktiver, vorausschauender Umgang mit Informationen, der sich nicht darauf beschränkt, erhaltene Information überwiegend zu dokumentieren, sondern hinsichtlich möglicher positiver oder negativer Auswirkungen für das eigene Unternehmen mit den geeigneten internen Akteuren aktiv zu kommunizieren, kann dazu beitragen, die zu verzeichnenden allgemeine Unsicherheit gegenüber zu beachtenden arbeitsrechtlichen Informationen sowie eine darauf basierende Abwehr zu reduzieren.

Der identifizierte Inhabereinfluss in KMU muss sich dabei keineswegs pauschal problematisch auswirken, sondern kann ebenso gerade eine gezielte Interne Kommunikation unterstützen und voranbringen. Hierzu erscheint erforderlich, Informationen nicht allein aus Macht-, sondern auch aus Gestaltungsperspektive zu verstehen und etwa die offene und aktive Kommunikation – die im Bereich der Einstellungsplanung bereits oftmals erkennbar ist – gezielt auf weitere, arbeitsrechtlich beeinflusste Bereiche der Personalarbeit zu übertragen und nutzbar zu machen. Über eine entsprechende *Kommunikationskultur* können so gezielt Möglichkeiten entdeckt und gegenüber den Vorschriften empfundene Hemmnisse reduziert werden. Hierfür erscheint angesichts der verschiedenen Teilergebnisse gerade die Nutzung einer systematischen Internen Kommunikation, wie sie etwa *Bruhn* (2005) und *Oelert* (2003) beschreiben, Erfolg versprechend, um zu einem besseren Umgang mit arbeitsrechtlichen Vorschriften zu finden. Aufbauend auf den innerhalb der konzeptionellen sowie theoretischen Grundlagen beschriebenen Zusammenhängen sollen daher im nachfolgenden Kapitel Implikationen für eine entsprechende Optimierung der Internen Kommunikation der Kleinst-, Klein- und Mittelunternehmen entworfen werden. Zuvor soll jedoch noch das im Rahmen dieser Arbeit entwickelte und zur Anwendung gebrachte Modell zur

Kommunikation in der Arbeitsrechtspraxis auf seine empirische Eignung überprüft und die Übertragbarkeit der erzielten Ergebnisse diskutiert werden.

4.2.3 Überprüfung des Models und Übertragbarkeit der Ergebnisse

Im Rahmen der empirischen Untersuchung ist die Gestaltung der betrieblichen Arbeitsrechtspraxis und die dabei zu identifizierende Kommunikation in den KMU ausführlich untersucht worden. Die dazu vorgestellten Untersuchungsergebnisse zeigen, dass das in Kapitel 2.3 entwickelte Modell die betriebliche Arbeitsrechtspraxis mit den in ihr wirksamen Einflussfaktoren weitgehend übereinstimmend *idealtypisch* abbildet (vgl. Abbildung 9). Das Modell beschreibt die empirisch untersuchte Entstehung der betrieblichen Arbeitsrechtspraxis (1) unter einem entsprechenden Zusammenwirken arbeitsrechtlicher Vorgaben und personalwirtschaftlicher Aufgaben (2), die von den Personalleitern unter dem Einfluss individueller Kenntnisse und Erfahrungen entsprechend wahrgenommen werden (3). Hierbei können mögliche Verzerrungen, wie etwa bestimmte Schemata oder Vorurteile, auftreten und im Ergebnis zu einer entsprechenden Ausgestaltung individueller Spielräume mit wiederum entsprechenden Konsequenzen führen, die – gewissermaßen einem Kreislauf entsprechend – wiederum von den Akteuren wahrgenommen werden und zu einem fortgesetzten oder veränderten (4) Handeln führen. Die verschiedenen Prozesse werden dabei von Kommunikationsbeziehungen (5) unterlagert.

Vor dem Hintergrund der empirischen Erkenntnisse erweist sich das Modell jedoch *in einigen Punkten als zu idealtypisch*: Es zeigt sich, dass sich die dargestellten Kommunikationsbeziehungen (5) zwischen Inhaber, Personalabteilung sowie Fachabteilung, die in dieser Zusammensetzung nur in wenigen befragten Unternehmen vollständig vorhanden waren, sich lediglich im Modell systematisch über alle Akteure und Prozesse erstrecken, während die Kommunikationsbeziehungen in der Praxis in einigen

Unternehmen teilweise nur unregelmäßig zu verlaufen scheinen. Zudem stellen die Mitarbeiter der KMU einen in der Arbeitsrechtspraxis unerwartet häufigen, weiteren Kommunikationspartner dar, um den das Modell entsprechend zu ergänzen ist (6). Darüber hinaus kann das Modell die empirisch festgestellten, unterschiedlich gestalteten Wechselwirkungen etwa zurücklaufender Informationen (7) und die diesen von den Akteuren zugeschriebene Bedeutung in ihrer Spannweite grafisch nur bedingt wiedergeben. Dahingehend zeigt die empirische Untersuchung ein erwartungsgemäß oftmals wenig idealtypisches, mit Unschärfen behaftetes Verhalten der Akteure. Die komplexen „Lebenssachverhalte" innerhalb der Arbeitsrechtspraxis können im Rahmen eines Modelles ohnehin nur ausschnitthaft und idealtypisch wiedergeben werden. Die dabei relevanten Einflussfaktoren und Zusammenhänge werden jedoch weitgehend vollständig und übersichtlich abgebildet. Nachfolgend soll das Modell noch einmal um die entsprechenden Informationen ergänzt dargestellt werden (vgl. Abbildung 9):

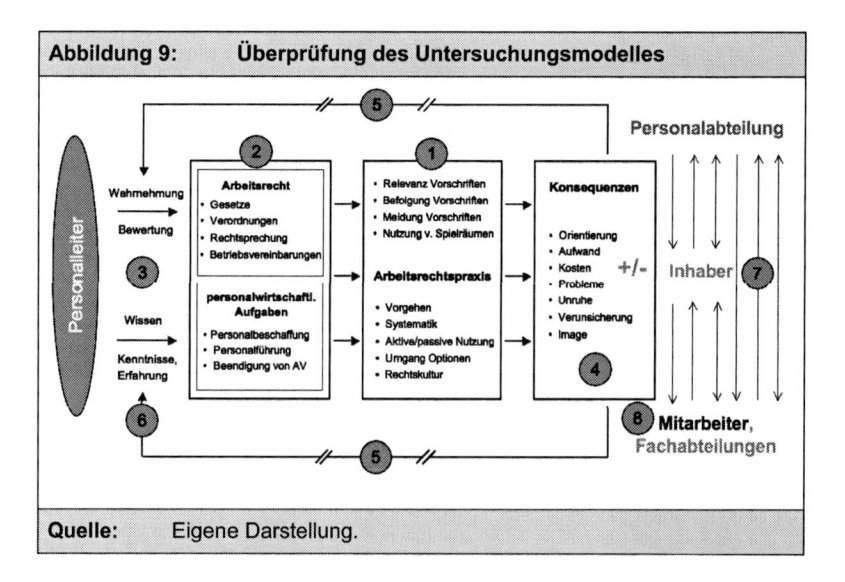

Abbildung 9: Überprüfung des Untersuchungsmodelles

Quelle: Eigene Darstellung.

Weiterhin stellt sich vor dem Hintergrund der, verglichen mit quantitativen Erhebungen, geringen Grundgesamtheit die Frage, inwiefern sich die in den untersuchten KMU ermittelten Ergebnisse auf andere Betriebe übertragen lassen. Dabei ist zunächst festzuhalten, dass viele der hier untersuchten und dargestellten Problemstellungen auf Zusammenhängen, wie etwa Verfahrensweisen, Rahmenbedingungen, unternehmensinternen Ressourcen oder zu bewältigender Komplexität und damit jeweils *strukturellen Merkmalen* beruhen. Da zudem die untersuchten Unternehmen ebenfalls anhand struktureller Merkmale wie der Zahl ihrer Beschäftigten, der Region sowie Branche, ausgewählt wurden, ist davon auszugehen, dass sich die identifizierten Problemlagen in strukturell gleichen Unternehmen ähnlich darstellen werden.

Mit Blick auf die Gütekriterien ist darüber hinaus anzumerken, dass sich vor dem Hintergrund der Gegenstands- und Kontextbezogenheit der im Rahmen einer qualitativen Vorgehensweise erzielten Ergebnisse die klassischen Kriterien einer quantitativ-hypothesentestenden Wissenschaft nur bedingt für eine Beurteilung der Qualität dieser Ergebnisse eignen (vgl. hierzu Strodtholz/Kühl 2002: 18; Bradtke 2005: 124). Dennoch lassen sich gerade mit Hilfe von Experteninterviews auch die klassischen Hauptgütekriterien der Objektivität, Reliabilität sowie Validität optimal einhalten.[118] Das Vorgehen in der vorliegenden Untersuchung orientiert sich darüber hinaus an den zentralen Anforderungen an qualitative Forschung nach *Mayring*. Dazu zählen insbesondere die Kriterien der Verfahrensdokumentation, der argumentativen Interpretationsabsicherung, der Regelgeleitetheit des Vorgehens sowie der Nähe zum Forschungsgegenstand (1999: 119ff.).

---

[118] Für eine entsprechende Beschreibung im konkreten Anwendungszusammenhang vgl. *Bradtke* (2005) sowie *Bradtke-Hellthaler* (2008: 113ff.).

Im Mittelpunkt der Untersuchung steht dabei ein vor allem *explorativer Erkenntnisgewinn* über die Gestaltung und Kommunikation in der Arbeitsrechtspraxis und den Einfluss dabei wirksamer, subjektiver Orientierungen. Mit dem Ziel einer späteren Entwicklung verallgemeinerbarer Implikationen für die Praxis sollte das übergeordnete Untersuchungsinteresse gezielt eher der generellen Spannweite möglicher KMU-typischer Problemlagen als einer genauen Herausarbeitung individueller Detailprobleme und ihrer jeweiligen Quantifizierung gelten. Dabei stehen gerade mit qualitativen Methoden arbeitende Forscher vor der Problematik, auf Basis von Einzelaussagen auf ein übergeordnetes Vorgehen schließen zu müssen und dieses im Rahmen einer beispielhaften Beschreibung jeweils nachvollziehbar darzustellen.

Insgesamt ermöglichen die hier erarbeiteten Ergebnisse jedoch einen umfassenden Überblick über die Gestaltung und Einflussfaktoren der Arbeitsrechtspraxis von KMU einerseits sowie über die Gestaltung der unternehmensinternen Kommunikation am hier zugrunde gelegten Beispiel der Personalarbeit.

5 Schlussbetrachtungen

5.1 Zusammenfassende kritische Würdigung

Die vorliegende Untersuchung befasst sich am Beispiel der betrieblichen Arbeitsrechtspraxis von KMU mit der Frage, welchen Beitrag eine gezielte *Interne Kommunikation* zur Optimierung von Unternehmensprozessen gerade auch kleinster, kleiner und mittlerer Betriebe leisten kann. Hierzu ist die Gestaltung der Internen Kommunikation anhand eines ebenso aktuellen, wie wichtigen betrieblichen Aufgabenbereiches untersucht worden, um mögliche Problembereiche zu identifizieren und Optimierungsvorschläge entwickeln zu können.

Die Ergebnisse der Untersuchung sind hierbei aus zwei Gründen sowohl aus theoretischer als auch praktischer Perspektive von besonderer Bedeutung:

Zum einen konnte herausgearbeitet werden, welche generellen *Möglichkeiten zur Internen Kommunikation gerade auch in KMU* bestehen und welche *Rahmenbedingungen* dabei von Einfluss sind. Dabei ist deutlich geworden, dass eine gezielte und systematische Interne Kommunikation die Betriebe in die Lage versetzen kann, zu einem insgesamt besseren Umgang mit den gerade auch für KMU wichtigen, arbeitsrechtlichen Rahmenbedingungen zu finden und deutlich gewordene Unsicherheiten und Konflikte zu mindern.

Zum anderen hat sich gezeigt, dass ein ursprünglich rein marketingbezogenes Instrument, wie die Interne Kommunikation, der *Idee der marktorientierten Unternehmensführung* folgend, auch in anderen betrieblichen Funktionsbereichen sinnvoll angewandt werden kann und dazu beizutragen vermag, unter anderem etwa ressourcen- oder strukturbedingte Probleme zu lösen.

Die Untersuchung gliedert sich im Wesentlichen in *vier Bereiche*: Nach einer ausführlichen *Einführung in die Themenstellung* und einer Erläuterung der dabei zu berücksichtigenden Zusammenhänge wurden zunächst umfassend *konzeptionelle Grundlagen* gelegt, um die vielfältigen Details und Problemstellungen des hier beispielhaft zugrunde gelegten Anwendungsbereiches darzustellen und abzugrenzen. Dabei waren die vielfältigen Möglichkeiten und Rahmenbedingungen der Internen Kommunikation herauszuarbeiten und ihre Bedeutung und Konsequenz als konkretes Instrument einer marktorientierten Unternehmensführung aufzuzeigen. Neben einer *theoretischen Rahmung und Untermauerung der Untersuchung* und des dazu entwickelten Modelles wurden die erarbeiteten Erkenntnisse danach auf Grundlage umfassender Experteninterviews am Beispiel der *konkreten Gestaltung der Internen Kommunikation in der Arbeitsrechtspraxis empirisch untersucht* und mögliche *Ansätze für Verbesserungsbedarfe* identifiziert.

In *Kapitel zwei* ist hierzu, aus einer konzeptionellen Perspektive heraus, das im Mittelpunkt der Untersuchung stehende, *beispielhafte Anwendungsfeld der betrieblichen Arbeitsrechtspraxis* von KMU ausführlich charakterisiert worden. Aufbauend auf allgemeinen Grundlagen zu diesen Betriebsgrößen, wurde deren *wirtschaftliche Bedeutung* aufgezeigt und auf die *Besonderheiten sowie Erfolgspotenziale dieser Unternehmensgrößen* eingegangen. Dabei wurden sowohl Chancen als auch Risiken für die Interne Kommunikation deutlich. So zeigten sich bereits aus konzeptioneller Perspektive ein in KMU oftmals *verbreiteter, besonderer Einfluss des Inhabers und seiner Persönlichkeit* sowie ein häufig kurzfristiges Denken und Handeln in den Unternehmensprozessen; dieses stellt eine optimale Gestaltung der individuellen Kommunikation vor dem Hintergrund der zunächst konzeptionellen Erkenntnisse jeweils vor *Herausforderungen*. Gleichzeitig zeigten sich jedoch in der ebenfalls typischen sozialen Nähe in KMU *besondere Chancen sowohl für die Kommunikation und die Zusammenarbeit* als auch den Zusammenhalt der verschiedenen Akteure, speziell in Krisenzeiten.

Darauf aufbauend, wurde dann das als Beispiel dienende *Aufgabengebiet der Personalarbeit* von KMU einer genaueren Betrachtung unterzogen. Hierbei wurde deutlich, dass dieser Bereich gerade in Kleinst- und Kleinbetrieben häufig nicht nur durch geringe Ressourcen und Strukturen gekennzeichnet ist, sondern auch unter einem deutlichen Einfluss des Inhabers sowie oftmals direkterer Arbeitsbeziehungen steht. Deutlich wurde dabei jedoch ebenfalls, dass gerade auch in KMU der Personalarbeit ein besonderer Stellenwert zukommen sollte. Die jeweiligen Erkenntnisse berücksichtigend, wurde dann weiterführend ein dieser Untersuchung zugrunde zu legendes Begriffsverständnis der *Arbeitsrechtspraxis* entwickelt. Dazu wurden, unter besonderer Berücksichtigung der spezifischen Anforderungen kleinerer Unternehmen, deren mögliche Inhalte sowie deren personalwirtschaftliche Bedeutung herausgearbeitet. Es zeigte sich, dass die Anwendung des Arbeitsrechts, gerade auch innerhalb der Personalarbeit von KMU, von besonderer Bedeutung ist. Ein spezielles Augenmerk galt hier, wie auch in der gesamten Arbeit, der *Betrachtung und Berücksichtigung der subjektiven Perspektiven der betrieblichen Praktiker* und den hieraus erwachsenden Auswirkungen auf die Praxis. Dabei wurde wiederum bereits im Rahmen konzeptioneller Betrachtungen deutlich, dass bei der Wahrnehmung und Bewertung des Arbeitsrechts oftmals Meinungen und Annahmen Dritter den betrieblichen Umgang mit den Vorschriften beeinflussen und darüber hinaus, etwa auch Medienberichte, Gerüchte oder Fehlinterpretationen, einen nicht immer konstruktiven Einfluss nehmen beziehungsweise vielmehr sogar eine systematische Auseinandersetzung mit den Vorschriften oftmals erschweren können.

Im zweiten Teil des Kapitels wurden dann ausführlich die *Grundlagen der Internen Kommunikation* als ein zentraler Bestandteil einer Integrierten

Kommunikation gelegt und deren Bedeutung unterstrichen. Dazu wurden zunächst deren verschiedene Funktionen dargestellt, die sich in den unterschiedlichen betrieblichen Aufgabenfeldern manifestieren und ihre Bedeutung sowohl für die Personalarbeit als auch als Marketinginstrument insgesamt herausgearbeitet.

In diesem Zusammenhang wurde deutlich, dass Kommunikation für Unternehmen nicht mehr alleine ein unterstützendes Verkaufsinstrument darstellt, sondern als ein eigenständiges und professionell einzusetzendes Instrument moderner Unternehmensführung anzusehen ist. So zeigte sich, dass eine erfolgreiche unternehmensinterne Kommunikation keinesfalls etwa mit Trainings oder Einzelinstrumenten zu erreichen ist, sondern vielmehr eines *weitergehenden Ansatzes* bedarf.

Im Rahmen einer *Diskussion der verschiedenen theoretischen Erklärungsansätze* sowie einer Beschreibung der einzelnen *Instrumente*, wie etwa der persönlichen Kommunikation sowie schriftlicher oder elektronischer Medien, wurden zunächst die generellen *Organisationsanforderungen* einer derartigen Internen Kommunikation vorgestellt. So kommt hier insbesondere typischen *aufbau- und ablauforganisatorischen Fragen* Bedeutung zu. Mit Blick auf die verschiedenen, erforderlichen Rahmenbedingungen zeigte es sich zudem, dass gerade auch die Kommunikation in und von Unternehmen unter einem nicht unerheblichen *Einfluss subjektiver Faktoren* steht. So werden von einzelnen Kommunikationsakteuren verschiedene, teils deutlich machtbezogene *Kommunikationsrollen* wahrgenommen, welche die Prozesse und Ergebnisse oftmals deutlich zu beeinflussen vermögen und deren Kenntnis daher für die Gestaltung der Kommunikation von entscheidendem Einfluss sein kann (vgl. hierzu Agarwala-Rogers 1976).

Im Rahmen dieser Betrachtungen ist auch deutlich geworden, dass in einer gezielten Internen Kommunikation, neben typischen ökonomischen

Vorteilen, weiterhin gerade auch eine Reihe *außerökonomischer Erfolgspotenziale,* wie etwa interne Unterstützungsfunktionen, eine bessere Planung und Entwicklung der Unternehmenskultur sowie eine verbesserte, positive Außenwirkung, bestehen. In diesem Zusammenhang wurde auf die *Bedeutung des Integrationsansatzes* in Verbindung mit Unternehmenskommunikation eingegangen und hier die *Bedeutung einer marktorientierten Unternehmensführung* herausgestellt, die in derartigen Diskussionen ansonsten oftmals nicht unmittelbar nahe liegt.

Bei der Betrachtung der verschiedenen *Gestaltungsoptionen der Internen Kommunikation* galt ein besonderes Augenmerk den innerhalb der KMU zu beachtenden, größenspezifischen und kulturellen Anforderungen sowie Gestaltungsmerkmalen. Hierbei zeigte sich bereits aus konzeptioneller Perspektive, dass in KMU auch innerhalb der Kommunikation oftmals eine *Top-down-Tendenz* dominiert und erforderliche Ressourcen für eine gezielte Interne Kommunikation fehlen (vgl. auch Mast 2002: 246). Als größtes *Problem der Internen Kommunikation* von KMU wurden dabei *organisatorische Gegebenheiten identifiziert.* Ebenfalls wurde deutlich, dass hierbei die strukturellen Gegebenheiten in KMU aber ebenso eine vergleichsweise geringe Formalisierung der Kommunikation zulassen.

Im Rahmen der Herausarbeitung *Erfolg versprechender Berücksichtigungspotenziale* der Internen Kommunikation in KMU wurde deutlich, dass diese gerade innerhalb des hier lediglich beispielhaft betrachteten Aufgabenfeldes der betrieblichen Arbeitsrechtspraxis entscheidend dazu beizutragen vermag, auch unter einer zwangsläufig hohen Informationsdichte und -komplexität im Arbeitsrecht zu einem verbesserten Umgang mit diesem zu finden und so Konflikte zu vermeiden beziehungsweise zumindest zu reduzieren. So kann die Interne Kommunikation gerade KMU unterstützen, trotz oftmals geringerer arbeitsrechtlicher Ressourcen, ein praktizierbares Informationsmanagement aufzubauen und auf diesem

Wege arbeitsrechtliche Probleme gezielt zu vermeiden, die sich ansonsten etwa aus einer Orientierung an Gerüchten und Vorbehalten heraus ergeben können.

Sich am Beispiel der Arbeitsrechtspraxis orientierend, wurden anschließend *vier verschiedene Perspektiven der Internen Kommunikation* identifiziert, anhand derer die Nutzung dieses Instrumentes empirisch untersucht werden konnte: Dabei hat sich im Rahmen der späteren empirischen Untersuchung vor allem die *mentalitätsbezogene Perspektive als besonders relevant* herausgestellt, die in erster Linie auf psychologische und emotionale Besonderheiten der Kommunikation abzielt und so einen wichtigen Einfluss auf die Gestaltung der Kommunikationskultur zu nehmen scheint.

Auf Grundlage erster empirischer Erkenntnisse zur Wahrnehmung des Arbeitsrechts, die im Rahmen der Mitarbeit am Forschungsprojekt Arbeitsrecht in der betrieblichen Anwendung erarbeitet worden sind, wurden dann aus einer rein KMU-bezogenen Perspektive weiterführende Forschungsfragen zur Gestaltung der Kommunikation in der Arbeitsrechtspraxis von KMU entworfen. Die einzelnen Erkenntnisse dieses Kapitels wurden schließlich in ein entsprechendes *Untersuchungsmodell* zur Analyse der Internen Kommunikation in der Arbeitsrechtspraxis integriert, das gerade auch die dabei wirkenden, vielfältigen subjektiven Einflüsse in KMU berücksichtigt und abzubilden vermag.

Im Rahmen des *dritten Kapitels* sind dann Erfolg versprechende sozialpsychologische, personalwissenschaftliche und kommunikationsbezogene Theorieansätze mit Blick auf die Themenstellung herangezogen und hinsichtlich ihres jeweiligen Erklärungsbeitrages betrachtet worden.

Innerhalb der *sozialpsychologischen Ansätze*, die das untersuchte Verhalten der Akteure genauer erklären sollen, standen vor allem die *Attributionstheorie* und die *Theorie der kognitiven Dissonanz im Vordergrund*, die geeignete Erklärungen zur Gestaltung von Wahrnehmungsprozessen liefern. Darüber hinaus hat sich *Brehms Ansatz der Freiheitseinengung und psychologischen Reaktanz* (1972) mit Blick auf mögliche, kritische Verhaltensreaktionen ebenfalls als geeignet erwiesen.

Das hier beispielhaft betrachtete Themenfeld der Arbeitsrechtspraxis in der Personalarbeit bedurfte wiederum einer weitergehenden Untermauerung durch *personalwissenschaftliche Theorien*, mit deren Hilfe die verschiedenen Aufgaben und Anforderungen dieses betrieblichen Aktionsfeldes aus theoretischer Sicht beschrieben werden konnten. Ein wesentlicher Fokus wurde dabei auf *verhaltenswissenschaftlich-entscheidungsorientierte Ansätze* gelegt, die im Wesentlichen davon ausgehen, dass betriebliche Akteure bei ihrem Handeln absichtsbezogen und interessengeleitet vorgehen sowie beschränkt-rational handeln. Mit Blick auf den Umgang mit arbeitsrechtlichen Informationen wurde dabei das *Konzept der begrenzten Rationalität integriert*, wonach auch bei beabsichtigt rational handelnden Individuen bestimmte kognitive Grenzen der Informationsaufnahme ein Treffen objektiv rationaler Entscheidungen zu verhindern vermögen. Das im Mittelpunkt dieses Bereiches vorgestellte *Modell der Handlungsentlastung* von *Martin* (1998) hat sich wiederum nach Abschluss der empirischen Analysen als sehr geeignet erwiesen, das institutionelle Zustandekommen individueller Arbeitsrechtspraxis anhand der von den Unternehmen gewählten Institutionen theoretisch zu erklären.

Für eine theoretische Untermauerung der Untersuchung der Internen Kommunikation wurden schließlich verschiedene *kommunikationsspezifische Theorien* herangezogen, welche die bisher überwiegend konzeptionell erläuterten Zusammenhänge entsprechend erweiterten. Zur Darstellung grundlegender Kommunikationsbeziehungen und dabei möglicher Störungen wurde zunächst das *Sender-Empfängerorientierte Modell* von *Shannon/Weaver* (1976) zugrunde gelegt und *um weitere, verhaltenswis-*

senschaftliche Ansätze ergänzt, um so die Vielschichtigkeit in der Kommunikation in und von Unternehmen erfassen und theoretisch erklären zu können. Dabei haben sich die betrachteten, klassischen *Reiz-Reaktions-Schemata* erwartungsgemäß als relativ robust erwiesen. Aus einer ebenfalls verhaltenswissenschaftlich-entscheidungsorientierten Perspektive wurden weiterhin wichtige, kommunikationsbezogene Ansatzpunkte für die Lösung unternehmerischer Problemstellungen herausgestellt, welche die Bedeutung von Kommunikation als Managementinstrument gerade auch in KMU unterstreichen. Dabei wurde insgesamt aus theoretischer Perspektive deutlich, dass Kommunikation im Falle unsicherer oder auch neuer arbeitsrechtlicher Problemstellungen einen besseren betrieblichen Umgang mit den Vorschriften ermöglichen kann, indem über einen entsprechenden kommunikativen Austausch eine systematische, teils antizipierende Betrachtung möglicher Probleme durch rechtliche Anforderungen sowie unternehmerische Reaktionen möglich wird.

Auf Grundlage der verschiedenen theoretischen Erkenntnisse wurden dann für die folgende empirische Untersuchung entsprechende *Hypothesen* dazu entwickelt, welche Prozesse die Kommunikation in der Personalarbeit beeinflussen und zu entsprechenden Ergebnissen führen können.

Innerhalb der empirischen Untersuchung im *vierten Kapitel* wurden schließlich ausführlich die Ergebnisse zur Internen Kommunikation in der betrieblichen Arbeitsrechtspraxis vorgestellt. Dabei wurden bei der Beschreibung ausgewählter Ergebnisse verschiedene Aspekte deutlich, die aus unterschiedlichen Gründen auf *praktische Verbesserungsbedarfe sowohl in der betrieblichen Arbeitsrechtspraxis vieler KMU* als vor allem auch *bei der Gestaltung der Internen Kommunikation* insgesamt hinweisen. Hierzu sind im Wesentlichen drei Hauptbereiche ausführlich untersucht worden.

So interessierte zunächst, wie das Arbeitsrecht von den verantwortlichen Akteuren in den KMU *wahrgenommen* wird und welche *subjektiven Orientierungen* gegebenenfalls zu einem problematischen Umgang mit dem Arbeitsrecht und vermeidbaren Problemen für die Unternehmen führen können. Dabei wurde zunächst insgesamt deutlich, dass das *Arbeitsrecht* von den Personalleitern der KMU, übergeordnet betrachtet, *weitgehend akzeptiert und für sinnvoll erachtet* wird. Auch wurde eine überwiegend hohe soziale Orientierung der Personalleiter in den Arbeitsbeziehungen deutlich.[119] Ebenso zeigte sich jedoch, dass sich die Wahrnehmung des Arbeitsrechts in verschiedenen, konkreten Anwendungszusammenhängen oftmals *schemataorientiert* gestaltet. So werden etwa oftmals pauschale Annahmen, wie etwa bezüglich einer angenommenen Nichtkündbarkeit von Beschäftigten, getroffen. Dabei wurde deutlich, dass die *Auseinandersetzung mit dem Arbeitsrecht zum Teil ungeordnet und problematisch* erfolgt. Der vermutete Einfluss sowohl der typischen *Inhaberdominanz* als auch der *besonderen sozialen Nähe* in KMU auf den Umgang sowie die Bewertung des Arbeitsrechts konnten auch empirisch bestätigt werden.

Die Analysen verdeutlichen weiterhin, dass der von den Personalleitern wahrgenommene Außeneinfluss der Vorschriften auf deren eigene Entscheidungsfreiheit mitunter zu *reaktanzähnlichem Verhalten* oder zumindest zu entsprechenden Ankündigungen führt (vgl. hierzu Brehm 1972). Es ist zu vermuten, dass dieses Verhalten die Betriebe vor Probleme stellt, indem etwa eine vermeidbare Verunsicherung erzeugt wird.

Die Ergebnisse zur *Arbeitsrechtspraxis* in KMU wiederum verdeutlichen, dass sich diese insgesamt vielschichtig und zum Teil problematisch gestaltet. Zum einen zeigte sich, dass sich der Umgang mit dem Arbeits-

---

[119] Dieses bestätigen die bisherigen Untersuchungsergebnisse des Forschungsprojektes, vgl. *Schramm/Zachert* 2008; *Bradtke-Hellthaler* 2008a: 134ff.

recht gerade bei kleineren Unternehmen, zumindest in Teilbereichen, unsystematisch gestaltet. Zum anderen scheint auch die Personalarbeit selbst nur *vereinzelt als Instrument strategischer Unternehmensführung genutzt* zu werden. Dabei scheinen, neben Kenntnisdefiziten, vor allem Ressourcenprobleme eine entsprechende Herangehensweise zu erschweren. So zeigte sich auch insgesamt, dass die Personalleitung, gerade in kleineren Betrieben, oftmals vom jeweiligen Inhaber in Personalunion ausgeübt wird und zudem überwiegend nur wenige personelle Ressourcen zur Verfügung stehen. Unter anderem hierauf könnte auch das Ergebnis zurückzuführen sein, dass von den KMU mitunter auch viele Möglichkeiten einer produktiven Nutzung arbeitsrechtlicher Optionen nicht wahrgenommen werden oder dort gar nicht bekannt zu sein scheinen.

Bei der Betrachtung der verschiedenen Gestaltungsmöglichkeiten der Arbeitsbeziehungen hat sich das *Modell der Handlungsentlastung* von *Martin* (1998) als sehr geeignet erwiesen, da es, neben der Ausgestaltung möglicher Spielräume, gerade auch den empirisch deutlich gewordenen Einfluss kultureller sowie machtbezogener Zusammenhänge berücksichtigt. So ließen sich, mit Ausnahme der *„Politischen Regulierung"*, allen Institutionen des Modelles geeignete empirische Beispiele aus den befragten Unternehmen zuordnen.

Die Ergebnisse legen nahe, dass eine negative Wahrnehmung des Arbeitsrechts unter dem Einfluss von sowie in Wechselwirkung mit der oftmals *fehlenden, systematischen Auseinandersetzung* der KMU mit konkreten Vorschriften steht.

Neben der Wahrnehmung des Arbeitsrechts und der Vorgehensweise bei dessen Anwendung wurde dann schließlich untersucht, wie sich die *Interne Kommunikation* im Zusammenhang mit dem Arbeitsrecht und der Personalarbeit gestaltet. Dabei wurde deutlich, dass sich die Kommunikation in der Arbeitsrechtspraxis ähnlich vielfältig gestaltet wie auch diese selbst.

Als eines der wichtigsten Ergebnisse hierzu bleibt festzuhalten, dass in den befragten KMU keine systematische Interne Kommunikation zu erfolgen scheint. Auch zeigte sich in den Aussagen der deutlichen Mehrzahl der Interviewpartner kein entsprechend ausgerichtetes *Bewusstsein für deren Bedeutung und Möglichkeiten*. Denkbar ist, dass auch hier wieder sowohl typische *Ressourcenprobleme* als auch entsprechende *Werthaltungen der Inhaber* zu einer insgesamt eher anlassbezogenen und häufig reaktiven Kommunikation im Arbeitsrecht führen. Ansätze einer aktiven Kommunikation wurden vor allem innerhalb von eher administrativen Aufgabenstellungen, wie etwa dem Bereich der Lohn- und Gehaltsabrechnung oder in steuerrechtlichen Zusammenhängen, deutlich.

Ein systematischer, vorausschauender *Umgang mit Informationen* zeigte sich in den befragten Unternehmen nur vereinzelt oder in Teilbereichen. Trotz der, insgesamt betrachtet, positiven Bewertung des Arbeitsrechts war bei vielen Personalleitern ein nur geringes Interesse an einer aktiven, vorausschauenden Informationsaufnahme im Zusammenhang mit der Änderung arbeitsrechtlicher Vorschriften ersichtlich.

Als Ergebnis überraschte zudem, dass eine *abteilungsübergreifende Kommunikation* in der Personalarbeit aus den Interviews nur selten deutlich wurde, was jedoch oftmals fehlenden Ressourcen geschuldet sein kann. Als Kommunikationsmedien werden von den KMU am häufigsten *Aushänge* genutzt, während im Zusammenhang mit individuellen Problemstellungen, wie etwa arbeitsvertraglichen Änderungen, erwartungsgemäß direkte Face-to-Face-Gespräche im Mittelpunkt stehen.

Hinsichtlich der Gestaltung der Kommunikationsverläufe und -kultur zeigte sich bei der Auswertung bei einem größeren Teil der Unternehmen eine latente bis deutliche *Top-down-Orientierung* in der Kommunikation.

Typische In-between-Prozesse zum Austausch arbeitsrechtlich relevanter Informationen waren dagegen nur selten ersichtlich. Als wichtige Rahmenbedingung auf die Entwicklung der Kommunikationsverläufe und ihrer Grenzen nehmen dabei – aus nachvollziehbaren Gründen – die jeweiligen Organisationsstrukturen Einfluss.

Darüber hinaus stellen die oftmals deutlich gewordene Prägung des Unternehmens durch den Inhaber sowie die besondere soziale Nähe und geringer ausgeprägte Strukturen mögliche *Filter* einer erfolgreichen Internen Kommunikation in der Personalarbeit dar. Dabei zeigte sich, dass neben den etwa von *Huck* (2005) vermuteten, hauptsächlich organisatorischen Zusammenhängen in den befragten KMU, gerade auch *mentalitätsbezogene Aspekte* einen deutlichen Einfluss auf die Gestaltung der Internen Kommunikation nehmen. Das in diesem Zusammenhang häufig festzustellende, eher *administrative Kommunikationsverständnis* der verantwortlichen Akteure erschwert dabei eine gezielte Kommunikation, etwa im Zusammenhand mit arbeitsrechtlichen Chancen und Risiken für die Unternehmen und damit eine systematische und erfolgreiche Interne Kommunikation.

Nach Abschluss der empirischen Untersuchung ist dann schließlich das zuvor entwickelte *Untersuchungsmodell empirisch auf seine Eignung hin überprüft* worden, wobei deutlich wurde, dass die verschiedenen, aufgezeigten Filter in den Kommunikationsprozessen ebenso wie ein Rücklauf gesammelter Erfahrungen lediglich modelltypisch dargestellt werden konnten. Die Begleitung und Unterlagerung der abgebildeten Arbeits- und Wahrnehmungsprozesse durch Kommunikation erwiesen sich zudem als gegenüber der Praxis zu *idealtypisch*, da hierzu empirisch nur wenige gezielte Ansatzpunkte erkennbar waren.

Im Rahmen dieser Untersuchung sind vor allem zwei Aspekte deutlich geworden: Zum einen bieten sich angesichts der zu erkennenden Defizite in der Internen Kommunikation in der Personalarbeit nun insgesamt interessante und vielversprechende Verbesserungsansätze. Zum anderen legen die Ergebnisse – gerade auch angesichts der hohen Akzeptanz und Wertschätzung des Arbeitsrechts unter den Personalleitern –, bezogen auf das Arbeitsrecht, den Schluss nahe, dass *Verbesserungsbedarfe weit weniger im Bereich des Arbeitsrechts selbst* als vielmehr im Hinblick auf die Auseinandersetzung mit diesem in den Betrieben bestehen.

Vor dem Hintergrund entsprechender, in dieser Arbeit aufgezeigter Chancen und Funktionen erscheint dabei gerade eine gezielte Interne Kommunikation hilfreich und insbesondere für kleine und mittlere Unternehmen besonderes geeignet, zu einem besseren Umgang mit den Vorschriften beizutragen und dadurch eine verbreitete Unsicherheit sowie vermeidbaren Aufwand zu reduzieren. Mögliche Anstrengungen, die hierfür zu unternehmen sind, kommen dabei nicht nur einer verbesserten Arbeitsrechtspraxis selbst zugute, sondern tragen, entsprechend umgesetzt, *auch in anderen betrieblichen Funktionsbereichen* zu besseren Prozessen und Ergebnissen bei. Entsprechende Implikationen hierfür werden im nachfolgenden Abschnitt zusammengefasst vorgestellt.

5.2 Implikationen zur Internen Kommunikation in KMU

Die Ergebnisse der Untersuchung zeigen, dass sowohl innerhalb der Arbeitsrechtspraxis der KMU als auch ihrer Internen Kommunikation insgesamt ein teils *deutliches Optimierungspotenzial* besteht. Wenn auch in KMU oftmals, unter anderem aufgrund der geringeren Ressourcenausstattung, weder entsprechende Kommunikationsabteilungen noch geeignete Strukturen vorzufinden sind, so ergeben sich dennoch aus den dargestellten theoretischen Zusammenhängen sowie den Aussagen der betrieblichen Praktiker zahlreiche *Hinweise auf eine bessere Gestaltbarkeit der Internen Kommunikation*, mit deren Hilfe schließlich auch ein besserer Umgang mit arbeitsrechtlichen Vorschriften erreicht werden kann. Einige Implikationen hierzu sind bereits deutlich geworden.

Darüber hinaus sollen nun weitere, für zentral erachtete, Implikationen vorgestellt werden. Innerhalb des dieser Arbeit zugrunde liegenden Beispieles der Arbeitsrechtsrechtspraxis geht es dabei weniger um das Erreichen einer sonst häufig mit der Internen Kommunikation verfolgten und möglichen besseren Beteiligung und Integration der Beschäftigten, sondern in erster Linie um die *Optimierung kommunikationsgetragener Unternehmensprozesse* zwischen Inhaber, Personalleitung, Abteilungen und, situationsbezogen, einzelnen Mitarbeitern.

Aufgrund der deutlich gewordenen, großen Heterogenität der verschiedenen KMU und den damit einhergehenden, verschiedenen individuellen Grundlagen und Problemstellungen gilt es an dieser Stelle weniger, individuelle Gestaltungsempfehlungen zu geben, als vielmehr die *Aufmerksamkeit auf die identifizierten, generellen Prozesse und Gestaltungsfelder einer Internen Kommunikation* in der Arbeitsrechtspraxis von KMU zu lenken und Ansatzpunkte für Verbesserungen aufzuzeigen. Dazu werden *zunächst generelle, für alle Unternehmensgrößen relevante Implikationen* dargestellt und im Anschluss, unternehmensgrößenspezifisch, differenzierte Ansätze für mittlere, Kleinst- sowie Kleinunternehmen angeboten.

Aus der Auswertung der Schilderungen der betrieblichen Praktiker ist insgesamt wenig gezielte oder insbesondere systematische Kommunikation in der Arbeitsrechtspraxis deutlich geworden. Vielmehr zeigte sich oftmals, gerade auch in Verbindung mit einer verbreiteten Dominanz des Inhabers, eine eindeutige Top-down-Ausrichtung der Kommunikation sowie ein häufig administrativer Informationsumgang. Dabei ist eine in vielen Betrieben zu verzeichnende Meidung einer inhaltlichen Auseinandersetzung deutlich geworden. Dennoch erscheint eine vorausschauende Auseinandersetzung mit arbeitsrechtlichen Gestaltungsmöglichkeiten und

Rahmenbedingungen sinnvoll, um im Rahmen eines systematischen Vorgehens deutlich gewordene, psychologisch und strukturell basierte Probleme zu reduzieren.

Generelle Implikationen:

Die deutlich gewordenen Handlungsfelder zur Optimierung einer Internen Kommunikation lassen sich im Wesentlichen in zwei übergeordnete Bereiche zusammenfassen: Von erheblicher Bedeutung für eine erfolgreiche Interne Kommunikation sind zum einen die individuelle *Unternehmenskultur* sowie die damit verbundene Mentalität der Beteiligten. Zum anderen zeigen sich weitere, Erfolg versprechende Ansatzpunkte innerhalb von *organisatorischen* Zusammenhängen.

Unternehmenskultur/Kommunikationskultur:

Die vorliegende Untersuchung hat verdeutlicht, dass, bezogen auf eine erfolgreiche Interne Kommunikation von KMU, weit *weniger Fragen dabei zu nutzender Instrumente* entscheidend sind, als vielmehr eine entsprechende *Erkenntnis und Bereitschaft der Beteiligten* zu einer, auch innerhalb der KMU, professionellen und bewussten Gestaltung der Kommunikation selbst, soll dieses Instrument erfolgreich und effizient genutzt werden.

Aufgrund des Umstandes, dass in KMU oftmals die betrieblichen Entscheidungen direkt vom Inhaber selbst getroffen werden, kann sich dabei deren Dominanz erschwerend auswirken. Möglich sind hier Interessenkonflikte, sich aufgrund der oftmals deutlich gewordenen Abwehr und Fehlannahmen gegenüber dem Arbeitsrecht systematisch mit arbeitsrechtlichen Themen zu befassen und andere betriebliche Akteure im Rahmen von Kommunikation hierein einzubeziehen.

Mit Blick auf die erforderliche Initiierung und Förderung der Internen Kommunikation stellt sich in diesem Zusammenhang ein weiteres, mögliches *Grundproblem*: Da in KMU oftmals insgesamt nur wenige Hierarchieebenen vorhanden sind, existiert häufig *keine entsprechende Instanz jenseits der Unternehmensleitung*, die alle Beteiligten zur kommunikativen Zusammenarbeit und Gestaltung dafür erforderlicher Prozesse motivieren oder Fortschritte steuern und überwachen kann. Aus diesem Grunde erscheint ein höheres Maß an Selbstmotivation vor allem des Inhabers erforderlich, um die entsprechenden Prozesse zu initiieren und zu verfolgen. Darauf weist in diesem Zusammenhang etwa auch *Schick* hin, der betont, dass es sich bei der Kommunikation generell um eine Führungsaufgabe handelt (2005: 133ff.).

Damit sollten eine erstmalige Planung und Veränderung der Internen Kommunikation *nicht alleine auf die Arbeitsrechtspraxis ausgerichtet* werden; erforderlich sind vielmehr eine *gezielte Entwicklung einer entsprechenden Kommunikationskultur* und eines *Kommunikationsverständnisses* insgesamt.[120] So ist vor dem Hintergrund der erarbeiteten Erkenntnisse anzunehmen, dass eine etwa versuchsweise Veränderung innerhalb der Arbeitsrechtspraxis zum einen aufgrund der deutlich gewordenen, teilweisen Wertgeladenheit des Themas eine erfolgreiche Implementierung von Veränderungen in der Kommunikationskultur erschweren könnte; zum anderen dürfte ein *umfassenderer Ansatz*, der gezielt auch die Kommunikation in anderen betrieblichen sowie übergeordneten Funktionsbereichen umfasst, zu mehr Akzeptanz und damit auch Erfolgen der Kommunikation in der Arbeitsrechtspraxis führen. Dabei sollte Kommunikation zunehmend als wertschöpfungsrelevante und zu gestaltende Ressource angesehen und behandelt werden. Hilfreich erscheinen hierbei eine gezielte Förderung von *Kreativität* und Innovationsbereitschaft sowie eine

---

[120] Die hierbei zu beachtenden Rahmenbedingungen beschreibt *Schick* (2005: 10ff.).

gezielte *Teamorientierung* mit dem Ziel, eine für die jeweiligen Betriebe geeignete Kommunikationskultur zu unterstützen.

Neben diesen überwiegend „weichen" Faktoren verdeutlichen die Ergebnisse in einem zweiten Bereich ein teils deutliches Verbesserungspotenzial innerhalb *organisatorischer Zusammenhänge*. So sollte die Interne Kommunikation aus zunächst *prozessbezogener Perspektive* aktiv und vorausschauend gestaltet werden. Zentrale Ansatzpunkte bieten sich hierbei für KMU vor allem innerhalb ihres jeweiligen *Umganges mit Informationen*.

Informationsverhalten:

Deutlich geworden ist, dass gerade in KMU oftmals sowohl eine Verunsicherung hinsichtlich relevanter, arbeitsrechtlicher Informationen als auch ein überwiegend administratives Informationsverhalten zu verzeichnen sind. Ein *aktiver Informationsumgang*, der sich nicht darauf beschränkt, eingehende Informationen abzulegen, sondern systematisch alle organisationsrelevanten Inhalte für die verschiedenen internen Stakeholder, wie etwa Personalsachbearbeiter, Akteure anderer Fachabteilungen sowie Beschäftigte, erfasst, aufbereitet und über geeignete Kanäle verbreitet, ermöglicht gewisser Maßen die „Spreu vom Weizen" der Informationen zu trennen und zu einem entsprechend reflektierenden Umgang mit dem Arbeitsrecht zu finden.

Zeitpunkte:

KMU sollten sich nicht darauf beschränken, sich lediglich anlassbezogen, etwa bei ihrem Anwalt oder Verbänden, zu informieren. So erscheint ein weitgehendes Delegieren der Informationssuche gerade daher problematisch, da auf diese Weise lediglich Problemstellungen geklärt werden können, die dem nachfragenden Unternehmen schon bekannt sind. Dabei erscheint fraglich, ob von den beratenden Stellen darüber hinaus weitere, etwa arbeitsrechtliche, Möglichkeiten eröffnet werden können, die unter Umständen weiterführende betriebswirtschaftliche Kenntnisse erfordern, die in den einzelnen Kanzleien nicht unbedingt vorhanden sein dürften.

Dennoch erscheint die Nutzung externer Informationsquellen unverzichtbar, um – idealer Weise über *verschiedene Informationsquellen* – jeweils aktuellen, fachlichen Input erhalten zu können. Es muss jedoch sichergestellt werden, dass die externen Informationen in den Betrieben über entsprechende (Kommunikations-) Strukturen aufgegriffen, sondiert und umgesetzt werden. Zur Herangehensweise an eine entsprechende Gestaltung der Internen Kommunikation bietet sich hier vor allem das von *Bruhn* benannte Vorgehen an (vgl. jeweils Bruhn 1995: 173f.; Bruhn 2005: 161f.):

Aufbauend auf dem geschilderten Kommunikationsbewusstsein der verantwortlichen Akteure, sollte die Interne Kommunikation im Unternehmen *organisatorisch verankert* werden, um zu gewährleisten, dass diese *fortlaufend sichergestellt* ist; dieses gilt insbesondere vor dem Hintergrund der empirischen Erkenntnisse, dass in einigen Unternehmen keinerlei Vertretungsmöglichkeiten durch arbeitsrechtlich sachkundige Akteure bestehen und systematisch gestaltet werden können.

Wichtig sind dabei die *Festlegung von Verantwortlichkeiten* für eine entsprechende Planung sowie Umsetzung der Internen Kommunikation in sämtlichen, relevanten Unternehmensbereichen. Hilfreich erscheint dazu die Benennung eines *Verantwortlichen für die Interne Kommunikation* mit entsprechend klar geregelten *Zuständigkeiten* sowie, erforderlichenfalls, *Weisungsbefugnissen* für die Kommunikationsmaßnahmen des Unternehmens. Die entsprechende Funktion kann etwa in der Personalabteilung angesiedelt werden, da diese ohnehin eine Schnittstelle im Unternehmen bildet, oder aber einer anderen Abteilung zugeordnet werden. Wichtig ist, dass durch die jeweiligen Verantwortlichkeiten und Strukturen die innerbetrieblichen Abstimmungsprozesse zwischen den Beteiligten unterschiedlicher organisatorischer Ebenen und Stellen, wie etwa der Personalabteilung und Fachabteilungen sowie etwa Außendienstmitarbeitern, erleichtert werden. Ebenfalls kann dadurch eine höhere Verbindlichkeit der Kommunikationsmaßnahmen zwischen allen Beteiligten gewährleistet werden, so dass insgesamt effizientere Prozesse in der Kommunikation und damit der Entwicklung der KMU erzielt werden können.

Mit Blick auf eine mögliche Inhaberdominanz sollten *Regeln für kommunikationsbezogene Konfliktfälle* aufgestellt werden, die ressourcen- oder und machtbedingte Auseinandersetzungen abmildern können.

In der Literatur wird im Zusammenhang mit dem Erreichen einer optimalen internen Kommunikation oftmals eine gezielte *Förderung informeller Kommunikation empfohlen* (vgl. etwa Koch 2004: 268). Da, angesichts der in dieser Untersuchung deutlich gewordenen, oftmaligen Dominanz von Gerüchten in der Arbeitsrechtspraxis, hierin ein Risikopotenzial besteht, das mit Hilfe einer gezielten Internen Kommunikation gerade minimiert werden soll, erscheint in diesem Bereich ein entsprechend vorsichtiges Vorgehen angebracht. Da eine informelle Kommunikation in Unternehmen nicht insgesamt verhindert werden kann, gilt es hier, diese entsprechend zu rahmen, etwa, indem gezielt Gelegenheiten zur Kommunikation und zum Austausch geschaffen werden.[121]

---

[121] Zur Wirkung und Steuerung von Gerüchten im Zusammenhang mit Kommunikationsdefiziten vgl. *Schick* (2005: 164ff.).

Instrumente:

Innerhalb der in der Internen Kommunikation zu nutzenden Instrumente ist eine systematische Auswahl, abgestimmt auf die jeweiligen Kommunikationszielgruppen und -inhalte, von Vorteil (vgl. hierzu auch Koch 2004: 250f.). Dabei ist zu beachten, dass es insgesamt keine „besseren" oder „schlechteren" Instrumente gibt, sondern diese je nach Eignung und Anforderungen entsprechend einzusetzen sind (vgl. auch Oelert 2003: 253).

Hilfreich erscheint zudem dabei, die jeweiligen Instrumente den jeweiligen Beteiligten nicht zu „verordnen", um mögliche *Akzeptanzprobleme und damit eine Belastung für das Tagesgeschäft zu vermeiden.* Im Zuge der Planung und Vorbereitung einer künftigen, systematischen Internen Kommunikation sollten dazu für jeweils verschiedene Akteure und Inhalte geeignete Instrumente vorausgeplant und vorbereitet werden, so dass im Bedarfsfalle gezielt das jeweils optimal geeignete Instrument ausgewählt werden kann.

Ein Instrument, das innerhalb der untersuchten KMU zwar nur vereinzelt eingesetzt wird, das aufgrund der Schilderungen der Praktiker jedoch gerade auch für eine Nutzung in KMU aus mehreren Gründen als besonderes effizient erscheint, sind *Netzwerke.* So können gerade individuell ausgerichtete Netzwerke zum einen als gezielte Informationsquelle unternehmensextern genutzt werden und die entsprechenden Erkenntnisse zum anderen in ein internes Netzwerk integriert werden. Dabei können jeweils völlig unterschiedliche Inhalte thematisiert und Problemstellungen geklärt werden, zu denen im Netzwerk jeweils entsprechende Kompetenzen vorhanden sind.

Die besondere Eignung dieses Instrumentes bestünde dabei zum einen in einem geringen Ressourcenbedarf, zum anderen erscheint ein jeweiliger Austausch „auf Augenhöhe" der jeweiligen Mitglieder auch motivational vielversprechend. Um dabei weitere Unschärfen und eine nahe liegende Beeinflussung durch Argumente oder Berichte von eher anekdotischer Evidenz innerhalb des Netzwerkes zu vermeiden, ist jedoch eine gezielte Integration von Fachkenntnissen notwendig. Die Möglichkeit zur Nutzung rein unternehmens*interner* Netzwerke beschreibt *Schick* und betont dabei, dass gerade informelle Netzwerke in einer sich wandelnden Unternehmensentwicklung oftmals den einzigen stabilen Faktor darstellen (2005: 160). Bei der Betrachtung der Kommunikationsnetzwerke üben jedoch, wie in Kapitel 2.2.4.2 beschrieben, verschiedene Akteure jeweils unterschiedliche, bedeutsame *Kommunikationsrollen* aus, deren Einfluss beachtet werden muss (vgl. auch Rogers/Agarwala-Rogers 1976: 132ff.), um die Entwicklung der Kommunikation sowie die fachliche Qualität der Kommunikationsinhalte sicherzustellen.

Aber auch schriftliche Instrumente sollten zur Internen Kommunikation in der Arbeitsrechtspraxis genutzt werden. Aus der Untersuchung wurde deutlich, dass die verschiedenen *Newsletter*, welche in den KMU als Informationsquelle dienen, nur zum Teil auf aktuelle oder wichtig erscheinende Inhalte hin überprüft, überwiegend jedoch zunächst abgelegt und archiviert werden. Hier empfehlen sich weitergehend eine regelmäßige Analyse und Dokumentation der Inhalte, idealer Weise in Zusammenarbeit mehrerer Akteure. Die jeweiligen Informationen sollten dann für die Personalarbeit aufbereitet zur Verfügung stehen und können auf diese Weise ermöglichen, dass relevante Entwicklungen und arbeitsrechtliche Chancen im Bedarfsfalle direkt in andere Abteilungen eingespeist und somit in Planungen einbezogen werden.

Für die Verbreitung sowie zur Verfügungstellung bereits dokumentierter Informationen bieten sich wiederum *Intranet-Lösungen* an (vgl. Schick 2005: 161; Mast 2002: 192; Hoffmann 2001), die gegebenenfalls in Zusammenarbeit mit entsprechenden Dienstleistern seit längerem mit vertretbarem Aufwand geplant und umgesetzt werden können.

Entsprechende, *nonverbale Medien* können alleine jedoch die Interne Kommunikation nicht gewährleisten. Bei deren konkreter Gestaltung sollte gerade von KMU vielmehr ein besonderer Fokus auf *Instrumente mit einer höheren Dialogfunktion*, wie etwa persönliche Gespräche, Abteilungs- sowie Teambesprechungen gelegt werden. Gerade im Falle komplexer oder erklärungsbedürftiger Inhalte weist eine dialogorientierte Kommunikation eine besonders hohe Informationswirkung auf und genießt dabei gegenüber Mitarbeitern eine außergewöhnlich hohe Glaubwürdigkeit. Sie bildet eine *Voraussetzung für anzustrebende Einstellungs- und Verhaltensänderungen* (vgl. auch Koch 2004: 258) und scheint daher besonders für eine Nutzung in stärker subjektiv geprägten Anwendungsbereichen geeignet.

Im Rahmen der Arbeitsrechtspraxis können mit Hilfe *persönlicher Gespräche* etwa gezielt Bedarfe und Anforderungen zwischen Akteuren verschiedener Funktionsbereiche abgestimmt werden. Dabei kann dann jeweils auf systematisch erarbeitete, arbeitsrechtsbezogene Informationen zurückgegriffen werden. Durch die persönliche Ausrichtung dieser Face-to-Face-Kontakte können mögliche Missverständnisse auf direktem Wege ausgeräumt werden. So weist etwa auch *Schick* darauf hin, dass gerade persönliche Gespräche mit dem Betriebsrat besonders geeignet sind, mögliche Gerüchte rechtzeitig aufzuklären oder Kompromisse auszuhandeln (2005: 172).

Darüber hinaus besteht die Möglichkeit, im Rahmen von *Abteilungsbesprechungen* die individuelle Entwicklung betrieblicher Rahmenbedingungen und arbeitsrechtlich relevante Sachverhalte sowohl jeweils als solche zu besprechen als auch miteinander in Zusammenhang zu bringen. Hierbei kann insbesondere die Personalabteilung selbst ihren abteilungsinternen Umgang mit dem Arbeitsrecht sowie die sich daraus ergebenden Anforderungen abstimmen und dazu die entsprechenden Informationen aufbereiten. Die Untersuchung hat gezeigt, dass nur wenige KMU überhaupt über eine entsprechende Personalabteilung verfügen. In diesem Falle kann versucht werden, einen entsprechenden Austausch über andere Abteilungen zu kompensieren. Weiterhin können KMU im Rahmen spezieller, arbeitsrechtlicher *Workshops* sowohl abteilungsintern als auch -übergreifend aktuelle, arbeitsrechtliche Informationen aufnehmen oder an relevante interne Akteure vermitteln.

Prozesse:

Bei der Gestaltung arbeitsrechtsrelevanter Kommunikationsflüsse sollte versucht werden, die typische Top-down-Kommunikation auf ein notwendiges Maß zu beschränken und darüber hinaus *gezielt In-between-Prozesse* in der Kommunikation zu fördern, um relevantes Wissen optimal zu verbreiten und insbesondere auch das außerhalb von Leitungspositionen vorhandene Detailwissen zugänglich zu machen. Möglich wird dadurch zudem auch eine *Aufnahme wichtigen impliziten oder personengebundenen Wissens*. Die Förderung der In-between-Kommunikation erscheint dabei gerade auch vor dem Hintergrund des bereits im Jahre 2001 novellierten Betriebsverfassungsgesetzes sinnvoll, das im Rahmen der betrieblichen Mitbestimmung eine klare und umfassende Kommunikation vorschreibt (vgl. auch Oelert 2003: 250f.). Die entsprechenden Kommunikationsbeziehungen sind nachfolgend noch einmal zusammengefasst dargestellt (vgl. Abbildung 10):

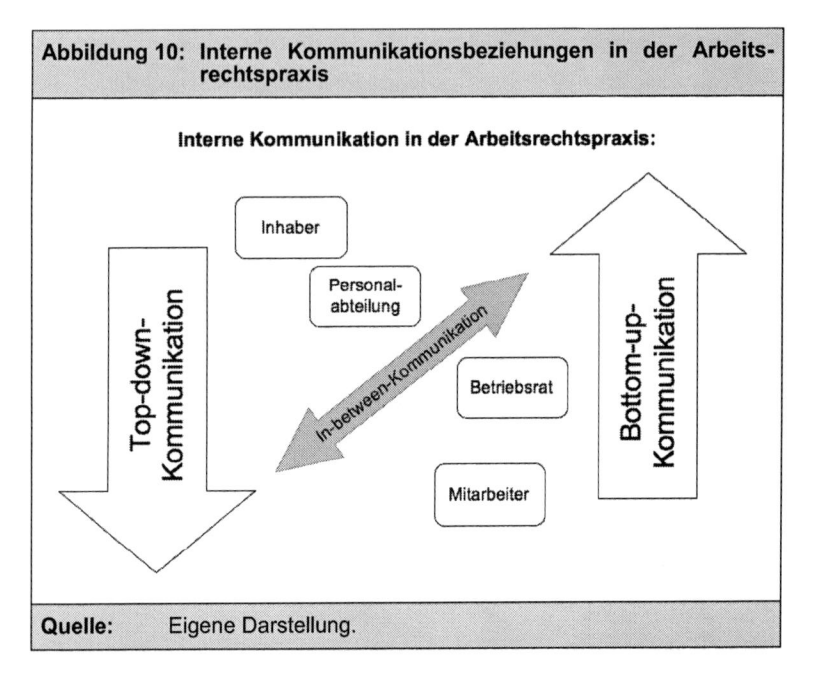

Abbildung 10: Interne Kommunikationsbeziehungen in der Arbeitsrechtspraxis

Interne Kommunikation in der Arbeitsrechtspraxis:

- Top-down-Kommunikation
- Bottom-up-Kommunikation
- In-between-Kommunikation
- Inhaber
- Personalabteilung
- Betriebsrat
- Mitarbeiter

Quelle: Eigene Darstellung.

Mit dem Ziel einer *bestmöglichen Integration der Kommunikation in die Unternehmensprozesse,* gerade auch der KMU, sollten – soweit sinnvoll – gerade auch Mitarbeiter einbezogen werden. Dabei erscheint es vielversprechend, gezielt individuelle Bedarfe, Wünsche und Anforderungen von Unternehmensleitung, Abteilungen und Mitarbeitern miteinander abzuklären und – soweit möglich – in Einklang zu bringen.[122] So weist etwa auch *Mahlmann* darauf hin, dass gerade mit Hilfe einer gezielten Kommunikation verbreitete *Verständnisprobleme* zwischen Personal- und Fachabteilungen behoben werden können (2007: 40f.). Aus diesem Grunde sollten sich die KMU explizit nicht auf die Pflichtkommunikation, etwa aufgrund der Vorgaben des Betriebsverfassungsgesetzes, be-

---

[122] Zu Gestaltungsmöglichkeiten der Mitarbeiterkommunikation vgl. *Bruhn* (2005: 1204ff.).

schränken, sondern vielmehr gezielt Kommunikation zum unternehmerischen Steuerungsinstrument machen.

Neben der geschilderten, organisatorischen Gestaltung der Internen Kommunikation ist schließlich, gerade auch mit Blick auf die Akzeptanz der Internen Kommunikation durch alle Beteiligten, eine *regelmäßige Kontrolle der Kommunikation*[123] und ihrer Zielerreichung notwendig, um etwaige Fehlentwicklungen rechtzeitig erkennen, ausgleichen oder Maßnahmen und Instrumente bei Bedarf anpassen zu können (vgl. auch Schick 2005: 19ff.).

Im Hinblick auf diese Implikationen wird insgesamt deutlich, dass eine optimale, Interne Kommunikation eine *weitgehende Offenheit* erfordert. Unabhängig davon, soll an dieser Stelle jedoch nicht übersehen werden, dass gerade im hier betrachteten Bereich des Arbeitsrechts bestimmte strategische Überlegungen einer offenen und umfassenden Kommunikation, insbesondere gegenüber Beschäftigten, entgegenstehen und so *gewisse Grenzen* setzen können. Entsprechende Bereiche dürften dabei jedoch eher die Ausnahme bilden. Diese Erkenntnis und mögliche Differenzierbarkeit erscheinen dabei für die jeweiligen Unternehmensleitungen wichtig, um entsprechende Vorbehalte gegenüber der Internen Kommunikation gezielt vermeiden zu können.

Nachfolgend werden die in dieser Untersuchung deutlich gewordenen Einflussfaktoren auf die Interne Kommunikation sowie ihre Anlässe am Beispiel der Arbeitsrechtspraxis in einem Überblick zusammengefasst (vgl. Abbildung 11):

---

[123] Geeignete Ansatzpunkte und Instrumente hierfür beschreibt etwa *Bruhn* (1995: 239ff.).

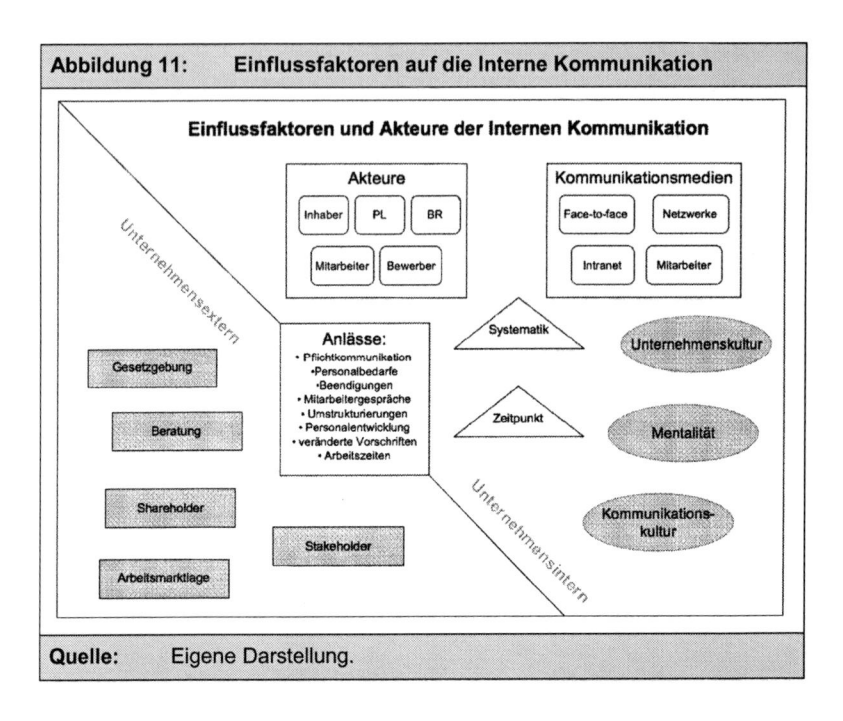

Abbildung 11: Einflussfaktoren auf die Interne Kommunikation

Einflussfaktoren und Akteure der Internen Kommunikation

Akteure: Inhaber, PL, BR, Mitarbeiter, Bewerber

Kommunikationsmedien: Face-to-face, Netzwerke, Intranet, Mitarbeiter

Unternehmensextern: Gesetzgebung, Beratung, Shareholder, Stakeholder, Arbeitsmarktlage

Anlässe:
- Pflichtkommunikation
- Personalbedarfe
- Beendigungen
- Mitarbeitergespräche
- Umstrukturierungen
- Personalentwicklung
- veränderte Vorschriften
- Arbeitszeiten

Systematik, Zeitpunkt

Unternehmensintern: Unternehmenskultur, Mentalität, Kommunikationskultur

Quelle: Eigene Darstellung.

Die hier vorgestellten Implikationen bieten sich, in einem zum Teil unterschiedlichem Ausmaß, für alle KMU an.[124] Die Untersuchung hat jedoch auch deutlich werden lassen, dass zwischen den verschiedenen Größen der KMU, vereinzelt zudem auch innerhalb einer jeweiligen Kategorie, durchaus erhebliche Unterschiede vor allem hinsichtlich vorhandener Ressourcen bestehen. Da diese unterschiedlichen Voraussetzungen in einem gewissen Umfang auch Möglichkeiten zur Gestaltung der Internen Kommunikation determinieren, sollen nachfolgend noch einige größendifferenzierte Aspekte angesprochen beziehungsweise herausgestellt werden.

---

[124] Darüber hinaus bestehen wiederum in *Großunternehmen* viel versprechende, weiterführende Möglichkeiten, die hier dargestellten Ansätze zur Internen Kommunikation aufzugreifen und – vor dem Hintergrund besserer Ressourcen – weiterzuentwickeln.

Implikationen für Mittelbetriebe:

Mittelgroße Unternehmen, die in der vorliegenden Untersuchung, auswahlbedingt, einen gegenüber Kleinst- und Kleinunternehmen kleineren Teil der Stichprobe bildeten, verfügen über eine oftmals bessere Ressourcenausstattung und ausgeprägtere Strukturen, so dass von ihnen leichter auch komplexere und strukturabhängige Lösungen umgesetzt werden können. Hier ist davon auszugehen, dass das jeweilige Potenzial parallel mit der zunehmenden Unternehmensgröße wächst – dieses gilt sowohl hinsichtlich der Anzahl dabei zu beteiligender Akteure und Institutionen als auch der umsetzbaren Instrumente.

Auch in Mittelunternehmen stellt ein entsprechendes *Kommunikationsbewusstsein* die grundlegende Voraussetzung für eine erfolgreiche Interne Kommunikation dar. Möglich erscheint zum einen, dass sich eine entsprechende Kommunikationskultur über das Bewusstsein für die Größe des Unternehmens leichter herausbilden kann als etwa in einem unter anderen Bedingungen arbeitenden Kleinstunternehmen. Zum anderen dürfte wiederum die höhere Anzahl der auf diese Kultur einwirkenden und an der Kommunikation zu beteiligenden Akteure komplexere Lösungen erfordern.

Aufgrund der, verglichen mit Kleinunternehmen, höheren Organisationskomplexität erfordert eine erfolgreiche Internen Kommunikation in Mittelunternehmen die *Definition klarer Zuständigkeiten*. So weist etwa auch *Bruhn* darauf hin, dass insbesondere eine integrierte Kommunikationsarbeit ab einer gewissen Unternehmensgröße nicht mehr dezentral durch die verschiedenen Mitarbeiter einzelner Abteilungen geleistet werden kann. Um eine effiziente Koordination und Kontrolle der verschiedenen, internen Kommunikationsaktivitäten zu erreichen, bietet sich vor allem in Mittelunternehmen die Implementierung eines *Kommunikationsmanagers* an. Dieser kann dort neben der Wahrnehmung von Planung und Kontrolle gezielt Maßnahmen der Internen und Integrierten Kommunikation initiieren, Beteiligte beraten sowie das Informationsmanagement sicherstellen sowie schließlich kommunikationsbezogene Entscheidungen treffen und durchsetzen (vgl. Bruhn 2005: 180f.). Den allgemein hohen Einfluss, den wiederum *Führungskräfte* im Rahmen ihrer Kommunikation auf die Beschäftigten des Unternehmens ausüben, betont *Schick* (2005: 133). Hier erscheint gerade angesichts der für die Beschäftigten hohen Bedeutung des Arbeitsrechts ein entsprechend verantwortungsvolles Vorgehen besonderes wichtig.

Implikationen für Klein- und Kleinstbetriebe:

Eine erhebliche Bedeutung kommt gerade in Klein- und Kleinstbetrieben zunächst der Entwicklung eines gezielten *Kommunikationsbewusstseins* zu, um die wenigen, aber zentralen Akteure in den Unternehmen hinsichtlich der Bedeutung der Internen Kommunikation zu sensibilisieren. Dieses dürfte sich vor dem Hintergrund der hier deutlich gewordenen Dominanz der Inhaber nicht immer problemlos gestalten lassen. Gerade in kleinen inhabergeführten Betrieben kann das Problem bestehen, dass keine weitere Instanz auf die Entwicklung und Optimierung der Internen Kommunikation einwirkt. So kann etwa sowohl die Eigentümerschaft, Unternehmens- und Personalleitung sowie die Verantwortung für die Kommunikationsgestaltung beim jeweiligen Inhaber liegen, was nicht nur vor dem Hintergrund möglicher, damit verbundener Interessenkonflikte gerade hier eine besondere Bereitschaft und Selbstreflektion des Inhabers erfordert.

Die ebenfalls deutlich gewordene, geringere Präsenz sowohl einer systematisch geplanten Kommunikation als auch des Arbeitsrechts insgesamt scheint insbesondere in Kleinstunternehmen auf deren Kultur und die dort vorherrschenden Mentalitäten sowie Ressourcenprobleme zurückzuführen zu sein – entsprechende Defizite dürften sich auch in anderen Feldern ähnlich darstellen.

Auch wenn in Klein- und Kleinstunternehmen insgesamt weniger Ressourcen und institutionelle Akteure vorhanden sind, mit denen die Interne Kommunikation zu gestalten ist, bietet es sich auch hier an, im Rahmen der gegebenen Ressourcen den Umgang mit arbeitsrechtlichen Informationen systematischer zu gestalten und diese nicht lediglich zu verwalten. Hier kann etwa die Assistenz des Inhabers idealer Weise verschiedene Informationsquellen auf Grundlage eines gemeinsam entwickelten *Relevanzrasters* vorstrukturieren und entsprechend zugänglich machen. Über eine notwendige, gezielte Auseinandersetzung mit arbeitsrechtlichen Anforderungen und personalwirtschaftlichen Optionen können der Inhaber beziehungsweise die Personalleitung gezielt Handlungsmöglichkeiten identifizieren, welche die betriebliche Flexibilität erhöhen sowie eigene Fehlannahmen reduzieren.

Der zentrale Schlüssel hierfür sowie für eine erfolgreiche Interne Kommunikation insgesamt besteht vor dem Hintergrund der hier vorgestellten Erkenntnisse gerade bei Kleinst- und Kleinunternehmen nochmals deutlicher in der *Bereitschaft* der Verantwortlichen, offen und konstruktiv mit den jeweiligen Rahmenbedingungen umzugehen.

Die hier dargestellten Implikationen machen deutlich, dass für eine erfolgreiche Interne Kommunikation von KMU *keine großen Schritte zu gehen* sind, mit denen jedoch vielfältige Vorteile erreicht und Verbesserungen erzielt werden können. Da ein Unternehmen nicht für einen „Startpunkt" der Internen Kommunikation angehalten werden kann, sollte gerade in KMU die Interne Kommunikation über eine iterative Vorgehensweise als schrittweiser Prozess begonnen und entwickelt werden, bei dem es darum gehen muss, gewissermaßen vom „Reden zur Kommunikation" zu finden. Die dazu erforderlichen Anstrengungen zur Implementierung einer gezielten, Internen Kommunikation kommen dabei nicht nur einer systematischeren Arbeitsrechtspraxis zugute, sondern tragen entscheidend dazu bei, sämtliche Unternehmensprozesse und -aufgaben effizienter zu gestalten und oftmals fehlende Ressourcen auszugleichen. Der hierfür erforderliche, offene Umgang mit den Rahmenbedingungen hilft den Unternehmen auch jenseits der Kommunikation bei einer erfolgreichen Gestaltung des Unternehmens und seiner Arbeitsbeziehungen – ebenso, wie auch die dazu erforderlichen Strukturen zur Internen Kommunikation die KMU bei ihrem Wachstum unterstützen.

5.3 Aufzeigen weiteren Forschungsbedarfs

Im Rahmen der vorliegenden Untersuchung sind – am Beispiel der Arbeitsrechtspraxis – *umfassende, neue Erkenntnisse zur Verbreitung und Gestaltung der Internen Kommunikation in KMU* erarbeitet worden. Aufbauend auf diesen Ergebnissen, bieten sich nun weitere, interessante Ausgangspunkte für eine vertiefende Untersuchung des Themenfeldes, die im Laufe der Ausführungen deutlich geworden sind.

So könnte zunächst eine vertiefende, gezielte Befragung zu speziellen, in der Untersuchung aufgezeigten, Zusammenhängen weitere, wichtige Einblicke in die Problemstellung ermöglichen: Zum einen wäre dabei etwa eine *direkte Beurteilung des Instrumentes der Internen Kommunikation und seiner Eignung im Handlungsfeld durch die Praktiker* von Bedeutung. Zum anderen könnte deren *gezielte Befragung zu bestehenden Vorurteilen und deutlich werdenden Fehlannahmen* zum Arbeitsrecht weitere, wichtige Aufschlüsse ermöglichen. Entsprechende gezielte Nachfragen sind bislang aus vor allem didaktischen und strategischen Gründen nicht erfolgt. Vorstellbar wären in diesem Zusammenhang weiterhin eine *Rückkopplung und Diskussion der Ergebnisse* mit den befragten Praktikern oder vergleichbaren Funktionsträgern.

Darüber hinaus könnten im Rahmen *qualitativer Fallstudien* die individuellen Problemlagen sowie Rahmenbedingungen in ausgewählten Unternehmen weitergehend systematisch herausgearbeitet werden. Im Rahmen der vorliegenden, eher explorativ ausgerichteten Untersuchung wurde auf entsprechende Fallstudien zugunsten der angestrebten Erkenntnisse über die jeweiligen Spannweiten in der betrieblichen Praxis der Internen Kommunikation verzichtet.

In diesem Zusammenhang ist weiterhin deutlich geworden, dass sich – insbesondere ausgehend von der großen Spannweite der bei der Gruppe der Mittelunternehmen zugrunde gelegten Beschäftigtenzahl von 50 bis 249 Beschäftigten – die Praxis gerade innerhalb dieser Betriebsgrößenklasse deutlich unterscheiden kann. Hier könnte eine *differenzierende Analyse innerhalb der Gruppe der Mittelunternehmen* auf Basis einer größeren Fallzahl weitergehende, mit Blick auf die Praxis der KMU interessante Ergebnisse ermöglichen.

Darüber hinaus erscheint eine *vergleichende Betrachtung des Untersuchungsgegenstandes in Unternehmen mit mehr als 249 Beschäftigten* aufschlussreich, wenn auch die dortigen Strukturen und Anforderungen nicht direkt vergleichbar sind. Auf diese Weise könnte die Eignung der Internen Kommunikation als Steuerungsinstrument auch für Großunternehmen überprüft und die dabei zu beachtenden, größenspezifischen Anforderungen herausgearbeitet werden. Neben entsprechenden, qualitativen Untersuchungsansätzen könnten zudem schließlich die vorliegenden Ergebnisse im Rahmen einer *quantitativen Untersuchung* auf einer breiteren empirischen Basis überprüft werden.

Literaturverzeichnis

Ajzen, I. (1988): Attitudes, personality, and behavior. Chicago: The Dorsey Press.

Ajzen, I. (1991): The theory of planned behavior. Organizational Behavior and Human Decision Processes. 50 (2). Amsterdam: Elsevier. S. 179ff.

Ajzen, I./Fishbein, M. (1980): Understanding Attitudes and Predicting Social Behavior. New York: Prentice-Hall.

Alewell, D./ Koller, P. (2002): Arbeitsrechtliche Ressourcen und Einschätzungen in Personalabteilungen deutscher Unternehmen. Betriebs-Berater. Heft 19. Frankfurt/Main: Verlag Recht und Wirtschaft. S. 990ff.

Andrzejewski, L. (2004): Trennungskultur. Handbuch für ein professionelles wirtschaftliches und faires Kündigungsmanagement. 2., aktualisierte Auflage. München: Luchterhand.

Aronson, E./ Wilson, T. D./Akert, R. M. (2004): Sozialpsychologie. 4., aktualisierte Auflage. München: Pearson Studium.

Bartscher, T./Mielke, R. (2006): Personalmagazin. Heft 11. Freiburg: Hauffe.

Bea, F. X./Haas, J. (1997): Strategisches Management. 2. Auflage. Stuttgart: Lucius & Lucius.

Behrends, T./ Jochims, T. (2006): Personalstrategien in kleinen und mittleren Unternehmen. In: Martin, A. (Hrsg.): Managementstrategien von kleinen und mittleren Unternehmen. Stand der theoretischen und empirischen Forschung. München/Mering: Hampp. S. 145ff.

Behrends, T./ Martin, A. (2005): Betriebsgrößenunterschiede in der Personalarbeit von Unternehmen. In: Schulte, R. (Hrsg.): Ergebnisse der Mittelstandforschung. Münster: Lit Verlag. S. 151ff.

Bekmeier-Feuerhahn, S./Wickel, S. (2006): Marketing in kleinen und mittelständischen Unternehmen – Entwicklung, Strategie und Ausblick. In: Martin, A. (Hrsg.): Managementstrategien von kleinen und mittelständischen Unternehmen Stand der theoretischen und empirischen Forschung. München/Mering: Hampp. S. 57ff.

Bem, Daryl J. (1974): Meinungen Einstellungen Vorurteile. Eine einführende sozialpsychologische Darstellung. Zürich/Frankfurt/Main: Benzinger/Sauerländer.

Bender, D. (1999): Wanderer zwischen den Welten. Interne Kommunikation bei Zeitarbeitsfirmen. In: Deekeling, E./Fiebig, N. (Hrsg.): Interne Kommunikation: Erfolgsfaktor im corporate change. Wiesbaden: Gabler. S. 165ff.

Berger, U./Bernhard-Mehlich, I. (2002): Die Verhaltenswissenschaftliche Entscheidungstheorie. In: Kieser, A. (Hrsg.): Organisationstheorien. 5. Auflage. Stuttgart: Kohlhammer. S. 133ff.

Berthel, J./Becker, F. G. (2007): Personalmanagement. Grundzüge für Konzeptionen betrieblicher Personalarbeit. Stuttgart: Schaeffer-Poeschel.

Blank, M. (2003) (Hrsg.): Muss der Kündigungsschutz reformiert werden? Frankfurt/Main: Bund-Verlag.

Bogner, A./Littig, B./Menz, W. (2002) (Hrsg.): Das Experteninterview. Theorie, Methode, Anwendung. Opladen: Leske & Budrich.

Bradtke, M. (2005): Methodische Einführung. In: Schramm/Zachert (Hrsg.): Arbeitsrecht – Personalpolitik – Wirklichkeit: Eine empirische Analyse zur betrieblichen Umsetzung von Arbeitsrechtsreformen. Baden-Baden: Nomos. S. 95ff.

Bradtke, M./Fischer, N./Hübner, S./Schramm, F./Zachert, U. (2004): Personalpolitische Wirkungen von Arbeitsrechtsreformen. WSI-Mitteilungen 03/2004. 138ff.

Bradtke, M./Pfarr, H. (2005): Belastet das Arbeitsrecht kleine und mittelgroße Unternehmen?. In: Wirtschaftsdienst. Heft 1/2005. S. 39ff.

Bradtke-Hellthaler, M. (2008): Das Projekt Arbeitsrecht in der betrieblichen Anwendung – methodische Grundlagen und Erläuterungen. In: *Schramm, F./Zachert, U. (Hrsg.):* Arbeitsrecht in der Betrieblichen Anwendung – Mythen und Realität. München/Mering: Hampp. S. 94ff.

Bradtke-Hellthaler, M. (2008a): Einstellungen von Personalleitern gegenüber Arbeitsrecht und wahrgenommener betrieblicher Einfluss. In: *Schramm, F./Zachert, U. (Hrsg.):* Arbeitsrecht in der Betrieblichen Anwendung – Mythen und Realität. München/Mering: Hampp. S. 117ff.

Brandl, J. (2005): Die Legitimität von Personalabteilungen. Eine Rekonstruktion aus Sicht der Unternehmensleitung. München/Mering: Hampp.

Braun, W. (1999): Unternehmenshandbuch Recht. Köln: Wirtschaftsverlag Bachem.

Brehm, J. W. (1972): Responses to loss of freedom. A theory of psychological reactance. Morristown: General Learning Press.

Bruhn, M. (1995): Integrierte Unternehmenskommunikation. 2., überarbeitete und erweiterte Auflage. Stuttgart: Schäffer-Poeschel.

Bruhn, M. (2003): Kommunikationspolitik: systematischer Einsatz der Kommunikation für Unternehmen. 2. völlig überarbeitete Auflage. München: Vahlen.

Bruhn, M. (2005): Unternehmens- und Marketingkommunikation. Handbuch für ein integriertes Kommunikationsmanagement. München: Vahlen.

Bruhn, M. (2006): Integrierte Unternehmens- und Markenkommunikation – Strategische Planung und operative Umsetzung. Stuttgart: Schäffer-Poeschel.

Bundesagentur für Arbeit (2006): Beschäftigtenstatistik. Nürnberg.

Cramme, C. (2005): Informationsverhalten als Determinante organisationaler Entscheidungseffizienz. Schriften Zur Organisation und Information. München/Mering: Hampp.

Daiss, V. (2005): Das Kündigungsschutzgesetz. In: Schramm/Zachert (Hrsg.): Arbeitsrecht – Personalpolitik – Wirklichkeit: Eine empirische Analyse zur Umsetzung von Arbeitsrechtsreformen. Baden-Baden: Nomos.

Däubler, W. (2005): Arbeit und Recht. 1. Frankfurt/Main: AiB Verlag. S. 5.

De Santana, C. (2005): Zusammenarbeit zwischen Betriebsrat und Personalleitung. In: Schramm, F./Zachert, U. (Hrsg.): Arbeitsrecht – Personalpolitik – Wirklichkeit: Eine empirische Analyse zur Umsetzung von Arbeitsrechtsreformen. Baden-Baden: Nomos. S. 363ff.

Deekeling, E./Fiebig, N. (1999) (Hrsg.): Interne Kommunikation: Erfolgsfaktor im corporate change. Wiesbaden: Gabler.

Dibbern-Voss, S. (2005): Arbeitsrecht, Personalmanagement und Betriebsgrößen. In: Schramm/Zachert (Hrsg.): Arbeitsrecht – Personalpolitik – Wirklichkeit: Eine empirische Analyse zur Umsetzung von Arbeitsrechtsreformen. Baden-Baden: Nomos. S. 404ff.

Dieterich, T. (2006): Erfurter Kommentar zum Arbeitsrecht. 6. Auflage. München: Beck.

Duval, S./Wicklund, R. A. (1972): A theory of objective self-awareness. New York: Academic Press.

Eggers, F. (2005): Die Begründung der Besonderheiten kleiner und junger Unternehmen aus ressourcenorientierter Sicht. In: Schulte, R. (Hrsg.): Ergebnisse der Mittelstandforschung. Münster: Lit Verlag. S. 91-105.

Ehmer, S. (2004): Dialog in Organisationen. Praxis Nutzen des Dialogs in der Organisationsentwicklung. Kassel: Verlag UniPress.

Einwiller, S./Klöfer, F./Nies, U. (2006): Mitarbeiterkommunikation. In: Schmid, B. F./Lyczek, B. (Hrsg.): Unternehmenskommunikation – Kommunikationsmanagement aus Sicht der Unternehmensführung. Wiesbaden: Gabler. S. 217ff.

Festinger, L. (1957): A theory of cognitive dissonanz. Evanston/Illinois: Row. Zitiert nach: *Frey, D. (Hrsg.):* Kognitive Theorien der Sozialpsychologie. Bern/Stuttgart/Wien: Verlag Hans Huber.

Fishbein, M./Ajzen, I. (1979): Belief, Attitude, Intention and behavior: An Introduction to Theory an research. Reading/Mass: Addison-Wesley Publishing Company.

Frey, D. (1978) (Hrsg.): Kognitive Theorien der Sozialpsychologie. Bern/ Stuttgart/Wien: Verlag Hans Huber.

Frey, D./Greitemeyer, T./Fischer, P. (2005): Einstellungen. In: Frey, Dieter/von Rosenstiel, Lutz/Hoyos, C. Graf (Hrsg.): Wirtschaftspsychologie. Weinheim/Basel: Beltz Verlag. S. 55f.

Frey, D./von Rosenstiel, L./Hoyos, C. Graf von (2005) (Hrsg.): Wirtschaftspsychologie. Weinheim/Basel: Beltz Verlag.

Fröhlich, E./Pichler, H. J./Pleitner, H. (1997): Größe in der Kleinheit. In: Pichler, H. J./Pleitner, H./Schmidt, K.-H. (Hrsg.): Management in KMU: die Führung von Klein- und Mittelunternehmen. 2., aktualisierte Auflage. Bern/Stuttgart/Wien: Haupt Verlag.

Funke-Welti, J. (2000): Organisationskommunikation: Interpersonelle Kommunikation in Organisationen – eine vergleichende Untersuchung von informalen Kommunikationsstrukturen in fünf industriellen Forschungs- und Entwicklungsbereichen. Hamburg: Verlag Dr. Kovac.

Gebert, D./ Boerner, S. (1998): Zur Widersprüchlichkeit und Instabilität personalpolitischer Handlungsmuster im Betrieb – Managementversagen, Panne oder Weisheit?. In: Martin, Albert/Nienhüser,

Werner (Hrsg.): Personalpolitik. Wissenschaftliche Erklärung der Personalpraxis. München/Mering: Hampp. S. 323ff.

Gläser, J./Laudel, G. (2004): Experteninterviews und qualitative Inhaltsanalyse als Instrumente rekonstruierender Untersuchungen. Wiesbaden: Verlag für Sozialwissenschaften.

Gniech, G./Grabitz, H. J. (1978): Freiheitseinengung und psychologische Reaktanz. In: Frey, D. (Hrsg.): Kognitive Theorien der Sozialpsychologie. Bern/Stuttgart/Wien: Verlag Hans Huber. S. 47ff.

Grabitz-Gniech, G./Gniech, H.J. (1973): Der Einfluss von Freiheitseinengung und Freiheitswiederherstellung auf den Reaktanz-Effekt. Zeitschrift für Sozialpsychologie. 125. Bern: Verlag Hans Huber. S. 361ff.

Heider, F. (1977): Psychologie der interpersonalen Beziehungen. Stuttgart: Klett.

Helfferich, C. (2005): Die Qualität qualitativer Daten. Manual für die Durchführung qualitativer Interviews. 2. Auflage. Wiesbaden: Verlag für Sozialwissenschaften.

Henze, J./Graf, A./Kamel, A./Lindert, K. (2005): Personalführungslehre. Bern/Stuttgart/Wien: Haupt Verlag.

Hoffmann, C. (2001): Das Intranet. Ein Medium der Mitarbeiterkommunikation. Konstanz: UVK Medien.

Höland, A. (2003): „Muss der Kündigungsschutz reformiert werden?" Kündigungspraxis und Kündigungsschutz im deutschen Arbeitsrecht – Überlegungen zur Kritik am Kündigungsschutz. In: Blank, Michael (Hrsg.): Muss der Kündigungsschutz reformiert werden? Frankfurt/Main: Bund-Verlag. S. 23ff.

Holzapfel, R. (1996): System- und subjekttheoretisches Denken in der betriebswirtschaftlichen Personallehre. Dargestellt am Beispiel des betrieblichen Einsatzes von sogenannter „Künstlicher Intelligenz". Aachen: Shaker-Verlag.

Homburg, C./Krohmer, H. (2006): Marketingmanagement. 2. Auflage. Wiesbaden: Gabler.

Hromadka, W. (2003): Kündigungsschutz und Unternehmerfreiheit. In: Blank, Michael (Hrsg.): Muss der Kündigungsschutz reformiert werden? Frankfurt/Main: Bund-Verlag. S. 11ff.

Huck, S. (2005): Interne Kommunikation im Mittelstand. In: Klewes, J. (Hrsg.): Unternehmenskommunikation auf dem Prüfstand – Aktuelle empirische Ergebnisse zum Reputation Marketing. Wiesbaden: Deutscher Universitäts-Verlag. S. 53ff.

Hübner, S. (2005): Die Umsetzung von Arbeitsrecht in die betriebliche Wirklichkeit. In: Schramm/Zachert (Hrsg.): Arbeitsrecht – Personalpolitik – Wirklichkeit: Eine empirische Analyse zur Umsetzung von Arbeitsrechtsreformen. Baden-Baden: Nomos. S. 439ff.

Institut für Mittelstandsforschung (IfM) (2007): Onlinestatistik zur Unternehmensdemographie. http://www.ifm-bonn.org (Abruf: 15.09.2007).

Institut für Mittelstandsforschung (IfM) (2007a): Homepage. http://www.ifm-bonn.org. Suchbegriff: MIND-Studie. (Abruf: 19.09.2007).

Irle, M. (1975): Lehrbuch der Sozialpsychologie. Göttingen: Hogrefe.

Jahn, E. (2004): Der Kündigungsschutz auf dem Prüfstand. Discussion paper Nr. 138. Konrad Adenauer Stiftung: St. Augustin. S. 1ff.

Jung, H. (2005): Personalwirtschaft. 6. Auflage. München/Wien: Oldenbourg.

Junker, A. (2004): Arbeitsrecht zwischen Markt und gesellschaftspolitischen Herausforderungen: Differenzierung nach der Unternehmensgröße, Familiengerechte Strukturen. Gutachten zum 65. Deutschen Juristentag. Bonn.

Kania, T. (2004): Angebliches Arbeitsrecht. In: Betriebs-Berater 42. Frankfurt. S. l.

Kania, T. (2005): Geschriebenes und gelebtes Arbeitsrecht. In: WSI-Mitteilungen. Heft 10/2005. S. 596ff.

Kay, R./Holz, M (2003): Flexicurity und KMU. Gutachten im Auftrag der Hans-Böckler-Stiftung. Bonn.

Kieser, A. (1998): Kultur im organisatorischen Wandel. Stuttgart: Schaeffer-Poeschel.

Koch, A. (2004): Change-Kommunikation – Erfolgskriterien für unternehmensinterne Kommunikation bei Veränderungsprozessen. Marburg: Tectum-Verlag.

Köhne, M. (2004:) Die Bedeutung von intraorganisationalen Netzwerken für den Wissenstransfer in Unternehmen. Hochschulschriften Nr. 2911. St. Gallen.

Kotler, Philip (1999): Grundlagen des Marketing. München/London/New York: Prentice Hall.

Kotthoff, H./Reindl, J. (1990): Die soziale Welt kleiner Betriebe. Wirtschaften, Arbeiten und Leben im mittelständischen Industriebetrieb. Göttingen: Verlag Otto Schwarz & Co.

Kuckartz, U. (2007): Einführung in die computergestützte Analyse qualitativer Daten. 2. aktualisierte und erweiterte Auflage. Wiesbaden: Verlag für Sozialwissenschaften.

Kullak, F. (1995): Personalstrategien in Klein- und Mittelbetrieben. Eine transaktionskostentheoretisch fundierte empirische Analyse. München/Mering: Hampp.

Kunda, Z. (2000): Social Cognition. Making Sense of People. Cambridge/Massachusetts: The MIT Press.

Löwisch, M. (2005): Maßnahmen zur Vereinfachung und Beschleunigung im Arbeitsrecht. Betriebs-Berater. Heft 5. Frankfurt/Main. S. 2580ff.

Mahlmann, R. (2007): Die verstehen uns nicht. In: Personalmagazin. Heft 10. Freiburg: Rudolf Hauffe Verlag. S. 38ff.

Mandewirth, S./Schiegg, H. (2007): Schlechte Noten für Personaler. In: Personalmagazin. Heft 12. Freiburg: Rudolf Hauffe Verlag. S. 54f.

Martin, A. (1988): Personalforschung. München/Wien: Oldenbourg.

Martin, A. (1998): Das Modell der Handlungsentlastung. In: Martin, A./ Nienhüser, W. (Hrsg.): Personalpolitik. Wissenschaftliche Erklärung der Personalpraxis. München/Mering: Hampp. S. 155ff.

Martin, A. (2001): Personal – Theorie, Politik, Gestaltung. Stuttgart/Berlin/ Köln: Kohlhammer.

Martin, A. (2002): Ansatzpunkte für ein systematisches Beschäftigungsmanagement. Schriften aus dem Institut für Mittelstandsforschung. Heft 16. Institut für Mittelstandforschung: Lüneburg.

Martin, A. (2003) (Hrsg.): Personal als Ressource. Arbeitskreis empirische Personal- und Organisationsforschung. München/Mering: Hampp.

Martin, A. (2003a): Personal als Ressource? In: Martin, A. (2003): Personal als Ressource. Arbeitskreis empirische Personal- und Organisationsforschung. München/Mering: Hampp.

Martin, A. (2006) (Hrsg.): Managementstrategien von kleinen und mittleren Unternehmen. Stand der theoretischen und empirischen Forschung. München/Mering: Hampp.

Martin, A./Nienhüser, W. (1998) (Hrsg.): Personalpolitik. Wissenschaftliche Erklärung der Personalpraxis. München/Mering: Hampp.

Martin, A./Nienhüser, W. (2002): Neue Formen der Beschäftigung – personalpolitische Voraussetzungen und Effekte. In: Martin, A./Nienhüser, W. (Hrsg.): Neue Formen der Beschäftigung – neue Personalpolitik. Sonderband der Zeitschrift für Personalführung. München/Mering: Hampp. S. 1ff.

Mast, C. (2000): Durch bessere interne Kommunikation zu mehr Geschäftserfolg – ein Leitfaden für Unternehmer". Deutscher Industrie- und Handelstag: Berlin.

Mast, C. (2002): Unternehmenskommunikation. Stuttgart: Lucius & Lucius.

Mast, C. (2006): Unternehmenskommunikation. 2. Auflage. Stuttgart: Lucius & Lucius.

Mayring, P. (1999): Einführung in die qualitative Sozialforschung. 4. Auflage. Weinheim: Beltz.

Meier, P. (2002): Interne Kommunikation von Unternehmen – Von der Hauszeitung bis zum Intranet. Zürich: Orel Füssli Verlag.

Merten, K. (1977): Kommunikation. Eine Begriffs- und Prozessanalyse. Opladen: Westdeutscher Verlag.

Mintzberg, H. (1979): The structuring of organisations. NewYork: Englewood Cliffs.

Myritz, R. (2007): Wider das Pfeifen im dunklen Walde. In: Personalmagazin. Heft 10. Freiburg: Rudolf Hauffe Verlag. S. 52ff.

Neef, K. (2000): Das Kündigungsschutzrecht zur Jahrtausendwende. Neue Zeitschrift für Arbeitsrecht. Heft 1. S. 7ff.

Nienhüser, W. (2003): Macht. In: Martin, A. (2003) (Hrsg.): Organizational Behaviour – Verhalten in Organisationen. Stuttgart: Kohlhammer. S. 139ff.

Nienhüser, W./Krins, C. (2005): Betriebliche Personalforschung. Eine problemorientierte Einführung. München/Mering: Hampp.

Noll, N. (1996): Gestaltungsperspektiven interner Kommunikation. Wiesbaden: Gabler Verlag.

Oechsler, W. A. (1997): Personal und Arbeit. Einführung in die Personalwirtschaft. 6. Überarbeitete und erweiterte Auflage. München/ Wien: Oldenbourg.

Oechsler, W. A. (1998): Der Einfluss des Arbeitsrechts auf die Personalpolitik von Unternehmen – Rekonstruktion von Theoriefragmenten und alternativer Entwurf. In: Martin, Albert/Nienhüser, Werner (1998): Personalpolitik. Wissenschaftliche Erklärungen der Personalpraxis. München/Mering: Hampp. S. 466ff.

Oechsler, W. A. (1998): Die Arbeitsverfassung als Nebenbedingung. In: Martin, A./Nienhüser, W. (Hrsg.): Personalpolitik. Wissenschaftliche Erklärung der Personalpraxis. München/Mering: Hampp. S. 193ff.

Oelert, J. (2003): Internes Kommunikationsmanagement. Rahmenfaktoren, Gestaltungsansätze und Aufgabenfelder. Wiesbaden: Deutscher Universitätsverlag.

Peuntner, T. (2002): Einfluss des Arbeitsrechts auf Beschäftigungsentscheidungen. Lohmar: Eul-Verlag.

Pfarr; H./Ullmann, K./Bradtke, M./Schneider, J./Kimmich, M./Bothfeld, S. (2005): Der Kündigungsschutz zwischen Wahrnehmung und Wirklichkeit. Betriebliche Erfahrungen mit der Beendigung von Arbeitsverhältnissen. Hampp: München/Mering 2005.

Pfohl, C. (1997): Betriebswirtschaftslehre der Mittel- und Kleinbetriebe: größenspezifische Probleme und Möglichkeiten zu ihrer Lösung. 3., neubearbeitete Auflage. Berlin: Erich Schmidt Verlag.

Reese, J./Waage, M. (2006): Informationsmanagement in kleinen und mittleren Unternehmen. In: Martin, A. (Hrsg.): Managementstrategien von kleinen und mittleren Unternehmen. Stand der theoretischen und empirischen Forschung. München/Mering: Hampp. S. 107ff.

Riechers, C. (1999): Stranden und versanden oder weitersegeln? Interne Kommunikation bei Personalabbau. In: Deekeling, E./Fiebig, N.

(Hrsg.): Interne Kommunikation: Erfolgsfaktor im corporate change. Wiesbaden: Gabler. S. 143ff.

Robbins, S. P. (2001): Organisation der Unternehmung. München: Pearson Studium.

Rogers, E. M./Agarwala-Rogers, R. (1976): Communications in Organizations. New York: Macmillan.

Rößler, M. (2007): Zündende Ideen. In: Personalmagazin. Heft 10. Freiburg: Rudolf Hauffe Verlag. S. 16ff.

Rüthers, B. (2002): Vom Sinn und Unsinn des geltenden Kündigungsschutzrechts. Neue Juristische Wochenschrift. Heft 22. München: Beck. S. 1601ff.

Rüthers, B. (2006): Der geltende Kündigungsschutz – Beschäftigungsbremse oder Scheinproblem?. In: Neue Juristische Wochenschrift. Heft 23. München: Beck. S. 1640ff.

Schanz, G. (2000): Personalwirtschaftslehre. 3. Auflage. München: Vahlen.

Schenck, U. (2002): Flexibilisierung betrieblicher Arbeitsmärkte. Fallstudien strategischer Nutzung der Zeitarbeit. München/Mering: Hampp.

Schettgen, P. (1991): Führungspsychologie im Wandel. Neue Ansätze in der Organisations-, Interaktions- und Attributionsforschung. Wiesbaden: Deutscher Universitätsverlag.

Schick, S. (2005): Interne Unternehmenskommunikation. Strategien entwickeln, Strukturen schaffen, Prozesse steuern. 2., überarbeitete und erweiterte Auflage. Stuttgart: Schäffer-Poeschel.

Schiefele, U. (1990): Einstellung, Selbstkonsistenz und Verhalten. Göttingen: Verlag für Psychologie.

Schierenbeck, H. (1995): Grundzüge der Betriebswirtschaftslehre. 12. Auflage. München/Wien: Oldenbourg.

Schmidt, C./Worobiej, A. (2008): Von der Wahrnehmung zur Handlung – Rechtsgefühl, Rechtsbewusstsein und Rechtsakzeptanz im Arbeitsrecht. In: Schramm, F./Zachert, U. (Hrsg.): Arbeitsrecht in der Betrieblichen Anwendung – Mythen und Realität. München/Mering: Hampp. S. 53ff.

Schober Information Group (2005): Unternehmensdatenbank. www.schober.de (Abruf: 15.09.2007).

Scholz, C. (2000): Personalmanagement: informationsorientierte und verhaltenstheoretische Grundlagen. 5., neubearbeitete und erweitere Auflage. München: Vahlen.

Scholz, C. (2003): Allenfalls Henker, keine Lenker. In: Handelsblatt vom 22./23.08.2003. S. 4.

Schramm, F./Schlese, M./Kattenbach, R. (2008): Wissenschaftliche Perspektiven und Grundmodell. In: Schramm, F. /Zachert, U. (Hrsg.): Arbeitsrecht in der betrieblichen Anwendung – Mythen und Realität. München/Mering: Hampp. S. 7ff.

Schramm, F. /Zachert, U. (2008) (Hrsg.): Arbeitsrecht in der Betrieblichen Anwendung – Mythen und Realität. München/Mering: Hampp.

Schramm, F./Zachert, U. (2005) (Hrsg.): Arbeitsrecht – Personalpolitik – Wirklichkeit: Eine empirische Analyse zur Umsetzung von Arbeitsrechtsreformen. Baden-Baden: Nomos.

Schramm, F./Zachert, U. (2005a): Arbeitsrecht – Personalpolitik – Wirklichkeit: Pfade auf einer „terra incognita". In: Schramm/Zachert (Hrsg.): Arbeitsrecht – Personalpolitik – Wirklichkeit: Eine empirische Analyse zur Umsetzung von Arbeitsrechtsreformen. Baden-Baden: Nomos. S. 477ff.

Seifert, A. (2005): Arbeitsrecht für Klein- und Mittelbetriebe. In: Blank, M. (Hrsg.) Arbeitsrecht für Klein- und Mittelbetriebe. Otto Brenner Stiftung. Frankfurt/Main: Bund-Verlag. S. 11ff.

Shannon, C. E./Weaver, W. (1976): Mathematische Grundlagen der Informationstheorie. München/Wien: Oldenbourg.

Snyder, M. (1974): Self-monitoring of expressive behavior. Journal of Personality and Social Psychology. Heft 30. Washington: American Psycological Association. S. 526ff.

Stäbler, M. (1999): Partnerschaftliche Unternehmenskultur und die Rolle von Information und Kommunikation. In: Deekeling, E./Fiebig, N. (Hrsg.): Interne Kommunikation. Erfolgsfaktor im Corporate Change. Frankfurt/Main: Gabler. S. 244ff.

Staehle, W. H./Conrad, P./Sydow, J. (1999): Management. Eine verhaltenswissenschaftliche Perspektive. 8. Auflage, überarbeitet von Conrad, P./Sydow, J.. München: Vahlen.

Steffenhagen, H. (1984): Ansätze zur Werbewirkungsforschung. Marketing ZFP. 6. Jahrgang. Nr. 2. Zitiert nach: *Bruhn, M. (2005):* Unternehmens- und Marketingkommunikation. Handbuch für ein integriertes Kommunikationsmanagement. München: Vahlen.

Stein, P. (2006): Abschied vom Arbeitsrecht?. In: WSI-Mitteilungen. Heft 2. S. 110ff.

Strodtholz, P./Kühl, S. (2002): Qualitative Methoden der Organisationsforschung – ein Überblick. In: Kühl, S./ Strodtholz, P. (Hrsg.): Methoden der Organisationsforschung – ein Überblick. Reinbek: Rowohlt. S.11ff.

Taylor, S. (2005): The hunting of the snark. In: Marlow, S./Patton, D./Ram, M. (Hrsg.): Managing Labour in Small Firms. Routeledge: London/New York.

Theis, A.M. (1994): Organisationskommunikation: theoretische Grundlagen und empirische Forschungen. Westdeutscher Verlag: Opladen.

Traut-Mattausch, E./Frey, D. (2005): Kommunikation. In: Frey, D./von Rosenstiel, L./Hoyos, C. Graf von (Hrsg.): Wirtschaftspsychologie. Weinheim/Basel: Beltz Verlag. S. 188ff.

Trommsdorff, V. (1989): Konsumentenverhalten. Stuttgart: Kohlhammer.

Ulrich, H. (1981): Die Betriebswirtschaftslehre als anwendungsorientierte Sozialwissenschaft. In: Geist, M. N./Köhler, R. (Hrsg.): Die Führung des Betriebes. Stuttgart: Poeschel. S. 2ff.

Ulrich, P./Fluri, E. (1995): Management. Eine konzentrierte Einführung. 7., verbesserte Auflage. Bern/Stuttgart/Wien: Haupt Verlag.

Vogel, B: (1995): „Wenn der Eisberg zu schmelzen beginnt..." – Einige Reflexionen über den Stellenwert und die Probleme des Experteninterviews in der Praxis der empirischen Sozialforschung. In: Brinkmann, C./Deeke, A., Völkel, B. (Hrsg.): Experteninterviews in der Arbeitsmarktforschung. Diskussionsbeiträge zu methodischen Fragen und praktischen Erfahrungen. BeitrAB 191. Nürnberg. S. 73ff.

Wagner, J. (2007): Jobmotor Mittelstand. Arbeitsplatzdynamik und Betriebsgröße in der westdeutschen Industrie. Working Paper No. 47. Universität Lüneburg.

Walgenbach, P. (1996): Mittleres Management. Aufgaben – Funktionen – Arbeitsverhalten. Working Paper. Universität Mannheim.

Weibler, J. (1995): Symbolische Führung. In: Kieser, A./Reber, G./Wunder, R. (1995): Handwörterbuch der Führung. 2. Auflage. Stuttgart: Schaeffer-Poeschel. S. 2015ff.

Weishaupt, T. (2007): Corporate Governance von humankapitalintensiven Unternehmen. (Dissertation). Berlin.

Welter, F. (2003): Strategien, KMU und Umfeld. Handlungsmuster und Strategiegenese in kleinen und mittleren Unternehmen. Berlin: Duncker & Humblot.

Wöhe, G. (1996): Einführung in die Allgemeine Betriebswirtschaftslehre. 19. Auflage. München: Vahlen.

Zachert, U. (2004): Beendigungstatbestände im internationalen Vergleich. Eine normative und empirische Bestandsaufnahme. Baden-Baden: Nomos.

Zerfaß, A. (1996): Unternehmensführung und Öffentlichkeitsarbeit. Grundlegung einer Theorie der Unternehmenskommunikation und Public Relations. Opladen: Westdeutscher Verlag.

Zerres, M. P./Zerres, C. (2006): Marketing. Die Grundlagen. 2., aktualisierte Auflage. Stuttgart: Kohlhammer.

Zerres, M. P./Zerres, T. (1994): Recht für Marketing-Manager. Ein praxisorientierter Leitfaden. Edition Blickpunkt Wirtschaft. Frankfurt/Main: Frankfurter Allgemeine Zeitung.

Zimbardo, P. G./Gerrig, R. J. (2004): Psychologie. München: Pearson Studium.

Anhang

Übersicht:

Ausgewertete Interviewfragen

Statistische Angaben

Auszug aus dem Interviewleitfaden (ausgewertete Fragen)

Frage	Themenbereich
	Strukturelle Rahmenbedingungen der Personalarbeit
5	Bitte schildern Sie einmal den Ablauf, wie es zu einer Einstellung kommt – Von der ersten Bedarfsanmeldung bis zur Entscheidungsfindung!
6	Welche Rolle spielt der Betriebsrat für die Personalarbeit?
7	Sehen Sie die Anwesenheit des BR alles in allem eher als Vorteil oder eher als Nachteil an?
	Allgemeine Wahrnehmung des Arbeitsrechts
9	Welche Rolle spielt die Rechtsprechung für die Personalarbeit in Ihrem Unternehmen?
10	Gibt es arbeitsrechtliche Regelungen, die aus Ihrer Perspektive im betrieblichen Alltag stören?
11	Sehen Sie Ihre Handlungsspielräume durch das Arbeitsrecht beeinflusst?
12	Ist es schon mal vorgekommen, dass Sie arbeitsrechtliche Vorgaben außer acht lassen mussten, um zu einer praktikablen Lösung zu kommen?
13	In der öffentlichen Diskussion ist das AR ja sehr präsent (Bsp. Kündigungsschutz). Finden Sie diese Aufmerksamkeit angesichts der wirtschaftlichen Bedeutung des Arbeitsrechts angemessen?
15	Wie denken Sie persönlich über das bestehende Arbeitsrecht?
	Ressourcen und Umsetzung
18	Welcher arbeitsrechtliche Sachverstand steht dem Unternehmen zur Verfügung?
19	Nun interessiert uns, wie in Ihrem Unternehmen im Allgemeinen mit arbeitsrechtlichen Informationen umgegangen wird. Wann und in welchen Situationen werden Informationen eingeholt? Wird die Rechtsprechung im Auge behalten?
20	Können Sie bitte schildern, wie Ihr Unternehmen arbeitsrechtliche Änderungen aufnimmt?
21	Wie werden arbeitsrechtliche Informationen bzw. Änderungen und deren Auswirkungen im Unternehmen kommuniziert?
22	Gab es in Bezug auf das Arbeitsrecht schon mal einschneidende "Erlebnisse" die Ihre Personalarbeit nachhaltig verändert haben?
	Personaleinstellung, Kündigungsschutz und Beendigung
24	Enthält der geltende TV besondere Bestimmungen z.B. zum Kündigungsschutz, die den gesetzlichen Regelungen vorgehen?
25	Welche Gestaltungsspielräume und Öffnungsklauseln bietet der geltende Tarifvertrag?
26	Welche Rahmenbedingungen beeinflussen die Entscheidung für oder gegen die Einstellung von neuen Mitarbeitern?
27	Wie bewältigen Sie zusätzlichen Arbeitsanfall?

28	Welche Kriterien sind ausschlaggebend bei der Entscheidung zwischen alternativen Beschäftigungsformen?
29	Wie setzt sich in Ihrem Unternehmen das Verhältnis personen-, verhaltens- und betriebsbedingter Kündigungen in etwa zusammen?
30	Wie ist das Prozedere bei betriebsbedingten Kündigungen?
31	Haben Sie schon einmal schlechte Erfahrungen mit betriebsbedingten Kündigungen gemacht?
32	Wie sind Sie bisher bei verhaltens- und personenbedingten Kündigungen vorgegangen?
33	Haben Sie schon einmal eine verhaltens- oder personenbedingte Kündigung als betriebsbedingt deklariert?
34	Haben Sie in den vergangenen Jahren auf bereits geplante Kündigungen verzichtet?
35	Welche anderen Beendigungsinstrumente außer Kündigungen setzen Sie bei Bedarf ein?
36	Haben Sie bereits von der geltenden gesetzlichen Abfindungsregelung Gebrauch gemacht?
39	(nur in KU fragen): Was halten Sie von dem Vorschlag, dass der Kündigungsschutz für neueingestellte Arbeitnehmer nur noch für Betriebe ab 21 Beschäftigte gelten soll?
Befristung	
42	In welchem Umfang setzen Sie befristete Arbeitsverhältnisse ein?
43	Welche Art der Befristung von Arbeitsverträgen (Zeit- oder Zweckbefristung) ist in Ihrem Betrieb von höherer Relevanz?
44	Übernehmen Sie befristet Beschäftigte in ein unbefristetes Arbeitsverhältnis?
Leiharbeit	
48	In welchem Umfang setzen Sie Leiharbeitnehmer ein?
Teilzeit	
53	Werden die Teilzeit-Regelungen in der Stellenplanung, Ausschreibung und Einstellung berücksichtigt?
54	Welche Erfahrungen haben Sie in Ihrem Betrieb mit dem Anspruch auf Teilzeit gesammelt?
Zum Abschluss bitten wir Sie, Ihrer Phantasie freien Lauf zu lassen:	
61	Angenommen, Sie hätten drei Wünsche frei im Bereich des Arbeitsrechts...
63	Gibt es etwas, das Sie Zusammenhang mit dem Themenbereich Personalarbeit und Arbeitsrecht für wichtig halten und das bisher keine Erwähnung gefunden hat?

Statistische Angaben: Stichprobenzusammensetzung der Hauptuntersuchung

Größenklasse	Interview-Code	Anzahl AN	Branche	Position	Umfassende PA
Kleinst	01_Kleinst	8	Dienstleistung: Rechtsanwalt	Inhaber	Nein
Kleinst	02_Kleinst	5	Dienstleistung: IT-Service	Inhaber	Nein
Kleinst	03_Kleinst	3	Handel: Einzelhandel	GF	Nein
Kleinst	04_Kleinst	6	Bau/Handwerk	Inhaber	Nein
Kleinst	05_Kleinst	4	Dienstleistung: Unternehmensberatung	Inhaber	Nein
Kleinst	06_Kleinst	6	Bau/Handwerk	Inhaber	Nein
Kleinst	07_Kleinst	5	Dienstleistung: IT-/Webdesign	Inhaber	Nein
Kleinst	08_Kleinst	6	Dienstleistung: Personalberatung	Inhaber/ Gesellschafter	Nein
Kleinst	09_Kleinst	ca. 4	Dienstleistung: Marktforschung	Niederlassungsleiter	Nein
Kleinst	10_Kleinst	8	Dienstleistung: Gehwegreinigung	Inhaber	Nein
Kleinst	11_Kleinst	4	Produzierendes Gewerbe: Fördertechnik	Inhaber	Nein
Kleinst	12_Kleinst	7	Dienstleistung: Gesundheitswesen	Inhaber	Nein
Klein	01_KU	19	Produzierendes Gewerbe: Medizintechnik	GF	Nein
Klein	02_KU	28	Handel	GF	Nein
Klein	04_KU	36	Dienstleistung	GF	ja
Klein	05_KU	15	Produzierendes Gewerbe: IT/Software	GF	nein
Klein	07_KU	42	Dienstleistung: Verkehr	Betriebsleitung	nein

Klein	08_KU	10	Sonstige: Wasseraufbereitung	GF	nein
Klein	09_KU	33	Handel: Lebensmittelgroßhandel	PL	nein
Klein	12_KU	43	Bau/Handwerk	Inhaber	nein
Klein	18_KU	18	Dienstleistung: Software	GF	nein
Klein	20_KU	15	Dienstleistung: Druckerei	GF	nein
Klein	23_KU	38	Dienstleistung: Zahntechnik	GF	nein
Klein	27_KU	ca. 21	Sonstige: Private Akademie	GF	ja
Klein	30_KU	45	Produzierendes Gewerbe: Software	PL	nein
Klein	31_KU	ca. 40	Produzierendes Gewerbe: Veranstaltungstechnik	Personalsachbearbeiter	nein
Klein	32_KU	38	Sonstiges: Kläranlagen	PL	Nein
Klein	42_KU	11	Bau/Handwerk: Bauunternehmung	GF	nein
Mittel	06_MU	235	Dienstleistung: Verlag	GF	ja
Mittel	28_MU	50	Dienstleistung: Ingenieurbüro	GF	ja
Mittel	34_MU	70	Bau/Handwerk: Bauunternehmung	Betriebsleitung	nein
Mittel	35_MU	164	Produzierendes Gewerbe: Audiotechnik	GF	ja
Mittel	36_MU	80	Produzierendes Gewerbe: Baustoffe	GF	ja

Aus unserem Verlagsprogramm:

Sven Henkel
Werbung als Verhaltensvorbild für Mitarbeiter
Eine empirische Untersuchung am Beispiel UBS
Hamburg 2008 / 290 Seiten / ISBN 978-3-8300-3981-5

Stefanie Henkel
The Impact of Public Brands on the Development of Trust-based Cooperations between Public Institutions
Hamburg 2008 / 222 Seiten / ISBN 978-3-8300-3980-8

Valentino Di Candido
Strategische Neukundengewinnung im internationalen Industriegütermarketing mittelständischer Unternehmen
Ein konzeptioneller Ansatz auf Basis einer internationalen Marktsegmentierung
Hamburg 2008 / 338 Seiten / ISBN 978-3-8300-3812-2

Niklas Schaffmeister
Fiteffekte bei Markenallianzen
Eine empirische Analyse des wahrgenommenen Fit unter Berücksichtigung realer Markenallianzen in Deutschland
Hamburg 2008 / 260 Seiten / ISBN 978-3-8300-3819-1

Frank Lampe
Raumzeitliche Marktexpansionsstrategien im internationalen Marketing
Strategische Optionen und Einflussfaktoren
Hamburg 2008 / 384 Seiten / ISBN 978-3-8300-3623-4

Dejan Perunski
Convenience Dienstleistung
Konzeptualisierung und Integration in das Dienstleistungsmarketing
Hamburg 2008 / 292 Seiten / ISBN 978-3-8300-3312-7

Eckart Pech
Generierung eines Entwicklungsmodells für innovative Produkte im Electronic Commerce
Implikationen für die Telekommunikationsindustrie
Hamburg 2007 / 320 Seiten / ISBN 978-3-8300-3185-7

VERLAG DR. KOVAČ
FACHVERLAG FÜR WISSENSCHAFTLICHE LITERATUR

Postfach 57 01 42 · 22770 Hamburg · www.verlagdrkovac.de · info@verlagdrkovac.de

Einfach Wohlfahrtsmarken helfen!

AWO · caritas · PARITÄT · Deutsches Rotes Kreuz · Diakonie · ZWST